KUNST AN DEN RÄNDERN

Herausgegeben
von Christiane Kruse
und Annika Frye

KUNST AN DEN RÄNDERN

WIE AUS BILDERN UND OBJEKTEN KUNST WERDEN KANN

DE GRUYTER

INHALTSVERZEICHNIS

Design am Rande der Kunst

Christiane Kruse
und Annika Frye

EINFÜHRUNG

KUNST – VERKUNSTUNG – ENTKUNSTUNG

Ein ›Skandal‹ erschütterte am 25. Oktober 2018 die Kunstwelt: die Versteigerung des sogenannten Porträts *Edmond de Belamy* bei Christie's in New York. Für 432.500 Dollar ging das ›Werk‹ der Pariser Künstlergruppe Obvious über den Auktionstisch (Abb. 1).[1] Aber was ist hier der Skandal? Die eher als bescheiden zu beurteilende ästhetische Qualität des verwaschenen, unfertig wirkenden Gemäldes ist es nicht. Der hohe Preis, der am Kunstmarkt dafür erzielt wurde? Der hat unter dem Aspekt der geringen künstlerischen Qualität das Maß weit überschritten, aber dies kann auch zum Kunst-Konzept gehören.

Die dürftige malerische Qualität von *Edmond de Belamy* ist das Ergebnis eines GAN (Generative Adversarial Network), in dem Programmcodes trainiert werden, ungeheure Datenmengen nicht nur zu verarbeiten, sondern sich in der Verarbeitung von Daten gegenseitig zu überbieten, um voneinander zu lernen. Das ›Gemälde‹ ist nicht von Menschenhand gemacht, sondern das Produkt künstlicher Intelligenz. Aber auch dies ist nicht skandalös zu nennen, denn in dem Projekt »The Next Rembrandt« hatte die Universität Delft bereits 2017 einen Programmcode mit allen bekannten Rembrandt-Porträts gefüttert, um ein ›neues‹ Porträt im Stil des alten Meisters zu errechnen, dies übrigens mit erstaunlicher malerischer Qualität für BetrachterInnen, die ihr Kunsturteil am Bildschirm schulen.[2] Aufsehenerregend ist allenfalls, dass das Porträt namens *Edmond de Belamy* mit einer Zeile des Programmiercodes signiert wurde.

Der Skandal ereignete sich vielmehr während der Auktion, als herauskam, dass Obvious einen Algorithmus für *Edmond de Belamy* verwendet hatte, der von Robbie Barrat aus West Virginia stammte. Barrat, der sich selbst als »artist working with artificial intelligence« bezeichnet, hatte damit bereits eine Reihe von Gemälden im Stil des Auktionsbildes mit seinem GAN-Code erzeugt und ins Netz gestellt. Als respektlos werteten der KI-Künstler Barrat und mit ihm viele KritikerInnen nicht nur, dass die Pariser Künstlergruppe Obvious sich den als Open-Source-Lizenz von Barrat selbst veröffentlichten Code aneignete, um damit am Kunstmarkt Geschäfte zu machen. Oder wie Barrat es am Tag der Auktion twitterte: »Am I crazy for thinking that they really just used my network and are selling the results?«[3] Die Künstlergruppe Obvious antwortete mit dem Post eines Screenshots. Dieser zeigte, dass sie Barrat in einem Chat darüber informierten, seinen GAN-Algorithmus verwenden zu wollen, »to democratize ML algorithms to artists«, und ob Barrat damit einverstanden sei: ja, er war es.[4] Als Kern des Skandals

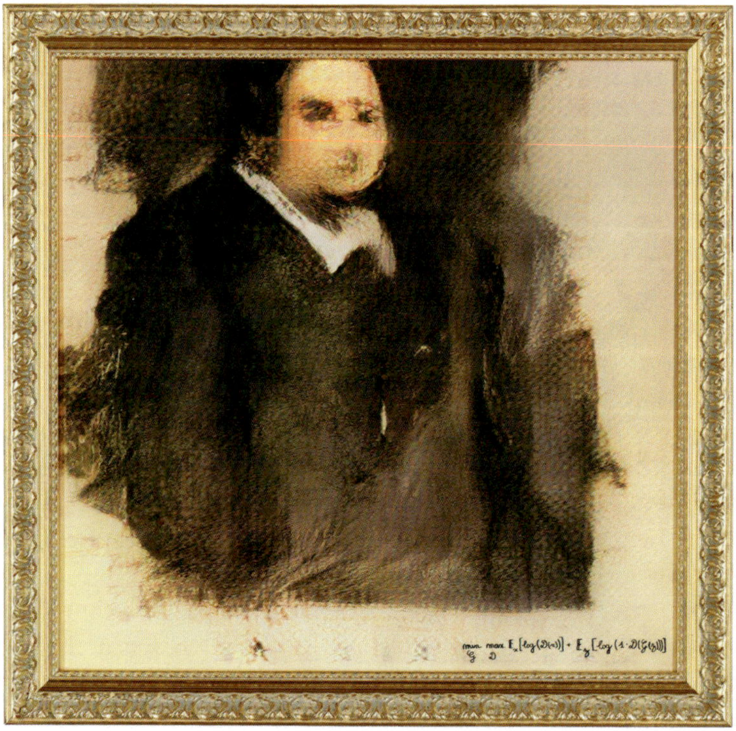

Abb. 1: Obvious, *Edmond de Belamy*, 2018.

wird aber seit der Christie's-Auktion diskutiert, dass Barrat als Urheber des Gemälde-Codes nicht genannt wurde – denn darum hatte er im Chat mit den Künstlern ausdrücklich gebeten.[5] Es geht also um die Frage von Werk und Autorschaft, und der Programmierkünstler Barrat zeigte sich nach der Auktion sichtlich gekränkt darüber, dass

> nun trotz der wirklich beeindruckenden Arbeit auf allen Feldern der KI-Kunst ausgerechnet diese uninspirierte, unterkomplexe GAN-Generation [also Obvious] und die Vermarkter [d.h. Christie's] dahinter die ganze Publicity absahnen. Es ist einfach unfair denen gegenüber, die wesentlich mehr leisten als nur einen mundgerecht servierten Algorithmus mit einer Tonne Beispielbildern zu füttern und dessen Ergebnisse auszudrucken.[6]

Barrat spielt darauf an, dass auch er nicht der eigentliche Urheber des Bildes ist, sondern im Grunde diejenigen Programmierer, die die GAN-Code-Technologie entwickelt haben, namentlich Ian Goodfellow, auf den der Titel des Gemäldes *Belamy* anspielt. So dankten schließlich die Pariser Künstler Wochen nach der Versteigerung dem Pionier des Codes und auch dem KI-Künstler Robbie Barrat.

Es geht um die harten Kerne des westlichen Kunstbegriffs: Autorschaft, Bilderfindung, Eigenhändigkeit, Original, die bereits Marcel Duchamp vor 100 Jahren mit seinen *Readymades* auf damals skandalöse Weise geknackt hatte. Wer nun im Fall des *Edmond de Belamy* Urheber des Werkes ist, lässt sich nicht einfach sagen. Im strengen Sinn der Werkgenese ist es der ›Schöpfer‹ des Algorithmus, der hier in nahezu ›genialer‹ Weise eine Software dazu brachte, Gemälde aus der Kunstgeschichte in Daten zu verwandeln, die mit diesem Code eine neue, originelle Schöpfung komponieren, welche dann auf eine Leinwand gedruckt wird. Dieser Programmierer ist eben jener Robbie Barrat, der auf Twitter seine Autorschaft einklagt. Dass das Ergebnis nicht die Augen aller KunstfreundInnen zu überzeugen vermag, ist ein Vorgang in der Kunstgeschichte, der seit einer mehr als 100 Jahre alten Tradition des westlichen Kunst-Avantgardismus bekannt ist. Das Schicksal der nachträglichen Akzeptanz und Eingliederung in das Kunstsystem teilt *Edmond de Belamy* mit Marcel Duchamps *Fountain*.

Ob *Edmond de Belamy* überhaupt Kunst ist, kann vor diesem Hintergrund mit ja und nein beantwortet werden. Die Antwort lautet ja, da dieses Bild bereits im Kunstkontext diskutiert und damit als avantgardistisch anerkannt wird. Die Antwort lautet nein, wenn ein Kunstbegriff angesetzt wird, der an den bereits genannten ›traditionellen‹ Kriterien für Kunst haftet. Betreten wir mit *Edmond de Belamy* eine neue Ära der Kunst? Werden wir von nun an Algorithmen Kunst nennen, die uns Erzeugnisse schenken, welche einem Rembrandt, einer Bach-Fuge oder einer Beethoven-Sinfonie ähnlich sind, die Bilder malen, Skulpturen entwerfen, Gedichte schreiben etc.? Neu ist hier lediglich die Technik, denn Kunst aus dem Computer hat eine bereits mehr als 60-jährige Tradition.[7]

Dieser Band stellt den Begriff ›Kunst‹ ins Zentrum und fragt danach, in welche Bedingungen Bilder und Dinge eintreten, wenn sie als Kunst deklariert werden. Die Beiträge befassen sich mit kulturellen Prozessen und Diskursen vom Anfang des 20. Jahrhunderts bis zur Gegenwart und stellen aus dem Blick verschiedener Disziplinen die Frage, wie aus Bildern und Dingen Kunst bzw. wie aus Design-Dingen Kunst werden kann. Es werden Rand- und Kippphänomene, Definitionsdiskurse, In- und Exklusionsgeschichten, Medienentwicklungen und AkteurInnen untersucht, die zum einen zu einer fortschreitenden »Verkunstung« (Grasskamp) der Welt beigetragen haben, zum anderen eine Vermischung von Kunst und Nicht-Kunst bewirkten, ein Phänomen, das mit den Avantgarden des frühen 20. Jahrhunderts zur ständigen Erweiterung des Kunstbegriffs führte, aber nicht zu einem »Ende der Kunst«.[8] Wie Bilder und Objekte, die vormals Nicht-Kunst waren, schnell Kunst werden können, wenn dies das Kunstsystem akzeptiert, lautet eine zentrale Frage.

Das exklusive Kunstsystem (Luhmann), das nach seinen eigenen Regeln und seinem Belieben Bilder- und ObjektemacherInnen ein- bzw. ausschließt, stellt, wie die Beiträge zeigen werden, eine Provokation für aus dem System exkludierte AkteurInnen dar.[9] Marcel Duchamp hatte mit seinen Readymades den Kunstbetrieb in eine Debatte über In- und Exklusion von Alltagsgegenständen in die ›Hochkunst‹ verstrickt und nahezu alle bis dato an die Kunst herangetragenen Definitionskriterien nicht nur in Frage gestellt, sondern negiert. Seitdem kann man mit Arthur Danto vom »Ende der Kunst« sprechen.[10] Aus der Rückschau zeigt sich, dass Duchamps Absicht der Kunst-Erweiterung weitere von KünstlerInnen vorgenommene Erweiterungsversuche nach sich zog und es zu einer explosionsartigen Vermehrung von Kunstgegenständen und Kunstbegriffen kam, die bis in die Gegenwart anhält. Ferner provozieren Bilder und Objekte, die traditionell nicht als Kunst definiert werden (oder dies gar nicht wollen), weil sie aus Nicht-Kunst-Bereichen mit eigener Tradition stammen wie etwa Industriedesign, Mode, Comic, Buchgestaltung u. a. m., das Kunstsystem, indem sie Kunstkriterien adaptieren oder transferieren.[11] Und nicht zuletzt greifen Akteurinnen – Künstlerinnen –, die aus dem männlich dominierten Machtbereich Kunst ausgeschlossen wurden, massiv in das Kunstsystem ein, indem sie dessen Machtmechanismen offenlegen bzw. anklagen. Die Beiträge dieses Bandes handeln von diesen Provokationen und Interventionen, den Transfers bzw. den Vermischungen der Bild- und Objektkulturen und erforschen Bilder, Objekte und Aktionen in ihren kulturellen Kontexten, um dem sich in der Auflösung befindenden Kunstsystem auf den Grund zu gehen.[12]

Damit wird die Intention des Bandes deutlich, zu zeigen, dass Bilder nicht als Kunst geboren werden. Kunstdefinitionen sind kulturspezifisch, weil sie in bestimmten Bildtraditionen erfunden und verankert sind, und sie sind Spezialfälle, weil sie – nach der Definition des akademischen Kunstbetriebs – nicht auf alle Bilder zutreffen, auch wenn die Kunst die Freiheit hat, alles zu Kunst zu machen.[13] Kunst, so lautet daher eine These dieses Bandes, ist eine Frage der kulturellen Zuschreibung und keine universale Eigenschaft ›des Bildes‹. Der Kunstbegriff unterliegt einem historischen Wandel und wird argumentativ immer wieder neu ausgehandelt. Es zeichnet sich dabei ab, dass er an den Rändern immer weiter wird. Die noch vor 100 Jahren geltenden Kriterien werden weicher, d. h. der harte Kern des Kunstbegriffs scheint sich durch Ausdehnung aufzulösen. Der Verkauf des *Edmond de Belamy* in einem renommierten Kunsthaus ist nur ein Beispiel in diesem Prozess. Zugleich schreitet die Verkunstung der Welt durch ihre Ästhetisierung nach den Regeln der Kunst fort. Der anhaltende Diskurs um den Kunstbegriff wirkt sich somit auf die visuelle Kultur als Ganzes aus, auf Werbung, Politik sowie soziale Medien.

Der erste Teil dieses Bandes fokussiert die Ausgrenzung von Künstlerinnen, die vom Kunstsystem entweder nicht beachtet oder ausgeschlossen wurden, sowie die Entgrenzung der Kunst mit Bildern und Objekten, die sich, von außen kommend, in das Kunstsystem eingeschrieben haben. *Christiane Kruse* nimmt Diskurse über bilderzeugende Techniken und Technologien in den Blick, die das Für und Wider der Vereinnahmung neuer Technologien durch Kunst diskutieren. Diese seit der Industrialisierung geführten Diskurse begründen in einer ersten Phase, warum maschinell gefertigte Bilder und Objekte aus der Kunst ausgeschlossen werden müssen, warum also Maschinen keine Kunst machen. In einer zweiten Phase werden diese Bilder jedoch als innovativ aufgefasst und in Kunst und Kunstdiskurs integriert. Interessant sind die Kippmomente, in denen die jeweils neue Technik und auch BildproduzentInnen von außen an den Rand bis schließlich ins Zentrum der Kunst geholt werden.

Die Konzeptkünstlerin *Almut Linde* argumentiert erkenntnistheoretisch und stellt die künstlerische Formarbeit ins Zentrum ihrer Überlegungen. Form, so Linde, hebt sich vom Chaos der Umwelt ab und besteht aus Abgrenzungen, also aus Rändern. Der Rand markiert zum einen den Bereich unserer Wahrnehmung, den Ort, an dem unsere Wahrnehmung endet und wo es gilt, das Jenseits der Ränder ins Zentrum der Betrachtung zu bringen. Zum anderen markiert der Rand den Rahmen, das Konzept, das dafür genutzt werden kann, Dinge sichtbar zu machen, die aus einem Raum stammen, den wir noch nicht kennen, und die uns sonst verborgen blieben. Kunst ist die Disziplin, die sich mit den originären formenden Kräften auseinandersetzen kann, welche heute zunehmend durch mediale Bedeutungszuschreibungen verschleiert werden.

Der Kunsthistoriker *Thomas Röske* widmet sich Bildern und Objekten, die, zumeist von Laien gefertigt, als eigensinnige, originelle, künstlerische Werke heute unter der Bezeichnung Outsider Art bekannt sind. Der Beitrag zeichnet die zögerliche Entwicklung zur ästhetischen Wertschätzung dieser künstlerischen Äußerungen seit dem 18. Jahrhundert nach, wobei zunächst die Produkte von PsychiatriepatientInnen, dann die von spiritistischen Medien in den Blick kamen. Anfang des 20. Jahrhunderts begannen Psychiater Vergleiche der ›Irrenkunst‹ mit professioneller Kunst anzustellen, und 1945 kreierte der Franzose Jean Dubuffet für ›Kunst am Rande der Kunst‹ den Begriff *Art brut*, um sie als eigentliche, authentische Kunst der ›kulturellen Kunst‹ gegenüberzustellen. Heute wird nicht zuletzt von vielen UrheberInnen solcher Werke deren Sonderstellung sowie die Begrifflichkeit in Frage gestellt.

Im Bereich der Buchgestaltung lässt sich das Ausloten und Verwischen von Trennlinien zwischen Kunst und Design besonders gut zeigen, wie der Kommunikationsdesigner und Buchgestalter *Hagen Verleger* in seinem Beitrag zeigt. Nicht selten haben sogenannte Verkunstungsprozesse sich wesentlich über die Vermittlung durch das Medium Buch vollzogen. Gleichzeitig hat auch das Buch selbst (als Form) seine Verkunstung erfahren. Der Beitrag zeichnet diese spezifische Doppelfunktion des Buches – als ›Verkunster‹ und ›Verkunstetes‹ – anhand einer Monographie zum Schaffen der Textilkünstlerin Sheila Hicks nach.

Der Filmwissenschaftler *Alexander Press* beobachtet, dass Comics, die wegen einer gesteigerten Aufmerksamkeit für ihre bildtextliche Komplexität auf dem Radar des Kunstdiskurses auftauchen, bereits eine historisch gewachsene Ausdrucksform sind. Press versammelt Argumente für einen Status des Comics als autonome kulturelle Praxis. Dabei werden anhand detaillierter Beispiele die formalen Möglichkeiten dargelegt und eine anthropologisch-ethnografische Herangehensweise von ComiczeichnerInnen als eine sinnstiftende Methode der gegenwärtigen Comicpraxis vorgestellt.

Die beiden folgenden Beiträge widmen sich aus verschiedenen Perspektiven der Kunst von Frauen. Die Soziologin *Katrin Hassler* untersucht Geschlechterasymmetrien auf dem Kunstmarkt. Das Feld erweist sich nicht nur in ökonomischer Hinsicht, sondern auch auf der symbolischen Ebene künstlerischer Reputation als männlich dominiert. Der Zahl nach sind Künstlerinnen ohnehin unterrepräsentiert und ihre Aufnahme in das internationale Kunstfeld verläuft weiterhin schleppend. Der Beitrag greift diese Ungleichheit mittels konkreter Zahlen auf und bietet anhand der Betrachtung von Produktion und Vermittlung eine feldspezifische Analyse unter Berücksichtigung gesellschaftlicher Machtverhältnisse.

Die Kunsthistorikerin *Anja Zimmermann* befasst sich mit kunsthistorischen und -kritischen Diskursen über Künstlerinnen in den späten 1960er Jahren, die wegen ihrer Experimente mit Materialien und Verfahren ausgegrenzt wurden. Während männliche Künstler sich mit Grenzüberschreitungen aller Art zum Teil der ästhetischen Avantgarden machten, wurden Künstlerinnen etwa für vermeintliche Obszönität gerügt. Der Beitrag untersucht diese unterschiedlichen Rezeptionsweisen und setzt sie in Beziehung zu den geschlechtsspezifischen Mechanismen kunsthistorischer Kanonbildung.

Der nachfolgende Beitrag schließt an den Genderaspekt an, beschäftigt sich aber mit allgemeiner Institutionskritik. Der Designwissenschaftler und Künstler *Jamie Allen* nimmt Produktionsbedingungen von Kunst und Gestaltung an Kunsthochschulen in den Blick, in denen Machtstrukturen wirksam sind, die es zu überwinden gilt. Dies geschieht, so Allen, anhand von Improvisation. Der Aufsatz stellt die Frage, wie Improvisationen innerhalb institutioneller Strukturen zu neuen Formen sowie zu widerständiger, reaktiver oder transversaler Kreativität führen.

In dem den ersten Teil abschließenden Künstlerinneninterview spricht die Fotografin Peggy Stahnke über ihre Arbeit *embodiment of pain*: Brustkrebspatientinnen und ihre Körper werden hier nicht als durch Krankheit stigmatisiert und daher tabuisiert dargestellt, sondern ihre Narben werden in den Bildern offen gezeigt, um die gesellschaftlich ausgeblendete Verletzbarkeit sichtbar und spürbar zu machen. Die Fotoserie stellt sich damit gegen vorherrschende Idealbilder von Frauen im Mainstream der Bildmedien und erweitert das Spektrum dessen, was öffentlich gezeigt wird. Die Krankheit wird hier zu einem Symbol für die Illusion von körperlicher Perfektion.

DESIGN AM RANDE DER KUNST

Im 20. Jahrhundert wird das Design immer wieder von dem sich ausdehnenden Kunstgeschehen zu eigenen Ideen und Praxen des handwerklich produzierten Einzelstücks inspiriert. Einzelstücke mit Kunstcharakter werden in Galerien und auf eigens für sie geschaffenen Messen wie der Design Miami/Basel gezeigt. Am Phänomen ›Designart‹ wird im zweiten Teil des Bandes untersucht, wie sich beide Diskursstränge ab der Mitte des 20. Jahrhunderts kreuzen. Die Entstehung der Designart Ende der 1960er Jahre kann innerhalb der Designdebatte auf eine ›Krise des Funktionalismus‹ und die darauffolgende Zurückweisung funktionalistischer Gestaltung zurückgeführt werden. Die Hinwendung zur Kunst durch die italienischen Gruppen Memphis und Alchimia, in Deutschland durch das Neue Deutsche Design, brachte experimentelle Möbelentwürfe hervor, die in Museen und Galerien gezeigt wurden und die heute als Vorläufer der Designart gelten. Damit positionierten sie sich gegen das etablierte Design beispielsweise der HfG Ulm, die noch in der Mitte der 1960er Jahre wissenschaftlichen statt künstlerischen Methoden klar den Vorzug gegeben hatte.[14]

Die Annäherungen von Design und Kunst gingen ferner mit der ›Entgrenzung‹ der Künste seit den 1960er Jahren einher, als Gegenstände des Designs oder der Werbung, wie Warhols *Brillo Boxes* (1964), zum Material von Kunst wurden.[15] Meist unterschätzt wird in der Diskussion um Begriffe und Grenzüberschreitungen jedoch die Praxis einzelner AkteurInnen wie die des Mailänder Grafik-, Industriedesigners und Künstlers Bruno Munari, der seine Position als Gestalter entlang der Entgrenzungsphänomene fand. Munari baute ab den 1930er Jahren die *Macchine Inutili*, an Calder erinnernde Mobiles, und andere kinetische Plastiken, die aus bunten geometrischen Formen bestanden (Abb. 2).

In seinem Buch *Design as Art* schrieb er aus der Rückschau von 1966: »My machines were made of cardboard painted in plain colors, and sometimes a glass bubble, while the whole thing was held together with the frailest of wooden rods and bits of thread.«[16] Sein Mailänder Freundeskreis sah diese Objekte als profane *Rip-offs* der Calder-Plastiken und verbannte sie als Dekoration in die Zimmer ihrer Kinder. Calder hingegen wurde mit seinen kinetischen Plastiken berühmt. Für die Diskussion von Design und Kunst entscheidend ist nicht so sehr die Ähnlichkeit der *Macchine Inutili* mit den Calder-Mobiles und ihre Erfolglosigkeit als Kunstobjekte, sondern ihre Genese. Munari entlehnte die abstrakten geometrischen Formen einer klassischen künstlerischen Gattung, der Malerei Kandinskys, die er von ihrer statischen Flachheit befreien und in die »Luft, die wir atmen«, bringen wollte.[17] In *Design as Art* wendete sich Munari gegen die Idee des ›Star-Künstlers‹ und forderte, dass KünstlerInnen sich der Alltagskultur zuwenden sollten: »The designer of today re-establishes the long-lost contact between art and the public, between living people and art as a living thing.«[18] Die ›freien‹ Künste, so seine Argumentation, haben sich vom Alltag entfremdet, sie sind auf Institutionen wie Museen angewiesen. Design – als damals neue Disziplin – sei ein einfacher Weg, den Menschen wieder nahezukommen. Munari verstand sich als Designer, aber Design ist bei ihm auch – wie bereits im Werkbund und Bauhaus –

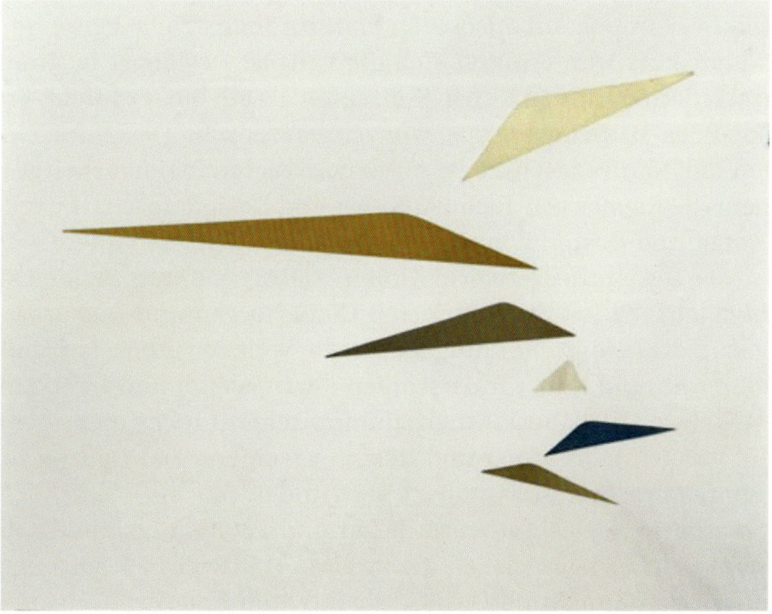

Abb. 2:
Bruno Munari,
Macchina Inutile,
1949.

die Anwendung künstlerischer Methoden auf Alltagsprodukte. Als Grenzfigur ist Munari interessant, weil er sich weder als Industriedesigner positioniert, noch als Künstler vermarktet hat. Seine Entlehnung künstlerischer Methoden und die Formulierung »Design as Art« richten sich gegen die Autonomie der Kunst, aber auch gegen ein reduktives Verständnis von Design. Für die Kunst forderte er, dass sie nicht mehr nur im Museum, sondern auch in den Warenhäusern zu finden sein sollte. Umgekehrt gelang es Warhol damals (1962), seine *Campbell's Soup Cans* in die Kunstgalerie zu bringen.

Munaris Position war im Designdiskurs eine Ausnahme, heute jedoch arbeiten viele GestalterInnen ähnlich. Mit der in den 1960er Jahren beginnenden Postmoderne und dem sich auflösenden Kunstbegriff hat sich inzwischen neben dem klassischen Industriedesign ein eigenes Feld gestalterischer Produktion etabliert, in dem die Grenzverwischung zum Produktionsprinzip wird. Statt Serien werden Einzelstücke, Versuchsaufbauten und Installationen wie in der Kunst entworfen und produziert.

Im zweiten Teil des Bandes untersucht die Designwissenschaftlerin und Industriedesignerin *Annika Frye* die Kategorie Einzelstück im zeitgenössischen Produktdesign mit Blick auf Annäherungen zunächst an künstlerisches Arbeiten und dann an die experimentelle Forschung in den Naturwissenschaften. Während in den 1960ern und bis in die 1990er Jahre Designart ein produktiver Impuls im ansonsten klar um industrielle Prozesse kreisenden Designdiskurs war, entlarvt sich die heutige Designart in ihrer immer gleichen Wiederholung von Kunst-Konzepten als ein bloßer Effekt. Frye führt am Beispiel des 3D-Druckers aus, wie zeitgenössische Designforschung mit Methoden der Naturwissenschaft an neuen Technologien arbeitet und das Experiment die Ränder von Technik, Kunst und Design unscharf werden lässt.

Kunst und Design können sich zum Verwechseln ähneln – so lautet die These der Designtheoretikerin *Annette Geiger* –, unterscheiden sich aber im Hinblick auf die jeweils referierten Codierungen und Diskurse. Der Gestaltung kam die (utopische) Aufgabe zu, die Welt zu verbessern (funktional, sozial etc.), während Kunst in Dystopien auch Zweifel und Kritik an der gestalteten Welt formte. Diese Arbeitsteilung scheint nicht mehr dem zu entsprechen, was heute in Kunst und Design geschieht. Der Beitrag zeigt, wie derzeit ein regelrechter Rollentausch stattfindet.

Sandra Groll, Designtheoretikerin und Produktdesignerin, beobachtet in ihrem Beitrag, wie sich seit der zweiten Hälfte des 20. Jahrhunderts an den Rändern von Kunst und Design Objekte und Entwürfe zeigen, die sich einer einfachen Einordnung in eines der beiden Felder entziehen. Man hat es hier mit ›kunstartigem‹ Design oder ›designartiger‹ Kunst zu tun. Beides ist jedoch nur möglich, wenn eben jene Unterscheidung zwischen Kunst und Design etabliert ist und man gegenüber beiden Formen bestimmte Erwartungen adressieren kann. Allerdings, so argumentiert Groll, bilden die vermeintlichen Grenzgängerformate im Design keine Entgrenzung des Designs in den Funktionsbereich des Kunstsystems hinein, sondern designspezifische Reflexionsbewegungen.

Die Literaturwissenschaftlerin *Gertrud Lehnert* widmet sich in ihrem Beitrag dem Grenzgebiet Mode – Kunst / Design und führt aus, wie der früh an Aids verstorbene Performer Leigh Bowery Identität und Gender in Frage stellte, indem er sie ständig neu und unerwartet inszenierte. Das Material seiner Kunst war sein eigener massiger Körper, den er mit radikalem Make-up und unterschiedlichsten, meist selbst entworfenen und hergestellten Outfits immer wieder neu präsentierte. Körper und Kleid werden zu einer untrennbaren Einheit, deren Flüchtigkeit und Genderfluidität Programm ist; gleichwohl stellen die Fotoserien von Fergus Greer diese Inszenierungen auf Dauer.

Im abschließenden Künstlerinnengespräch mit Judith Seng wird ein genauer Blick auf die Arbeiten der ›Prozessdesignerin‹ geworfen. Als Designforscherin erkundet Seng die Möglichkeiten einer auf Performativität zwischen Design, Kunst und Forschung hin erweiterten Designpraxis. Ihr choreografischer Ansatz macht mit der Interaktion von Menschen und Objekten eine ›soziomaterielle Dynamik‹ des Designs greifbar. Seng betätigt sich in alltäglichen und angewandten Kontexten, internationalen Ausstellungen sowie akademischen Forschungsarbeiten.

Der Band geht aus dem im Januar 2019 an der Muthesius Kunsthochschule veranstalteten Symposium »Kunst an den Rändern« hervor. Die Herausgeberinnen danken daher den Vortragenden für die Ausarbeitung ihrer Vorträge zu Texten, die in dem vorliegenden Band versammelt sind. Unser herzlicher Dank geht an diejenigen, die aus den Texten ein Buch gemacht haben: zuallererst unsere Lektorin Friederike Braun, die mit großem Engagement und äußerster Sorgfalt die Redaktion geleitet hat, und Maike Schulken für die redaktionelle Mitarbeit. Wir danken Arielle Thürmel vom Verlag de Gruyter für die stets angenehme, professionelle Betreuung der Publikation. Und unser Dank geht an Henning Reinke, der dem Buch eine Gestalt am Rand der Kunst gegeben hat. Die Zusammenarbeit mit allen am Band beteiligten Kompetenzen war uns eine reine Freude.

1 https://www.christies.com/features/A-collaboration-between-two-artists-one-human-one-a-machine-9332-1.aspx (23. April 2020).
2 https://www.nextrembrandt.com/ (23. April 2020).
3 Siehe die Diskussion auf Twitter: https://twitter.com/videodrome/status/1055285640420483073 (23. April 2020).
4 Vgl. https://twitter.com/videodrome/status/1055285640420483073 (23. April 2020).
5 https://www.sueddeutsche.de/kultur/kuenstliche-intelligenz-kunst-urheberrecht-1.4269906 (23. April 2020).
6 https://www.sueddeutsche.de/kultur/kuenstliche-intelligenz-kunst-urheberrecht-1.4269906 (23. April 2020); der Tweet ist auf Robbie Barrats Twitter-Account nicht mehr abrufbar.
7 Die Kunstgeschichte kennt ›malende Automaten‹, jedoch waren es die Automaten und nicht ihre Bilder, die zur Kunst gerechnet wurden, siehe Weitmann 2011; Fürsorge 2015.
8 Grasskamp 1992; Danto 1997; Belting 1984.
9 Luhmann 1995, Kapitel 4: Die Funktion der Kunst und die Ausdifferenzierung des Kunstsystems.
10 Danto 1981.
11 Es fehlen in diesem Band Beiträge zu einigen Feldern, die an dem Auflösungsprozess der traditionellen Kunst beteiligt sind, z. B. Fotografie, Game Design oder auch Global Art.
12 Grasskamp 1992.
13 Kruse 2020, Kap. 2: Alles kann Kunst sein; vgl. auch die Publikationen von Wolfgang Ullrich, der sich an diesem Thema abgearbeitet hat.
14 Die Idee eines kalkulierbaren, planbaren Designprozesses stand für Tomás Maldonado, der den Künstler Max Bill als Rektor abgelöst hatte, im Vordergrund.
15 Rebentisch 2003, S. 13.
16 Munari 1966 / 1970, S. 12.
17 Vgl. Munari 1966 / 1970, S. 16.
18 Munari 1966 / 1970, S. 23.

Literaturverzeichnis

BELTING, HANS (1984), *Das Ende der Kunstgeschichte?*, München.

DANTO, ARTHUR C. (1981), *The Transfiguration of the Commonplace. A Philosophy of Art*, Cambridge, MA.

DANTO, ARTHUR C. (1997), *After the End of Art*, Princeton, NJ.

FÜRSORGE, JAN-PHILIPP (2015), Disegno ex machina. Einige Anmerkungen zu zeichnenden Maschinen, in: Kurt Zeitler (Hg.), *Linien – Musik des Sichtbaren. Festschrift für Michael Semff*, Berlin / München, S. 408 – 413.

GRASSKAMP, WALTER (1992), *Die unästhetische Demokratie. Kunst in der Marktgesellschaft*, München.

KRUSE, CHRISTIANE (2020), *Welterschaffung – Kunstvernichtung. Kunst in Zeiten der Bilder*, Berlin / Boston, MA.

LUHMANN, NIKLAS (1995), *Die Kunst der Gesellschaft*, Frankfurt am Main.

MUNARI, BRUNO (1966 / 1970), *Design as Art*, London.

REBENTISCH, JULIANE (2003), *Ästhetik der Installation*, Frankfurt am Main.

WEITMANN, PASCAL (2011), *Technik als Kunst: Automaten in der griechisch-römischen Antike und deren Rezeption in der frühen Neuzeit als Ideal der Kunst oder Modell für Philosophie und Wirtschaft*, Tübingen.

Abbildungsverzeichnis

1 Obvious, *Edmond de Belamy*, 2018. Bildzitat aus: https://www.christies.com/img/LotImages/2018/NYR/2018_NYR_16388_0363_000(edmond_de_belamy_from_la_famille_de_belamy).jpg (12. Juli 2020).

2 Bruno Munari, *Macchina Inutile*, 1949. Bildzitat aus: http://www.munart.org/index.php?p=9 (07. Juli 2020).

Kunst – Verkunstung – Entkunstung

Christiane Kruse

KUNST AUS DER MASCHINE?

In technologisch indizierten Zeiten des Umbruchs, in denen sich durch die Einführung neuer Technologien Lebensumstände und -bedingungen der Menschen ändern, wird auch der Kunstbegriff diskutiert und neu formuliert. Seit der Mitte des 18. Jahrhunderts beginnenden industriellen Revolution sind Kunst und Kunstdiskurs direkt mit neu eingeführter Technik und dem Technikdiskurs verbunden. Der Zugang von Kunst und Künstlern zur jeweils neuen Technik ist vielfältig. Auf eine Phase der Kritik an der jeweils neu eingeführten Technologie seitens der Kunstschaffenden und Kunstkritik folgt oft eine Technikeuphorie und die Vereinnahmung der neuen Technik durch die Kunst. Oder einzelne Künstler, die sich als Avantgardisten verstehen, bedienen sich der neuen Technik, um ihre Modernität zu beweisen. Einige von ihnen instrumentalisieren Technik für eine Technik-Kritik. Am Ende siegt die Neugier auf technische Innovationen und führt zur Etablierung eines neuen Feldes kultureller Produkte, genannt Design.

In diesem Beitrag werden exemplarisch in vier Stationen (vom Beginn des 20. Jahrhunderts bis heute) Kunstdiskurse über Technik und Technologien verfolgt und Argumente zusammengestellt, die sich mit dem Für und Wider der Vereinnahmung neuer Technologien durch Kunst befassen. Es wird sich zeigen, mit welcher Begründung Maschinentechnik aus einem traditionellen Kunstdiskurs ausgeschlossen, wie sie in Kunst und einen neuen, als innovativ verstandenen Kunstdiskurs integriert oder wie traditionelle Kunst durch Maschinen ersetzt werden soll. Interessant sind die Kippmomente, in denen die jeweils neue Technik vom Rand ins Zentrum der Kunst geholt wird.[1]

VON DER HAND ZUR MASCHINE

Kunst und Handwerk bildeten traditionell eine Einheit, bis ab 1850 mit der maschinellen Fertigung von Gebrauchsgegenständen des täglichen Lebens der an das Handwerk gebundene Kunstbegriff in eine Krise geriet. Es entfaltete sich ein Streit um die Frage, ob maschinell gefertigten Gegenständen überhaupt das Prädikat Kunst zu verleihen sei.[2] Um den Kunsthistoriker und Sozialreformer John Ruskin (1819–1900) und den Universalkünstler William Morris (1834–1896) bildete sich die Arts-and-Crafts-Bewegung, die sich vehement gegen die Maschinenproduktion des aufstrebenden Kapitalismus stellte.[3] Ihre Vertreter[4] argumentierten nicht nur für eine Rehabilitation des Handwerks aus ästhetischer Sicht. Sie sahen in der Abwertung des Handwerks auch eine soziale Frage: die massenhafte Ausbeutung von Menschen, die in den Städten an den Maschinen wie Sklaven arbeiten mussten. Als Lösung der sozialen Missstände sahen sie einen moralisch-ästhetischen Weltentwurf, die Reintegration von Kunst als Handwerk in das Leben. Die Arts-and-Crafts-Bewegung steht am Anfang eines bis heute geführten Diskurses, der den Wert und die Fähigkeiten des Menschen in Zeiten des technologischen Fortschritts mit der Frage nach dem Menschen und seinen Lebensbedingungen verknüpft.

Robert Ashbee: Arts and Crafts als Sozialreform

Im Jahr 1888 gründete der Architekt Charles Robert Ashbee (1863–1942) im Londoner East End die Guild of Handicraft, in der Schüler in der Herstellung von Möbeln, Metallarbeiten, Silberwaren, im Buchdruck und Buchbinden unterrichtet wurden.[5] Die Gilde war als genossenschaftlich-sozialistische Kooperative mit dem Prinzip des »profit-sharing« organisiert. 1902 zog die Gilde in das Dorf Chipping Campden in Gloucestershire. Ashbees Lehre leitete die Überzeugung, dass Tugenden wie Gemeinsinn, Rücksichtnahme und menschliche Verbundenheit durch kooperative Handarbeit in Menschlichkeit münden. Das Ziel war die Erhöhung des Lebens- und Kunststandards in der Verbindung von Kunst und Leben.[6]

Im ersten Kapitel seines Buches *Craftsmanship in Competitive Industry* (1908), betitelt mit *The Arts and Crafts Movement and its Ethical Purpose*, legt Ashbee seine sozialreformerischen Grundsätze dar, die gegen die Arbeit an der Maschine den Wert der Handarbeit setzen.[7] Vor dem Hintergrund zahlreicher Arbeiteraufstände in den Industriestädten legt Ashbee seine Kritik an Politik, Gesellschaft und seine Auffassung für eine Reform derselben durch Kunst dar. Zunächst attackiert er die Abhängigkeit der Politik »von dem einen großen wirtschaftlichen Faktor der industriellen Maschinenarbeit«.[8] Doch sieht er mit seiner Bewegung eine neue Ära anbrechen, die sich gegen diese Politik stemmt. Die Sozialisten, so Ashbee, argumentieren: »›Seht, was für ein Chaos der unbeschränkte Gebrauch der Maschine aus unserer Zivilisation gemacht hat; wir müssen von unten auf neu beginnen und den Fluch der billigen Arbeit loswerden.‹«[9] Als Zweites kritisiert er

> die Lehre von den Schutzzöllen, welche folgendermaßen argumentiert: ›Die Theorie des Freihandels (laissez-faire), welche alles andere opfert, um die Industriezentren mit billigen Nahrungsmitteln zu versorgen, ist überholt; wir brauchen eine neue Tätigkeit des Staates, welche dem Bewußtsein der Rasse Ausdruck gibt, das durch unsere koloniale Ausbreitung ins Leben gerufen ist: der Lebensstandard der englischsprachigen Völker muss überall der gleiche sein.‹[10]

Als Drittes streitet Ashbee für den Nutzen der Produktion für das Individuum, das sich fragt:

> ›Was ist das alles wert, und wohin führt es uns? Weder Euer Sozialismus noch Euer Rassenbewußtsein nützt etwas, solange Ihr nicht sagen könnt, was in unserer industriellen Produktion gut ist und was schlecht, was hergestellt werden sollte und was nicht. [...] [W]ir, die Leute des Kunstgewerbes, sind hier, um festzulegen, was echter Wert ist – ein Wert, der sich in beidem zeigt: Im Produkt und in dem Mann, der etwas produziert; wir sind hier, um Euch zu den Wirklichkeiten des Lebens zurückzuführen, zum Gebrauch von Hand und Hirn, um den Eure Maschinen über die Hälfte unserer Bevölkerung bereits gebracht haben.‹[11]

Ashbee geht es um die existenzielle Befreiung der Menschen von der Maschinenabhängigkeit mit dem Ziel, sie wieder zur geistvollen Handarbeit zu erziehen: Kunst und Handwerk sollen zur treibenden Kraft einer rückwärtsgewandten Sozialreform werden. Es müsse, so Ashbee, eine Politikreform geben, welche die konservative und die liberale Lehre außer Kraft setze, den Städten müsse ein neues Selbstbewusstsein gegeben und das Parlament umgeformt werden. Diese Reform werde bereits von vielen gesellschaftlichen Kräften getragen, die ein einfaches, »wirkliches Leben« wollen. Die Arbeit an der Maschine entfremde den Menschen von sich selbst. »In ihren Werkstätten also und durch ihrer Hände Arbeit« haben die Gildemitglieder die »großen Probleme des englischen Lebens« erkannt und in Erfahrung gebracht, dass die Lösungen der Politiker und Wirtschaftler abzulehnen seien.[12] Man lehne das Axiom ab, wonach die Massenproduktion in Fabriken wirtschaftlicher sei als die Produktion der Hand- und Hausindustrie. Auch lehne man ab, dass der Staat Unternehmen privatisiere, wie es die Sozialisten fordern, damit die Wirtschaft der Gemeinschaft zukomme. Ashbee tritt nicht generell gegen die Maschinenproduktion ein, aber er fordert, zwischen den verschiedenen Industriezweigen zu unterscheiden. Es gebe Industrien, die abgeschafft werden müssten, weil sie »für die Gesamtheit eine Verschleuderung und einen Verlust an Leben, Gesundheit und menschlicher Produktivität bedeuten würde[n] [...], der durch keinen möglichen wirtschaftlichen Vorteil aufgewogen werden könnte.«[13] Es gibt aber auch Möglichkeiten, die Industrialisierung zu erweitern, nämlich dort, wo die Maschinenkraft die Menschenkraft entlastet. Ashbee hält es für unbedingt nötig, die Einwirkung der Industrien »auf das Leben als Ganzes« zu bedenken.[14] Ferner müsse zwischen Stadt- und Landleben differenziert werden, um die Frage nach dem Lebensstandard zu klären. Der Arbeiter sei ein »Lohnsklave«, dem es vielleicht besser ginge als den Sklaven in der Antike, doch die Art, wie an den Maschinen gearbeitet werde, sei gefährlich für die Volksgemeinschaft. Noch schlechter sei die Sklaverei für den Fabrikbesitzer, den Ashbee als »Sklavenhalter« bezeichnet. Die Moral der Versklavung von Arbeitern, mache ihn »verschwenderisch, grob, hilflos«, sodass er »die Wirklichkeit des Lebens nicht mehr meistern« könne.[15] So wie der Reiche in Mandevilles *Travels*, der sich das Fleisch in den Mund stopfen ließ, werde die Gemeinschaft bald nicht mehr ihre »Hände gebrauchen können [...] und mehr und mehr die Fühlung mit den wirklichen Dingen« verlieren.[16] Gegen die Maschine setzt Ashbee die Hand mit ihrem sinnlichen Kontakt zur Realität.

Hier setzen die ethischen Lösungen der Arts-and-Crafts-Bewegung an, die Produzenten und Konsumenten durch ihre Kunst zusammenbringen will, um der »modernen Industrie« ein wenig von jener »Seele« zurückzubringen, von jener

> Kraft der Vorstellung, die unserer Zivilisation so sehr fehlt. Sie erinnert uns daran, daß die Dinge, in denen diese Kraft der Vorstellung lebendig

> ist, die wirklichen Dinge sind: wenn die Vorstellung sich im Werk der Hände verwirklichen will, so muß sie mit dem Material in Verbindung kommen und im unmittelbaren Sinne wirklich werden.[17]

Ashbee tritt gegen die kunsthandwerkliche Luxusproduktion von Dingen ein, die sich nur Reiche leisten können, »überflüssige, nutzlose Spieldinge«.[18] Er vertritt die Sache des Funktionalismus, nach dem Dinge produziert werden, die der Gemeinschaft dienen, und er will die Gegenrevolution, »die Zerstörung des kommerziellen Systems«, das diskreditiert, untergraben und umgestürzt werden soll.[19] Die Arts-and-Crafts-Bewegung will »die Grenzen des Fabriksystems festlegen, die Maschine kontrollieren und in Arbeit und Leben zur Wirklichkeit zurückkehren«.[20] Es soll wieder mit den Händen gut und nützlich gearbeitet werden, man will »das ruhige Leben guter Bürger führen«, die keinen Reichtümern nachjagen, aber auch nicht »ständig in Furcht vor dem Armenhaus für sich und die Ihren leben müssen«.[21] Die Handwerksarbeit »braucht Zeit, Nachdenken, technisches Können und Spielraum zum Versuchen«.[22] Die Produkte entsprechen mithin nicht dem »Lebensbild des Engländers[, der] so durch die Mechanik des modernen Lebens verbogen worden ist, daß er schon nicht mehr anders kann, als alles nach Maschinenmaß zu messen«.[23]

Arts and Crafts wird zum sozialen Gegenbild der industriellen Revolution und ihrer »komplexen, künstlichen und oft zerstörerischen Einwirkung der Maschine und der Großstadt«.[24] Die Kontrolle der Maschine ist eine »ethische Forderung«. »In harten Zeiten«, so Ashbee, »haben die Dinge ›am Rande‹ [marginal things] zu verschwinden, und in dem Maße, wie die Künstler und Handwerker lediglich den Puscheln und Fransen am Leben der Gesellschaft dienen, mögen auch sie zu verschwinden haben«.[25] Aber Arts and Crafts werde zeigen, wie die Produktion zu regeln sei, welche Gegenstände richtig und welche falsch, was besser mit der Hand und nicht mit der Maschine gemacht werde. Ashbee sieht diese neue Zeit kommen, die vom Kunsthandwerk getragen werde. Das einfache Leben, das er für die Gesellschaft fordert, äußert sich in der »Urproduktion«, kochen, backen, Viehzucht, alles was zum Haus gehört.

> Sie müssen zwischen den Dingen unterscheiden lernen, die man haben muß, und denen, die man besser nicht haben sollte: Sie müssen lernen, einfach zu leben. Der Städter der Zukunft wird, denke ich, hauptsächlich

draußen auf dem Lande leben, und er wird mehr mit seinen eigenen Händen zu machen haben, als das jetzt der Fall ist. […] Kunst und Handwerk müssen ›zurück aufs Land‹.[26]

Muthesius: Die Maschine dient der Kunst

Hermann Muthesius, der Ideen der Arts-and-Crafts-Bewegung in seiner Londoner Zeit als Attaché für Architektur (1896–1903) aufnahm und nach seiner Rückkehr in Berlin als Geheimrat des Preußischen Handelsministeriums mit dem Auftrag, die preußischen Kunstgewerbeschulen zu reformieren, weiterentwickelte, hat ebenfalls die Durchsetzung sozialer Reformideen durch Kunst im Sinn, sieht jedoch die rückwärtsgewandte Sozialutopie eines Ashbee als Sackgasse.[27] In seinem Vortrag »Die Bedeutung des Kunstgewerbes« (1907) fordert er die Aufwertung des Kunstgewerbes in Deutschland durch Anpassung an die modernen Lebensformen.[28] Muthesius formuliert im Folgenden einen ersten Begriff von angewandter Kunst = Kunstgewerbe, der diese zum einen von Freier Kunst unterscheiden soll, zum anderen aber mit ›Kunst‹ einen hohen ästhetischen Anspruch an die maschinell erzeugten Gegenstände postuliert.[29]

Sein dringender Aufruf zu einer Reform setzt an der Funktion des zu gestaltenden Gegenstandes an: »Und so bildete es von vornherein den Hauptinhalt des modernen Kunstgewerbes, sich den Zweck eines jeden Gegenstandes zunächst einmal recht deutlich klarzumachen und die Form logisch aus dem Zweck zu entwickeln.«[30] Es geht ihm um das, was Max Bill später Materialgerechtigkeit nannte, Material, das dem Zweck und der Form des Gegenstandes angemessen ist. Für Muthesius folgten daraus drei Gestaltungsgrundsätze: »Zweck, Material und Fügung geben dem modernen Kunstgewerbler die einzigen Direktiven, die er befolgt.«[31] Muthesius' Grundsätze sind eine Kampfansage an eine Industrieproduktion, die das dem Prunkbedürfnis der Aristokratie des 18. Jahrhunderts nacheifernde, reiche Bürgertum bedient, anstatt »die Gesellschaftsklassen zur Gediegenheit, Wahrhaftigkeit und bürgerlichen Einfachheit zurückzuerziehen«,[32] wie er es für die Kunstgewerbeschulen fordert. Das mit diesem pädagogischen Ansatz reformierte Kunstgewerbe und der Hausbau werde einen Gesellschafts- und Kulturwandel zur Folge haben. Malerei, Skulptur und die grafischen Künste haben bereits Teil an dieser Bewegung, sie sei aber bisher nur von intellektuellen Kreisen getragen worden. Es gehe nun darum, »dass die neue Bewegung auch die gehörigen wirtschaftlichen Geleise findet«.[33] Doch von Seiten der Fabrikanten und Händler gebe es nur laute Protestbekundungen gegen die Reformbewegung und Versuche, diese zu verhindern. Der Kampf richtet sich gegen die Wirtschaftsmacht der Industrie, die »das große Publikum mit albernen Stilmoden«[34] des Historismus unterhält. Im Einklang mit der preußischen Wirtschaftspolitik, namentlich der Auffassung des Ministers für Handel und Gewerbe Theodor von Möller, sieht Muthesius »die Lösung der wirtschaftlichen Seite des neuen Kunstgewerbes [als] die dringendste Frage der Zeit.«[35] Und er verabschiedet einen Stilbegriff, der dem Zweck, Material und Konstruktion eines Gegenstandes vorgeschaltet ist: »Der Stil ist nicht etwas, was man vorwegnehmen kann, sondern er ist die große Zusammenfassung des aufrichtigen Strebens einer Zeitepoche. Es wird Aufgabe der Nachwelt sein, herauszufinden, welchen Stil unsere Zeit hatte [...].«[36]

Mit seiner Forderung nach Einfachheit und Abkehr vom Prunk schließt Muthesius an die Arts-and-Crafts-Bewegung an und nimmt explizit Bezug auf die in England bereits zur Selbstverständlichkeit gehörende »Gediegenheit«: »Keine Imitation irgend welcher Art, und jeder Gegenstand gebe sich als das, was er ist!«[37] Er fordert den Anschluss der Industrie an die Grundsätze der Reformbewegung und rechtfertigt dies mit Ressourcenverschwendung von Material und Arbeit. Als wirtschaftliche Folge der Reform prognostiziert er eine »Hebung der Qualität der deutschen Arbeit und zugleich [des] Ansehen[s] der deutschen Produktion auf dem Weltmarkt«.[38] Dies bedeutet nun die Abkehr von Arts and Crafts und die Hinwendung zur Maschinenproduktion, die durch einen »selbstständigen Geschmack« zur »überlegene[n], nationale[n] Kultur« werde.[39] Eine in Kunstdingen in der Welt völlig unbedeutende Nation – »der deutsche Ruf ist hier so tief gesunken, daß deutsch und geschmacklos fast identische Begriffe sind«[40] – werde mit der Reform des industriellen Kunstgewerbes zu Weltrang geführt werden. »Bei großen künstlerischen Qualitäten«, so lautet die Vision von Hermann Muthesius, »wird es einem Land leicht, im Kunstgewerbe als Führer aufzutreten, in Freiheit sein Bestes zu entwickeln und es der Welt gleichsam aufzuzwingen.«[41] Die künstlerische Reformbewegung wird somit Teil einer Konkurrenz der führenden Industrienationen, die zu Beginn des 20. Jahrhunderts nach nichts weniger als nach der Weltherrschaft streben. Von Handwerk ist hier nicht länger die Rede, Maschinenproduktion und ihre Nachteile für den Lohnarbeiter kein Anlass mehr zur Gegenrevolution wie bei Ashbee. Im Gegenteil ist die Maschine notwendig zur Durchsetzung von gestalterischen, nationalen, ökonomischen und globalen Machtinteressen und damit dient sie der Kunst, genauer: dem Kunstgewerbe.

Somit ist die Ausrichtung des Maschinenzeitalters im 20. Jahrhundert, der Anteil von Maschinen an Politik, Ökonomie, Verdinglichung, Entfremdung sowie Ware als kulturelles Massen- und Zielprodukt endgültig festgelegt.

Werkbundstreit: Kunst in der Industrieproduktion

In seiner Rede »Die Werkbundarbeit der Zukunft« anlässlich der Kölner Tagung und Ausstellung des Deutschen Werkbundes im Juli 1914 verschärft Muthesius seine Argumente und stellt in »Leitsätze« Forderungen, die ihm heftige Kritik seitens derjenigen Werkbund-Mitglieder einbrachten, die mit in kostspieliger Handarbeit gefertigten Luxusprodukten eine reiche Oberschicht bedienten, die ein elitäres Selbstverständnis aus Geniekunst-, Stil- und Traditionsbegriffen zog, wie es etwa Henry van der Velde, Muthesius' stärkster Gegenspieler in der als »Werkbundstreit« bekannten Auseinandersetzung, formulierte.[42]

Muthesius zeigt sich unzufrieden mit dem, was er auf der ersten Werkbund-Ausstellung zu sehen bekommt, er nennt es »Unentschiedenheit« und »Flauheit«, weshalb er die künstlerische Qualität aus seinen »Betrachtungen ausschalten« will.[43] Allerdings sieht er die ihn interessierenden Fortschritte in der Zusammenarbeit von Industrie und Mitgliedern des Werkbunds. Seine Argumentation verabschiedet nun einen traditionellen Kunstbegriff, den er für »zu prätentiös« hält, denn alles bekomme jetzt das Prädikat Kunst, sei es das Schaufenster, die Studentenbude oder der Männeranzug. Der inflationär gebrauchte Begriff Kunst komme von der »Unsicherheit und [dem] Gefühl geistiger Leere in allen Dingen des guten Geschmacks«, die sich in der zweiten Hälfte des 19. Jahrhunderts breitgemacht hätten.[44] Es gelte daher »das Innere der deutschen Normalwohnung« der »Reichgewordenen« von dem »Ungeschmack«, dem »prätentiösen Schund« zu reinigen.[45] Die Reichen bedienten eine »Fälscherindustrie« oder kauften sich die Dinge in Paris, London oder Rom. Auf diese Weise »werden enorme Kapitalien auf volkswirtschaftlich unfruchtbare Wege gelenkt«.[46]

Am Beispiel der Architektur zeigt Muthesius, dass eine Abkehr vom traditionellen Kunstbegriff nötig ist, um die Sache der Architektur und Gestaltung im industriellen Zeitalter voranzubringen. Während die freien Künste Poesie, Musik, Malerei und Plastik »ihren Zweck in sich selbst erfüllen«, dient die Architektur »dem praktischen Leben«.[47] »Exzentritäten« haben daher keinen Platz in der Architektur, sie veralten zu schnell. Gefordert sei daher »das Typische«, denn es führe »eine Einheitlichkeit des allgemeinen Geschmacks« herbei.[48] Es müsse sich »eine neue Ausdrucksform« bilden, die einer Zeit gerecht werde, in der

> alle Lebensverhältnisse gegenüber früheren Zeiten so total verändert sind, in der der internationale Austausch in geistiger wie materieller Beziehung an die Stelle örtlicher Beschränkung getreten ist, in der die Technik die Grenzen von Zeit und Raum fast überwunden hat, in der unerhörte Erfindungen unsere äußeren Lebensbedingungen total umgewandelt haben, daß eine solche Zeit auch in der Kunst ihre eigene Ausdrucksform haben muß. Denn mit der Internationalität unseres Lebens wird sich auch eine gewisse Gleichmäßigkeit der architektonischen Formen über den ganzen Erdball einfinden.[49]

In seinen bereits vor dieser Rede den Werkbundmitgliedern bekannten »Leitsätzen« fordert Muthesius nun Qualität, Geschmack, Stil und Fortschritt in einer typisierten Maschinenproduktion, die er als notwendig sowie mit Bezug auf den modernen Zeitgeist als unabdingbar anführt, um für die deutsche Kunstindustrie eine Spitzenstellung in der Welt zu erreichen. Die Argumentation stellt jetzt volkswirtschaftliche Gründe und den Willen, deutsche Kunstprodukte in der Welt als Spitzenprodukte zu etablieren, in das Zentrum der kommenden Bestrebungen des Werkbunds. So heißt es im neunten Leitsatz:

> Für einen etwaigen Export ist das Vorhandensein leistungsfähiger und geschmacklich sicherer Großgeschäfte die Vorbedingung. Mit dem vom Künstler für den Einzelfall entworfenen Gegenstand würde nicht einmal der einheimische Bedarf gedeckt werden können.[50]

Und das Fazit in Leitsatz 10 lautet:

> Aus nationalen Gründen sollten sich große, nach dem Ausland arbeitende Vertriebs- und Verkehrsgesellschaften jetzt, nachdem die Bewegung ihre Früchte gezeitigt hat, der neuen Bewegung anschließen und die deutsche Kunst mit Bewußtsein in der Welt vertreten.[51]

Das Postulat eines völlig unzulänglichen Kunstgewerbes und die daraus gezogenen Schlussfolgerungen für die industrielle, volkswirtschaftlich und national nutzbringende Kunstproduktion setzen sich vor das schöpferische Individuum, das einzelne Werke, genannt Kunst, fertigt. Ein Qualitätsbegriff für Gestaltung, der sich mit dem Prädikat Kunst in Kunstgewerbe beschreiben lässt, resultiert hier erstmals aus dem Einklang mit den technischen Produktionsbedingungen und der für einen Weltmarkt vorgesehenen Massenproduktion.

Die Kritik seitens derjenigen Werkbundmitglieder, die das Prädikat Kunst für sich reklamierten, war, wie gesagt, heftig.[52] Sie hatte verschiedene Stimmen, die sich um den Mäzen und Gründer des Hagener Folkwang-Museums Karl Ernst Osthaus versammelten. Ihr Wortführer war Henry van de Velde, der im Anschluss an Muthesius' Werkbund-Rede *Gegen-Leitsätze* vortrug, die den Kunstbegriff an den Künstlerbegriff binden, der als »glühender Individualist, freier spontaner Schöpfer [...] seine Gedanken bis zu einem freien Ende [durchdenkt]« und instinktiv allem misstraut, »was seine Handlungen sterilisieren könnte«.[53] Van de Velde setzt einen individuellen Stilbegriff gegen bzw. vor die von Muthesius geforderte Typisierung. Stil geht, so van de Velde in Gegen-Leitsatz 2, aus einem Zeitgeist hervor, dem sich der Künstler bewusst oder unbewusst unterordnet. Setzt sich der Stil dann allgemein durch, ist dies ein Indiz für das Erlahmen der »individuellen Anstrengungen«, die »Nachahmung fängt an« und die Herstellung ist nicht mehr vom »schöpferischen Impuls« getrieben: »die Zeit der Unfruchtbarkeit ist eingetreten«.[54] »Das Verlangen, einen Typ noch vor dem Werden eines Stils entstehen zu sehen, ist geradezu dem Verlangen gleichzusetzen, die Wirkung vor der Ursache sehen zu wollen. Es heißt, den Keim im Ei zu zerstören.«[55] Am Ende des Kunstprozesses steht die »heimische Qualität« und der Vorrang Deutschlands in der Welt: »Deutschland [...] hat den großen Vorzug, noch Gaben zu haben, die anderen älteren, müderen Völkern abgehen, die Gaben der Erfindung, der persönlichen geistreichen Einfälle.«[56]

Im Werkbundstreit scheidet sich ein am Genie-, Schöpfungs-, Erfindungs-, Freiheits-, National- und Stilbegriff geschulter Kunstbegriff des Idealismus von einem neuformulierten Begriff der Gestaltung, der technischen Fortschritt, Maschinenproduktion und Zweckmäßigkeit von Gegenständen mit einem ästhetischen Qualitätsbegriff zusammenbringt. Es scheiden sich mithin Kunst und Design.[57]

FERNAND LÉGER: KUNST VOLLENDET DIE MASCHINE

Im Jahr 1923 verkündet Fernand Léger, als Erster »mechanische Elemente« für seine »bildgestaltenden Absichten nutzbar« gemacht zu haben.[58] Das Maschinenzeitalter ist nun längst im Kunstdiskurs der Avantgarden angekommen und setzt in der Nachkriegszeit enorme Energien frei, jedoch mit unterschiedlichen Vorzeichen.[59] Léger, ein Maschinenenthusiast, sieht die Kunst in Konkurrenz mit den »prächtigen Erzeugnissen des Maschinenzeitalters«, die ein Gemälde »an Schönheit nicht [nur] aufwiegen, ja übertreffen« sollen.[60] Im Maschinensujet und der -ästhetik seiner Bildkunst bringt Léger die verschiedenen Kunstströme der Avantgarden zur Synthese.[61] Im Anschluss an den Kubismus will er mit »deformierender Darstellung [...] einen Zustand durchgestalteter Intensität [...] erreichen und damit über die Erscheinungsformen der meisten Industrieerzeugnisse hinausgelangen«.[62] Wie die Futuristen verabschiedet er die alte Kunst in den Museen und preist die Schönheit des Automobils: »Je mehr das Automobil seinem Zweck entsprach, desto schöner wurde es.«[63] Mit Muthesius' Einstellung im Werkbund verbindet ihn die »Geburt einer neuen Handwerkskunst«, und er kritisiert wie dieser

> ›Kunsthandwerkproduzenten‹ [...], die sich – wie mir scheint, zu Unrecht – um eine Massenproduktion von Luxusartikeln bemühen und darauf bedacht sind, den Umsatz zu steigern, indem sie eine künstliche Hierarchie der Gebrauchsgegenstände etablieren.[64]

Léger vertraut der Maschine mehr »als dem von seiner Phantasie und Eigenwilligkeit besessenen ›Genie‹ mit Künstlermähne und extravagantem Halsgebinde.«[65] Dies richtet sich gegen die Werkbund-Position von Henry van de Velde und dessen Verbündeten. Der Maler feiert wie schon der Flaneur bei Baudelaire die modernen Erzeugnisse der Großstadt Paris. »Die Straße ist zu einem permanenten Schauspiel von wachsender Intensität geworden.«[66] Auch hält er nichts von einer Hierarchisierung der Künste. Ein Schaufensterdekorateur, der mit »Sorgfalt und Akribie ein neues Fenster komponier[t]«, habe »eine fest verankerte Kunstauffassung, die sich irgendwie mit [seiner] Geschäftstüchtigkeit deckt, einen Sinn für eine neue Gestaltungsweise, welche den Vergleich mit keiner der bisherigen künstlerischen Ausdrucksformen zu scheuen braucht.«[67] Die Kunst liegt gewissermaßen auf der Straße und die Menschen, die Maschinen bedienen, die »metallene Einzelteile zu bewundernswerten Bildflächen zusammenkomponiert, aus Licht und Lettern verblüffende Kaskaden geschaffen und die gewaltigen, grimmigen Maschinen gebaut hatten«, verstehen und erfühlen gar nicht, »daß *sie* die wirklichen Künstler sind und die Voraussetzungen der neueren Kunst samt und sonders von Grund aus verändert haben«.[68] Die »Professionellen«, also die Künstler, hingegen verderben alles mit ihrem »aufgeblähten Individualismus«, »ihr Stolz bringt die Kunst zum Verdorren«.[69] Léger hält sie für so dekadent wie die Renaissance und diejenigen seiner Kollegen, die im Louvre die *Mona Lisa* kopieren.

Der moderne Künstler kopiert nicht, auch nicht Maschinen – dafür steht das Gemälde *Élément mécanique* aus den Nachkriegsjahren (Abb. 1).[70] »Ich schaffe Maschinenbilder, so wie andere dank ihrer Phantasie Landschaften erfinden. Das mechanische Element ist für mich [...] eine willkommene Möglichkeit, bildnerisch meine Erfahrung von Kraft und Gewalt zu vermitteln.«[71] Die Dampfmaschine wird zum Motor der Kunstschöpfung. Dies entspricht der Aufbruchsstimmung der Nachkriegszeit.[72] Der als brutaler Maschinenkrieg geführte Erste Weltkrieg ließ das Maschinenzeitalter in Friedenszeiten nicht nur erst richtig beginnen, sondern es findet seine Fortsetzung unter friedlichen Bedingungen: »Der Kriegszustand scheint mir

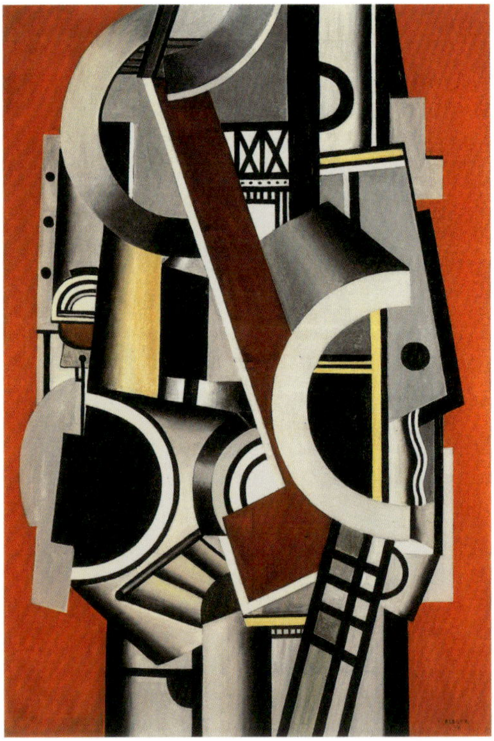

Abb. 1: Fernand Léger, *Élément mécanique* (Mechanisches Element), 1924, Öl auf Leinwand, Musée national d'art moderne, Centre Pompidou, Paris.

weit normaler und wünschenswerter zu sein als der Friede«, schreibt Léger, er ist »das Leben im beschleunigten Rhythmus.«[73] Léger feiert die Maschine für ihre übermenschliche Energie, die die Straßen überflutet. »Dort sieht man die Menschen und Dinge in ihrer ganzen Intensität und Hypertrophie, kann sie von allen Seiten angehen und erlebt sie genau, wie sie sind: zum Zerplatzen gespannt.«[74] In einer Ästhetik des »Kontrastschocks« findet die energiegeladene Spannung ihren zeitgemäßen Ausdruck:[75] »riesige Reklametafeln mit ihren schreienden Farben und schwarzen Drucklettern [zerschneiden] hart und trocken die lyrische Landschaft.«[76] Der »weich modellierte Rauch«, der »zwischen den mechanischen Elementen der Fabrikanlage oder der Nüchternheit der modernen Gebäude aufsteigt«, wirkt schockierend.[77] Das alles will gemalt, es will ästhetisch neu erfunden werden, und das ist die Aufgabe der Kunst. Das »mechanische Element« ist »nicht Ziel, sondern Mittel zum Zweck«.[78] Das Gemälde »folgt fast den gleichen geometrischen Notwendigkeiten wie jede objektive (industrielle oder kommerzielle) Schöpfung des Menschen.«[79] Die Kunst steht in Konkurrenz mit den industriell gefertigten Gegenständen:

> [Sie] muß es ebenso gut oder besser machen. Denn daß geometrische Bezüge, Volumen, Linien und farbige Flächen – man denke an Flugzeuge, Automobile, landwirtschaftliche Maschinen und hundert andere im Handel erhältliche Dinge – schön sein können, steht außerhalb jeder Diskussion. Wären sie es aber immer, hätte der Künstler ausgespielt.[80]

Der Künstler versteht sich somit als Vollender der Maschinenästhetik mit den ihm eigenen Fähigkeiten – die Kunst selbst soll nicht nur ihren Triumph aus den Maschinen ziehen, sie wird mit ihrer Hilfe die Tradition überwinden, um in die Zukunft aufzubrechen. Doch vergisst der Maschinenenthusiast Léger ganz, dass seine Bilder Öl auf Leinwand, mithin recht traditionell von Hand, gemalt sind, wie die *Mona Lisa*, die er als rückständig verachtet.

PROGRAMMIERUNG ALS KUNST

An der Maschine spaltet sich die westliche Welt in EnthusiastInnen und SkeptikerInnen. Welche Rolle spielt nun Kunst, als in den 1930er-Jahren in Deutschland und den USA gleichzeitig die ersten Computer entwickelt wurden? Zunächst gar keine, denn die ersten Computer waren in Theorie und

Praxis kunstferne Maschinen. Sie sollten schnell und effektiv Rechenoperationen durchführen und nicht Bilder machen. Das änderte sich, als Anfang der 1950er-Jahre die ersten serienproduzierten Computer in den Forschungseinrichtungen amerikanischer Unternehmen entwickelt und in den technischen Universitäten verfügbar wurden. Doch bevor ab 1965 Computer mit der Absicht programmiert wurden, neue Kunst hervorzubringen,[81] produzierte 1957 ein IBM-Computer für 17 Sekunden eine Melodie, eine programmierte Klangfolge, die am Beginn der Computermusik steht.

An der Technischen Hochschule Stuttgart kam es am 5. Februar 1965 zur ersten Ausstellung von »computer-grafik« in den Räumen des Ästhetischen Kolloquiums von Max Bense, Professor für Philosophie und Wissenschaftstheorie. Georg Nees, Mathematiker und Physiker, der bei Bense Philosophie studierte und von ihm promoviert wurde, zeigte seine mit Algol 690 programmierten Grafiken.[82] In dem Begleitheft zur Ausstellung, *rot 19*, beschrieb er die Programme, die den Grafiken zugrunde lagen, und erklärte ihre Herstellung mit Hilfe einer Digitalrechenmaschine zur Erzeugung von Steuerlochstreifen sowie einem lochstreifengesteuerten Zeichentisch.

> jede grafik besitzt zufällige parameter. das programm zur einzelnen grafik wiederholt generierende grundoperationen so, dass die blossen wiederholungen die ästhetische redundanz, die zufälligen parameterwerte bei jeder wiederholung die ästhetische unwahrscheinlichkeit der grafik erzeugen.[83]

Max Bense legte in demselben Heft ein erstes Konzept von »generativer Ästhetik« dar, das Frieder Nake, Kommilitone von Nees und wie dieser Pionier der generativen Ästhetik, später als »Manifest der Computerkunst« bezeichnen wird.[84] In diesem Text zieht Bense eine Analogie zur Generativen Grammatik von Noam Chomsky, da sie, »wie diese, sätze eines grammatischen schemas, realisationen einer ästhetischen struktur liefert.«[85] Der Text formuliert ganz explizit einen Kunstanspruch der generativen Ästhetik, denn diese leitet ihre »ästhetischen Strukturen aus vorgegebenen kunstwerken« ab.[86] Bense unterscheidet vier Methoden, die zur »herstellung ästhetischer strukturen verwendet werden können: die semiotische, die klassifizierend vorgeht, und die metrische, statistische und topologische, die numerisch und geometrisch orientiert sind.«[87] Das semiotische Verfahren sei »zur semantischen analyse eines kunstwerks [...] unerlässlich«.[88] Das metrische Verfahren bedient sich »kunsttheoretische[r] proportionslehren«, um »den makroästhetischen aufbau eines kunstobjekts, also die komposition der ›gestalt‹, der ›figur‹, der ›form‹ [zu erreichen].«[89] Das statistische Verfahren »erreicht vor allem den mikroästhetischen aufbau eines kunstwerks und präpariert [...] sein ›prinzip verteilung‹. das topologische Verfahren schliesslich bezieht sich vorwiegend auf die ›mengen‹ von elementen, die das künstlerische objekt konstituieren [...].«[90]

Das »effektive ziel des systems generativer ästhetik«, so fasst Bense sein ästhetisches Programm informationstheoretisch zusammen, besteht in der Erzeugung von »prinzipien«, die »hervorrufen, was wir als ›ordnungen‹ und ›komplexität‹ makroästhetisch und als ›redundanzen‹ und ›information‹ mikroästethisch am kunstwerk wahrnehmen.«[91] Hauptintention der so formulierten generativen Ästhetik ist also die Erzeugung von Strukturen, Bauplänen von ästhetischen Grundsätzen, welche bereits in der Kunst anzutreffen sind, durch »theoreme und programme«. Kunst soll auf diese Weise berechenbar werden.

Die errechneten ästhetischen Strukturen unterscheiden sich von materieller Kunst, insofern sie »›ästhetische information‹ enthalten« und »innovationen aufweisen«, welche »nur eine wahrscheinliche, keine definitive wirklichkeit darstellen«.[92] Georg Nees konkretisiert dieses Konzept und fabriziert damit Bilder auf Papier. In dem in *rot 19* abgedruckten *bild 5* beschreibt er das Programm als Befehl für den lochstreifengesteuerten Zeichentisch, der ja Ausführender von *bild 5* ist (Abb. 2): »wähle auf dem zeichenblatt ein andreaskreuz als bezugssystem. bestimme zwei schmale gebiete als umgebungen der balken des andreaskreuzes. zeichne in jedes gebiet 50 strecken zufälliger lage.«[93] Einen ihm unterlaufenen Programmierfehler kommentiert Nees als zu den »im doppelten sinne unwahrscheinlichkeiten« gehörend, die zudem »merkwürdige redundanzen des bei der erzeugung aller grafiken benutzten digitalen pseudozufallsgenerators« zeigen.[94]

Die Programmierung von Strukturen macht das jeweilige Ergebnis des »bildes« unvorhersehbar oder, wie Bense es formuliert, zu »von einer norm abweichende[n] wahrscheinlichkeiten«.[95] Die Kunst liegt folglich in der Programmierung dieser Unwahrscheinlichkeiten, die später Virtualität genannt wird.[96] Programmierung von Unwahrscheinlichkeiten war von nun an der Schlüssel zum Kunstgeheimnis der Computergrafik – sie sollte Irrationalität und Intuition in den Kunstprozessen traditioneller Künstler mit rationalen Methoden simulieren.[97] *bild 5* an der Wand ist nur eine von unendlich vielen Varianten, die das Zufallsprogramm auf dem Zeichentisch materialisiert. Der Computergrafiker Nees wählt nun eine davon aus, die ihm kunstähnlich schien, und erwies sich damit als kreativer Künstler im objektiven Kunstprozess der Maschine.

Ein Mondrian wird programmiert

Frühe ComputergrafikerInnen sahen sich von Kunstpositionen der Avantgarden herausgefordert. Einigen der PionierInnen stellte sich die Frage, ob man Programme schreiben kann, die Bildern der Avantgardekunst in der Weise ähneln, dass sie mit dem Original verwechselt werden können. Kunstähnlichkeit war das Ziel. Die Programmierentwicklung und Einrichtung der geeigneten Hardware waren eine Herausforderung und das kunstähnliche Ergebnis sollte ein Triumph über die Kunsttradition werden.[98] So jedenfalls kann man A. Michael Nolls Experiment verstehen, einen Mondrian zu programmieren. Noll, Elektroingenieur in den Bell Telephone Labs in Murray

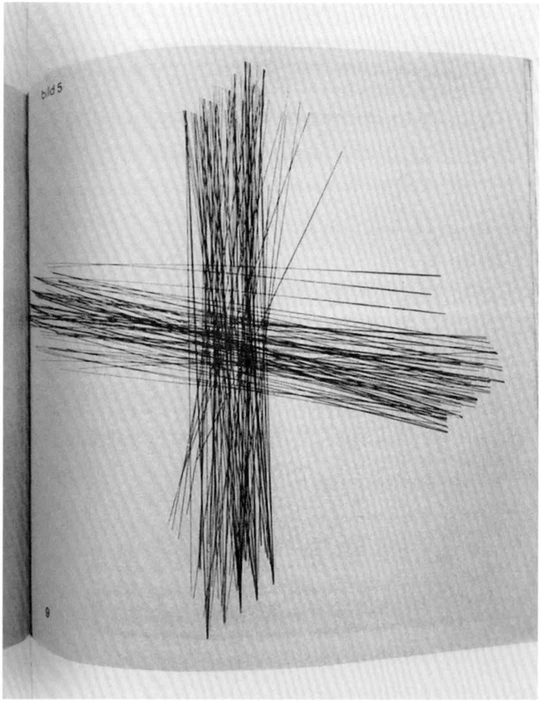

Abb. 2:
Georg Nees, *bild 5*,
Computergrafik.

Hill, New Jersey, programmierte 1964 einen IBM 7094 Computer in der Weise, dass mit Hilfe eines Mikrofilmplotters das Bild *Computer Composition with Lines* erzeugt wurde, das Piet Mondrians *Composition with Lines*, 1917, Otterlo, Kröller-Müller Museum, ähnelt (Abb. 3 und 4).

Beide Bilder legte Noll in Form von Fotokopien hundert MitarbeiterInnen der Bell Labs vor, die anhand von drei Fragen entscheiden sollten, bei

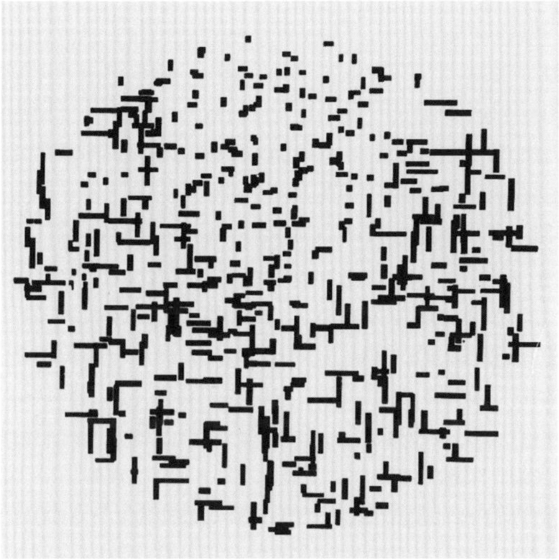

Abb. 3: A. Michael Noll, *Computer Composition with Lines*, 1964, IBM 7094, Mikrofilmplotter, Bell Telephone Labs Murray Hill, New Jersey.

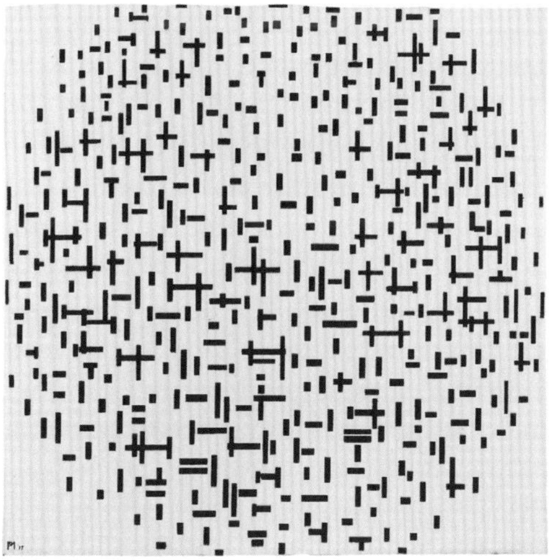

Abb. 4: Piet Mondrian, *Composition with Lines*, 1917, Kröller-Müller Museum, Otterlo.

welchem Bild es sich um das Mondrian-Original handele. Das Ergebnis des Experiments publizierte Noll 1966 in der Zeitschrift *The Psychological Record*.[99] Mit Bezug auf den Turingtest arbeitete Noll heraus, dass die von ihm befragten BildbetrachterInnen nicht in der Lage waren, eindeutig zu entscheiden, welche der beiden Fotokopien den echten Mondrian reproduzierte, obwohl sie vorher in Kenntnis darüber gesetzt waren, dass eines der Bilder mit einem Computer erzeugt worden war. Eine der drei Fragen stellte die BetrachterInnen vor die Entscheidung, welches der beiden Bilder sie aus welchen Gründen bevorzugten. Das Ergebnis der Befragung war geradezu niederschmetternd – für die Kunst. Von den 100 BetrachterInnen bevorzugten 59 % das Computerbild und identifizierten nur 28 % den Mondrian als das Original. Bei den unter 30-Jährigen waren es sogar 69 % zu 18 %. LiebhaberInnen abstrakter Kunst votierten 76 % zu 26 %.

Hatte die Kunst gegen die Maschine verloren? Die Frage ist anhand dieser Statistik gar nicht zu beantworten. Zunächst einmal war die Ausgangssituation für die Kunst unfair, denn Malerei war in höchst reduktiver Weise als fotografierte Reproduktion auf ihre ›nackte‹ Form vermindert. Kein Pinselstrich war mehr sichtbar, dafür unregelmäßig auf einer weißen Fläche verteilte horizontale und vertikale Strichlagen. Diese mussten es nun aufnehmen gegen ein ›ähnliches‹ Bild, das ebenfalls – aber in signifikant anderer Weise – schwarze Striche vertikal und horizontal verteilte.

In seinem Artikel interpretierte Noll das auch ihn erstaunende Ergebnis und räumte ein, dass die BetrachterInnen nur Kenntnis vom Vorhandensein eines Originals und einer computergenerierten Variante (denn eine Kopie kann man das Bild ja nicht nennen) hatten und keine KunstkennerInnen waren. Unter ihnen befanden sich 69 TechnikerInnen und 31 BetrachterInnen, die zwar keine technische Ausbildung hatten, aber eben auch keine ausgesprochenen KunstkennerInnen waren. Vor allem die technikversierten, aber auch viele der nicht technisch vorgebildeten BetrachterInnen, so stellt Noll richtig fest, waren davon überzeugt, dass ein Computer besser in der Lage sei, vertikale und horizontale Strichlagen in regelmäßiger Anordnung auf einer Bildfläche zu verteilen: Im Vergleich ist es jedoch der Mondrian, der gegenüber der Computergrafik in schöner, wenngleich nicht regelmäßiger Verteilung, so doch in einer Anmutung regelmäßiger Verteilung horizontale und vertikale Strichlagen auf der Bildfläche anordnete (Abb. 4)! Das Programm der Computergrafik verteilte im Ergebnis die Striche chaotischer und weist an einigen Stellen geradezu unschöne

Strichcluster auf, die im Original nicht vorkommen (Abb. 3). Noll hatte wohl vergessen zu programmieren, dass die Striche – wie beim Mondrian – immer in einem Abstand zueinander gezeichnet werden sollten. Die in der Kunstbetrachtung nicht versierten BetrachterInnen trauten also dem Computer, der für die Perfektion seiner Rechenleistung stand, folglich auch mehr Ordnung zu als der Kunst – das aber leistete Mondrians Hand. Insofern verkannten sie das Kunstvorbild und hielten die ästhetisch minderwertiger zu nennende Computergrafik für das Original. Das Ergebnis der Befragung war schon eine starke Beleidigung für Mondrians sichere Hand und Komposition. Diejenigen, die den Mondrian korrekt identifizierten, der Computergrafik aber den Vorzug gaben, waren in der überwiegenden Zahl männlich und jünger als 30. Es steht zu vermuten, dass die technikaffine, junge Generation von der Leistung des Computers am meisten beeindruckt war.

Noll schließt seine Interpretation mit der Feststellung, dass sein Experiment Resultate eines intellektuellen, nicht-emotionalen Bemühens eines Computers, der Muster eines Malers produziert, mit einem Kunstwerk vergleicht, das dafür steht, Emotionen und Mystik seines Urhebers auszudrücken. Er gibt dann auch zu, dass der Computer die Muster viel regelloser auf der Bildfläche platziert hat als Mondrian, ist sich aber sicher, dass künftig eine genauere Programmierung ein dem Mondrian ähnlicheres Ergebnis erzielen wird.

Seine Schlussfolgerungen aus dem Experiment sind für die Kunstgeschichte gravierend und für das Konzept der frühen Computergrafik entlarvend: Noll hegt Zweifel an der Wichtigkeit des künstlerisch-historischen Milieus und des emotionalen Verhaltens eines Künstlers oder einer Künstlerin in Bezug auf die Kommunikation von Kunst mit ihren BetrachterInnen. Mit anderen Worten traut er der Kunst und speziell der Mondrian-Kunst diesbezüglich nicht mehr zu als seiner »Programmier-Kunst«. Damit folgt er der Absicht einer »rationalen Ästhetik«, wie sie Herbert W. Franke vertrat: Schönheit zu errechnen und zu programmieren. Überhaupt, so argumentiert Noll weiter, seien sich auch die KunstkennerInnen nicht darüber einig, ob Kunst durch irgendwelche Zuschreibungen von Eigenschaften definiert werden kann. Letztlich bezogen Noll und andere Computergrafik-PionierInnen ihr Selbstbewusstsein aus der Tradition eines dehnbaren Kunstbegriffs, den die Avantgarden durchgesetzt hatten. Sie konnten sich somit sicher sein, dass der Computer als Medium wie jedes andere, traditionelle Werkzeug zur Kunstproduktion beitragen werde.

Prognosen für die Kunst im Zeitalter des Computers

In seiner 1971 publizierten Monographie *Computergrafik Computerkunst*, der ersten umfassenden Darstellung des neuen, die Zukunft versprechenden Kunstmediums, schließt der Physiker, Computerkünstler und spätere Science-Fiction-Autor Herbert W. Franke mit einem Angriff auf die Kunst: »Wenn man anerkennt, daß der Herstellungsprozeß von Kunstwerken formalisierbar, mathematisierbar und programmierbar ist, bleibt nichts von jenem Geheimnis übrig, das früher mit Kunst verbunden war.«[100] Kunst erscheint hier bereits im Präteritum. Der Autor ist überzeugt, dass ein neues Zeitalter beginnt, das die an den Kunstbegriff gebundene – herausragende – Kreativität eines Individuums, Intuition, Emotion und Subjektivität verabschieden wird. Diese werden zum »Glaubensersatz«, da sich nicht nachweisen lasse, dass eine KünstlerIn »Informationen auf das Publikum [übertrage], die anders nicht ausgedrückt werden können.«[101] Kunst ist demnach Information und diese ist programmierbar. »Werkbegriffe wie ›Original‹ oder ›Unikat‹«[102] sollen »hinfällig« werden – dafür steht das Mondrian-Experiment von Noll. Computergrafik soll die Massen erreichen, denn die Möglichkeit der Vervielfältigung macht das Produkt billiger. Die Serienproduktion von Computergrafiken werde

> notwendigerweise die Zerstörung des Nimbus, der ›Aura des Kunstwerks‹ mit sich [bringen], und zwar sowohl als die geniale Einzelleistung handwerklicher Vollkommenheit, als die das Kunstwerk heute noch gesehen wird, wie auch als Repräsentationsgegenstand und Standardausweis für eine privilegierte Schicht.[103]

Es wiederholt sich hier der Diskurs, den wir bereits von Muthesius kennen, doch wird die Rhetorik schärfer:

> Das Kunstwerk [tritt] dann unverhüllt als das auf, was es heute nur sein kann: als Verbrauchsgegenstand zu intellektuellem Verbrauch in großen Mengen, vergleichbar dem Taschenbuch oder der Zeitung, die auch nach dem Verbrauch weitergegeben oder vernichtet werden.[104]

Dies trifft ins Zentrum von verschiedenen Kunstströmungen in den USA und Europa, u.a. die der *Neuen Tendenzen* seit den 1960er-Jahren:

> Entmystifizierung der Kunst, Aufwertung der Kunst im Verhältnis zu den Natur- und Ingenieurswissenschaften, Emanzipation des Individuums durch die bewusste und konstruktive Teilhabe an der technisch-wissenschaftlichen Zivilisation und Demokratisierung der Kunst unter den Bedingungen der Konsumgesellschaft waren utopische Motive, die in unterschiedlichen Begriffen in Europa und den USA formuliert wurden.[105]

Computerkunst wurde in dieses Arbeitsprogramm aufgenommen. Was KunststudentInnen folglich noch lernen müssen, ist das Programmieren. Als wesentlich aber erscheint Franke, »daß der Unterschied zwischen dem Produzenten von ›hoher Kunst‹ und angewandter Kunst verschwinden wird.«[106] Künftig gehe es vornehmlich um die »Visualisierung von Information« durch Computer, die »vernetzte Zusammenhänge« darstellen können.[107] Es gelte jetzt noch »Regeln für die vernetzte Informationsübermittlung« aufzustellen.[108] Informationsübermittlung geschieht ausschließlich über das Auge, welches »die größte Zuflußkapazität für Information besitzt« und darin den übrigen Sinnen überlegen ist.[109] »Ästhetische Ziele«, gemeint ist das, was vormals Kunst genannt wurde, werden in der »Visualisierung zum Zwecke der Informationsübermittlung« aufgehen.[110] Es brauche dann auch keine Trennung der Bildungsanstalten in Akademien, Werkkunstschulen und dergleichen. Es ging Franke explizit um die Nichtung des traditionellen (vormaschinellen) Kunstbegriffs:

> Eine nüchterne Betrachtungsweise des Phänomens Kunst wirft auch die Frage nach dem Zweck neu auf. Da die Kunst ihren religiösen Inhalt verloren hat und da sie auch als Mittel der Informationsübermittlung in Frage gestellt ist [...], ist sogar zu überlegen, ob freie Kunst überhaupt noch Sinn in unserer Gesellschaft hat.[111]

Aber so weit will Franke dann doch nicht gehen. Er gesteht Kunst noch eine Randfunktion zu, nämlich »wichtige Fähigkeiten des Wahrnehmens und des Erkennens« wachzuhalten.[112] Franke begrüßt den Massenkonsum durch maschinelle Reproduktion, denn er hält es für gleichgültig, ob »Denkleistungen« vor dem Original oder einem Massenprodukt herausgefordert werden.[113]

Im beginnenden computergesteuerten Informationszeitalter hat eine alle Sinne affizierende Kunst keinen Wert mehr. Menschliche Wahrnehmung wird auf den Zweck der Informationsverarbeitung des Gehirns via Auge reduziert, die restlichen Teile des Körpers erscheinen nicht nur entbehrlich, sondern existieren gar nicht mehr. Auch Institutionen wie Kunstmuseen werden zu »veralteten Praktiken«, denn zukünftig, so Franke, werden alle Haushalte Zugriff auf Datenbanken und Computernetze über Datensichtgeräte haben, welche dann wahrscheinlich das Fernsehgerät ersetzen.[114] Darin sollte Franke recht behalten – doch Kunst im traditionellen Sinne, Kunstakademien, Museen und Galerien gibt es auch heute noch.

KI-KUNST ODER WIE DER COMPUTER MALEN LERNTE

Am Art and Artificial Intelligence Lab (AAIL) der Rutgers University in New Jersey arbeitet der Informatiker Professor Ahmed Elgammal seit 2012 an der Erfindung von Kunst-Algorithmen. Elgammal programmierte ein Creative Adversarial Network (CAN), in das er 80.000 Digitalisate von Gemälden des 15. bis 20. Jahrhunderts einspeiste (Abb. 5).[115]

In der CAN-Entwicklung stecken viele Stunden harter Programmierarbeit, denn es kommt, wie das Mondrian-Experiment gezeigt hat, nicht sofort

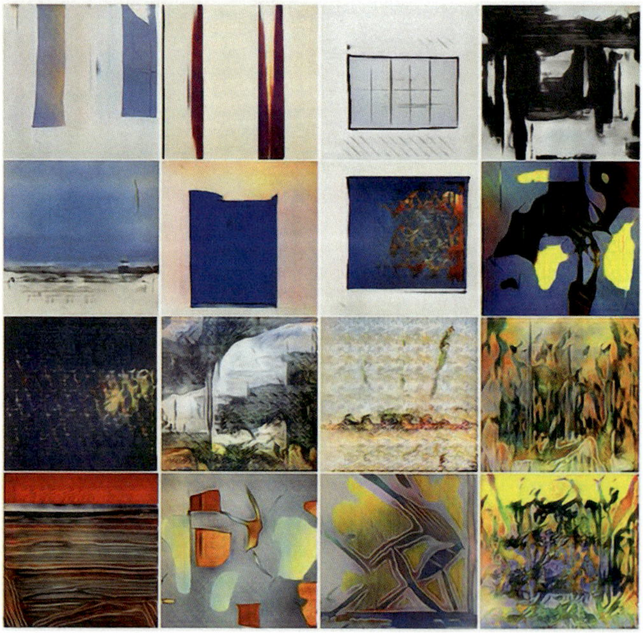

Abb. 5: Ahmed Elgammal, Example of AICAN generations, 2016.

zu befriedigenden Ergebnissen. Doch schließlich wird die Arbeit belohnt: »The machine developed an aesthetic sense. It learned how to paint.«[116] – Das Bild sieht jetzt so aus, als hätte es ein Mensch gemalt, womit das Ziel der CAN-produzierten Digitalästhetik benannt ist. Die Programmierung von »stilistischer Ambiguität« und »Abweichung von Stilnormen« soll digitale Kreativität erzeugen oder, emotionaler ausgedrückt: »Wow! If this was in a museum, you would love it.«[117] Interessant ist auch die kunstwissenschaftliche Expertise des Computers, die der KI-Künstler prägnant formuliert:

> Since the algorithm works by trying to deviate from style norms, it seems that it found the answer in more and more abstraction. That's quite interesting, because that tells us that the algorithm successfully catches the progression in art history and chose to generate more abstract works as the solution. So abstraction is the natural progress in art history.[118]

Stilabweichungen in der Kunst, so bringt Elgammal das ihn befriedigende Output seines Algorithmus mit Martindales *The Clockwork Muse: The Predictability of Artistic Change* (New York 1990) auf eine Kurzformel, wurden von KünstlerInnen erfunden, um das »Erregungspotenzial« der SammlerInnen und GaleristInnen zu steigern. Der Triumph über die Computergrafik der 1960er-Jahre wird jedoch darin gesehen, dass zum ersten Mal: »A.I. has completely expunged humans from the real-time creative loop.«[119] Neu im Diskurs ist die Verbannung des Menschen aus dem Kunstprozess, doch stellt sich die Frage, wer das getan hat. Manchen SkeptikerInnen aus der digitalen Kunstwelt, wie Michael Connor, der die Digital-Art-Plattform *Rhizome* betreibt, sind Elgammals Imitationsversuche nicht kreativ genug. Sie bringen Kunst hervor, wie jede KunstfälscherIn: »This kind of algorithm art is like a counterfeit. It's a weird copy of the human culture that the machine is learning about.«[120] Doch Elgammal meint (wie Noll im Mondrian-Experiment), dass die Codes in der Zukunft besser werden:

> By digging deep into art history, we will be able to write code that pushes the algorithm to explore new elements of art. [...] We will refine the formulations and emphasize the most important arousal-raising properties for aesthetics: novelty, surprisingness, complexity, and puzzlingness.[121]

In diesem Satz vereinen sich nicht nur alle historischen Kunstdiskurse. Der Satz zeigt auch, wie sehr der Kunstbegriff bis heute an der Moderne haftet: In der Zukunft wird alles besser – auch die Kunst, die jedoch in die Hände des Computers gegeben wird.

MENSCH GEGEN MASCHINE

Im Durchgang durch mehr als hundert Jahre Maschinenkunstgeschichte hat sich die sukzessive Umformulierung eines Kunstbegriffs gezeigt, die mit der Umformung von Kunstgegenständen einhergeht. In diesem Kunstdiskurs sollte die Maschine gegenüber der Handarbeit immer mehr an Einfluss gewinnen. Infolge der industriellen Revolution fühlten sich Künstler und Handwerker der Arts-and-Crafts-Bewegung an den Rand der Gesellschaft gedrängt, die sogenannte ›angewandte‹ Kunst war damals noch nicht streng von der freien Kunst getrennt. Die Kunsthandwerker empfanden die Lohnarbeit an der Maschine als »Sklaverei« und forderten die Rückkehr zu einem selbstbestimmten, »einfachen Leben«, zur Handarbeit. Nach 1900 forderte Hermann Muthesius, getrieben von den wirtschaftspolitischen Interessen des preußischen Staates, entschieden die maschinelle Herstellung von Kunstgegenständen im Kunstgewerbe. Die deutsche Nation sollte durch eine leistungsstarke Kunstindustrie international nicht nur wettbewerbsfähig werden, sondern die Vorherrschaft übernehmen. In den 1920er-Jahren sah sich der Maler Fernand Léger von der Maschinentechnik und -ästhetik der Nachkriegszeit so herausgefordert, dass er diese durch Malerei übertreffen wollte. Im Informationszeitalter wurde ab den 1960er-Jahren argumentiert, dass Bilderzeugnisse, die mit Hilfe eines Computerprogramms entstanden sind, als Kunst bezeichnet werden müssen. Der auf Computergrafik angewandte Turingtest sollte bei Michael Noll den Beweis für Kunst erbringen. Im Zeitalter der Künstlichen Intelligenz, das in den 1950er-Jahren begann und im ersten Jahrzehnt des 21. Jahrhunderts mit »künstlichen neuronalen Netzwerken«, die aus der massenhaften Eingabe von Daten selbsttätig zu lernen im Stande sind, einen vorläufigen Höhepunkt in der technischen Entwicklung erreicht, wird die Kunstfrage ebenfalls an die Simulation von traditioneller, handgefertigter Kunst geknüpft. 2016 wurde mit Hilfe der Daten aller Rembrandtporträts ein Algorithmus programmiert, der ein Bild erzeugte, das wie ein Rembrandtporträt aussieht: Die *Deep-Learning*-Methode fand Eingang in das Kunstsystem,[122] was auch die Versteigerung des auf gleichem Wege erzeugten *Edmond de Belamy* bei Christie's im Oktober 2018 bestätigt.[123] Die Frage nach der Kunstrelevanz in der westlichen Kultur, welche die hier gesichteten Diskurse offenlegen, ist Teil eines umfassenderen Konzepts, das Mensch und Maschine in Konkurrenz miteinander stellt und beide um die Vorherrschaft ringen lässt. Kunst zeigt sich entweder als im Zentrum anthropologischer Konzepte stehend, die etwa die Fähigkeit zu Handfertigkeit, Innovation, Intuition, Emotion, Imagination und Kreativität exklusiv den Menschen zusprechen. Die von Menschen, die IngenieurInnen und nicht KünstlerInnen sind, erfundenen Maschinen treten dann durchgängig als Bedrohungen der Menschheit auf, da diese bereit ist, sich den Maschinen zu unterwerfen. Oder die Maschine wird als technische Innovationsleistung der Menschheit gefeiert, die nicht nur in Präzision und Produktivität der traditionellen Kunst hoch überlegen ist, sondern der auch Kreativität, Innovation und Intuition zugesprochen wird. Mit der Betonung dieser Eigenschaften soll ein noch aktueller Kunstbegriff an den Rand gedrängt und zum traditionellen Kunstbegriff gemacht werden, mit der Absicht, Maschinenkunst als Innovation ins Zentrum zu rücken. Dies sind gängige Praktiken der Avantgardekunst, die, obgleich von der Postmoderne verabschiedet, noch im KI-Kunstdiskurs weiterleben.

In den hier analysierten Diskursen wurde ein traditioneller Kunstbegriff forciert, wenn mit der Fähigkeit der Menschenhand gegen die Maschine argumentiert wurde. Dieser Kunstbegriff wurde von der Maschine einkassiert, wenn neue Technologien nicht mehr als Bedrohung angesehen wurden und sich gesellschaftlich durchgesetzt hatten. Der Diskurs um den Technologiefortschritt steht folglich am Kipppunkt eines Kunstbegriffs, an dem die Frage nach der Kunstbegabung des Menschen immer wieder ausgehandelt und sukzessive auf die menschengemachte Maschine übertragen wird: Im Kern geht es also um die Ausschaltung der Hand aus dem Kunstprozess.

Während das Maschinenzeitalter in seiner digitalen Phase Arbeitskräfte durch Roboter ersetzt und ökologische Probleme der Massenproduktion von Gütern in den Diskursen des 21. Jahrhunderts immer neue Eskalationsstufen der Umwelt- und Klimaprognosen erreichen, werden seitens der MaschinengegnerInnen Maßnahmen zur Umkehr und Rückkehr gefordert. Der Wunsch nach dem oben erwähnten »einfachen Leben« ohne Maschinen, das John Ruskin und Willam Morris, Urheber der Arts-and-Crafts-Bewegung, forderten, ist so alt wie die industrielle Revolution und zieht sich bis heute als eine rückwärtsgewandte Sozialutopie auch durch den Kunstdiskurs.

1 Mit der industriellen Revolution am Anfang des 19. Jahrhunderts spaltete sich die Welt in technikfreundliche und technikfeindliche Positionen, die in verschiedenen Wissenschaften immer wieder auch Gegenstand von Kontroversen waren und sind.
2 Einen Überblick gibt Kurz 2018.
3 Siehe die Zusammenfassung des Diskurses und dessen Einwirkung auf Kunst und Handwerk bei Hoffmann 2019 und besonders die Beiträge im Ausstellungskatalog: *Von Morris bis Mackintosh – Reformbewegung zwischen Kunstutopie und Sozialutopie* (Breuer 1994); zu den Textquellen: Breuer 1998, Fischer / Hamilton 1999, Posener 1964.
4 In den ersten Abschnitten dieses Beitrags verwende ich Maskulinformen wie *Handwerker*, *Künstler* usw., um den männlich geprägten historischen Kontext angemessen zu beschreiben.
5 Siehe zum Folgenden Crawford 1985.
6 Zum Ideal des *simple life* der Gildenmitglieder siehe MacCarthy 1981, S. 89 – 115.
7 Siehe die Originalausgabe Ashbee 1908 / 1977, S. 5 – 16; im Folgenden zitiere ich die deutsche Übersetzung von Posener 1964, S. 97 – 104.
8 Posener 1964, S. 97.
9 Posener 1964, S. 97.
10 Posener 1964, S. 97.
11 Posener 1964, S. 97 f.
12 Posener 1964, S. 98.
13 Posener 1964, S. 99.
14 Posener 1964, S. 99.
15 Posener 1964, S. 99.
16 Posener 1964, S. 99.
17 Posener 1964, S. 99.
18 Posener 1964, S. 100.
19 Posener 1964, S. 100.
20 Posener 1964, S. 100.
21 Posener 1964, S. 100.
22 Posener 1964, S. 100.
23 Posener 1964, S. 100.
24 Posener 1964, S. 101.
25 Posener 1964, S. 102.
26 Posener 1964, S. 103.
27 Siehe zum Folgenden die grundlegende Studie von Schwartz 1996 / 1999, die sich der Einheit von Ökonomie und Kultur am Beispiel des Werkbunds widmet; zum Einfluss der Arts-and-Craft-Bewegung auf Muthesius siehe Maciuika 2005, S. 104 – 136.
28 Muthesius 1907.
29 Maciuika 2005, S. 112 – 116.
30 Muthesius 1907, S. 180.
31 Muthesius 1907, S. 180.
32 Muthesius 1907, S. 183.
33 Muthesius 1907, S. 184.
34 Muthesius 1907, S. 184.
35 Muthesius 1907, S. 184; zu den wirtschaftlichen Hintergründen der preußischen Kunstgewerbereform Maciuika 2005, S. 112 – 125.
36 Muthesius 1907, S. 186. Zur Kulturtheorie des Stilbegriffs siehe Schwartz 1996 / 1999, S. 39 – 49.
37 Muthesius 1907, S. 186.
38 Muthesius 1907, S. 188.
39 Muthesius 1907, S. 188. Bereits 1902 hatte Muthesius in »Kunst und Maschine« die Aufnahme maschinell gefertigter Produkte in den »Ring der Kunst« gefordert, wenn sie – wie etwas das Zweirad – »Echtheit und Stil« aufwiesen, einen »Maschinenstil«. Die Maschine sei nur ein »vervollkommnetes Werkzeug«. Auch das Buch sei ja eine Maschinenproduktion und niemand störe sich daran, es »künstlerisch« zu nennen. Muthesius 1902; siehe dazu Hubrich 1981, S. 133 – 144.
40 Muthesius 1907, S. 190.
41 Muthesius 1907, S. 192.
42 Muthesius 1914 / 1964 a und Muthesius 1914 / 1964 b; Kurz 2018, S. 113 – 128; Hubrich 1981, S. 180 – 185; zu den Facetten des Werkbundstreits ausführlich Schwartz 1996 / 1999.
43 Muthesius 1914 / 1964 a, S. 199.
44 Muthesius 1914 / 1964 a, S. 200.
45 Muthesius 1914 / 1964 a, S. 201.
46 Muthesius 1914 / 1964 a, S. 201. Zum Kontext dieser wirtschaftspolitischen Argumentation, die Muthesius für sein ästhetisches Konzept von Architektur und Kunstgewerbe instrumentalisiert, siehe Maciuika 2005, S. 137 – 170, hier: 167 – 170.
47 Muthesius 1914 / 1964 a, S. 202.
48 Muthesius 1914 / 1964 a, S. 202. Zum Typen-Begriff siehe Schwartz 1996 / 1999, S. 187 – 225, zu Muthesius: S. 187 – 197.
49 Muthesius 1914 / 1964 a, S. 203.
50 Muthesius 1914 / 1964 b, S. 205.
51 Muthesius 1914 / 1964 b, S. 205.
52 Kurz 2018, S. 113 – 118.
53 Velde 1914 / 1964, S. 206.
54 Velde 1914 / 1964, S. 206.
55 Velde 1914 / 1964, S. 206.
56 Velde 1914 / 1964, S. 207.
57 Mit der Gründung des Bauhauses 1919 in Weimar wird die Diskussion um Handarbeit versus Typen/ Maschinenfertigung, Luxus- versus Massenproduktion, Künstler versus Handwerker, Tradition versus Zukunft, Fantasie im Entwurf versus Nutzen des zu entwerfenden Gegenstandes wieder aufgenommen und unter der Leitung von Walter Gropius weitergeführt. Hannes Meyer, ab 1928 Leiter des Bauhauses in Dessau, entwickelt die von Muthesius begonnenen Reformen in Richtung eines Industriedesigns weiter, das sich in Praxis und Theorie von Kunst und Künstlertum mit einem eigenen

Profil und Selbstverständnis absetzt. Siehe dazu die neuere Literatur: Kurz 2018, S. 171–181; Hoffmann 2019.

58 Fernand Léger, Kurzgefaßte Auseinandersetzung über das aktuelle künstlerische Sein (Note sur la vie plastique actuelle), in: *Das Kunstblatt* 7, 1923, S. 1–4; hier zit. nach Léger 1965/1971, S. 57.

59 Bergius 1981.

60 Bergius 1981.

61 Siehe zum kultur- und kunsthistorischen Kontext und zur Bildsprache der Maschinenästhetik Kosinsky 1994, S. 24–27.

62 Fernand Léger, Hinweise zum mechanischen Element (Note sur l'élément mécanique, ohne Quellenangabe); zit. nach Léger 1965/1971, S. 64–65.

63 Fernand Léger, Maschinenästhetik: Maschinenprodukte, Handwerker und Künstler, in: *Der Querschnitt* 3, 1923, S. 122–129; zit. nach Léger 1965/1971, S. 67.

64 Léger 1965/1971, S. 69.

65 Léger 1965/1971, S. 69.

66 Léger 1965/1971, S. 70.

67 Léger 1965/1971, S. 71.

68 Léger 1965/1971, S. 73.

69 Léger 1965/1971, S. 74.

70 Zu Stil, Bildsprache und Bildmittel des Gemäldes *Éléments mécaniques* siehe Koepplin 1994.

71 Fernand Léger, Maschinenästhetik und geometrische Ordnung (Conférence sur l'Estétique de la machine: l'ordre géométrique et le vrai, Vortrag am Collège de France 1925), zit. nach Léger 1965/1971, S. 77.

72 Siehe dazu ausführlich Green 1994; Michaud 1994.

73 Léger 1965/1971, S. 80.

74 Léger 1965/1971, S. 80.

75 Kosinski 1994.

76 Léger 1965/1971, S. 59.

77 Léger 1965/1971, S. 59.

78 Léger 1965/1971, S. 62.

79 Léger 1965/1971, S. 62.

80 Léger 1965/1971, S. 63.

81 Über die Kunst-Absicht früher ProgrammiererInnen von Computergrafik herrschte durchaus keine Einigkeit in den eigenen Reihen und schon gar nicht in den Köpfen der KunstkritikerInnen. Siehe das Statement »There should be no computer art« von Frieder Nake 1971.

82 Siehe dazu die folgenden Kunstgeschichten der Computergrafik: Klütsch 2007, S. 110–130 (zu Georg Nees); Taylor 2014, S. 25–64 (zu den Anfängen der Computergrafik); Piehler 2002.

83 Nees 1965, S. 3.

84 Bense 1965; Nake 2012, S. 112.

85 Bense 1965, S. 11.

86 Bense 1965, S. 11.

87 Bense 1965, S. 11.

88 Bense 1965, S. 12.

89 Bense 1965, S. 12.

90 Bense 1965, S. 12.

91 Bense 1965, S. 12 f.

92 Bense 1965, S. 13.

93 Nees 1965, S. 4.

94 Nees 1965, S. 4.

95 Bense 1965, S. 13.

96 Nake 1967 erklärt die einzelnen Schritte des Bildprozesses, das Konzept der Computergrafik und auch ihren Kunstanspruch: »Eines läßt sich aber sicher zur Berechtigung anführen: es gibt in der Kunst dieses Jahrhunderts Bereiche, die heute eben einfach programmierbar sind. Mit Ausmerzung der Seele, Abschaffung des Schöpfungsprozesses, kaltem Automatismus hat das nichts, aber auch gar nichts zu tun. [...] Mondrian z. B. wäre heute mit seinem übersichtlichen Repertoire fast mit einem Schlage zu erledigen.« (Nake 1967, S. 32)

97 »Das immer gegenwärtige Zufallselement im künstlerischen Erzeugungsprozess erfaßt die generative Grafik modellmäßig durch Einbau von Zufallsgeneratoren in die Programme.« (Nees 1969, S. 48; These drei von sieben Thesen); siehe Nierhoff-Wielk 2007, S. 34–40 zum Kunstkonzept des Zufalls in der frühen Computergrafik.

98 Klütsch 2007, S. 211–244; Taylor 2014, S. 25–64.

99 Noll 1966; siehe dazu Klütsch 2007, S. 160–178.

100 Franke 1971, S. 119. Zu Franke siehe Piehler 2002, S. 238–249; Piehler 2007.

101 Franke 1971, S. 119.

102 Franke 1971, S. 120. Franke zitiert hier Marc Adrian, in: *Kunst und Computer*, AK Wien, 1969.

103 Franke 1971, S. 120 (Zitat Adrian).

104 Franke 1971, S. 120 (Zitat Adrian).

105 Rosen/Weibel 2007, S. 200.

106 Franke 1971, S. 120.

107 Franke 1971, S. 121.

108 Franke 1971, S. 121.

109 Franke 1971, S. 121.

110 Franke 1971, S. 122.

111 Franke 1971, S. 122.

112 Franke 1971, S. 122.

113 Franke 1971, S. 122.

114 Franke 1971, S. 123.

115 Elgammal u. a. 2017.

116 Zit. nach Chun 2017.

117 Zit. nach Chun 2017.

118 Zit. nach Chun 2017.

119 Chun 2017.

120 Zit. nach Chun 2017.

121 Zit. nach Chun 2017.

122 Siehe https://www.nextrembrandt.com/ (17. Oktober 2019).

123 Siehe https://www.christies.com/features/A-collaboration-between-two-artists-one-human-one-a-machine-9332-1.aspx (17. Oktober 2019).

Literaturverzeichnis

ASHBEE, C. R. (1908/1977), *Craftsmanship in Competitive Industry*, New York, NY/London.

BENSE, MAX (1965), projekte generativer ästhetik, in: Max Bense / Elisabeth Walter (Hg.), *rot 19*, Stuttgart, S. 11–13.

BERGIUS, HANNE (1981), Im Laboratorium der mechanischen Fiktionen. Zur unterschiedlichen Bewertung von Mensch und Maschine um 1920, in: Tilmann Buddensieg / Henning Rogge (Hg.), *Die nützlichen Künste. Gestaltende Technik und bildende Kunst seit der industriellen Revolution*, AK Messegelände am Funkturm Berlin, Berlin, S. 287–299.

BREUER, GERDA (Hg.) (1994), *Von Morris bis Mackintosh – Reformbewegung zwischen Kunstutopie und Sozialutopie*, AK Darmstadt, Darmstadt.

BREUER, GERDA (1998), *Ästhetik der schönen Genügsamkeit oder Arts and Crafts als Lebensform. Programmatische Texte, erläutert von Gerda Breuer*, Braunschweig / Wiesbaden.

CHUN, RENE (2017), It's Getting Hard to Tell If a Painting was Made by a Computer or a Human (unpaginiert). https://www.artsy.net/article/artsy-editorial-hard-painting-made-computer-human (11. Oktober 2019).

CRAWFORD, ALAN (1985), *C. R. Ashbee. Architect, Designer & Romantic Socialist*, New Haven, CT/London.

ELGAMMAL, AHMED / LIU, BINGCHEN / ELHOSEINY, MOHAMED / MAZZONE, MARIAN (2017), CAN: Creative Adversarial Networks Generating »Art« by Learning About Styles and Deviating from Style Norms (22 S.). https://arxiv.org/pdf/1706.07068.pdf (11. Oktober 2019).

FISCHER, VOLKER / HAMILTON, ANNE (Hg.) (1999), *Theorien der Gestaltung*. (Grundlagentexte zum Design, Bd. 1), Frankfurt am Main.

FRANKE, HERBERT W. (1971), *Computergraphik Computerkunst*, München.

GREEN, CHRISTOPHER (1994), Krieg und Frieden in Légers Malerei 1914–1920, in: Dorothy Kosinski (Hg.), *Fernand Léger 1911–1924. Der Rhythmus des modernen Lebens*, AK Wolfsburg und Basel, München/New York, NY, S. 44–55.

HOFFMANN, TOBIAS (2019), *Von Arts and Crafts zum Bauhaus. Kunst und Design – eine neue Einheit*, AK Bröhan Museum Berlin, Köln.

HUBRICH, HANS-JOACHIM (1981), *Hermann Muthesius. Die Schriften zu Architektur, Kunstgewerbe, Industrie in der »Neuen Bewegung«*, Berlin.

KLÜTSCH, CHRISTOPH (2007), *Computer Grafik. Ästhetische Experimente zwischen zwei Kulturen. Die Anfänge der Computerkunst in den 1960er Jahren*, Wien/New York, NY.

KOEPPLIN, DIETER (1994), Éléments mécaniques: Brücke zwischen Légers Kunst vor und nach dem Krieg, in: Dorothy Kosinski (Hg.), *Fernand Léger 1911–1924. Der Rhythmus des modernen Lebens*, AK Wolfsburg und Basel, München/New York, NY, S. 218–229.

KOSINSKI, DOROTHY (1994), Sprache der modernen Welt. Légers Schaffen zwischen 1911 und 1924, in: Dies. (Hg.), *Fernand Léger 1911–1924. Der Rhythmus des modernen Lebens*, AK Wolfsburg und Basel, München/New York, NY, S. 16–27.

KURZ, MELANIE (2018), *Designstreit. Exemplarische Kontroversen über Gestaltung*, München.

LÉGER, FERNAND (1965/1971), *Mensch, Maschine, Malerei*, übers. und eingel. von Robert Füglister, Bern.

MACCARTHY, FIONA (1981), *The Simple Life. C. R. Ashbee in the Cotswolds*, London.

MACIUIKA, JOHN V. (2005), *Before the Bauhaus. Architecture, Politics, and the German State, 1890–1920*, Cambridge.

MICHAUD, ERIC (1994), Légers Kampfplätze: Kunst, Krieg und Konkurrenz, in: Dorothy Kosinski (Hg.), *Fernand Léger 1911–1924. Der Rhythmus des modernen Lebens*, AK Wolfsburg und Basel, München/New York, NY, S. 56–63.

MUTHESIUS, HERMANN (1902), Kunst und Maschine, in: *Dekorative Kunst. Eine illustrierte Zeitschrift für angewandte Kunst* 9, S. 141–147.

MUTHESIUS, HERMANN (1907), Die Bedeutung des Kunstgewerbes, in: *Dekorative Kunst. Eine illustrierte Zeitschrift für angewandte Kunst* 10 (5), S. 177–192. https://bildsuche.digitale-sammlungen.de/index.html?c=viewer&bandnummer=bsb00087524&pimage=193&suchbegriff=&l=de (09. Oktober 2019).

MUTHESIUS, HERMANN (1914/1964a), Die Werkbundarbeit der Zukunft, in: Julius Posener (Hg.), *Anfänge des Funktionalismus. Von Arts and Crafts zum Deutschen Werkbund*, Berlin u. a. O., S. 199–204.

MUTHESIUS, HERMANN (1914/1964b), Leitsätze, in: Julius Posener (Hg.), *Anfänge des Funktionalismus. Von Arts and Crafts zum Deutschen Werkbund*, Berlin u. a. O., S. 205.

NAKE, FRIEDER (1967), Computer-Grafik, in: William E. Simmat (Hg.), *Exakte Ästhetik – Methoden und Ergebnisse empirischer und experimenteller Ästhetik*, Stuttgart, S. 21–32.

NAKE, FRIEDER (1971), There should be no computer art, in: *Page. Bulletin of the Computer Arts Society* 18 (ohne Paginierung).

NAKE, FRIEDER (2012), Vom Generativen. Generatives Design. Generative Ästhetik. Generative Kunst, in: Annette Geiger / Michael Glasmeier (Hg.), *Kunst und Design. Eine Affäre*, Hamburg, S. 107 – 120.

NEES, GEORG (1965), über die programme stochastischer computer-grafiken, in: Max Bense / Elisabeth Walter (Hg.), *rot 19*, Stuttgart, S. 3 – 10.

NEES, GEORG (1969), *Generative Computergraphik*, Berlin / München.

NIERHOFF-WIELK, BARBARA (2007), Die Begegnung von Computer und Kunst. Ein Blick zurück, in: Wulf Herzogenrath / Barbara Nierhoff-Wielk (Hg.), *Ex Machina – Frühe Computergrafik bis 1979. Die Sammlung Franke und weitere Stiftungen in der Kunsthalle Bremen*, AK Kunsthalle Bremen, München, München / Berlin, S. 20 – 57.

NOLL, A. MICHAEL (1966), Human or Machine: A Subjective Comparison of Piet Mondrian's »Composition with Lines« (1917) and a Computer-Generated Picture, in: *Psychological Record* 16, S. 1 – 10.

PIEHLER, HEIKE (2002), *Die Anfänge der Computerkunst*, Frankfurt am Main.

PIEHLER, HEIKE (2007), Herbert W. Franke und die Entdeckung neuer Bildwelten, in: Wulf Herzogenrath / Barbara Nierhoff-Wielk (Hg.), *Ex Machina – Frühe Computergrafik bis 1979. Die Sammlung Franke und weitere Stiftungen in der Kunsthalle Bremen*, AK Kunsthalle Bremen, München, München / Berlin, S. 64 – 93.

POSENER, JULIUS (Hg.) (1964), *Anfänge des Funktionalismus. Von Arts and Crafts zum Deutschen Werkbund*, Berlin u. a. O.

ROSEN, MARGIT / WEIBEL, PETER (2007), Die Zukunft eines künstlerischen Mediums, in: Wulf Herzogenrath / Barbara Nierhoff-Wielk (Hg.), *Ex Machina – Frühe Computergrafik bis 1979. Die Sammlung Franke und weitere Stiftungen in der Kunsthalle Bremen*, AK Kunsthalle Bremen, München, München / Berlin, S. 182 – 210.

SCHWARTZ, FREDERIC J. (1996 / 1999), *Der Werkbund. Ware und Zeichen 1900 – 1914*, übers. von Brigitte Kalthoff, Amsterdam / Dresden.

TAYLOR, GRANT D. (2014), *When the Machine Made Art. The Troubled History of Computer Art*, New York, NY.

VELDE, HENRY VAN DE (1914 / 1964), Gegen-Leitsätze, in: Julius Posener (Hg.), *Anfänge des Funktionalismus. Von Arts and Crafts zum Deutschen Werkbund*, Berlin u. a. O., S. 206 – 207.

Abbildungsverzeichnis

1 Fernand Léger, *Élément mécanique* (Mechanisches Element), 1924, Öl auf Leinwand, Musée national d'art moderne, Centre Pompidou, Paris. © VG Bild-Kunst, Bonn 2021; Bildzitat aus: Dorothy Kosinski (Hg.) (1994), *Fernand Léger 1911 – 1924. Der Rhythmus des modernen Lebens*, AK Wolfsburg und Basel, München / New York, Kat.Nr. 78.

2 Georg Nees, *bild 5*, Computergrafik. Bildzitat aus: Max Bense / Elisabeth Walter (Hg.), *rot 19*, Stuttgart 1965, S. 9.

3 A. Michael Noll, *Computer Composition with Lines*, 1964, IBM 7094, Mikrofilmplotter, Bell Telephone Labs Murray Hill, New Jersey. Bildzitat aus: https://collections.vam.ac.uk/item/O1193787/computer-composition-with-lines-photograph-noll-a-michael/ (22. Juni 2020).

4 Piet Mondrian, *Composition with Lines*, 1917, Kröller-Müller Museum, Otterlo. Bildzitat aus: Yves-Alain Bois / Joop M. Joosten (Hg.) (1995), *Piet Mondrian 1872 – 1944*, AK Haags Gemeentemuseum, The Museum of Modern Art New York 1996, Bern 1995, Kat.Nr. 72.

5 Ahmed Elgammal, Example of AICAN generations, 2016. © Aican.io – Ahmed Elgammal, mit freundlicher Erlaubnis des Künstlers.

Almut Linde

DIE RÄNDER DER ERKENNTNIS: ZUR EXISTENZIELLEN BEDEUTUNG VON KUNST

In den Kunstaktionen des *Dirty Minimal* arbeite ich mit Menschen und Situationen. Dabei interessieren insbesondere Bereiche, die der allgemeinen Wahrnehmung verborgen bleiben. Der Begriff ›Rand‹ wird in diesem Text in zweierlei Hinsicht aufgefasst: Zum einen markiert der Rand den Bereich unserer Wahrnehmung, den Ort, an dem unsere Wahrnehmung endet und wo es gilt das Jenseits der Ränder in das Zentrum der Betrachtung zu bringen. Zum anderen markiert der Rand den Rahmen, das Konzept, das dafür genutzt werden kann, Dinge erfahrbar zu machen, die aus einem Raum stammen, den wir noch nicht kennen, und die uns sonst verborgen blieben.

Wollte man die Aufgabe der Kunst zusammenfassen, dann wäre das, etwas sichtbar zu machen, was anders nicht wahrnehmbar werden kann. Das ist in der heutigen Zeit existenziell, weil wir zu einseitig mit unseren Erkenntnismethoden umgehen und dabei den limitierten Möglichkeiten des Denkens zu sehr vertrauen. Wir haben uns zu sehr daran gewöhnt, die Lösung der Probleme dem Denken und den von ihm geleiteten Technologien zu überlassen. Dabei wird ausgeklammert, dass unser Denken angesichts der zunehmenden Komplexität der Realität an seine Grenzen gelangt. Da das Ganze gedanklich unmöglich erfasst werden kann, muss, um eine Analyse vorzunehmen, ein Ausschnitt aus einem größeren komplexen Zusammenhang gewählt werden. Das Problem besteht darin, dass das Denken dazu neigt, einen solchen Ausschnitt als Ganzes zu betrachten, und dann ignoriert, welche Probleme dieses Ausklammern erzeugt. Fragmentierung besteht entsprechend nicht darin, ein Ganzes in Stücke zu brechen, sondern vielmehr darin, ein Fragment fälschlicherweise als ein Ganzes zu behandeln. Fragmentierung beinhaltet, falsche Unterscheidungen zu treffen und falsche Zusammenfassungen von Einzelaspekten als Ganzes zu behandeln. »[...] wir versuchen zu teilen, was eins und unteilbar ist, und dies hat im nächsten Schritt zur Folge, daß wir versuchen gleichzusetzen, was verschieden ist«.[1] Das falsche Konzept einer Ganzheit ermöglicht das Ausklammern dessen, was wir nicht sehen (wollen) und was Teil unserer Welt und Konsequenz unseres Denkens und Handels ist: militärische Konflikte, Klimawandel, Umweltverschmutzung, Ausbeutung von Menschen und Ressourcen usw. Diese Fragmentierung führt dazu, Dinge nicht zu sehen, die wir eigentlich sehen könnten, wenn wir wüssten, wie wir schauen sollen.

Das Denken, das nicht real ist, erzeugt Handeln und Handeln erzeugt Formen, die real sind. Dieser Prozess – mit all seinen Konsequenzen – bleibt uns verborgen. Sonst würden wir nicht so unbedenklich Kunststoffe, fossile Brennstoffe, toxische Chemikalien und radioaktive Stoffe für unser tägliches Leben akzeptieren. Das Denken kann nämlich, indem es einen Bezugsrahmen setzt, ausblenden, was außerhalb dieses Rahmens geschieht. So ist es möglich, Atomkraftwerke zu bauen, ohne eine Lösung für die Lagerung der radioaktiven Abfälle zu besitzen. Der Müll, der in die Tonne geworfen wird, verschwindet aus der Wahrnehmung. Er ist aber nicht fort, sondern verbleibt in der Welt, beispielsweise als Plastikpartikel, die nun überall sind: in der Luft, in der Erde, im Wasser, in der Nahrung und im Körper. Die Suche nach neuen Erkenntnissen dürfen wir daher nicht mehr nur der Wissenschaft und den neuen Technologien überlassen. Denn diese beschäftigen sich nicht mehr mit den Zuständen, die sie als Nebeneffekt erzeugen. Technologien streben immer nur limitierte lokale Anwendungen an und können nicht die unübersichtlichen Wechselwirkungen in einer für uns letztendlich nicht erfassbaren, unermesslich komplexen Realität berücksichtigen

KOMPLEXITÄT: REALITÄT IST BEWEGUNG

Die Logik befindet sich in einer Krise, weil der Mensch sich primär mit dem statischen Erkennungs- und Registrierungsapparat des begrifflichen Denkens und Formulierens in einer Realität bewegt, in der nichts feststehend, linear oder statisch, sondern alles in Bewegung ist. Mit der Annahme feststehender Dinge, wie sie uns unsere Alltagswahrnehmung vorgaukelt, wird spätestens mit den Erkenntnissen der Quantenphysik endgültig aufgeräumt. Alles ist in Bewegung, nichts ist beständig, formuliert bereits der griechische Vorsokratiker Heraklit: »Wer in denselben Fluß steigt, dem fließt anderes und wieder anderes Wasser zu.«[2] Alle Prozesse und Dinge unterliegen einem ständigen Wandel. »Wir steigen in denselben Fluß und doch nicht denselben; wir sind es, und wir sind es nicht.«[3] Indem nicht nur der Fluss ein anderer ist, sondern auch der in ihn hineinsteigende Mensch, ist die Vorstellung eines feststehenden Subjektes ebenfalls aufgehoben. Wie beispielsweise Untersuchungen der Kognitionswissenschaft hervorheben, ist sowohl die Erfahrung als auch die Person, die eine Erfahrung macht, stets neu. Und »[...] das heißt, in jedem Moment der Erfahrung gibt es ein neues erfahrendes Subjekt und ein neues erfahrenes Objekt«.[4] Der Begründer der Quantenmechanik in der Physik, Erwin Schrödinger, stellt fest, dass wir ein Elementarteilchen nicht als eine dauerhafte Einheit, sondern eher als ein Ereignis begreifen müssen: »[...] it is better to regard a particle not as a permanent entity but as an instantaneous event.«[5] Die Alltagswahrnehmung, die von feststehenden Dingen ausgeht, ist eine Illusion. »Sometimes these events form chains that give the illusion of permanent beings—but only in particular circumstance and only for an extremely short period of time in every single case.«[6] Realität muss als ein zusammenhängendes Ganzes betrachtet werden, das sich in einer ständigen Bewegung befindet.[7]

Die Welt ist für unser Bewusstsein aus den Fugen geraten, weil sie eben nicht statisch ist, wie wir meinen. Das menschliche Bewusstsein kann aber die Bewegung, die hinter den Erscheinungen der Formen steht, nicht erkennen, weil diese Erkenntnisform zu wenig trainiert wird. Ein Umgang mit Nicht-Verstehen ist insbesondere deswegen notwendig, da sich das Individuum mit zunehmender Komplexität nicht mehr nur auf das verlassen kann, was es sprachlich analytisch versteht, auf das, was im herkömmlichen Sinne als Wissen verstanden wird. Eine Unterscheidung von Denken und Nicht-Denken wird überlebenswichtig in einer Zeit zunehmender Interdependenz vielfältiger Prozesse, die immer nur in Teilen der analytischen Rationalität zugänglich sind. Reines analytisches Verstehen reicht zur Orientierung und zum vernünftigen Handeln in der komplexen Umwelt nicht aus, da jede Analyse nur in Ausschnitten korrekt sein kann. Ein bekanntes Beispiel für das Scheitern einer mathematischen Formel an den komplexen Bedingungen der Realität ist die Anwendung des nobelpreisgekrönten Black-Scholes-Modells zur Berechnung von Derivaten auf dem Finanzsektor.[8] Bis zur Finanzkrise 2008 führte die Idee, Risiken von Finanzgeschäften durch dieses mathematische Modell berechnen zu können, zu immer unkontrollierbareren Transaktionen und Derivaten. Es genügte, der Idee von Sicherheit und Kontrolle, die diese Formel zu vermitteln schien, zu vertrauen. Doch es wird notwendig, zwischen dem, was kontrollierbar ist, und dem, was nicht kontrollierbar ist, zu unterscheiden und zu lernen, mit dem Nicht-Kontrollierbaren, dem Nicht-Denkbaren umzugehen.

Ein prominentes und nach wie vor in seiner Bedeutung noch immer nicht erschöpfend reflektiertes Beispiel dafür, wie mit dem Unkontrollierbaren umgegangen werden kann, ohne sich im Chaos zu verlieren, findet sich in den Bildern von Jackson Pollock. Einmalig in seiner Kunst ist der Umgang mit Realität und Komplexität in den *Action Paintings*. In diesen Werken ist Handeln und Form gleichermaßen präsent, da die Farbspuren immer auf die vorangegangene Bewegung und das Material, oft flüssige Industriefarbe, verweisen. Betrachter*innen eines Pollock-Werkes begreifen, dass nicht Chaos vorherrscht, sondern Ordnung, auch wenn es unmöglich scheint, diese sichtbare Ordnung exakt zu beschreiben. Das würde bedeuten, jede einzelne Linie und ihren Verlauf, jede Spur, jede Verdichtung, jede abgebildete Kurve mit ihrem exakten Krümmungswinkel und jede Schichtung einzeln aufzuführen. Die Werkzeuge der Analyse – das Unterteilen in die kleinsten Bestandteile und das anschließende Neuordnen – kapitulieren vor der Komplexität. Das heißt, Ordnung ist sichtbar, aber nicht konkret in allen Details beschreibbar. Jackson Pollock nutzt den Rand als Begrenzung des Bildes, innerhalb dessen eine neue Ordnung von Bewegung sichtbar gemacht wird.

Diese Begrenzung des Beobachtungsrahmens habe ich 1990 in einem meiner Werke als direktes Ausschneiden übernommen. Anstelle der subjektiven Geste der Künstlerin wird jedoch die Bewegung aus der Realität bzw. der Natur selbst genommen. In *Dirty Minimal #6.1 – Action-Painting/Ast* (Abb. 1 und 2) werden dunkle, lange Äste in Wachstumsrichtung flach übereinandergeworfen und die Schnittstellen mit Draht fixiert. Das Material im Sinne des inneren Formungsprozesses bleibt unverändert. Die Geste kommt direkt aus der Realität. Der künstlerische Eingriff besteht im Zuschnitt auf ein geometrisches Format von zwei mal drei Metern, die Anordnung beschränkt sich auf das gleichmäßige All-Over-Prinzip des Übereinanderwerfens. Das Ergebnis wird an den Wänden der Galerie aufgehängt. Hier fungiert der Rand als Rahmen, der Formen sichtbar macht, die aus einem Raum jenseits menschlicher Gestaltung stammen. Nicht die Künstlerin, sondern Wachstumskräfte haben die Gestalt der Äste geformt, die innerhalb der Begrenzung wie malerische Striche wirken.

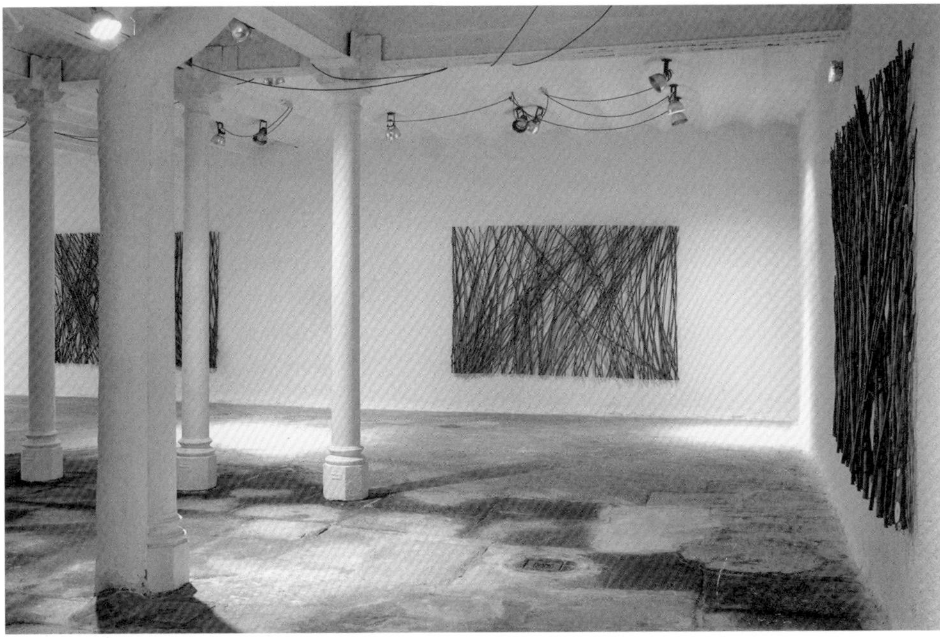

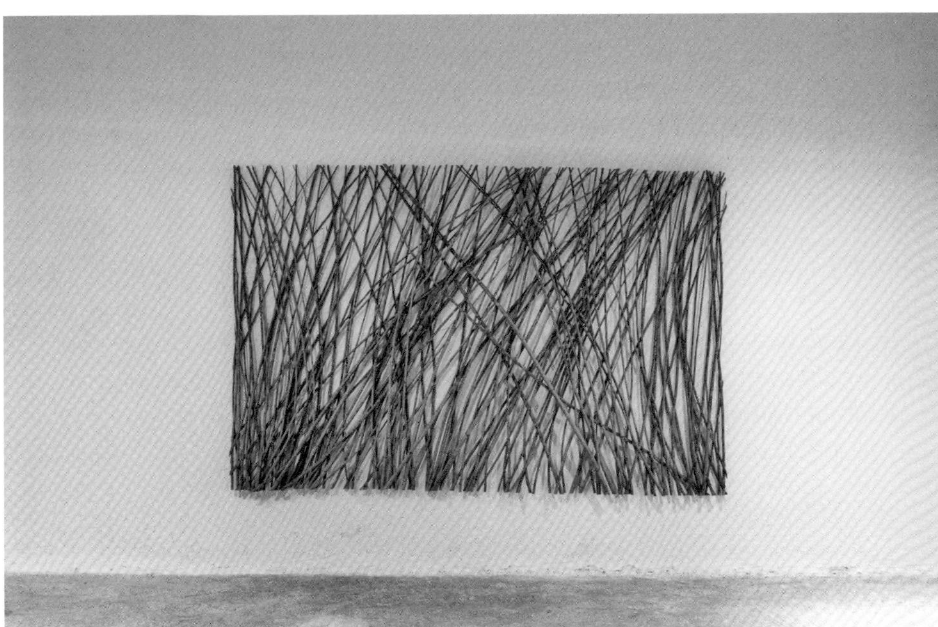

Abb. 1:
Almut Linde, *Dirty Minimal #6.1 – Action-Painting / Ast*, 1990, Galerie Ángel Romero, Madrid.

Abb. 2:
Almut Linde, *Dirty Minimal #6.1 – Action-Painting / Ast*, 1990, Galerie Ángel Romero, Madrid.

UNTERSCHEIDUNGEN IN KUNSTPROZESSEN

Um Komplexität wahrzunehmen, ist Kunst geeigneter als das Denken. Mit Beobachtungen können Ordnungen *gesehen* werden, die noch nicht in begrifflicher Sprache festgelegt und damit limitiert sind. Um etwas zu erkennen, sind Unterscheidungen notwendig: »Triff eine Unterscheidung«.[9] Der Mathematiker George Spencer-Brown spezifiziert den Formungsprozess der Wahrnehmung mit den Begriffspaaren Unterscheidung und Bezeichnung: »Wenn einmal eine Unterscheidung getroffen wurde, können Räume, Zustände oder Inhalte auf jeder Seite der Grenze, indem sie unterschieden sind, bezeichnet werden.«[10] Ordnen heißt also Grenzen ziehen. Alles Beobachten fängt mit einer Unterscheidung an.

In meiner künstlerischen Arbeit differenziere ich zwischen dem Konzept, also dem Rahmen (*Minimal*), und dessen Auswirkungen (*Dirt*). Es geht nicht um das Konzept, das aus dem Denken kommt, sondern um das, was das Konzept in der Realität bewirkt. In den Werkprozessen des *Dirty Minimal* wird daher sorgfältig zwischen Begriff (*Minimal*) und Realität (*Dirt*) unterschieden. Dabei geht es nicht darum, auf Begriffe zu verzichten, sondern darum, auf die notwendigen Unterscheidungen hinzuweisen. Das heißt, das Konzept (*Minimal*) trifft eine Unterscheidung und zeigt gleichzeitig, was durch diese Unterscheidung entsteht: *Dirt*. Indem der Prozess des Unterscheidens sichtbar bleibt, ist deutlich, dass es sich nicht um die Gesamtheit der Realität, sondern lediglich um einen Ausschnitt handelt. In der Regel wird dieser Rahmen durch den Werktitel oder die Werkbeschreibung kenntlich gemacht.

RAND 1: EXISTENZIELLE GRENZEN (DINGE, DIE WIR WAHRNEHMEN MÜSSEN)

Die Werkserie der *Impossible Questions* richtet eigentlich unmögliche Aufträge an besonderen Orten an Menschen, die sich in einer existenziellen Situation befinden. Durch Erfüllen des Arbeitsauftrages werden sie zu *unbewussten Kollaborateuren*. Sie können dadurch die Situation, in der sie sich befinden, in einer Art und Weise zum Vorschein bringen, die nicht nur die Situation beschreibt, sondern neue, unerwartete Perspektiven ermöglicht. Anhand des Werkbeispiels *Dirty Minimal #45.1 – Another World* aus dem Jahr 2009 in der Hamburger Kunsthalle (Abb. 3) werde ich in einem ersten Schritt die Form der Installation beschreiben. Durch den auf den zweiten Blick an einer Wand des Raumes sichtbaren Text wird der Standpunkt der Beobachtung verändert, sodass sich zwingend die erste Wahrnehmung mit einer zweiten überlagert. Betrachter*innen müssen zwangsläufig die zuvor beobachteten Formen radikal neu interpretieren.

Perspektivwechsel durch Nennung des Rahmens

Der weiße, hell erleuchtete Ausstellungsraum ist leer. Die Ausstellungswände sind ebenfalls leer, bis auf einen etwa 90 Zentimeter über der Bodenlinie angebrachten kurzen Text an der zentralen Wand. Die schwarzen, serifenlosen Lettern sind beim Betreten des Raumes aus dieser Entfernung nicht entzifferbar. Aus einer verborgenen Lautquelle ist die Stimme eines Kindes zu hören, das in einer für die meisten Besucher*innen unverständlichen Sprache singt. Dieser Singsang ist angenehm. Sich wiederholende Elemente, Intonation und Geschwindigkeit deuten darauf hin, dass es sich um Lieder handelt. Jeweils gegen Ende des etwa dreiminütigen Soundtracks, der in einer Endlosschleife läuft, wird die Kinderstimme schneller. Die Art und Weise des Singens lässt vermuten, dass es sich um alltägliches Singen handelt, wie es Kinder ohne spezielle Anleitung tun – möglicherweise, weil sie es in der Schule so lernen oder weil sie einfach gerne singen. Im Schnellerwerden zum Schluss zeichnet sich eine Situation ab, in der das Kind singt, weil es möglicherweise zum Singen aufgefordert wurde und nun schnell fertig

Abb. 3: Almut Linde, *Dirty Minimal #45.1 – Another World*, 2009, Hamburger Kunsthalle.

werden möchte. Die Betrachter*innen kommen vermutlich zu dem Schluss, dass es sich einfach um ein Kind handelt, das sich wie ein Kind benimmt.

Erst beim Herantreten an die gegenüber dem Eingang liegende Wand wird der Text lesbar. Der in 90 Zentimetern Höhe angebrachte Schriftzug in der Mitte der sonst leeren Wand lautet: *Eine neunjährige Prostituierte singt Kinderlieder*. Der Text verändert den Standpunkt, von dem aus die Form des Gesanges erlebt wird, abrupt. Durch die Angabe des Rahmens – *Eine neunjährige Prostituierte singt Kinderlieder* – wird ein Perspektivwechsel erzeugt, der verstörend sein kann; denn es wird mit Erwartungen gebrochen. Nun wird der / die Betrachter*in zu einer Neuwahrnehmung gezwungen, der er / sie sich nur schwer entziehen kann, da ja zuvor die Erfahrung gemacht wurde, dass es sich um ein singendes Kind handelt und nicht um eine Prostituierte. Dass die Stimme des singenden Kindes im hellen Raum schön ist, ist dabei von essenzieller Bedeutung für die Wahrnehmung der Situation. Denn Schönheit ist das eigentlich Unerwartete und Unerträgliche angesichts des Wissens um die existenziell bedrohliche Zwangslage und Ausbeutung des Kindes sowie die im Titel angedeutete Zwangsprostitution und den brutalen Menschenhandel an der deutsch-tschechischen Grenze.

Die Soundinstallation zeigt die Alltäglichkeit und Unschuld des Singens, die in starker Diskrepanz zur im Text erläuterten Lage des Kindes als Zwangsprostituierter steht. Es handelt sich um Lieder in tschechischer Sprache, eine Sprache, die die Wenigsten verstehen werden. Infolgedessen geht es nicht darum, *was* das Kind singt, sondern *wie* es dies tut. Dieses *Wie* vermittelt die verborgene Ordnung der Situation. Das eigentlich Unerträgliche, nämlich, dass es sich um ein Kind handelt – ein richtiges, normales Kind, das singt wie ein Kind – steht in einem fast nicht auszuhaltenden Widerspruch zu der Situation, die der Text beschreibt.

Für die Soundinstallation *Dirty Minimal #45.2 – Sing For Me*, (Abb. 4 und 5) wurden während einer nächtlichen Fahrt entlang einer einschlägigen Route in Tschechien Mädchen und junge Frauen, die an der Straße (als Zwangsprostituierte) anschaffen, darum gebeten, zu singen. Die sich anschließende Installation im Ausstellungsraum besteht aus sechs Lautsprechern, aus denen jeweils eine oder zwei Prostituierte zu hören sind; sie singen in einer den meisten Betrachter*innen unbekannten slawischen Sprache. Und wieder ist nicht das, *was* gesungen wird, von Bedeutung, sondern das *Wie*. Die Art und Weise des Singens ist das Ergebnis der Interaktion mit dem Kunstprozess. Sie zeigt die Reaktion auf die unerwartete und eigentlich absurde Aufforderung, etwas zu tun, das der Tätigkeit am Straßenstrich vollständig zuwiderläuft. Nun dringen die Stimmen aus in einer großen Ausstellungshalle verteilten Lautsprechern. Was dabei am meisten verstört: Die beiden jungen Stimmen, die im Duett zu hören sind, klingen am schönsten, der Gesang berührt. Man hört, wie zwei Mädchen ansetzen, dann lachen, unterbrechen, erneut ansetzen und zweistimmig weitersingen. Sie haben sich bemüht, der Aufforderung zum Singen möglichst gut nachzukommen, und sind stolz darauf, als es ihnen gelingt. Warum ist dieser Soundtrack schwerer zu ertragen als der, bei dem eine raue Stimme höchstwahrscheinlich etwas Anstößiges singt – etwas, was man in dieser Situation erwarten würde? Weil durch das Schöne bei den Betrachter*innen eine Tür aufgestoßen werden kann, etwas wahrzunehmen, was sie eigentlich nicht wollen oder sich nicht vorstellen konnten. Die Betrachter*innen befinden sich nun in der zwiespältigen Wahrnehmungssituation zwischen der Normalität des Singens und dem Wissen um den Ort der Aufnahme. Indem die Mädchen versuchen, schön zu singen, zeigen sie ihre Verletzlichkeit und ihr Mädchensein, trotz der unerträglichen Situation, in der sie sich befinden. Sie hatten keine Zeit, darüber nachzudenken, was diese Aufforderung soll oder was es für sie bedeutet, zu singen – sie tun es einfach und enthüllen in diesem Moment etwas über den Kontext, was außerhalb des Vorstellungsvermögens der meisten Menschen liegt: Für die Mädchen ist diese Situation der

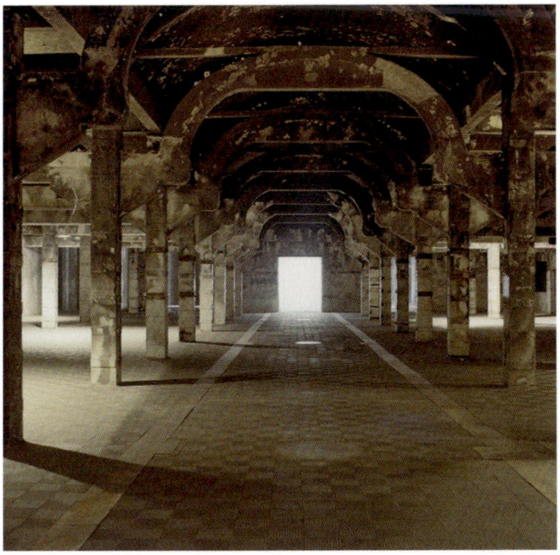

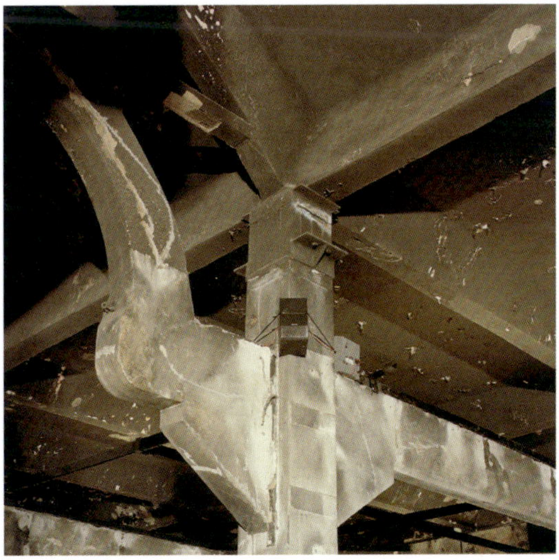

Abb. 4 (links):
Almut Linde, *Dirty Minimal #45.2 – Sing For Me*, 2008, Matadero Madrid.

Abb. 5 (rechts):
Almut Linde, *Dirty Minimal #45.2 – Sing For Me*, 2008, Matadero Madrid.

existenziellen Bedrohung und des Zwangs Normalität. Sie sind keine namenlosen Fakten oder Bilder, sondern Teenager, die kichern und schüchtern sind. Wie sie mit dieser angesichts der Situation auf der Straße absurden Bitte umgehen, ein Lied zu singen, zeigt das eigentlich Unaussprechliche: Was für uns unvorstellbar ist, ist für sie Normalität: Kunst findet hier jenseits der Ränder unseres bürgerlichen Alltagskontextes statt. Der Moment, in dem Kunst als Störung des Geschehens wirkt, macht diesen Rand schmerzhaft bewusst, indem er das Menschliche und Alltägliche innerhalb einer eigentlich unmenschlichen und unerträglichen Situation hervorbringt.

RAND 2: BEDEUTUNGEN (DINGE, DIE WIR ÄNDERN KÖNNEN)

Im Folgenden werde ich ein Beispiel für Interaktionen mit Menschen in determinierten Systemen geben, in denen die Beteiligung an der Kunstaktion teilweise bewusst gemacht wird, indem durch Kunst-Vorträge den Zufallsbeteiligten in ihren rigiden Systemen wie Erziehungsinstitutionen, Hospitälern und militärischen Sicherheitsbereichen Verfahren der Objektkunst bewusst gemacht werden.

In der Werkreihe der *Object Art Statements* (Abb. 6–9) handeln Individuen außerhalb des Kunstkontextes, indem sie, angeleitet durch künstlerische Handlungsaufträge, dem Raum oder den sich dort befindenden Gegenständen und Personen andere Bedeutungen zuweisen. Sie agieren in ihrem alltäglichen sozialen Umfeld, indem sie Besonderheiten ihres Systems beobachten, wahrnehmen und durch Mitbringen und Positionieren von Gegenständen, die nicht in dieses Umfeld gehören, hervorheben, akzentuieren oder ad absurdum führen. Alle an diesen Ort gebrachten Objekte und deren Positionierungen werden durch Individuen vorgenommen, die aus einem jeweils kunstfremden Kontext stammen und mit Kunst geleitet werden: Es sind Schüler*innen, Soldat*innen, psychiatrisches Personal. Weil die Architektur und die darin angeordneten Möbel sowie die Gegenstände nicht neutral, sondern der Funktion des Ortes untergeordnet sind, kann die unerwartete, aber präzise Platzierung von Objekten diese Bedeutungen und Funktionen aufzeigen bzw. aushebeln. Die scheinbare Eindeutigkeit des Alltags, die Klarheit der systematischen Abläufe, die unhinterfragten Bezüge des Raumes, die in einem scheinbaren Automatismus ablaufen, werden außer Kraft gesetzt, unterwandert oder durch Kontraste akzentuiert.

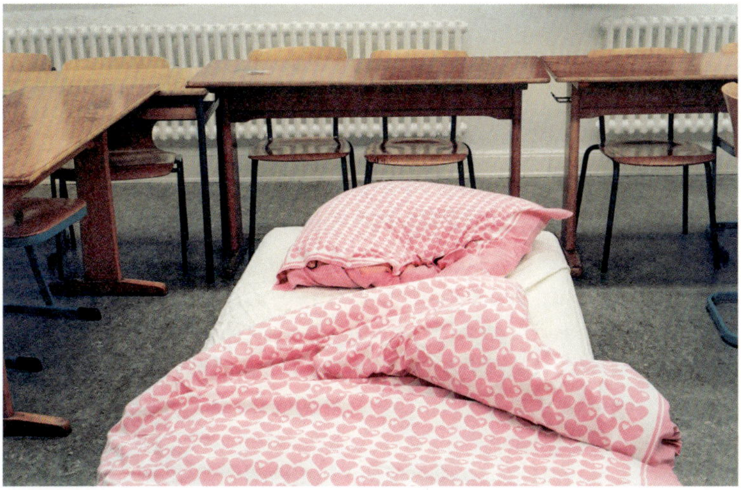

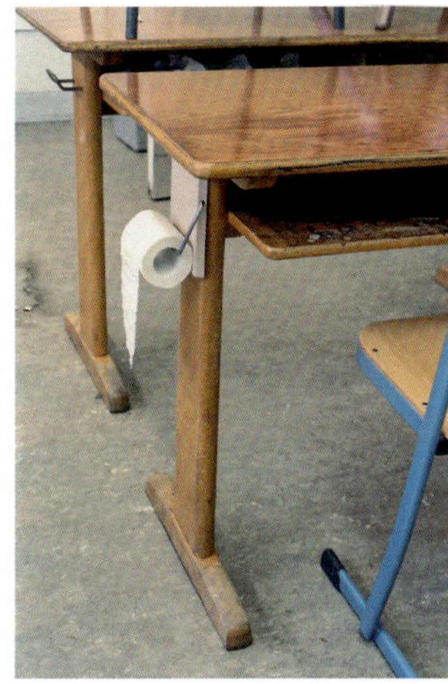

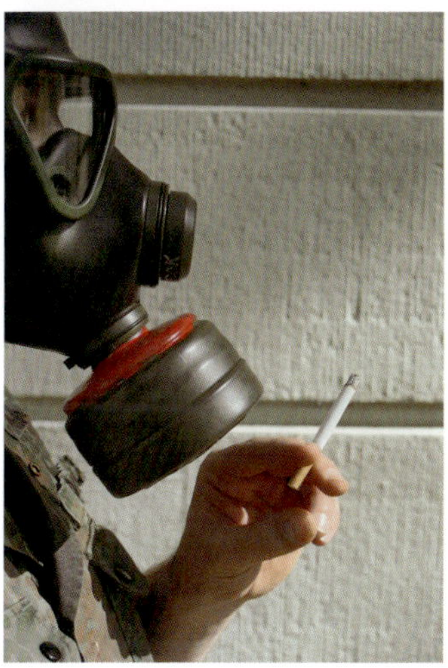

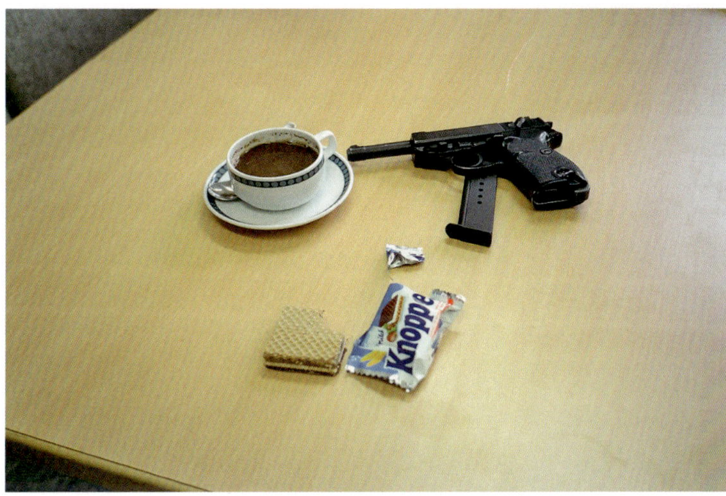

Abb. 6 (**oben links**):
Almut Linde, *Dirty Minimal #14.1 – Object Art Statements* (Schule), 1995, Gymnasium Kaiser-Friedrich-Ufer, Hamburg.

Abb. 7 (**oben rechts**):
Almut Linde, *Dirty Minimal #14.1 – Object Art Statements* (Schule), 1995, Gymnasium Kaiser-Friedrich-Ufer, Hamburg.

Abb. 8 (**unten links**):
Almut Linde, *Dirty Minimal #33.1 – Object Art Statements* (Militär), 2005, Standortkommandantur, Hamburg.

Abb. 9 (**unten rechts**):
Almut Linde, *Dirty Minimal #33.1 – Object Art Statements* (Militär), 2005, Standortkommandantur, Hamburg.

Die Interventionen durch die *Object Art Statements* machen deutlich, welche Bedeutungszuweisungen ungefragt im Alltag übernommen werden und zu welchen Wahrnehmungen, Einstellungen, Denkweisen und Handlungen sie in diesen Räumen führen. Durch die Neuanordnung von Gegenständen können diese eingefahrenen Denkweisen deutlich gemacht und verwandelt werden. Im Anschluss an eine Aktion mit militärischem Personal in der Standortkommandantur ersteht der Kommandant eine der Fotografien aus dem Werkprozess. Sie zeigt einen steinernen Adler auf dem Sims des Eingangsportals der Kommandantur, dessen zur Seite gedrehter Blick nun nicht mehr in die Ferne, sondern auf eine auf seinem Flügel abgestellte Schachtel mit Vogelfutter gerichtet ist (Abb. 10). Der Kommandant sagt, dieses Foto gefalle ihm, weil er stets eine Abneigung gegenüber der aus dem Dritten Reich stammenden Skulptur des Adlers und der Architektur des Gebäudes verspürt habe. Die Platzierung des Vogelfutters hat eine Bedeutungsverschiebung zur Folge: Die steinerne Figur, die stolz ›das Reich‹ verkörpern

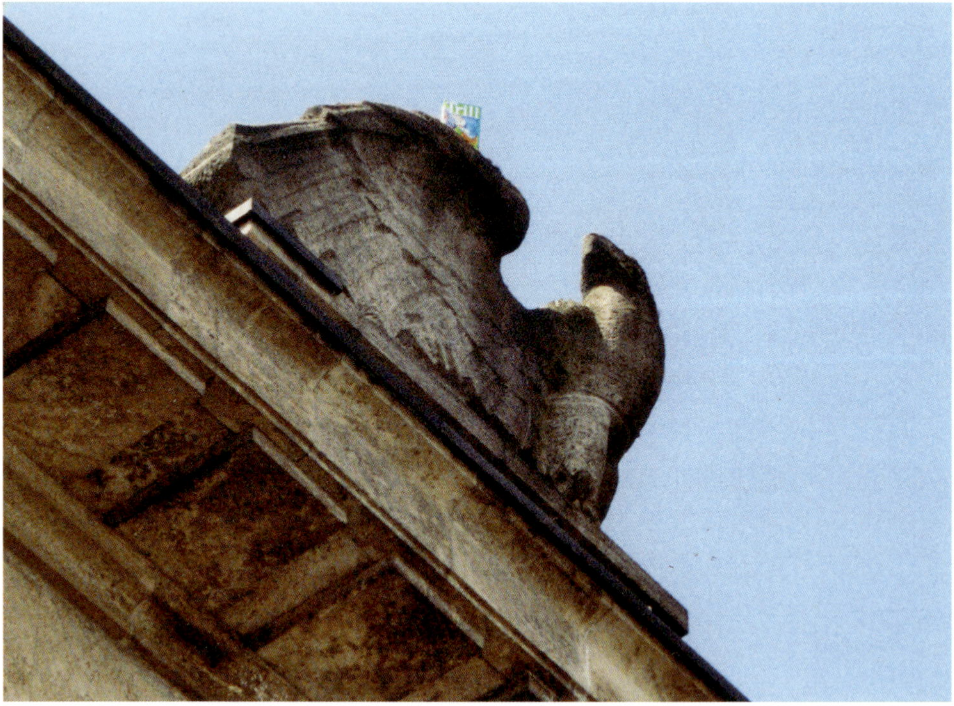

Abb. 10: Almut Linde, *Dirty Minimal #33.1 – Object Art Statements* (Militär), 2005, Standortkommandantur, Hamburg.

soll, blickt nunmehr nicht mehr herrisch in die Ferne, sondern auf die blaue Trill-Packung. Aus dem Ausdruck nazistischer Machtverherrlichung wird Gier nach Futter. Die Bedeutung des Adlers hat sich verändert. Die Verherrlichung wird lächerlich.

Mit den *Object Art Statements* erhalten die Teilnehmer*innen an der Kunstaktion die Möglichkeit, die nur scheinbar feststehende Bedeutung ihrer Alltagsumgebung und der Alltagsgegenstände nicht einfach zu übernehmen, sondern zu hinterfragen und selbst zu verändern. Sie erhalten im Rahmen der Kunstaktion ein Handwerkszeug zur autonomen Entscheidung durch Veränderung des Rahmens, von dem aus die Dinge betrachtet werden. Bedeutung ist nicht etwas, das einfach so da ist oder den Dingen fest anhaftet, sondern wird in jedem Augenblick von den Menschen neu zugewiesen.

Menschen formen durch das Vorhandensein ihrer Individualität in einem determinierten System den sozialen Raum. Das System formt nicht die Individuen und die Individuen formen nicht das System, sondern es handelt sich um einen interdependenten Prozess gegenseitiger Abhängigkeit. Kunstaktionen im sozialen Raum können Spuren von beidem hervorbringen: von struktureller Bedingtheit und individuellem Ausdruck, von Rebellion und Humor. In der Werkserie der *Object Art Statements* sind die Soldaten und Soldatinnen, die Objekte in der Kaserne platzieren, einem strengen Determinismus unterworfen, gleichzeitig zeigen die *Object Art Statements* das Vorhandensein der individuellen Autonomie innerhalb dieser strikten Ordnung. Gleiches gilt für Arbeiten in der Massenproduktion, in der Psychiatrie, auf Baustellen, bei Umfragen und in den radikalen Existenzbereichen des Menschenhandels. *Dirty Minimal* verbindet den Raum des Rationalen, der Art und Weise, wie die Systeme geformt sind, ihre Architektur, ihre Regeln, Ordnungen und Gesetzen, mit dem, was darüber hinausgeht, der Realität, dem, was es für die Individuen bedeutet, innerhalb des Systems zwischen Autonomie und struktureller Bedingtheit zu agieren.

RAND 3: TRAUMA (DINGE, DIE WIR NICHT WAHRHABEN WOLLEN)

In der Kunst geht es um das Hinsehen und darum, dem Gesehenen selber Bedeutung zu geben. Ein Kunstwerk, wenn es tut, was Kunst soll, ist mehrdeutig. Es zeigt eine neue Perspektive, aber es schreibt den Betrachter*innen nicht genau vor, was sie sehen, und es wertet nicht. Das ist die Verantwortung der Kunstschaffenden und der Betrachtenden und kann, wie zuvor beschrieben, auch in die Teilverantwortung von Menschen in besonderen Situationen gegeben werden. Es geht nicht nur um das Betrachten von Kunst, sondern von jedweder Information, von Zeitungsartikeln, Nachrichtensendungen und Social Media. Insbesondere bei Letzteren kommt den Betrachter*innen eine erhöhte Verantwortung zu, da mittlerweile bekannt ist, dass Algorithmen entscheiden, was der einzelne User zu Gesicht bekommt. Das bedeutet, er oder sie bildet sich nicht eine Meinung, sondern wird in bereits bestehenden Meinungen bestätigt.

Auf das folgende Thema bin ich durch zahlreiche Aktionen gestoßen, die ich seit 2005 mit der Bundeswehr durchgeführt habe. Der Grund, mich an diesen Ort jenseits der Kunst zu begeben, um ihn zu einem Kunstort zu machen, war es, dass ich gerade mit Menschen arbeiten wollte, die sich weit weg von den Idealen des künstlerischen Selbstauftrages befinden und die im Gegensatz dazu in einem Raum extremer struktureller Zwänge handeln müssen. Damit können Dinge auf die Plattform des *White Cube* gebracht werden, die sonst verborgen blieben. Wenn wir als unbeteiligte zivile Personen nicht wissen (wollen), dass wir Kriege führen, dann kann es in der Logik des Denkens auch keine Kriegstraumata geben. Deutsche Soldaten und Soldatinnen befinden sich in verschiedenen Regionen der Welt in Kriegseinsätzen. Viele kommen mit physischen und psychischen Kriegsverletzungen zurück. Die größte Belastung für sie besteht darin, dass die Gesellschaft diese Verletzungen nicht wahrnimmt.

Der Galerieraum ist leer bis auf auf dem Boden verteilte, kleine Tonfiguren zwischen 15 und 30 Zentimetern Größe an der längsten Ausdehnung. Die Größe entspricht in etwa den Maßen von Artefakten, die man in Schulklassen oder Kunsttherapien vorfinden kann. Die Farbe ist hellrosa. Es ist die Farbe, die der Ton nach dem ersten Brand annimmt. Die kleinen Figuren liegen oder sitzen teilweise in den Ecken der Räume. Sie sind sehr einfach gestaltet. Viele haben große Kugeln als Köpfe und Gliedmaßen ohne Hände oder Füße. Sie hocken oder knien und halten die runden Arme vor den Kopfkugeln. Eine Figur hat seltsam verdrehte Beine und Arme, ein Gesicht ist in den kleinen Kopf geritzt. Bis auf diese Ausnahme haben die kleinen Körper keine Gesichter. Ihre unterschiedliche Gestaltung lässt vermuten, dass sie von verschiedenen Personen hergestellt wurden. Dies ist meist der Moment der Betrachtung, in dem die Besucher*innen nach weiteren Informationen suchen und den Titel und die Kurzbeschreibung der Arbeit lesen. Dies ist der Rahmen. Die 2019 in der Berliner Galerie PSM gezeigte Installation *Dirty Minimal #115 – Bodies* besteht aus neun kleinen Keramikfiguren. Soldaten und Soldatinnen der Bundeswehr, die unter einer posttraumatischen Belastungsstörung (PTBS) leiden, folgten der Aufforderung, Figuren zu formen. Hergestellt wurden sie im Zentrum für seelische Gesundheit im Bundeswehrkrankenhaus Hamburg und dem Psychotraumazentrum im Bundeswehrkrankenhaus Berlin.

Die eher ungelenke Gestaltung der Figuren und ihre Verteilung im Raum lässt sie klein und zerbrechlich erscheinen. Die Besucher*innen müssen in der Tat achtgeben, nicht auf einen der Tonkörper zu treten. Zwar stimmt die Größe der Körper mit ähnlichen Formen, wie sie in Therapien hergestellt werden, überein, doch ihre Platzierung auf dem Fußboden setzt sie in Bezug zum großen und sonst leeren Raum. Dies zeigt eher die Hilflosigkeit der therapeutischen Mittel. Nicht eine therapeutische Bewältigung wird thematisiert, sondern vielmehr führen die institutionellen Verfahren der Therapie die Hilflosigkeit und schiere Unmöglichkeit der Bewältigung vor Augen.

UNBEWUSSTE KOLLABORATEURE

Der Grundgedanke, der dem Konzept der *unbewussten Kollaborateure* zugrunde liegt, ist es, dass das, was wir tun, nicht spurenlos ist. Zum einen sind wir uns der Spuren (also der Folgen unseres Handelns) nicht bewusst. Diese Spuren des Handelns führen zu Formen, die ich in meiner Kunst versuche zu detektieren, zu enthüllen oder zu provozieren. Zum andern kann dieses Unbewusstsein genutzt werden, um ein Stück Realität hervor- und in die Kunst zu bringen, das etwas über die Situation der Handelnden zum Ausdruck bringt. Es handelt sich um ein Bruchstück automatisierter Authentizität, da die Handlung durch einen Rahmen vorgegeben wird, aber innerhalb des Rahmens nicht durch weiteres Eingreifen gestört wird. *Unbewusste Kollaborateure* können auch Menschen sein, die einer alltäglichen oder funktionalen Tätigkeit nachgehen und noch nicht einmal wissen, dass sie Teil eines Kunstprojektes sind. Menschen, die in *Dirty-Minimal*-Prozessen in die Kunstproduktion einbezogen werden, verfolgen nicht die Intention künstlerischer Gestaltung, sondern ein anderes funktionales Ziel. Mit ihren in den Kunstwerken aufgesammelten Spuren treffen sie, ohne es zu wissen, Aussagen über die besondere Situation, in der sie sich befinden. Ihre Handlungen innerhalb des Rahmens der Kunstaktion können komplexe Formen erzeugen. Dabei interessieren besonders Orte existenzieller Situationen, die in unserem Alltag und der Alltagswahrnehmung nicht erscheinen. Es sind die blinden Flecken unserer Wahrnehmung. Heinz von Foerster bezeichnet mit dem ›Blinden Fleck‹ das Phänomen, dass wir in einem bestimmten Bereich der Retina nicht sehen können und gleichzeitig kein Bewusstsein davon haben, weil wir nicht wahrnehmen, dass wir nicht sehen.[11] Wir sehen also nicht, was wir nicht sehen. Das bedeutet, dass wir kein Bewusstsein davon haben, was wir nicht wahrnehmen, und infolgedessen fälschlicherweise das, was wir nicht sehen, für nicht existent halten. Darum wird es so wichtig, die Ränder der Wahrnehmung zu überschreiten und dort gemachte Beobachtungen für die Betrachter*innen sichtbar werden zu lassen.

EXISTENZIELLE BEDEUTUNG VON KUNST

Kunst setzt sich mit Realität auseinander und vergrößert das Feld des Sichtbaren. Es besteht ein untrennbarer Zusammenhang zwischen Form und Inhalt, der als Erkenntnisform existenziell wird, weil er der allgegenwärtigen Entfremdung von Erfahrung und der Trennung von Form und Inhalt entgegensteht. Form ist bereits Inhalt. Weil Kunst mit Form argumentiert, kann sie in den Raum des Nicht-Denkens, in das, was noch nicht gewusst wird und noch nicht in Begriffe gefasst wurde, vordringen. Das bedeutet, in einen Bereich vorzustoßen, der (noch) außerhalb des menschlichen bewussten Erfassungsvermögens liegt. Der Begriff *Dirt*, wie er im *Dirty Minimal* verwendet wird, ist die sprachliche Bezeichnung des Alltagsbewusstseins, das aus dem Zustand des Nichtverstehens heraus dem »erhabenen Aufblitzen des *Anderen*«[12] nur den Zustand des Überflüssigen, Dreckigen zuschreibt. Willi Baumeister spricht vom *Unbekannten*: »Kunst besteht nicht in Regeln, sondern immer in Ausnahmen vom Standpunkt des Erfahrungsmäßigen. Erfahrung kann aber nicht auf Kunst angewendet werden. Das Unbekannte bildet den polaren Gegensatz zu jeder Erfahrung.«[13] In der östlichen Philosophie wird das, was über das Erfassbare hinausgeht, als Buddha-Natur, als »das-nicht-durch-Geist-Herzustellende«[14] bezeichnet. Dieses Undefinierbare kann nicht in Sprache gefasst werden. »Wenn der begriffliche Geist es zu fassen sucht, findet er nichts, und so erlebt er es als Leere.«[15]

Dirty Minimal schlägt vor, bewusst mit dem Vorgang des Denkens umzugehen, indem das Konzept genutzt wird, um den Bezugsrahmen festzulegen, innerhalb dessen eine Bewegung aus einer größeren Komplexität fließen kann. *Dirty Minimal* ist folglich die Wahrnehmung einer Ordnung außerhalb von Sprache, Denken und Wissen, die jedoch durch den bewusst gesetzten Bezugsrahmen eingegrenzt wird. Diese Eingrenzung wird im Kunstwerk beobachtbar gemacht. Dies ist der Rand als Konzept, das es den Betrachter*innen ermöglicht, innerhalb des Rahmens neue Ordnungen wahrzunehmen.

Das Erkennen einer Ordnung ist notwendiges Erkenntnismittel in einer komplexen Wirklichkeit, um relevante von nicht relevanten Erscheinungen zu unterscheiden, um Dinge zu sehen, die noch nicht durch Begriffe festgelegt sind, und um komplexe Ordnungen wahrzunehmen, die so in Sprache nicht fassbar sind.

Da es das Denken ist, das die Wirklichkeit formt, ist die Verantwortung des Individuums für sein Denken und Wahrnehmen ausschlaggebend für politisches Handeln. Und Kunst ist der Ort, an dem dieses Beobachten jenseits bereits feststehender Denkmuster stattfinden kann. Indem immer wieder neue Ränder ausgemacht und überschritten werden können, zeigt sich das Erkenntnispotential von Kunst. Künstlerische Verfahren, die jenseits der Ränder angewendet werden, bergen das Vermögen, neue Einsichten im Bewusstsein der Beobachter*innen auszulösen.

1 Bohm 1987, S. 38.
2 Heraklit, zit. nach Capelle 1968, S. 132.
3 Heraklit, zit. nach Capelle 1968, S. 132.
4 Varela / Thompson / Rosch 1995, S. 103.
5 Erwin Schrödinger, zit. nach Morrison 1990, S. 11.
6 Erwin Schrödinger, zit. nach Morrison 1990, S. 11.
7 Bohm 1987, S. 9.
8 Vgl. https://www.op-online.de/wirtschaft/nobelpreis-formel-ueberfordert-banker-542071.html (27. Juli 2021).
9 Spencer-Brown 1997, S. 3.
10 Spencer-Brown 1997, S. 1.
11 Foerster 1999, S. 26.
12 Rancière 2007, S. 38.
13 Baumeister 1960, S. 41.
14 Varela 1994, S. 73.
15 Varela 1994, S. 73.

Literaturverzeichnis

BAUMEISTER, WILLI (1960), *Das Unbekannte in der Kunst*, Köln.

BOHM, DAVID (1987), *Die implizite Ordnung. Grundlagen eines dynamischen Holismus*, München.

CAPELLE, WILHELM (Hg.) (1968), *Die Vorsokratiker*, Stuttgart.

FOERSTER, HEINZ VON (1999), *Sicht und Einsicht*. Heidelberg.

MORRISON, MICHAEL A. (1990), *Understanding Quantum Physics. A User's Manual*, Englewood Cliffs, NJ.

RANCIÈRE, JACQUES (2007), *Das Unbehagen in der Ästhetik*, Wien.

SPENCER-BROWN, GEORGE (1997), *Laws of Form. Gesetze der Form*, Lübeck.

VARELA, FRANCISCO J. (1994), *Ethisches Können*, Frankfurt am Main u. a. O.

VARELA, FRANCISCO J. / THOMPSON, EVAN / ROSCH, ELEANOR (1995), *Der mittlere Weg der Erkenntnis. Der Brückenschlag zwischen wissenschaftlicher Theorie und menschlicher Erfahrung*. München.

Abbildungsverzeichnis

1 Almut Linde, *Dirty Minimal #6.1 – Action-Painting / Ast*, 1990, Galerie Ángel Romero, Madrid. © Almut Linde, Foto: Almut Linde.
2 Almut Linde, *Dirty Minimal #6.1 – Action-Painting / Ast*, 1990, Galerie Ángel Romero, Madrid. © Almut Linde, Foto: Almut Linde.
3 Almut Linde, *Dirty Minimal #45.1 – Another World*, 2009, Hamburger Kunsthalle. © Almut Linde, Foto: Almut Linde.
4 Almut Linde, *Dirty Minimal #45.2 – Sing For Me*, 2008, Matadero Madrid. © Almut Linde, Foto: Almut Linde.
5 Almut Linde, *Dirty Minimal #45.2 – Sing For Me*, 2008, Matadero Madrid. © Almut Linde, Foto: Almut Linde.
6 Almut Linde, *Dirty Minimal #14.1 – Object Art Statements* (Schule), 1995, Gymnasium Kaiser-Friedrich-Ufer, Hamburg. © Almut Linde, Foto: Almut Linde.
7 Almut Linde, *Dirty Minimal #14.1 – Object Art Statements* (Schule), 1995, Gymnasium Kaiser-Friedrich-Ufer, Hamburg. © Almut Linde, Foto: Almut Linde.
8 Almut Linde, *Dirty Minimal #33.1 – Object Art Statements* (Militär), 2005, Standortkommandantur, Hamburg. © Almut Linde, Foto: Almut Linde.
9 Almut Linde, *Dirty Minimal #33.1 – Object Art Statements* (Militär), 2005, Standortkommandantur, Hamburg. © Almut Linde, Foto: Almut Linde.
10 Almut Linde, *Dirty Minimal #33.1 – Object Art Statements* (Militär), 2005, Standortkommandantur, Hamburg. © Almut Linde, Foto: Almut Linde.

Die Abbildungen wurden freundlicherweise von Almut Linde zur Verfügung gestellt.

Thomas Röske

OUTSIDER ART: EINE BESONDERE ART VON KUNST?

EINLEITUNG

Die Position der Outsider Art zur übrigen Kunst ist heute unklarer denn je. Während selbst viele Kunstinteressierte mit dem 1972 kreierten Begriff noch immer nichts anzufangen wissen, gibt es zum einen emphatische Befürworter*innen der Outsider Art, die darin die wichtigste Opposition zur etablierten Ausstellungskunst sehen, zum anderen Gegner*innen des Begriffs, die davon ausgehen, dass er einer wünschenswerten Integration oder Inklusion der damit bezeichneten Werke in den Kunstbetrieb entgegensteht. Unter Letzteren ist eine wachsende Zahl Schöpfer*innen von Outsider Art selbst, die befürchten, dass ihnen die Zuordnung zu einer Randgruppe Wege versperrt und sich insbesondere ökonomisch nachteilig auswirkt.

Im Folgenden soll knapp nachgezeichnet werden, wie sich die Wahrnehmung derjenigen Werke, die heute zur Outsider Art gerechnet werden, entwickelte, wie es zu dem Begriff kam und wie er sich bis heute ausgewirkt hat. Dabei wird deutlich, dass über die Zeit verschiedene ästhetische Blickwinkel an der Entdeckung und der Wertschätzung von ›Kunst am Rande der Kunst‹ (Michel Thévoz) Anteil hatten. Schließlich möchte ich erläutern, dass Outsider Art trotz allem eine distinkte Art von Kunst bezeichnet, die, so fruchtbar ihr Zusammenspiel mit anderen Formen der Kunst ist und so wünschenswert ihre Inklusion im Kunstbetrieb sein muss, (noch) nicht im Allgemeinbegriff Kunst aufgehen kann.

Schon am Anfang des 18. Jahrhunderts wurde wahrgenommen, dass in Europa Menschen, die keine künstlerische Ausbildung haben, unter bestimmten Bedingungen eigensinnige Zeichnungen schaffen.[1] Und schon damals waren an deren Entdeckung Künstler beteiligt. Denn zuerst wurden solche Produkte in Darstellungen des Bethlem Hospitals in London, des ältesten und lange Zeit größten ›Irrenhauses‹ der Welt, gezeigt.[2] Es handelt sich allerdings noch nicht um Versuche getreuer Wiedergabe, sondern um erdachte Beispiele für Handlungen ›Irrsinniger‹, an denen nach damaliger Ansicht die Folgen verschiedenen ›Fehlverhaltens‹ sichtbar würden. Das gilt insbesondere für das berühmte letzte Blatt aus der moralisierenden Bildfolge *A Rake's Progress* (1735) von William Hogarth (1697–1764), die den Antihelden Tom Rakewell als Insassen von ›Bedlam‹ in bedauernswerter Zerrüttung zeigt. Hinter ihm ist ein weiterer ›Wahnsinniger‹ zu sehen, der ein Weltmodell auf die Wand zeichnet (Abb. 1).

Wohl erst um 1800 bewahrten gelegentlich Ärzte Zeichnungen ihrer Patient*innen auf, als die moderne Psychiatrie einsetzte und sich für die kranke Psyche zu interessieren begann – parallel zur beginnenden Romantik in der Kunst mit ihrem Nachdruck auf dem freien Künstlerindividuum und

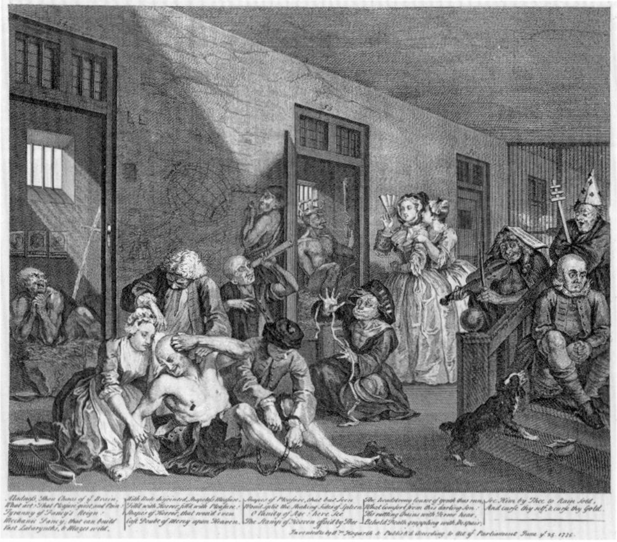

Abb. 1: William Hogarth, *In Bedlam* (Tafel 8 aus der Serie *The Rake's Progress*), 1735, Kupferstich, 1. Zustand, Wellcome Collection, London.

seiner Psyche. Die erste durch (sicherlich freien) Nachstich 1810 publizierte Zeichnung eines Anstaltsinsassen zeigt einen ›Luftwebstuhl‹ (Air Loom), eine Beeinflussungsmaschine, mit der angeblich Gedanken kontrolliert und Menschen zu Tode gebracht wurden (Abb. 2). Ihr Schöpfer, der Teehändler James Tilly Matthews (1770–1815), war, nachdem er im Parlament Politiker vor der Maschine zu warnen versucht hatte, in das Londoner Bethlem Hospital verbracht worden. Der hier tätige Apotheker John Haslam (1764–1844) wollte in seinem Buch *Illustrations of Madness* (1810) mit der Darstellung von Matthews' ›Fall‹ seine Befähigung zu psychiatrischer Einschätzung unter Beweis stellen.[3]

Erst zur Zeit der Spätromantik wurde eine freie Patientenzeichnung wohl akkurat reproduziert, in dem Buch *Étude médico-légale de la folie* (1872) des Rechtsmediziners Ambroise Tardieu (1818–1879), der als erster Psychiater überhaupt einräumte, dass die Betrachtung von Zeichnungen psychisch Kranker aufschlussreich sein könnte.[4] Er gibt keine Erklärung zur einzigen Tafel in seiner Publikation, den Stich nach einer Darstellung von ›Aromen‹,

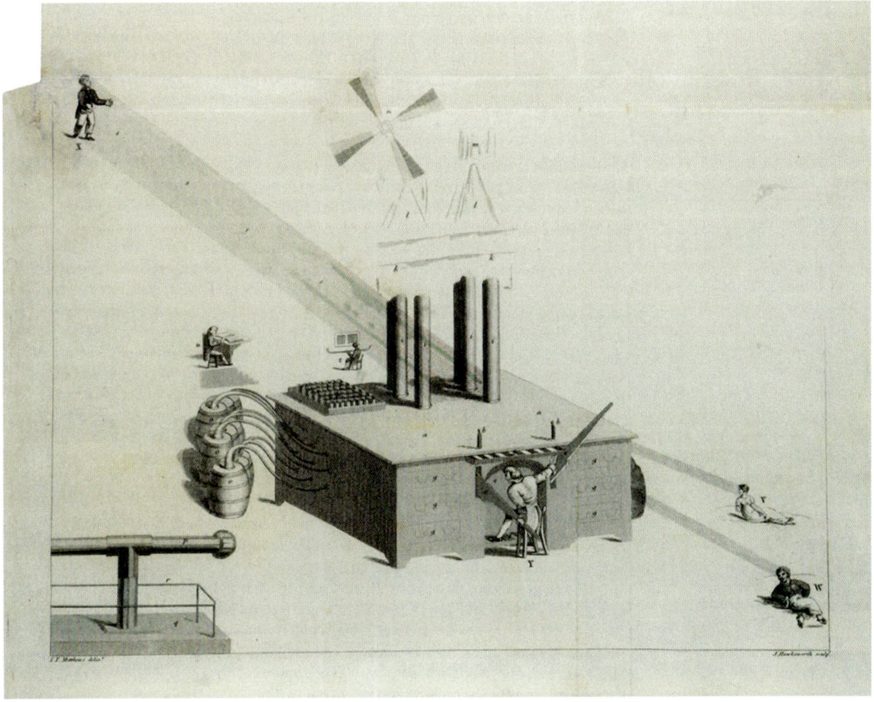

Abb. 2:
Anonym,
Air Loom, nach einer Zeichnung von James Tilly Matthews, Kupferstich, publiziert 1810.

die von der Büste der Frau des Zeichners ausgehen (Abb. 3). Aber er lässt dazu den anonymen Anstaltsinsassen selbst ausführlich zu Wort kommen. Dieser Bild und Äußerung des Urhebers zugestandene Raum verrät Faszination für das kreative Potential, auch wenn Tardieu explizit keine ästhetische Wertschätzung äußert. Hier scheint bereits ein Widerhall des neuen Interesses an der bildlichen Vermittlung von Seelischem bemerkbar, das die Kunstrichtung des Symbolismus in Abgrenzung vom Impressionismus und Naturalismus bestimmte.

Symbolisten sind es auch, die sich früh für eine andere zeichnerische Äußerung am Rande der Kunst zu interessieren beginnen: die Notate und Bilder von Medien, die im Auftrag oder sogar geführt von Geistern aus dem Jenseits entstehen.[5] Diese Werke, wie etwa die ab den 1860er Jahren entstandenen fantastischen gegenstandslosen Kompositionen (Abb. 4) von Georgiana Houghton (1814–1884), die kunstgeschichtlich schwer in ihrer Zeit zu verorten sind, werden heute ebenfalls zur Outsider Art gerechnet.

Und tatsächlich verdanken wir die erste Bewertung von Bildern und Texten aus Psychiatrien als Kunst einem symbolistischen Dichter, der zudem in Ausstellungsbesprechungen für symbolistische bildende Kunst seiner Zeit eintrat. Im Hauptberuf war Paul Meunier (1873– 1957) Psychiater; aber bezeichnenderweise veröffentlichte er das Büchlein *L'art chez les fous* 1907

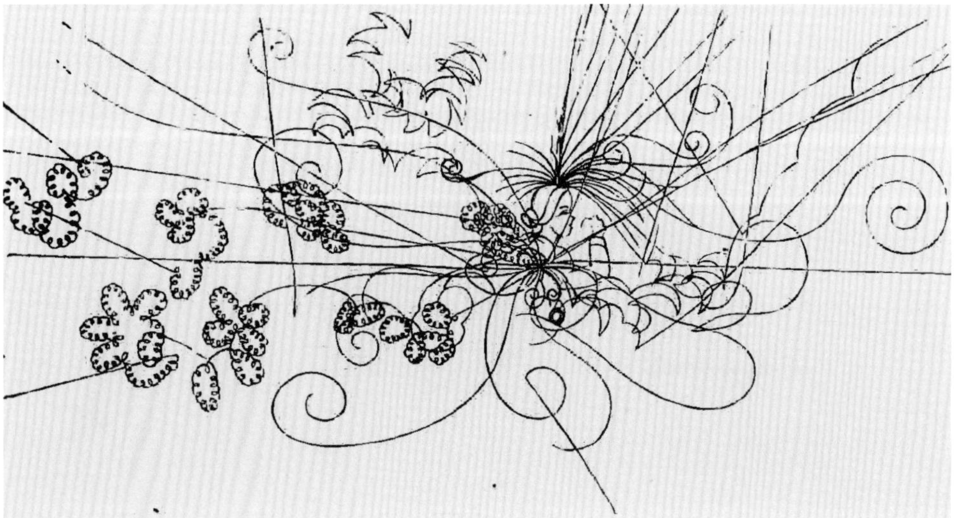

Abb. 3: Anonym, ohne Titel, undatiert.

unter seinem literarischen Pseudonym Marcel Réja.[6] Zu riskant schien es noch, sich als Mediziner kunstkritisch über Werke ›Wahnsinniger‹ zu äußern. Wie einflussreich das Taschenbuch mit wenigen Schwarzweiß-Abbildungen bei welchen Leser*innen war, ist noch nicht erforscht. Immerhin erschien es im Folgejahr in zweiter Auflage.

Wesentlichen Aufschwung erhielt die Neubewertung von ›Irrenkunst‹ nach dem Ersten Weltkrieg, und zwar zunächst in Deutschland und der Schweiz. 1921 publizierte der Berner Psychiater Walter Morgenthaler (1882–1965) die Studie *Ein Geisteskranker als Künstler*, die erste Künstlermonografie über einen Psychiatrieinsassen, zudem unter dessen Klarnamen Adolf Wölfli (1864–1930).[7] Im Folgejahr erschien das Buch *Bildnerei der Geisteskranken* des Kunsthistorikers und Psychiaters Hans Prinzhorn (1886–1933), basierend auf einer Forschungssammlung von fast 5.000 Werken vor allem aus deutschsprachigen Ländern, die der Autor zum Großteil selbst seit 1919 an der Heidelberger psychiatrischen Universitätsklinik zusammengetragen hatte.[8] Hier wurden aus personenrechtlichen Gründen nur Pseudonyme oder Fallnummern eingesetzt.

Morgenthaler sah das Künstlerische an Wölflis Werken im Ordnenden ihrer Kompositionen und erkannte darin zugleich einen Ansatz zur Selbstheilung in der Psychose. Prinzhorn, beeinflusst vom Expressionismus,

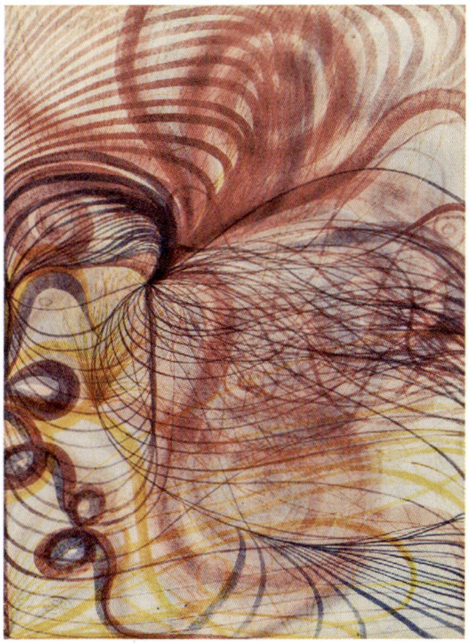

Abb. 4: Georgiana Houghton, *The Flower of Samuel Warrand*, 1862, Aquarellfarbe und Gouache auf Papier, Victorian Spiritualists' Union Inc., Melbourne.

war stärker am Phänomen des künstlerischen Ausdrucks interessiert. Er entwickelte eine eigene psychoanalytisch orientierte Ausdruckstheorie und veranschaulichte sie an Werken von Psychiatrieinsass*innen, die er für wesentlich unbewusst gestaltet und deshalb für authentischer hielt als Werke professioneller Künstler*innen. Im Grunde versuchte er, der, wie er später selbst schrieb,[9] als ›Nihilist‹ aus dem Weltkrieg zurückgekehrt war und den Glauben an die europäische Kultur verloren hatte, einen Neubeginn der Kunst aus den Werken von psychisch Kranken zu begründen. Der vorsichtige Begriff ›Bildnerei‹ lässt sich demnach auch als Gegenbegriff zur offiziellen ›Kunst‹ verstehen.[10]

Die Botschaft fand insbesondere bei Künstler*innen der Zeit Widerhall, die teilweise mit eigenen Werken auf die Eindrücke reagierten, wie Paul Klee (1879–1940), Oskar Schlemmer (1888–1943) oder Richard Lindner (1901–1978).[11] Vor allem regte das Buch aber die Surrealist*innen um André Breton (1896–1966) an, von denen einige erst nach 1922 überhaupt anfingen sich bildnerisch zu äußern.[12] Sie übernahmen bestimmte gestalterische Verfahrensweisen, allen voran Max Ernst (1891–1976), der das willkürliche Nebeneinander von heterogenen Elementen, für das bei Prinzhorn August Natterer (1868–1933) erstaunliche Beispiele bot, systematisch weiterentwickelte (Abb. 5 und 6). Die Surrealisten waren übrigens später, ab 1936, auch die Ersten, die Beispiele von ›art des fous‹ neben eigenen Werken auszustellen wagten.

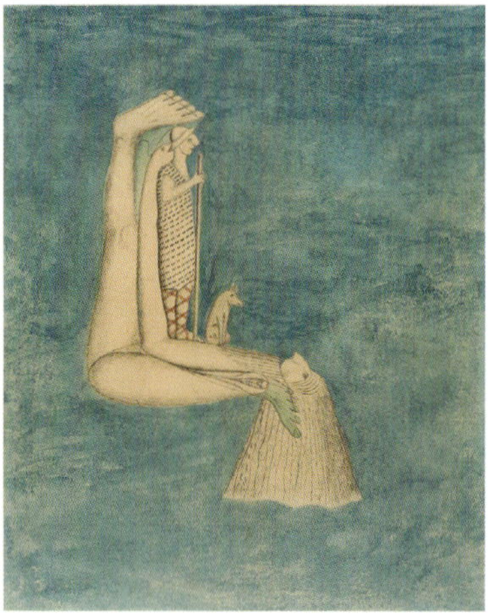

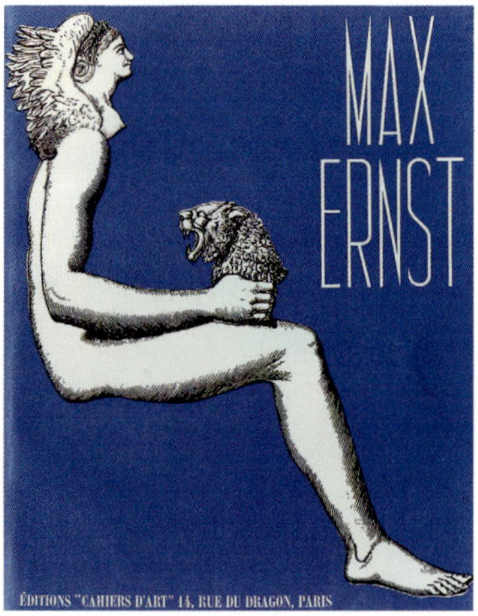

Abb. 5 (**links**): August Natterer, *Wunder-Hirte* (II), zwischen 1911 und 1917, Bleistift und Wasserfarben auf Karton, Sammlung Prinzhorn, Heidelberg.

Abb. 6 (**rechts**): Max Ernst, *Œdipe*, 1931, Titel der Max-Ernst-Sondernummer der *Cahiers d'art* 1937.

Prinzhorns Buch regte auch andere Psychiater*innen an, Werke von Patient*innen zu sammeln, und provozierte in den Folgejahren weitere Publikationen, die sich teilweise gegen Thesen in *Bildnerei der Geisteskranken* positionierten.[13] Vor allem in Deutschland führte die Machtübergabe an die Nationalsozialisten dann aber zu einem Abbruch dieser Diskussion. Freie künstlerische Werke von Insass*innen wurden vernichtet, manche Sammlungen zerstört, und künstlerische Produktivität allein bewahrte Anstaltspatient*innen nicht vor der so genannten ›Euthanasie‹. Die Heidelberger Sammlung blieb wohl vor allem deshalb verschont, weil man Werke daraus ab 1938 als Vergleichsmaterial für die Wanderausstellung *Entartete Kunst* missbrauchte (Abb. 7), mit der Künstler*innen der Moderne verfemt wurden.[14] Unter anderen Vorzeichen findet sich hier also fast zeitgleich ein Nebeneinander von professioneller Kunst und ›Irrenkunst‹, das auch die Surrealist*innen praktizierten.

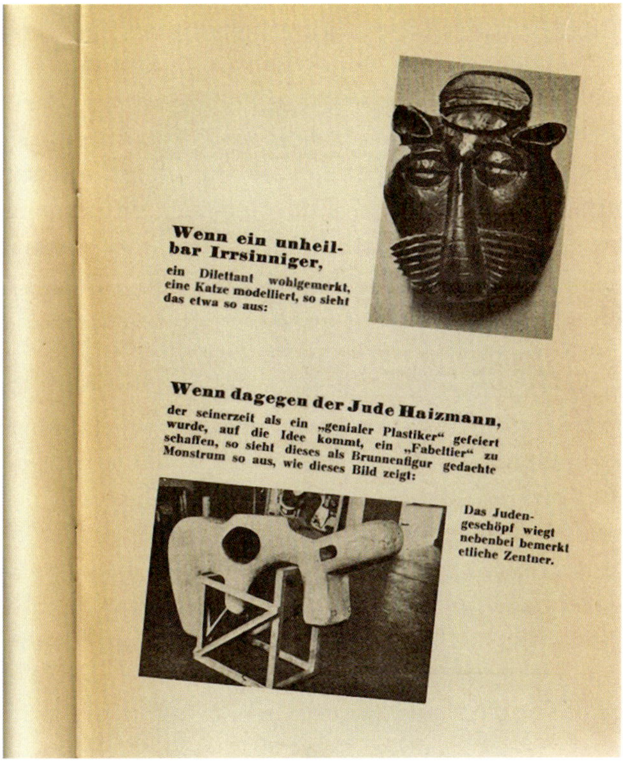
Wenn ein unheilbar Irrsinniger,
ein Dilettant wohlgemerkt, eine Katze modelliert, so sieht das etwa so aus:

Wenn dagegen der Jude Haizmann,
der seinerzeit als ein „genialer Plastiker“ gefeiert wurde, auf die Idee kommt, ein „Fabeltier“ zu schaffen, so sieht dieses als Brunnenfigur gedachte Monstrum so aus, wie dieses Bild zeigt:

Das Judengeschöpf wiegt nebenbei bemerkt etliche Zentner.

Abb. 7: Ausstellungsführer *Entartete Kunst*, Berlin 1938, Seite mit Vergleich von Skulpturen von Karl Genzel [Brendel] aus der Sammlung der Heidelberger psychiatrischen Universitätsklinik und Richard Haizmann.

Ein neuer Aufbruch zur ästhetischen Anerkennung dieser Kunst kam denn auch aus Frankreich, und zwar von einem Künstler. Zwar begannen einige Psychiater*innen nach 1945 ebenfalls wieder die Artefakte ihrer Patient*innen zu sammeln und über deren künstlerischen Charakter zu spekulieren. Doch die Initiative des Künstlers Jean Dubuffet (1901–1985) war folgenreicher.[15] Lange hatte er gezweifelt, ob er Kunst zu seinem Beruf machen solle. Erst gegen Ende des Zweiten Weltkriegs entschloss er sich dazu. Fast zeitgleich begann er 1944 künstlerische Werke am Rande der Kunst zusammenzutragen, die er ab 1945 *Art brut* (rohe Kunst) nannte. Der Kunsttheorie genauso abgeneigt wie der Kunstgeschichte, verfasste Dubuffet dazu keine kohärente Theorie, nur eine Reihe poetisch-polemischer Texte. Am einflussreichsten wurde sein Essay »L'art brut préféré aux arts culturels« von 1949. Hier stellt er Art brut als »wirkliche Kunst« der »offiziell anerkannten bildenden Kunst, der Kunst in Museen, Galerien und Ausstellungen«, von ihm kurz »kulturelle Kunst« (*art culturel*) genannt, gegenüber.[16] Er wendet sich gegen die Professionalität von Künstler*innen, gegen deren öffentliches selbstbewusstes Auftreten und Argumentieren mit Ideen zu ihren Werken. Die »wirkliche Kunst« hänge »leidenschaftlich an ihrem Inkognito« und gehe aus einer »seherischen Gabe« hervor, die nichts mit rationaler Erfassung zu tun habe.[17] Zunächst hatte Dubuffet nach entsprechenden Werken in Psychiatrien gesucht, wohl weil ihn früh schon Prinzhorns Buch beeindruckt hatte.[18] Den Begriff *Art brut* erfand er nicht zuletzt, um diese Kunst von der psychiatrischen Terminologie zu lösen. Denn er zählte dazu auch mediumistische Kunst sowie Werke von geistig Behinderten und Eigenbrötler*innen – nicht aber etwa Kinderkunst, ›Stammeskunst‹, Volkskunst und naive Kunst. Wichtig war ihm vor allem, dass die Werke formal und inhaltlich nicht vorgegebenen Mustern folgten, dass sie von traditioneller und zeitgenössischer Kunst unbeeinflusst waren. Beispielhaft sind die Malereien von Augustin Lesage (1876–1954), einem französischen Minenarbeiter, dem 1911 unter Tage eine Stimme voraussagte, dass er Künstler werden würde. Bald darauf ließ er sich von anderen Geistern beim Gestalten von Bildern und Gemälden die Hand führen, die alle einen für die Zeit außergewöhnlich originellen abstrakt-ornamentalen Streifenaufbau zeigen (Abb. 8). Ab 1923 konnte er vom Verkauf dieser Werke leben, ohne sich der Kunst seiner Zeit anzupassen.

Auch Dubuffets Appell, die Kunst von ihrem Rande her neu erstehen zu lassen, dem zweiten dieser Art nach einem Weltkrieg, folgten Künstler*innen, etwa die Mitglieder der internationalen Gruppe CoBrA oder der Münchner Gruppe SPUR. Später, um 1960, fielen Prinzhorns Buch und die Art brut gerade bei Neoexpressionist*innen wie Arnulf Rainer (*1929) oder Georg Baselitz (*1938) auf fruchtbaren Boden. Aber auch bei Psychiater*innen bewirkte Dubuffets Impuls langsam ein Umdenken. So erkannte zum Beispiel der Österreicher Leo Navratil (1921–2006), der seine männlichen Patienten in der Anstalt Maria Gugging seit den 1950er Jahren zeichnen ließ, in den 1960ern zunehmend den künstlerischen Wert der Blätter und propagierte ihn im Sinne eines Neomanierismus. Dass sein Taschenbuch *Schizophrenie und Kunst* (1965)[19] und andere seiner Schriften zum Thema Resonanz

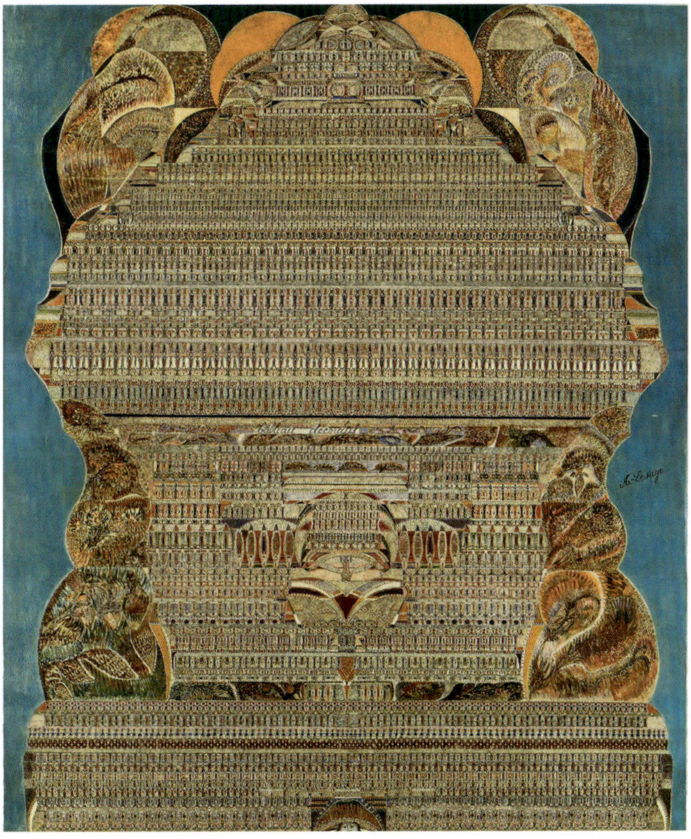

Abb. 8: Augustin Lesage, *Dekorative Tafel*, 1928, Öl auf Leinwand, 140 × 110 cm, Collection abcd / Bruno Decharme, Paris.

bei vielen Leser*innen fanden, liegt aber auch an der damals zunehmenden Verbreitung neuerer psychoanalytischer Ansätze sowie bewusstseinserweiternder Meditationstechniken und Drogen. Surrealistische und psychedelische Kunst erreichten damals große Popularität und dürften ähnliche Entdeckungshelfer für Art brut gewesen sein wie früher der Symbolismus für die Kunst der Medien und ›Irren‹.

Als Folge davon wandelte sich die Künstlerkunst Art brut zu einer Sammlerkunst und ein Markt entstand.[20] Um 1970 begannen die ersten kommerziellen Galerien Art brut zu zeigen, allen voran in den USA. Das Bedürfnis danach kam weniger von den Schöpfer*innen dieser Kunst, zumal Geld auf diesem Gebiet bis heute vor allem mit Klassikern, Werken von zumeist bereits verstorbenen Künstler*innen zu machen ist. Passend dazu erschien 1972 die erste englischsprachige Publikation über diese Kunst, sozusagen ein Handbuch für Sammler*innen, das vor allem klassische Werke vorstellte.[21] Das Buch des englischen Romanisten Roger Cardinal (1940–2019) wartete zugleich im Titel mit einem neuen Begriff auf: *Outsider Art* (Abb. 9).[22]

Was als Übersetzung des französischen Terminus gemeint war (und wie dieser ein Außerhalb des Kunstbetriebs meinte), begann sich bald inhalt-

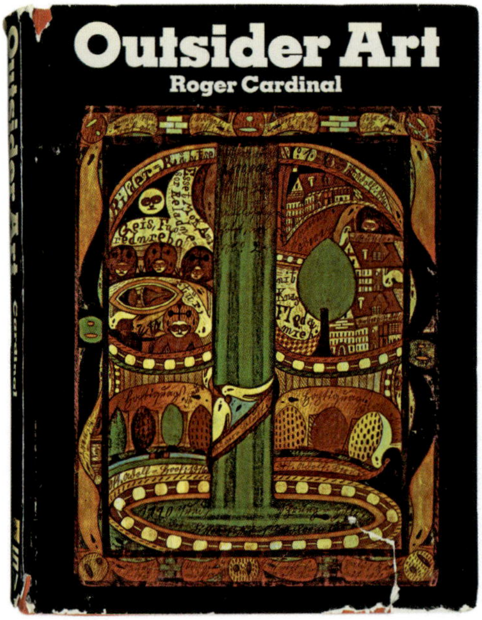

Abb. 9: Roger Cardinal, *Outsider Art*, London 1972, Cover.

lich zu verselbstständigen, indem zum Beispiel auch amerikanische Volkskunst (contemporary folk art), Kunst von Gefangenen und teilweise sogar naive Kunst darunter subsumiert wurde. Den von Dubuffet so vehement vertretenen exklusiven Charakter wollten die meisten Befürworter*innen der Outsider Art gleichwohl beibehalten.

Zukunftsträchtiger war ein anderer Auftritt von Art brut im selben Jahr 1972: die Sektion *Bildnerei der Geisteskranken* auf der von Harald Szeemann (1933–2005) verantworteten 5. documenta in Kassel.[23] Hier wurde zwar mit dem alten Begriff Prinzhorns operiert und die eigene Charakteristik der gezeigten historischen Werke aus der Berner psychiatrischen Universitätsklinik Waldau betont. Aber offenbar fielen den Besucher*innen der Großausstellung gerade deshalb Parallelen zu gleichzeitig präsentierten Strömungen zeitgenössischer Kunst auf, vor allem zu Werken in der benachbarten Sektion *Individuelle Mythologien* und zu Beispielen der Konzeptkunst. Interessanterweise präsentierte Szeemann den von Morgenthaler 1921 vorgestellten Künstler, den Dubuffet sehr geschätzt und den auch Cardinal für den Umschlag seines Buches ausgewählt hatte, als herausragendes Beispiel: Adolf Wölfli (1863–1930), zweifellos der bekannteste Vertreter von Art

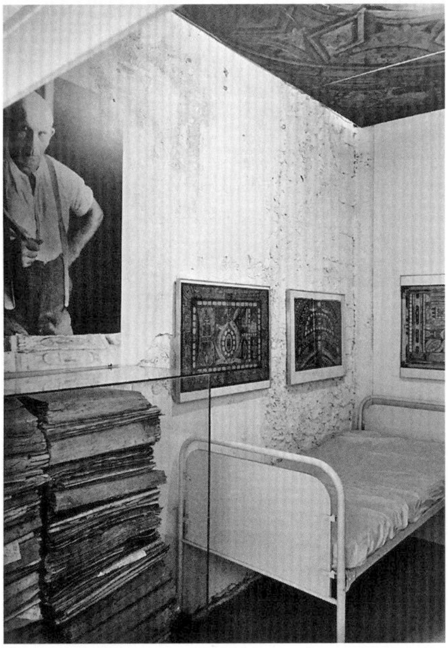

Abb. 10: Balthasar Burkhard, *Adolf Wölflis Zelle*, Installation im Rahmen der documenta 5, 1972.

brut/Outsider Art im 20. Jahrhundert (Abb. 9 und 10). Als Halbwaise unter harten Bedingungen im Berner Oberland aufgewachsen, kam Wölfli 1895 wegen sexueller Belästigung von Kleinkindern in die psychiatrische Anstalt Waldau bei Bern. Hier begann er mit der Gestaltung seiner fantasievollen, bis zum Rand mit Ornamenten, Text und musikalischen Notationen gefüllten Bilder, die zumeist Illustrationen fantastischer autobiografischer Schriften sind. Ausgehend von Elementen Schweizer Volkskunst schuf Wölfli einen eigensinnigen Bildkosmos, der sich der Einordnung in die herkömmliche Kunstgeschichte ebenfalls weitgehend widersetzt.

Seit dieser documenta 5 interessieren sich Kurator*innen moderner und zeitgenössischer Kunstausstellungen für Art brut und Outsider Art. So lässt sich etwa eine direkte Verbindungslinie zur 55. Biennale in Venedig 2013 ziehen, auf der Massimiliano Gioni (*1973) im Arsenale unter dem Titel *Il Palazzo Enciclopedico* das bisher größte Nebeneinander von moderner und zeitgenössischer Kunst mit Werken der Outsider Art präsentiert hat.

DIE SITUATION HEUTE

Heute sind Kunstmarkt und Kunstbetrieb um Outsider Art stark differenziert. Es gibt Galerien, die auf Outsider Art spezialisiert sind, und solche, die unter anderem Outsider Art in ihrem Programm haben. Es gibt seit 1993 jedes Jahr eine eigene Outsider Art Fair in New York und seit 2013 auch in Paris, und es gibt spezialisierte Auktionen. Aber Outsider Art taucht inzwischen ebenfalls auf anderen Kunstmessen und in allgemeinen Kunstauktionen auf. In Museen und Ausstellungshäusern finden nicht mehr nur Ausstellungen statt, die ausschließlich Outsider Art zeigen, sondern Beispiele von Outsider Art werden auch in Themenausstellungen integriert. Neben Spezialmuseen, wie etwa der Collection de l'Art Brut in Lausanne, mit Dubuffets Sammlung als Grundstock, der Sammlung Prinzhorn in Heidelberg oder dem American Visionary Art Museum in Baltimore, gibt es Museen, die ganze Art-brut- oder Outsider-Art-Sammlungen aufgenommen haben, wie die Whitworth Art Gallery in Manchester, das Lille Métropole Musée d'art moderne (LAM) in Villeneuve d'Ascq oder das Kunstmuseum Bayreuth. Und mittlerweile beginnen Museen für moderne und zeitgenössische Kunst auch schon einzelne Künstler*innen der Outsider Art zu sammeln, wie etwa die Berlinische Galerie oder das Museum für moderne Kunst in Frankfurt am Main. Dabei dürfte der Diskurs um gesellschaftliche Inklusion von Psychiatrie-Erfahrenen und Menschen mit intellektuellen Beeinträchtigungen eine Rolle spielen. Doch ist sicherlich die Veränderung von Sehgewohnheiten und die Beeinflussung vieler professioneller Künstler*innen des 20. und 21. Jahrhunderts durch Art brut / Outsider Art von größerer Bedeutung.

Seit den 1960er Jahren wird Art brut / Outsider Art nicht mehr nur aus eigenem Antrieb von einzelnen Menschen inner- oder außerhalb von Institutionen geschaffen, sondern auch gefördert in so genannten offenen Ateliers. Zunächst nur in Anstalten und Heimen angeboten, haben offene Ateliers mittlerweile ganz unterschiedliche Träger. Organisationsformen und Art der Leitung unterscheiden sich ebenfalls, selbst wenn mittlerweile an einigen Hochschulen ein Zusatzstudium »Kunstassistenz« für Kunsttherapeut*innen eingeführt wurde. Diese Ateliers reichen von behüteten, eher therapeutisch ausgerichteten Kunstwerkstätten, die nicht nach außen treten, bis hin zu Alternativakademien, in denen Teilnehmer*innen für die Präsenz in Kunstbetrieb und Kunstmarkt ausgebildet werden. Seit einigen Jahren betreiben einige Ateliers sogar eigene Galerien, deren Programme bedenkenswerte Alternativen zum übrigen Ausstellungsbetrieb bieten, auch etwa durch Niedrigschwelligkeit des Zutritts.

Die Diversität des Feldes wird durch nationale und lokale Traditionen verstärkt. Frankreich und die französischsprachige Schweiz berufen sich noch stark auf Dubuffet und halten deshalb am Begriff *Art brut* fest. In Italien hat sich der Alternativbegriff *Arte irregolare* durchgesetzt. In der Nordschweiz und etwa in Finnland spielt die Tradition der Volkskunst eine große Rolle als Fundament für Outsider Art. In Japan werden unter Outsider Art vor allem Werke aus offenen Ateliers für intellektuell beeinträchtigte Menschen verstanden, in China Werke aus offenen Ateliers für Psychiatrie-Erfahrene.

KRITIK UND ENTGEGNUNG

In jüngerer Zeit gibt es vermehrt Kritik an der Begrifflichkeit und an der Abgrenzung von Art brut und Outsider Art gegenüber anderer Kunst. Ist es nicht unzeitgemäß, noch an der Protesthaltung des Künstlers Jean Dubuffet gegen das Kunstestablishment festzuhalten? Warum sollten heute noch Unterschiede gemacht und damit bestimmte Künstler*innen vom Kunstbetrieb separiert werden? Behindert das nicht ihre möglichen Karrieren? Zementiert man damit nicht die Diskriminierung dieser erstaunlich schöpferischen Menschen? Ist Kunst nicht einfach Kunst?

Zunächst einmal ist festzuhalten, dass die Abschaffung der Begriffe nicht die Unterschiede der Werke und ihrer Schaffensbedingungen beseitigen würde. Sie könnte allerdings die Tendenz verstärken, die Werke nur aufgrund eines ersten Eindrucks zu würdigen und damit oberflächlichen Ähnlichkeiten übermäßiges Gewicht zu geben. Davon zeugen missglückte Präsentationen von Outsider Art in Institutionen für moderne oder zeitgenössische Kunst.[24] Parallelen zu entdecken, etwa von Outsider Art und Konzeptkunst, kann einer ersten Annäherung helfen. Dann aber wird man durch jedes weitere Einlassen auf die Werke entscheidende Unterschiede erkennen, die nicht zuletzt mit der Art ihrer Entstehung und der Wirklichkeitsauffassung ihrer Schöpfer*innen zu tun haben.

Beispielsweise lassen etwa die Tausende von Polaroidfotos, die der Textildesigner Horst Ademeit (1937–2010) seit Mitte der 1970er Jahre gemacht hat, an Konzeptkunst denken. Ademeit, obgleich 1970 auch kurz an der Düsseldorfer Kunstakademie bei Joseph Beuys eingeschrieben, verfolgte allerdings mit seinen Aufnahmen bloß eine dokumentarische Absicht: Er wollte die Auswirkungen von Kältestrahlen in seiner Umgebung belegen, die er für vieles Üble in der Welt verantwortlich machte. Entsprechend beschriftete er die Rahmen der Fotos mit Hinweisen auf die jeweils festgehaltene Situation.[25] Es sah sein Werk lange nicht als Kunst, sondern nutzte das Medium Fotografie, um sich in seiner Welt einen Halt zu verschaffen.

Für gewöhnlich entstehen Werke, die Outsider Art genannt werden, wie hier aus einer Krise oder einem anhaltenden Konflikt mit der Realität in der unbewussten Absicht der Schöpfer*in, sich auf neue Weise zu stabilisieren.[27] Das kann auch auf die Schöpfungen anderer Künstler*innen zutref-

[An dieser Stelle ist keine Abbildung eines Werkes von Horst Ademeit zu sehen, weil die Galerie Delmes & Zander, Köln, dem Autor die Bildrechte nicht gewährt hat. Delmes & Zander haben im Jahr 2011 beratend eine Präsentation der Werke Ademeits im Hamburger Bahnhof, Berlin, begleitet, die der Autor in einer Publikation als »unbedacht konventionelle Präsentationsweise« kritisierte.[26] Die Nennung des Namens der Galerie unter einer Abbildung in vorliegendem Text käme, so Susanne Zander in einem Telefonat mit dem Autor am 11.05.2020, einem Selbstwiderspruch gleich.]

fen, aber diese verwenden mit ihrer Kunst ein erlerntes Werkzeug, das ihre Äußerungen in einem bestimmten gesellschaftlichen Feld symbolisch repräsentativer Auseinandersetzung zeitgemäß verortet; typisch sind in diesem Zusammenhang die Konflikte, die professionelle Künstler*innen durchmachen, um ihre eigene Sprache im Medium Kunst zu finden. Schöpfer*innen von Outsider Art zeigen, wenn sie erst einmal eine Technik für sich entdeckt haben, kein Zögern im Schaffen. Oftmals denken sie noch nicht einmal an Kunst. Das Zeichnen, Malen, Sticken oder andere Formen der Kreativität sind für sie Vehikel, um eine neue Beziehung zur Wirklichkeit aufzubauen, irrationale, zum Beispiel magische Momente eingeschlossen. Das zumeist obsessive Verfolgen ihres Schaffens, das große Teile ihres Lebens füllen kann, belegt die existentielle Funktion ihres Tuns. Es gibt Berührungen mit der Kreativität von Kindern und Pubertierenden, die in ihren Werken ebenfalls persönliche psychische und physische Konflikte bearbeiten. Doch zeigt sich das Schwerwiegende und Individuelle der erfahrenen Problematik hinter Werken der Outsider Art in deren erstaunlicher Originalität.

Hier sagen manche Kritiker*innen: Die Perspektive auf den/die Künstler*in und den Schaffensprozess ist eben der künstlich produzierte Unterschied zur übrigen Kunst, bei der stets von dem/der Künstler*in abgesehen wird. Das aber stimmt nicht. Bei jeder Kunst denken Betrachtende deren Schöpfer*in mit. Falls sie nichts über diese Person wissen, füllen sie die Lücke mit einem Klischee, das vor allem von zweierlei ausgeht: Der/die Künstler*in hat die gleiche Wirklichkeitsauffassung wie die Betrachtenden und sein/ihr Werk stellt eine symbolische Repräsentation dar. Beide Bedingungen treffen bei Schöpfer*innen von Outsider Art zumeist aber nicht zu. Erst wenn alle Betrachtenden diese unhinterfragten Vorannahmen aufgeben und mit der Erwartung an Kunstwerke herantreten, dass sich in ihnen auch ganz andere Wirklichkeitserfahrungen und Absichten spiegeln können als die ihnen vertrauten, lässt sich die begriffliche Unterscheidung aufheben. Dann wird tatsächlich alles gleichwertig ›Kunst‹ sein.

1 Zur Geschichte grundlegend: MacGregor 1989.
2 MacGregor 1989, S. 11 – 24.
3 Haslam 1810. Zu James Tilly Matthews siehe auch MacGregor 1989, S. 32 – 37; Brand-Claussen / Röske 2006, S. 10 – 18 und Jay 2014.
4 Tardieu 1872; vgl. MacGregor 1989, S. 103 – 106 und Röske 2019 b, S. 146 f.
5 Vgl. Morehead 2009.
6 Réja 1907; vgl. Thévoz 1997; Morehead 2017, S. 137 – 171.
7 Morgenthaler 1921.
8 Prinzhorn 1922.
9 Prinzhorn 1927, S. 278 f.; vgl. Röske / Rotzoll 2019.
10 Vgl. Röske 1995, S. 55 – 58.
11 Vgl. Beyme / Röske 2013.
12 Beyme / Röske 2009.
13 Zum Beispiel Pfeifer 1923.
14 Brand-Claussen 1990.
15 Peiry 2005.
16 Dubuffet 1949 / 1991, S. 91 und 86.
17 Dubuffet 1949 / 1991, S. 91 und 89.
18 MacGregor 1995, S. 41 f.
19 Navratil 1965; vgl. Röske 2008.
20 Röske 2017. Zur Situation im damals für Art brut besonders wichtigen Chicago s. etwa Burkhart / Stone 2019.
21 Röske 2020.
22 Cardinal 1972; vgl. Amăricăi 2020, S. 27 – 30.
23 Siehe hierzu Fol 2015, S. 124 – 134; Röske 2020.
24 Röske 2018.
25 Dichter / Kittelmann 2011.
26 Röske 2018.
27 Vgl. Röske 2019 a.

Literaturverzeichnis

AMĂRICĂI, OANA (2020), Interview Roger Cardinal, in: *Outsider Art & Co* 1, S. 26 – 35.

BEYME, INGRID VON / RÖSKE, THOMAS (Hg.) (2009), *Surrealismus und Wahnsinn*, AK Sammlung Prinzhorn Heidelberg, Heidelberg.

BEYME, INGRID VON / RÖSKE, THOMAS (Hg.) (2013), *ungesehen und unerhört. Künstler reagieren auf die Sammlung Prinzhorn*, Bd. 1: *Bildende Kunst, Film, Video*, Heidelberg.

BRAND-CLAUSSEN, BETTINA (1990), Die »Irren« und die »Entarteten«. Die Rolle der Prinzhornsammlung im Nationalsozialismus, in: Roman Buxbaum (Hg.), *Von einer Wellt zu'r Andern. Kunst von Außenseitern im Dialog*, AK DuMont-Kunsthalle Köln, Köln, S. 143 – 150.

BRAND-CLAUSSEN, BETTINA / RÖSKE, THOMAS (2006), Einleitung: Illustrations of Madness. Wahn, Maschine und Kunst, in: *Air loom. Der Luft-Webstuhl und andere gefährliche Beeinflussungsapparate*, AK Sammlung Prinzhorn Heidelberg, Heidelberg, S. 8 – 20.

BURKHART, KENNETH C. / STONE, LISA (Hg.) (2019), *Chicago Calling: Art against the Flow*, AK Intuit, Center for Intuitive and Outsider Art Chicago u. a. O., Chicago, IL.

CARDINAL, ROGER (1972), *Outsider Art*, London.

DICHTER, CLAUDIA / KITTELMANN, UDO (Hg.) (2011), *Horst Ademeit. Secret universe*, AK Nationalgalerie im Hamburger Bahnhof, Museum für Gegenwart Berlin, Köln.

DUBUFFET, JEAN (1949 / 1991), Art brut: Vorzüge gegenüber der kulturellen Kunst, in: Ders., *Schriften*, Bd. 1: *Die Malerei in der Falle. Antikulturelle Positionen*, hg. von Andreas Franzke, Bern / Berlin, S. 86 – 94.

FOL, CARINE (2015), *De l'art des fous à l'art sans marges. Un siècle de fascination à travers les regards de Hans Prinzhorn, Jean Dubuffet, Harald Szeemann*, Mailand.

HASLAM, JOHN (1810), *Illustrations of Madness. Exhibiting a Singular Case of Insanity*, London.

JAY, MIKE (2014), *A visionary madness. The case of James Tilly Matthews and the influencing machine*, Berkeley, CA.

MACGREGOR, JOHN M. (1989), *The Discovery of the Art of the Insane*, Princeton, NJ.

MACGREGOR, JOHN M. (1995), Art brut chez Dubuffet (Interview mit Jean Dubuffet), in: Jean Dubuffet, *Prospectus et tous écrits suivants*, Bd. 4, hg. von Hubert Damisch, Paris, S. 40 – 58.

MOREHEAD, ALLISON (2009), Symbolism, Mediumship, and the ›Study of the Soul that has Constituted Itself as a Positivist Science‹, in: *RACAR: Canadian Art Review* 34 (1): *The Visual Culture of Science and Art in Fin-de-Siècle France*, S. 77 – 85.

MOREHEAD, ALLISON (2017), *Nature's Experiments and the Search for Symbolist Form*, Philadelphia, PA.

MORGENTHALER, WALTER (1921), *Ein Geisteskranker als Künstler*, Leipzig / Bern.

NAVRATIL, LEO (1965), *Schizophrenie und Kunst*, München.

PEIRY, LUCIENNE (2005), *Art brut. Jean Dubuffet und die Kunst der Außenseiter*, Paris.

PFEIFER, RICHARD ARWED (1923), *Der Geisteskranke und sein Werk. Eine Studie über schizophrene Kunst*, Leipzig.

PRINZHORN, HANS (1922), *Bildnerei der Geisteskranken. Ein Beitrag zur Psychologie und Psychopathologie der Kunst*, Berlin.

PRINZHORN, HANS (1927), Die erdentrückbare Seele, in: *Der Leuchter* 8, S. 277 – 296.

RÉJA, MARCEL (1907), *L'art chez les fous*, Paris.

RÖSKE, THOMAS (1995), *Der Arzt als Künstler. Ästhetik und Psychotherapie bei Hans Prinzhorn (1886 – 1933)*, Bielefeld.

RÖSKE, THOMAS (2008), Die Psychose als Künstler. Leo Navratils »Schizophrenie und Kunst« – eine Kritik, in: Georg Theunissen (Hg.), *Außenseiter-Kunst. Außergewöhnliche Bildnereien von Menschen mit intellektuellen und psychischen Behinderungen*, Bad Heilbrunn, S. 103 – 117.

RÖSKE, THOMAS (2017), Diagnostik versus Ästhetik. Die Entwicklung der Sicht auf künstlerische Werke aus psychiatrischem Kontext, in: Flora von Spreti / Philipp Martius / Florian Steger (Hg.), *KunstTherapie: Wirkung – Handwerk – Praxis*, Stuttgart, S. 269 – 280.

RÖSKE, THOMAS (2018), Die Präsentation von Outsider Art heute – eine Kritik, in: *2×2 Forum für Outsider Art. Eine europäische Plattform in Deutschland für Kunstateliers, Galerien, Museen und Kunstprojekte. Eine Dokumentation zu den Kunstmessen, Vorträgen, Diskussionen und Workshops 2013 / 2015 / 2017*, Münster, S. 106 – 111.

RÖSKE, THOMAS (2019 a), Outsider Art – Geschichte und Gegenwart einer Idee, in: Wilhelm-Hack-Museum (Hg.), *Gewächse der Seele. Pflanzenfantasien zwischen Symbolismus und Outsider Art*, AK Wilhelm-Hack-Museum Ludwigshafen u. a. O., Berlin, S. 12 – 16.

RÖSKE, THOMAS (2019 b), Gewächse der kranken Seele – Das Entdecken von Anstaltswerken im Symbolismus, in: Wilhelm-Hack-Museum (Hg.), *Gewächse der Seele. Pflanzenfantasien zwischen Symbolismus und Outsider Art*, AK Wilhelm-Hack-Museum Ludwigshafen u. a. O., Berlin, S. 144 – 148.

RÖSKE, THOMAS (2020), 1972: Von der Art brut zu den Individuellen Mythologien, in: Gabriele Schmid / Constanze Schulze-Stampa (Hg.), *Kunst und Krankenhaus. Interdisziplinäre Zusammenarbeit und Perspektivwechsel in Gesundheitsförderung und Prävention*, Stuttgart [im Druck].

RÖSKE, THOMAS / ROTZOLL, MAIKE (2019), Die Geburt der Sammlung Prinzhorn aus dem Geist des Ersten Weltkriegs, in: Sabine Hohnholz / Thomas Röske / Maike Rotzoll (Hg.), *Uniform und Eigensinn. Militarismus, Erster Weltkrieg und Kunst in der Psychiatrie. Werke der Sammlung Prinzhorn*, Heidelberg, S. 38 – 49.

TARDIEU, AMBROISE (1872), *Étude médico-légale sur la folie*, Paris.

THÉVOZ, MICHEL (1997), Vorwort: Marcel Réja, Entdecker der Kunst der Verrückten, in: Marcel Réja, *Die Kunst bei den Verrückten*, hg. von Christoph Eissing-Christophersen und Dominique Le Parc, Wien / New York, NY, S. 1 – 13.

Abbildungsverzeichnis

1 William Hogarth, *In Bedlam* (Tafel 8 aus der Serie *The Rake's Progress*), 1735, Kupferstich, 1. Zustand, Wellcome Collection, London. Bildzitat aus: https://wellcomeimages.org/indexplus/obf_images/41/34/24ccb0805072c74869d83818680d.jpg (20. Februar 2020).

2 Anonym, *Air Loom*, nach einer Zeichnung von James Tilly Matthews, Kupferstich. Bildzitat aus: Haslam 1810, Ausklapptafel.

3 Anonym, ohne Titel, undatiert. Bildzitat aus: Tardieu 1872, S. 102.

4 Georgiana Houghton, *The Flower of Samuel Warrand*, 1862, Aquarellfarbe und Gouache auf Papier, Victorian Spiritualists' Union Inc., Melbourne. Bildzitat aus: Wilhelm-Hack-Museum (Hg.), *Gewächse der Seele – Pflanzenfantasien zwischen Symbolismus und Outsider Art*, AK Wilhelm-Hack-Museum Ludwigshafen, Berlin 2019, S. 30.

5 August Natterer, *Wunder-Hirte* (II), zwischen 1911 und 1917, Bleistift und Wasserfarben auf Karton, Sammlung Prinzhorn, Heidelberg. © Sammlung Prinzhorn.

6 Max Ernst, *Œdipe*, 1931, Titel der Max-Ernst-Sondernummer der *Cahiers d'art* 1937. © VG Bild-Kunst, Bonn 2021.

7 Ausstellungsführer *Entartete Kunst*, Berlin 1938, Seite mit Vergleich von Skulpturen von Karl Genzel [Brendel] aus der Sammlung der Heidelberger psychiatrischen Universitätsklinik und Richard Haizmann.

8 Augustin Lesage, *Dekorative Tafel*, 1928, Öl auf Leinwand, 140 × 110 cm, Collection abcd / Bruno Decharme, Paris. © Sammlung abcd / Bruno Decharme, Paris.

9 Roger Cardinal, *Outsider Art*, London 1972, Cover.

10 Balthasar Burkhard, *Adolf Wölflis Zelle*, Installation im Rahmen der documenta 5, 1972. Bildzitat aus: Glenn Phillips / Philipp Kaiser (Hg.) (2018), *Harald Szeemann. Museum der Obsessionen*, AK Getty Research Institute Los Angeles, CA, Zürich, S. 228.

Hagen Verleger

›VERKUNSTER‹ *UND* ›VERKUNSTETES‹: DAS GEDRUCKTE BUCH ALS ›OFFENES OBJEKT‹

ENTKUNSTUNG, VERKUNSTUNG UND DAS GEDRUCKTE BUCH

»Typographie kann unter Umständen Kunst sein«,[1] heißt es bei Kurt Schwitters. Dieses Diktum lässt sich auch auf einen Kernbereich typographischer Arbeit beziehen: die Buchgestaltung. Dem vorliegenden Aufsatz geht es allerdings nicht darum, Typographie und Buchgestaltung als Künste zu profilieren und von anderen Formen angewandter graphischer Gestaltung abzuheben.[2] Vielmehr soll anhand verschiedener Beispiele gezeigt werden, wie je unterschiedliche externe Wert- und Bedeutungszuschreibungen die Gebrauchsweisen eines Buches beeinflussen. Im Zuge dessen treten verschiedene Auffassungen von Autorschaft und kultureller Wertschöpfung zutage, was in Anbetracht der gegenwärtigen Infragestellung des Buches als materiellem Medium aufschlussreich ist. Caspar Hirschi und Carlos Spoerhase haben diese Zuschreibungsprozesse in Hinblick auf das geisteswissenschaftliche Buch bereits thematisiert.[3] Am Beispiel ›zeitgenössischer Kunstbücher‹[4] aber, so meine These, lässt sich ergänzend herausstellen, dass dem Buch eine doppelte Rolle[5] zukommt: Es fungiert als ›Verkunster‹ und ›Verkunstetes‹ gleichermaßen. So können zwei materiell quasi identische Artefakte (in diesem Fall zwei Exemplare eines ›gedruckten Buches‹[6] – das Resultat buchgestalterischer Arbeit also) allein durch externe Zuschreibungen parallel als Kunstobjekt und Gebrauchsgegenstand existieren.

Der Aufsatztitel bezieht sich dabei auf den Begriff der ›Verkunstung‹ – ein Kunstgriff, mit dem der Kunsthistoriker Walter Grasskamp auf Adornos

Konzept der ›*Ent*kunstung‹ rekurriert, welches dieser in seiner *Ästhetischen Theorie* prägte.[7] Anders als Adorno, der vom zunehmenden »Warencharakter der Kunst«[8] sprach, und davon, »daß Kunst ihrer eigenen Autonomie abschwört, sich stolz unter die Konsumgüter einreiht«,[9] geht es Grasskamp um ein gegenläufiges Phänomen: Der Entkunstung der Kunst stellt er die Verkunstung des Designs gegenüber. Grasskamp, der unter dem Titel *Die unästhetische Demokratie. Kunst in der Marktgesellschaft* eine Bestandsaufnahme der Bundesrepublik zu Beginn der 1990er Jahre liefert, bedauert »die gegenwärtig zu beobachtende ›Verkunstung‹ des Design«.[10] Designer, so Grasskamp, »streben in der Regel [...] nach ihrer Anerkennung als Künstler [...]«.[11] Und weiter:

> Statt in der ästhetischen Domäne des Design, dem Gebrauchswert, zu verbleiben, [...] desertieren die Junggestalter in die Galerien und Kunstmärkte, wo sie mit schräg aufgepepten [sic] Design-Unikaten der Kunst deren ästhetische Domäne, den Ausstellungswert, streitig machen.[12]

Grasskamp zufolge ist dies u. a. darauf zurückzuführen, dass

> die bildenden Künstler [...] gnadenlos die ungeliebten Kollegen von der Anwendung [verbeißen]. Keine andere Bezeichnung klingt in den Akademieklassen der Maler und Bildhauer obszöner, keine üble Nachrede trifft dort schmerzhafter als das Schimpfwort Designer![13]

Ungeachtet der Tatsache, dass diese polemisch überspitzt dargestellte Hierarchisierung in institutionellen Rahmen nach wie vor bewusst fortgeschrieben wird, ist festzuhalten: Aus heutiger Sicht spielen die von Grasskamp angeführten Klischees für viele jüngere zeitgenössische Kulturschaffende (es wird bewusst dieser Begriff verwendet, und nicht etwa ›Künstler*innen und Designer*innen‹) eine immer geringere Rolle – sie haben diese teilweise überwunden und arbeiten stattdessen ihrem Selbstverständnis entsprechend trans- bzw. postdisziplinär.[14] ›Kunst‹ und ›Design‹[15] seien deshalb im Folgenden als zwei grundsätzlich gleichberechtigte Modi kultureller Produktion konzipiert, wie es verschiedentlich in der englischsprachigen Literatur speziell zur Geschichte des Graphikdesigns bereits anklingt.[16]

Zudem ist im Folgenden die Rede von ›Buchgestaltung‹, nicht von ›Buchdesign‹. Der Begriff der Gestaltung, der üblicherweise synonym zu

Design verwendet wird, hebt die Prozesshaftigkeit des *Gestaltgebens* hervor und betont Implikationen von Körperlichkeit und Materialität. Der Begriff ist in seiner Bedeutung zudem konkreter auf das Buch bezogen und umgeht das umgangssprachlich verengende Verständnis von Design im Sinne von ›Styling‹. Wo allgemein von Design die Rede ist, ist häufig Industrie- bzw. Produktdesign gemeint. Der Bereich der Buchgestaltung schlägt dabei eine disziplinäre Brücke zwischen Graphik- und Produktdesign.[17] Diese Nähe zum Produktdesign kann als Hinweis auf die grundlegende Bedeutung der Materialität verstanden werden, die unten ausführlicher thematisiert wird.

DAS BUCH ALS MEDIUM VON VERKUNSTUNGSPROZESSEN

Zahlreiche der u. a. von Grasskamp (s. o.) angeführten Verkunstungsprozesse haben sich wesentlich über die Vermittlung durch das Medium Buch vollzogen. Wird Verkunstung nämlich, wie hier vorgeschlagen, als ein Effekt von externen (Wert-)Zuschreibungen begriffen, dann ist das Buch als einer der zentralen Schauplätze ebendieser Zuschreibungsprozesse zu sehen. Denn nicht nur ephemere Formate wie Ausstellungen in Museen und Galerien oder Auktionen, sondern eben auch auf längere Dauer angelegte Formen wie Ausstellungs- und Auktionskataloge, Sammlungsverzeichnisse, wissenschaftliche Sammelbände und Monographien schreiben letztlich fest, *was* Kunst ist.[18] Wenn im Folgenden die Rede vom Buch als Medium von Verkunstungsprozessen ist, dann ist damit weder das Künstlerbuch noch das Buch als (Ausgangs-)Material künstlerischer Arbeit gemeint – wie etwa im Genre des *altered book*, wo bestehende Bücher künstlerisch überarbeitet[19] oder sogar komplett transformiert[20] werden, oder in Bereichen der Installationskunst, die sich des Buchs als Material bedienen[21] –, sondern die Tatsache, dass Dinge, die ursprünglich nicht der Kategorie Kunst zugerechnet wurden, durch ihre Realisierung in Buchform zu Kunst werden können.

Ein Beispiel dafür sind solche Arbeiten, die ausschließlich in Form eines Buches existieren: Die Künstlerin Yoko Ono (*1933) veröffentlicht 1964 in ihrem Tokyoter Selbstverlag Wunternaum Press das Buch *Grapefruit* (Abb. 1). Diese Publikation, im Format 13,8 × 13,8 cm und in einer 500er-Auflage erschienen, ist ein frühes, wegweisendes Beispiel von Konzeptkunst – in Buchform. Dem Impressum nach betrug der Verkaufspreis vor Veröffentlichung 3 US-Dollar, nach Veröffentlichung 6 US-Dollar, was sich als Hinweis auf ein aus ökonomischen Gründen gewähltes Subskriptions- bzw. Crowdfunding-Verfahren deuten ließe. Das Buch enthält auf knapp 300 unpaginierten Seiten eine Reihe von sogenannten *event scores*, Handlungsanweisungen in englischer und japanischer Sprache, die das physische Kunstwerk im Sinne eines Objektes ersetzen und von den Leser*innen entweder tatsächlich oder imaginär umgesetzt werden können. Dieser radikale und neue Ansatz Onos wurde kurz darauf von Weißen[22] Männern (z. B. Joseph Kosuth, Sol LeWitt, Wolf Vostell oder Lawrence Weiner) übernommen und erst dadurch als Praxis popularisiert, als Kunstform legitimiert, also in das (kommerzielle) Kunstsystem eingeführt, wie der Kunstkritiker David Bourdon feststellte, der Onos Buch als »one of the monuments of conceptual art of the early 1960's«[23] beschrieb: »Yoko has a lyrical, poetic dimension that sets her apart from the other conceptual artists«,[24] heißt es bei ihm. »Her approach to art was only made acceptable when white men like Joseph Kosuth and Lawrence Weiner came in and did virtually the same things as Yoko, but made them respectable and collectible.«[25]

(Diese Einschätzung zeigt pointiert auf, wer historisch gesehen die wesentlichen Verkunstungsprozesse ausgelöst und legitimiert hat, zumindest in Hinsicht auf ökonomische Gesichtspunkte: Der weiße heterosexuelle Cis-Mann, stilisiert in Form des autonom schaffenden Künstlergenies.)

Der von Bourdon angeführte Lawrence Weiner (*1942) veröffentlicht 1968, vier Jahre nach Ono, *Statements* (Abb. 1), ein 64-seitiges Buch im Format 17,8 × 10,1 cm, mit Texten, die unausgeführte Arbeiten (Kunstwerke) in knappen Anweisungen beschreiben. Bezeichnenderweise ist *Statements*, im

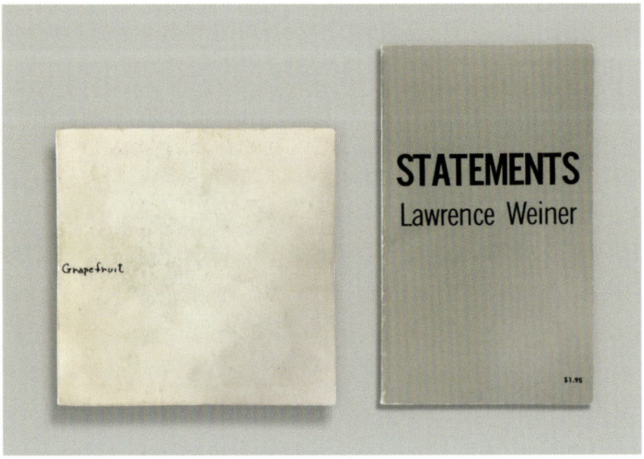

Abb. 1, links: Yoko Ono, *Grapefruit* (Wunternaum Press 1964); **rechts:** Lawrence Weiner, *Statements* (The Louis Kellner Foundation / Seth Siegelaub 1968).

Gegensatz zu *Grapefruit*, mit beachtlicher institutioneller und finanzieller Förderung (durch den Galeristen Seth Siegelaub und die Louis Kellner Foundation) sowie mit 1.000 Exemplaren in doppelt so hoher Auflage erschienen, was wiederum den im Vergleich mit *Grapefruit* geringen Stückpreis von 1,95 US-Dollar ermöglichte. Dies führt nicht zuletzt die sehr unterschiedlichen Bedingungen vor Augen, unter denen Bücher entstanden sind, die als Medium von Verkunstungsprozessen fungier(t)en.

Ein abschließendes Beispiel für das Buch als Medium von Verkunstungsprozessen und gewissermaßen einen Sonderfall bilden die Monographien zum Schaffen des US-amerikanischen Architekten und Konzeptkünstlers Gordon Matta-Clark (1943–1978). Der bereits eingangs zitierte Aufsatz von James Goggin untersucht die in den frühen 2000er Jahren zu Matta-Clark erschienenen Künstlermonographien: »Matta-Clark died prematurely in 1978 at the age of 35 and his ephemeral, site-specific work now exists only in documented form, particularly in books. This immediately sets up the potential for confusion between the artwork, its documentation and the book.«[26]

Das künstlerische Schaffen Matta-Clarks hat posthum (nach seinem Tod war es fast 25 Jahre lang einer breiten Öffentlichkeit nicht zugänglich) mit dem Erscheinen von Büchern wie *Object to be Destroyed: The Work of Gordon Matta-Clark* (MIT Press, 2001), *Gordon Matta-Clark* (Phaidon, 2003) und *Gordon Matta-Clark: You Are the Measure* (Whitney Museum of American Art, 2007) (Abb. 2) – um nur drei von zahlreichen Publikationen anzuführen – nachträglich eine erneute Verkunstung erfahren. Verkunstung ist

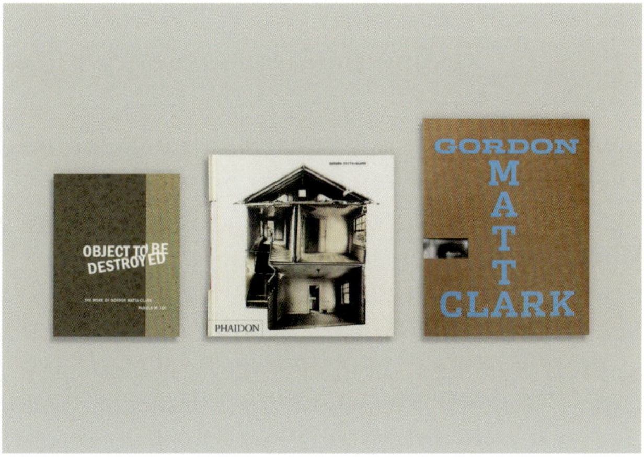

Abb. 2: Monographien zu Gordon Matta-Clark; v. l. n. r.: *Object to be Destroyed: The Work of Gordon Matta-Clark* (MIT Press 2001), *Gordon Matta-Clark* (Phaidon 2003), *Gordon Matta-Clark: You Are the Measure* (Whitney Museum of American Art 2007).

hier im Sinne einer buchförmigen Erschließung, Dokumentation und Bereitstellung ›als Kunst‹ für den Kunst- und Buchmarkt gemeint – die Arbeiten Matta-Clarks, so die These, sind erst dadurch wieder sichtbar, d. h. rezipierbar und zitierbar geworden. Seine ortsspezifischen und ephemeren Eingriffe in vorgefundene architektonische Strukturen – die Serie der *Cuttings* – sind zwar bereits als Kunstwerke kanonisiert. Doch die eigentlichen Arbeiten (die manipulierten Gebäude) existieren mittlerweile nicht mehr; lediglich dokumentierende Photographien und Videoaufnahmen werden gelegentlich im musealen oder Galeriekontext gezeigt.[27] Im ›Raum‹ des Buches können diese den zeitlich und räumlich begrenzten Ausstellungsrahmen hinter sich lassen und vergleichsweise frei zirkulieren – somit werden diese Arbeiten auf Dauer verfügbar und als Kunst rezipierbar, gelangen potenziell zu einer neuen Aufmerksamkeit.[28]

Bücher können also als Medium der Verkunstung immaterieller bzw. ›prä-materieller‹ Werke fungieren (insofern, als sie die Verkunstung medial und materiell erst ermöglichen) – wie z. B. im Falle der Konzeptkunst Onos und Weiners[29] – oder aber zerstörten, verschollenen, vergessenen Kunstwerken zu einer erneuten Verkunstung, einer ›Verkunstung 2. Ordnung‹ verhelfen – wie z. B. im Falle Matta-Clarks.

Allerdings können auch Personen bzw. deren (Auto-)Biographien verkunstet werden – so geschehen im Fall der niederländischen Buchgestalterin Irma Boom (*1960). Als einzige Graphikdesignerin wurde sie 2010 von den Herausgeberinnen des Bandes *Modern Women: Women Artists at the Museum of Modern Art* neben Künstlerinnen wie Frida Kahlo, Käthe Kollwitz, Trisha Brown, Rebecca Horn und Jenny Holzer gestellt.[30]

DAS BUCH ALS OBJEKT VON VERKUNSTUNGSPROZESSEN

Anhand der Arbeiten Irma Booms lässt sich die eingangs aufgestellte These besonders gut verdeutlichen. Boom und ihr Schaffen sind bei Weitem keine Neuentdeckung – ganz im Gegenteil, seit Gründung ihres Designstudios Irma Boom Office im Jahr 1991 hat die »Queen of Books«[31] immer wieder von sich reden gemacht und für die mehr als 300 von ihr gestalteten Bücher diverse Auszeichnungen erhalten. So z. B. 2001 den mit 10.000 Euro dotierten Gutenberg-Preis der Stadt Leipzig[32] und 2014 den mit 100.000 Euro dotierten Johannes Vermeer Award[33] – den niederländischen Staatspreis für die Künste, welchen bereits Marlene Dumas, Steve McQueen und Rem Koolhaas empfingen. Und zuletzt, am 3. Juli 2019, wurde Boom in London die Ehrendoktorwürde des renommierten Royal College of Art verliehen.

Über einen Zeitraum von vier Jahren arbeitete sie an dem Buch *Weaving as Metaphor*[34] (Abb. 3), einer 2006 erschienenen Monographie zum Werk der US-amerikanischen Textilkünstlerin Sheila Hicks (*1934), veröffentlicht im Rahmen der gleichnamigen Einzelausstellung (*Sheila Hicks: Weaving as Metaphor*, 12. Juli bis 15. Oktober 2006) in der Galerie des Bard Graduate Center, New York. Dieses Buch, um das es im Folgenden gehen soll, hat zahlreiche Preise gewonnen: darunter eine Auszeichnung im Wettbewerb um die schönsten niederländischen Bücher (»De Best Verzorgde Boeken«, 2006) und eine Goldmedaille als »Schönstes Buch der Welt« auf der Leipziger Buchmesse 2007.

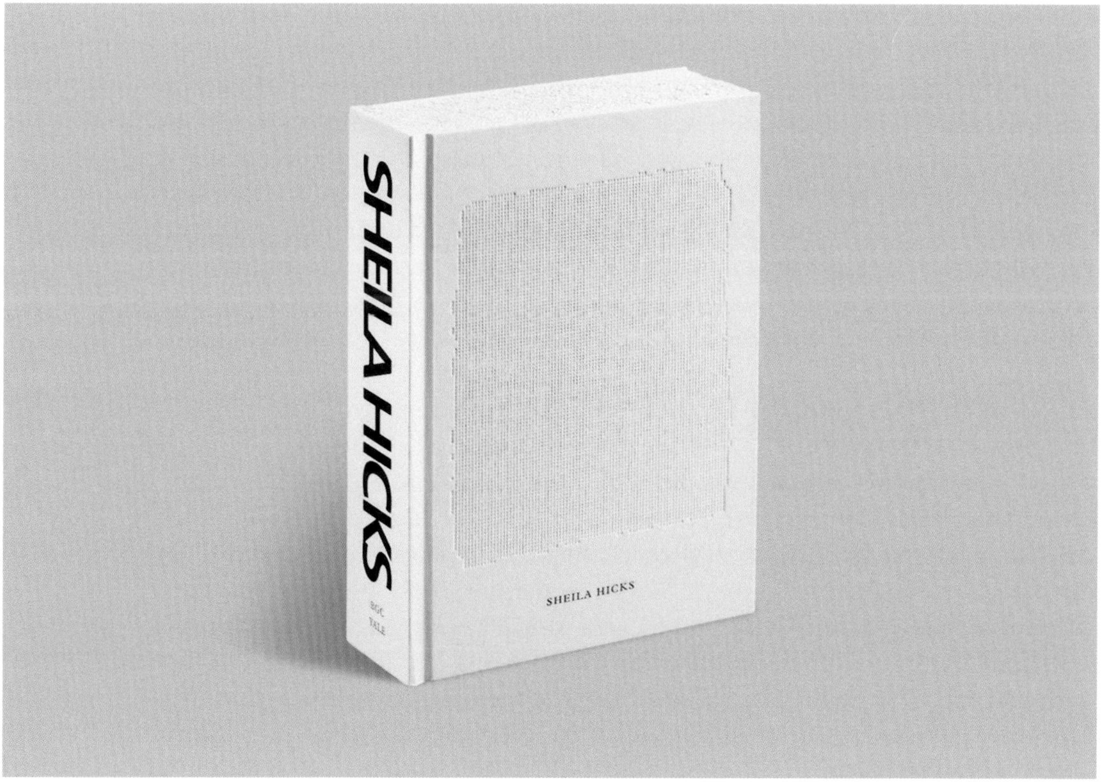

Abb. 3:
Sheila Hicks, Weaving as Metaphor (Yale University Press / Bard Graduate Center 2006), Einband, Buchgestaltung: Irma Boom.

Das verwundert kaum, denn Boom gestaltet Bücher, die allesamt das einlösen, was wiederholt als Forderung an das Medium Buch gestellt worden ist: Es solle sich seiner eigenen Form (im Sinne einer medienspezifischen Gestaltung) bewusst werden! Unter der Überschrift »Quant au livre« postulierte Stéphane Mallarmé (1842–1898) bereits 1897, das Buch dürfe nicht länger bleiben »wie es ist, ein gleichgültiges Auffangbecken«[35] für Texte. Und noch 1961 fragt der Künstler Ferdinand Kriwet (1942–2018) in einer Ausgabe der Zeitschrift *Augenblick*, wann »es dem Buch endlich sinnvoller dünkt, statt Tag- und Nachtasyl für beliebig austauschbare und beliebig reproduzierbare schriftsprachliche Kunstfiguren mit literarischem Hohlschliff zu bleiben, zur eigenen Kunstfigur, zur eigenen Aufführung zu werden [...].«[36]

Der Buchkünstler Ulises Carrión (1941–1989) schließlich konstatiert in seinem erstmals 1975 veröffentlichten Text *Die neue Kunst des Büchermachens*: »ein buch ist kein behälter für wörter, weder eine tasche für wörter noch ein träger für wörter.«[37] Es lässt sich also, beginnend mit dem späten 19. Jahrhundert, ein historisches Unbehagen mit dem jeweils zeitgenössischen Buch erkennen.[38] Die Kritiken von Mallarmé, Kriwet und Carrión am Buch richten sich v. a. auf den Bereich Belletristik – für Formen wie das Sachbuch können ihre Forderungen nämlich bereits ab den späten 1930er Jahren als (zumindest teilweise) umgesetzt betrachtet werden, z. B. im sogenannten ›Bild-Text-Stil‹ eines Otto Neurath oder später in den *integrated layouts* Germano Facettis für den britischen Penguin-Verlag.[39] Dennoch, was hier zum Ausdruck kommt, ist das Streben nach einem Typus Buch, der sich eben nicht mehr bloß über die in ihm enthaltenen Texte und Bilder mitteilt, sondern ganz bewusst auch in seiner Performativität (hier im Sinne einer an einen Körper gebundenen Handhabung bzw. Gebrauchsweise verstanden) und seiner Materialität.[40]

Das sinnstiftende Moment der Materialität eines Buches macht Roland Barthes' Konzept der *écriture* adressierbar, da »sie [die *écriture*] den Fokus verkehrt. Sie richtet diesen auf [...] die gewählte Drucktype, auf die Beschaffenheit des Papiers, seine Weichheit und Biegsamkeit oder Härte und Widerständigkeit«,[41] wie Petra Maria Meyer gezeigt hat. Vormals ›stumme‹, Saussure'sche Signifikanten können mit Barthes ›zum Sprechen‹ gebracht werden: Die ›Sprache des Buchkörpers‹, sein ›sinnlich hervorgebrachter‹, den Lesenden ›zustoßender‹[42] Sinn (seine *signifiance*, dt. Signifikanz[43]) offenbart sich.

Gerade in Hinblick auf mit dem gegenwärtigen Medienwandel einhergehende Digitalisierungsprozesse stellt sich die Frage nach der Rolle von Materialität und veranlasst Vertreter*innen beinahe aller Bereiche des Buchwesens, sich zu positionieren. Irma Boom und ihre Arbeit als Buchgestalterin lassen sich allerdings nicht im Rahmen eines simplifizierenden Dualismus von Analogem und Digitalem instrumentalisieren: Sie gestalte ausschließlich solche Bücher, die *notwendigerweise* auf Papier gedruckt und gebunden sind: »I make books where it's relevant to print and to make it in paper. I don't make PDFs!«[44] Dies ist kein Dogmatismus, sondern am ehesten eine Form von Pragmatismus bzw. Angemessenheit. Während Bücher wie *Weaving as Metaphor* in digitaler Form nicht denkbar seien,[45] gebe es doch Ausnahmen: »The Sheila Hicks book as a PDF would be nothing. That's the type of book where the weight and the scale and the paper are very important, but for some books it is less so.[46] I think the idea of a book as an object has become more important.«[47]

Auch die wechselseitige Beeinflussung gedruckter und digitaler Schriftmedien wird von Boom reflektiert: Sie sieht darin keine Konkurrenzsituation, sondern die Möglichkeit und Aufforderung, das gedruckte Buch – ganz im Sinne der oben erwähnten Kritik durch Mallarmé et al. – seiner ihm eigenen Medienspezifik gemäß zu gestalten.[48] Das wiederum legt nahe, im Falle der Arbeiten Irma Booms von einem graduellen Materialitätsbegriff bzw. von Materialitäten unterschiedlicher Qualität zu sprechen (zumal vor dem Hintergrund der jüngeren Forschung zu Konzepten von *digital materiality*[49] und *performative materiality*[50]).

Gleichwohl unterstreicht Boom die Bedeutung der physischen bzw. forensischen Materialität[51] des Buches: »My books have a physical presence through their dimensions, scale and weight. Their form may be emphatic, but it is always determined by the content. The need for the book's intimacy—the paper, the smell of ink—is certainly not nostalgia or false sentiment.«[52]

Booms Buch ›spricht‹ denn auch durch seine Materialität und Gestaltung: Der hochformatige Buchkörper setzt sich zusammen aus einem 416 Seiten starken Buchblock (150 × 218 mm, 150 g/m² Munken Print White, fadengeheftet in 26 Lagen), der in eine dreiteilige, papierbezogene Buchdecke (Ganzband, 150 g/m² Butterfly Off-White auf ca. 2 mm starker Graupappe) mit geradem Rücken (54 mm breit) eingehängt ist. In seiner geschlossenen Anmutung ist das weiße Buch mal mit einem Baumwollbündel[53] (in Anlehnung an Sheila Hicks' textile Arbeitsmaterialien), mal mit einem Ziegelstein[54] verglichen worden – ein optischer Eindruck, der sich bei einem Gewicht von 1.140 g[55] gewissermaßen auch haptisch bestätigt. Des Weiteren ist der ausgefranste Buchschnitt in Bezug zu den distinkten, häufig irregulären Webrändern der Arbeiten Sheila Hicks' gesetzt worden.[56]

Abgesehen von den taktilen Qualitäten und skulpturalen Eigenschaften, für die das Buch wiederholt gelobt wurde,[57] fällt auf: Der Vorderdeckel des Einbandes enthält weder den Buchtitel[58] noch eine Abbildung[59] (Abb. 3 und 9) – was äußerst ungewöhnlich ist, zumal im Vergleich mit anderen Hicks-Monographien, die sich ausnahmslos vollformatiger Farbphotographien bedienen (Abb. 6), oder den zu Matta-Clark erschienenen Büchern (Abb. 2). Lediglich der Name der Künstlerin findet sich, zentriert und in vergleichsweise geringem Schriftgrad in Versalien gesetzt, unter einer annähernd formatfüllenden, abstrakt anmutenden Blindprägung. Hierbei handelt es sich laut Impressum um eine durch Boom vorgenommene »graphic interpretation«[60] einer Arbeit Sheila Hicks' – *Nuage* (1990) –, die auf dem Hinterdeckel als Photographie reproduziert ist (über Barcode und ISBN) und so mit dem Vorderdeckel eine visuelle Klammer bildet. Auf dem Buchrücken wiederum prangt der Name der Künstlerin in unterschnittenen, fetten Versalien (als gestürzte Zeile gesetzt aus der Frutiger[61]), ergänzt um das Kürzel der herausgebenden Institution (»BGC«, Bard Graduate Center) und des Verlags (»YALE«, Yale University Press). Abgesehen vom Namen der Künstlerin auf dem Buchrücken ist sämtlicher Text, auf dem Einband wie auch im Innenteil, aus unterschiedlichen Schriftgraden der Plantin[62] gesetzt.

Der innere Aufbau der Monographie – drei kunstwissenschaftliche Essays, ein Katalogteil mit Abbildungen und Beschreibungen der Arbeiten inklusive Index (Abb. 4), faksimilierte Notizbücher, sowie bio- und bibliographischer Anhang – und ihre Gestaltung muten auf den ersten Blick konventionell an. An einigen Stellen wird jedoch deutlich, dass hier eine andere Vorstellung von ›Buch‹ zugrunde liegt, ein erwachtes Bewusstsein für die spezifischen Charakteristika des Mediums, wie z. B. das (Um-)Blättern.[63] Dieses grundlegende performative Element des gedruckten Buches inszeniert Boom typographisch: Einen Essay des US-amerikanischen Philosophen und Kunsttheoretikers Arthur C. Danto (1924–2013) über das Weben als Metapher und Modell für politisches Denken lässt sie in riesigen Lettern beginnen, die im Prozess des Umblätterns von Seite zu Seite allmählich kleiner werden[64] und dadurch die Leser*innen unbemerkt *in* den Text, *in* das Buch ›ziehen‹.[65] (Abb. 5) So wird eingelöst, was Mallarmé vom Medium Buch einforderte:

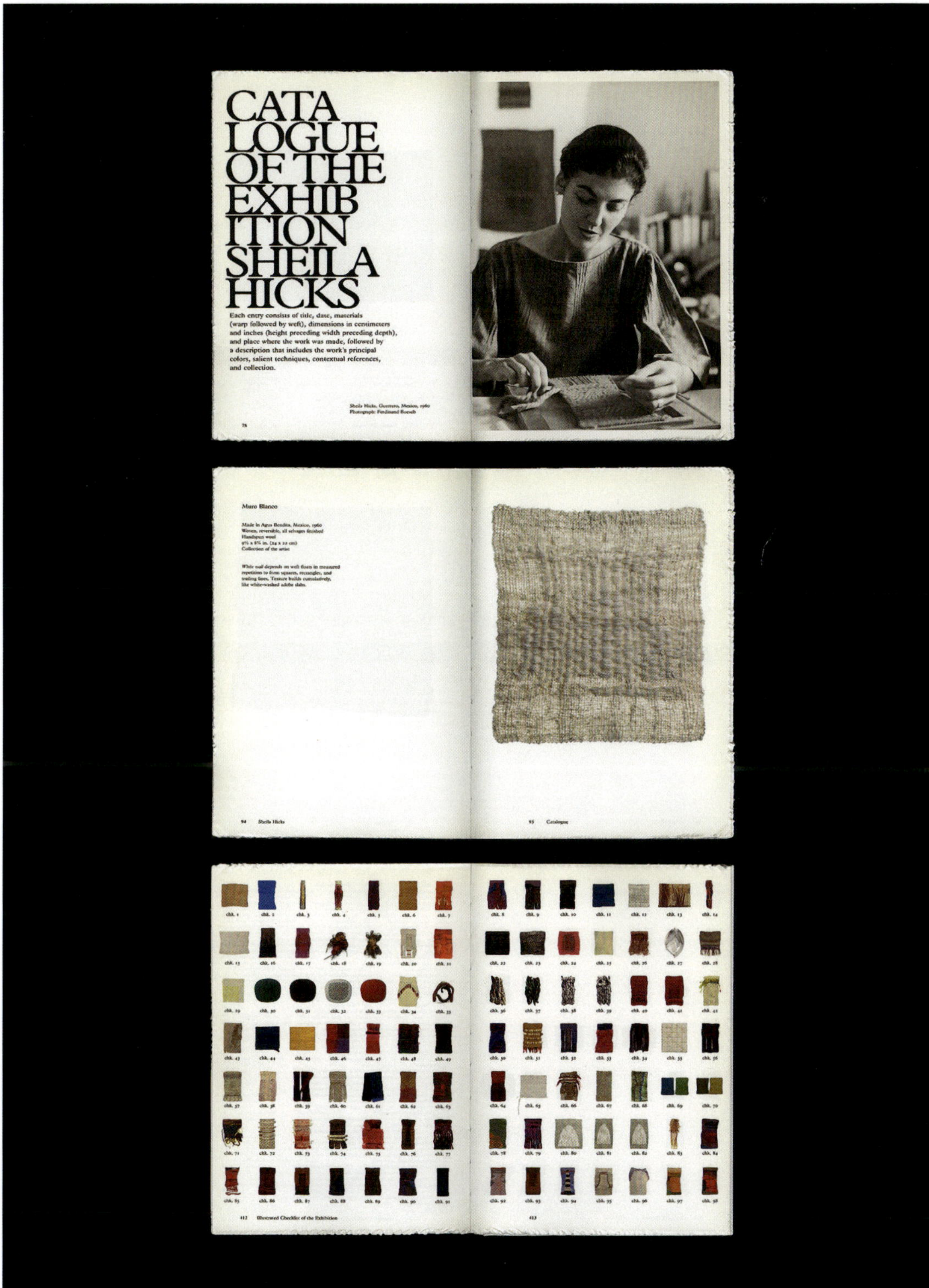

Abb. 4:
Sheila Hicks, Weaving as Metaphor (Yale University Press / Bard Graduate Center 2006), Katalogteil und Index.

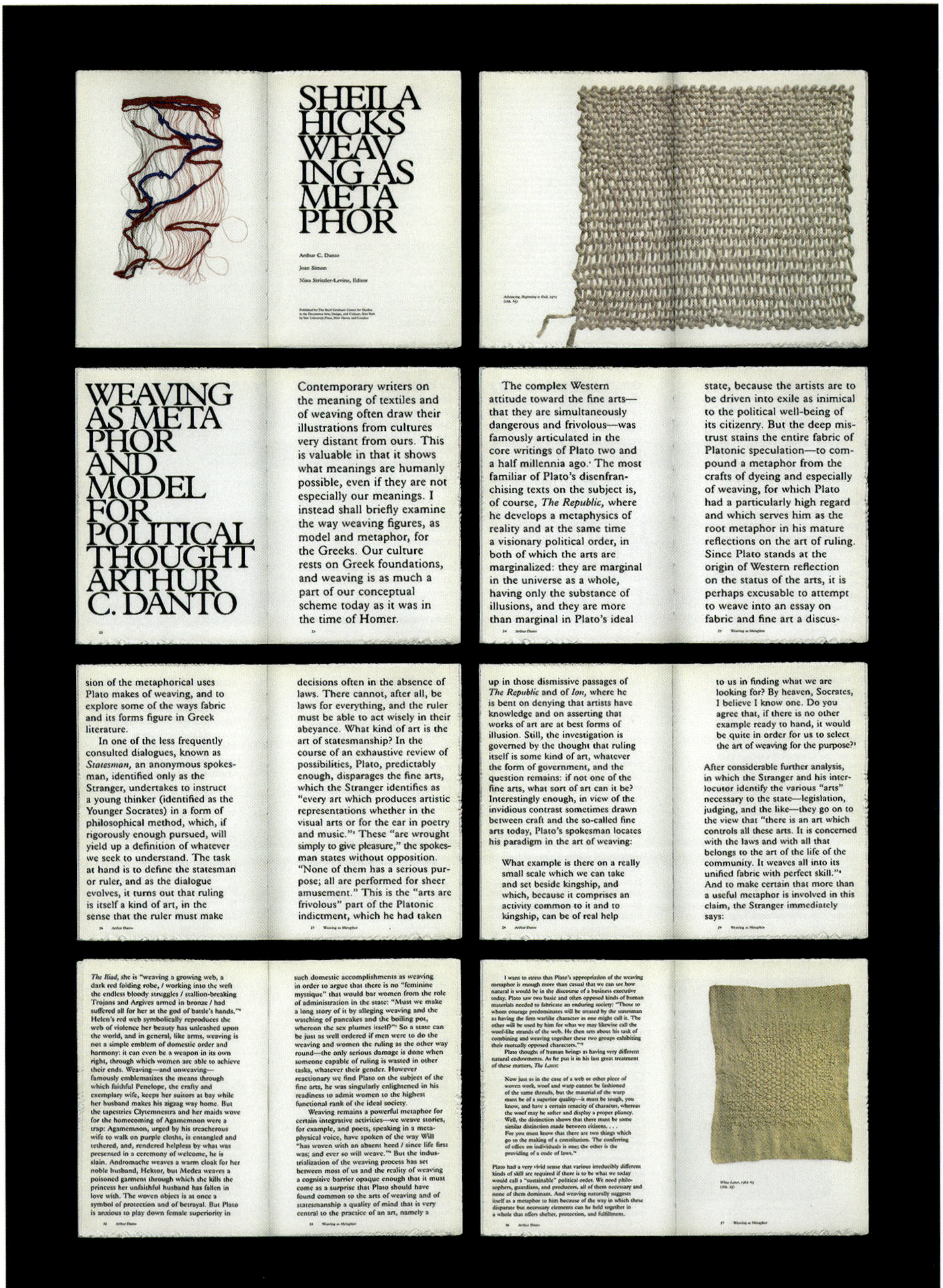

SHEILA HICKS WEAVING AS METAPHOR

Arthur C. Danto

Joan Simon

Nina Stritzler-Levine, Editor

Published for The Bard Graduate Center for Studies in the Decorative Arts, Design, and Culture, New York by Yale University Press, New Haven and London

WEAVING AS METAPHOR AND MODEL FOR POLITICAL THOUGHT ARTHUR C. DANTO

Contemporary writers on the meaning of textiles and of weaving often draw their illustrations from cultures very distant from ours. This is valuable in that it shows what meanings are humanly possible, even if they are not especially our meanings. I instead shall briefly examine the way weaving figures, as model and metaphor, for the Greeks. Our culture rests on Greek foundations, and weaving is as much a part of our conceptual scheme today as it was in the time of Homer.

The complex Western attitude toward the fine arts—that they are simultaneously dangerous and frivolous—was famously articulated in the core writings of Plato two and a half millennia ago.[1] The most familiar of Plato's disenfranchising texts on the subject is, of course, *The Republic*, where he develops a metaphysics of reality and at the same time a visionary political order, in both of which the arts are marginalized: they are marginal in the universe as a whole, having only the substance of illusions, and they are more than marginal in Plato's ideal state, because the artists are to be driven into exile as inimical to the political well-being of its citizenry. But the deep mistrust stains the entire fabric of Platonic speculation—to compound a metaphor from the crafts of dyeing and especially of weaving, for which Plato had a particularly high regard and which serves him as the root metaphor in his mature reflections on the art of ruling. Since Plato stands at the origin of Western reflection on the status of the arts, it is perhaps excusable to attempt to weave into an essay on fabric and fine art a discussion of the metaphorical uses Plato makes of weaving, and to explore some of the ways fabric and its forms figure in Greek literature.

In one of the less frequently consulted dialogues, known as *Statesman*, an anonymous spokesman, identified only as the Stranger, undertakes to instruct a young thinker (identified as the Younger Socrates) in a form of philosophical method, which, if rigorously enough pursued, will yield up a definition of whatever we seek to understand. The task at hand is to define the statesman or ruler, and as the dialogue evolves, it turns out that ruling is itself a kind of art, in the sense that the ruler must make decisions often in the absence of laws. There cannot, after all, be laws for everything, and the ruler must be able to act wisely in their abeyance. What kind of art is the art of statesmanship? In the course of an exhaustive review of possibilities, Plato, predictably enough, disparages the fine arts, which the Stranger identifies as "every art which produces artistic representations whether in the visual arts or for the ear in poetry and music."[2] These "are wrought simply to give pleasure," the spokesman states without opposition. "None of them has a serious purpose; all are performed for sheer amusement." This is the "arts are frivolous" part of the Platonic indictment, which he had taken up in those dismissive passages of *The Republic* and of *Ion*, where he is bent on denying that artists have knowledge and on asserting that works of art are at best forms of illusion. Still, the investigation is governed by the thought that ruling itself is some kind of art, whatever the form of government, and the question remains: if not one of the fine arts, what sort of art can it be? Interestingly enough, in view of the invidious contrast sometimes drawn between craft and the so-called fine arts today, Plato's spokesman locates his paradigm in the art of weaving:

> What example is there on a really small scale which we can take and set beside kingship, and which, because it comprises an activity common to it and to kingship, can be of real help to us in finding what we are looking for? By heaven, Socrates, I believe I know one. Do you agree that, if there is no other example ready to hand, it would be quite in order for us to select the art of weaving for the purpose?[3]

After considerable further analysis, in which the Stranger and his interlocutor identify the various "arts" necessary to the state—legislation, judging, and the like—they go on to the view that "there is an art which controls all these arts. It is concerned with the laws and with all that belongs to the art of the life of the community. It weaves all into its unified fabric with perfect skill."[4] And to make certain that more than a useful metaphor is involved in this claim, the Stranger immediately says:

The Iliad, she is "weaving a growing web, a dark red folding robe, / working into the weft the endless bloody struggles / stallion-breaking Trojans and Argives armed in bronze / had suffered all for her at the god of battle's hands." Helen's red web symbolically reproduces the web of violence her beauty has unleashed upon the world, and in general, like arms, weaving is not a simple emblem of domestic order and harmony: it can even be a weapon in its own right, through which women are able to achieve their ends. Weaving—and unweaving—famously emblematizes the means through which faithful Penelope, the crafty and exemplary wife, keeps her suitors at bay while her husband makes his zigzag way home. But the tapestries Clytemnestra and her maids wove for the homecoming of Agamemnon were a trap: Agamemnon, urged by his treacherous wife to walk on purple cloths, is entangled and tethered, and, rendered helpless by what was presented in a ceremony of welcome, he is slain. Andromache weaves a warm cloak for her noble husband, Hektor, but Medea weaves a poisoned garment through which she kills the princess her unfaithful husband has fallen in love with. The woven object is at once a symbol of protection and of betrayal. But Plato is anxious to play down female superiority in such domestic accomplishments as weaving in order to argue that there is no "feminine mystique" that would bar women from the role of administration in the state: "Must we make a long story of it by alleging weaving and the watching of pancakes and the boiling pot, whereon the sex plumes itself?" So a state can be just as well ordered if men were to do the weaving and women the ruling as the other way round—the only serious damage is done when someone capable of ruling is wasted in other tasks, whatever their gender. However reactionary we find Plato on the subject of the fine arts, he was singularly enlightened in his readiness to admit women to the highest functional rank of the ideal society.

Weaving remains a powerful metaphor for certain integrative activities—we weave stories, for example, and poets, speaking in a metaphysical voice, have spoken of the way Will "has woven with an absent heed / since life first was; and ever so will weave." But the industrialization of the weaving process has set between most of us and the reality of weaving a cognitive barrier opaque enough that it must come as a surprise that Plato should have found common to the arts of weaving and of statesmanship a quality of mind that is very central to the practice of an art, namely a

I want to stress that Plato's appropriation of the weaving metaphor is enough more than casual that we can see how natural it would be in the discourse of a business executive today. Plato saw two basic and often opposed kinds of human materials needed to fabricate an enduring society: "Those to whom courage predominates will be treated by the statesman as having the firm warlike character as one might call it. The other will be used by him for what we may likewise call the woof-like strands of the web. He then sets about his task of combining and weaving together these two groups exhibiting their mutually opposed characters."

Plato thought of human beings as having very different natural endowments. As he put it in his last great treatment of these matters, *The Laws*:

> Now just as in the case of a web or other piece of woven work, woof and warp cannot be fashioned of the same threads, but the material of the warp must be of a superior quality—it must be tough, you know, and have a certain tenacity of character, whereas the woof may be softer and display a proper pliancy. Well, the distinction shows that there must be some similar distinction made between citizens. . . . For you must know that there are two things which go to the making of a constitution. The conferring of office on individuals is one; the other is the providing of a code of laws.

Plato had a very vivid sense that various irreducibly different kinds of skill are required if there is to be what we today would call a "sustainable" political order. We need philosophers, guardians, and producers, all of them necessary and none of them dominant. And weaving naturally suggests itself as a metaphor to him because of the way in which these disparate but necessary elements can be held together in a whole that offers shelter, protection, and fulfillment.

Abb. 5:
Sheila Hicks, Weaving as Metaphor (Yale University Press / Bard Graduate Center 2006), Beitrag Arthur C. Danto.

Es müsse »eine Beweglichkeit gewinnen und raumhaft […] ein Spiel instituieren […].«[66] Boom selbst sagt dazu in einem Interview: »Books are a tool. Books really do something. And I think that is what you see here […].«[67]

Das ›Buch-Werkzeug‹ *Weaving as Metaphor*, seit 2006 in vier Auflagen ausverkauft, liegt mittlerweile in der fünften (2018) vor, was durchaus ungewöhnlich für eine Künstler*innen-Monographie ist, und hat Sheila Hicks popularisiert:[68] Es zog eine Welle von Einzelausstellungen[69] und Publikationen (Abb. 6) in den letzten Jahren nach sich.[70] Im Zuge dessen sind auch Irma Boom und ihr restliches Werk popularisiert und rückwirkend verkunstet worden – so wurde ein umfangreicher Vorlass Irma Booms, das bisher ca. sechs Regalmeter umfassende »Archief Irma Boom«, in die Sondersammlungen (Bijzondere Collecties) der Universität von Amsterdam aufgenommen. Außerdem hat man »Holland's most celebrated book designer«[71] nach dem Erscheinen von *Weaving as Metaphor* diverse Einzelausstellungen in Kunstgalerien und Bibliotheken[72] und bisher zwei umfangreiche Retrospektiven[73] gewidmet.

Das eigentlich Interessante an diesem Buch ist jedoch, dass es die Kurator*innen des Museum of Modern Art (MoMA) in New York dazu veranlasste, Booms buchgestalterische Arbeiten in die permanente Sammlung des Museums aufzunehmen:[74] Aktuell befinden sich dort etwa 100 von Boom

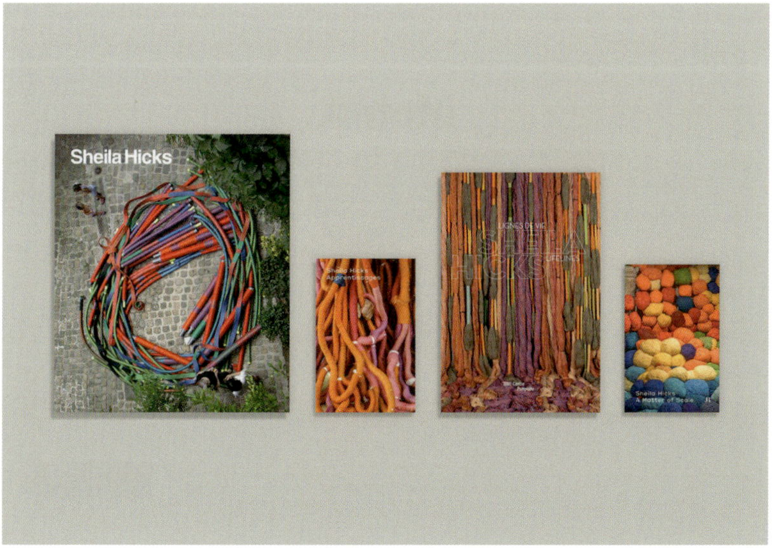

Abb. 6:
Monographien zu Sheila Hicks; v. l. n. r.: *Sheila Hicks: 50 Years* (Yale University Press 2011), *Sheila Hicks: Apprentissages* (JRP Ringier 2017), *Sheila Hicks: Lifelines* (Centre Pompidou 2018), *Sheila Hicks: A Matter of Scale* (JRP Ringier 2019).

gestaltete Bücher.[75] Weitere renommierte Kunstinstitutionen wie das Centre Pompidou in Paris und das Chicago Art Institute folgten diesem Beispiel.[76] Auf der Website des MoMA findet sich dementsprechend ein Eintrag zur Künstlerin Irma Boom; 44 ihrer Arbeiten sind dort derzeit online gelistet, u.a. *Weaving as Metaphor* (Abb. 7).

Die Verkunstung dieses Buches vollzieht sich dabei zunächst einmal über den Rahmen der sammelnden Institution als solcher – einem Museum für moderne Kunst –, dann über die Zuweisung einer Objektnummer, die Präsentation in Ausstellungen, sowie ferner über die wiederholte mündliche und schriftliche Kontextualisierung der Arbeit in Katalogen, Laudationes, Interviews. Parallel zu diesen Zuschreibungen wird das MoMA-Exemplar von *Weaving as Metaphor* auch ganz konkret als Kunstobjekt behandelt: Es lagert in einem der klimatisierten Kunstdepots des Museums und kann – zumindest in aller Regel – nicht begutachtet oder gar benutzt werden. (Interessent*innen werden mit Hinweis auf das dortige Exemplar (s.u.) an die Bibliothek des MoMA vermittelt. In theoretisch denkbaren Ausnahmefällen könne das Sammlungsexemplar mit speziellen Baumwollhandschuhen unter Aufsicht in einer separaten Räumlichkeit, dem Lily Auchincloss Study Center for Architecture and Design, begutachtet werden.) Zudem ist es –

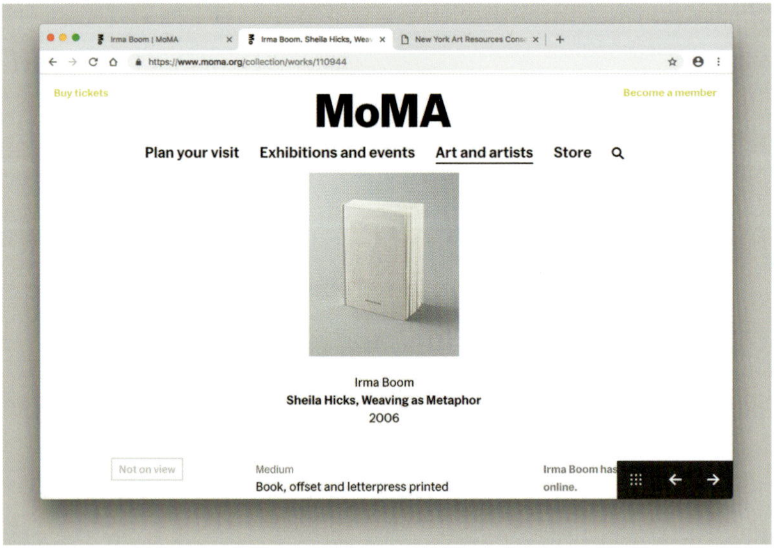

Abb. 7: Detailansicht Sammlungsobjekt 917.2007: Irma Boom, *Sheila Hicks, Weaving as Metaphor* (Bildschirmphoto der MoMA-Website).

anders als die Bestände der Bibliothek – gemeinsam mit den übrigen Kunstwerken und Sammlungsobjekten des Museums als ebensolches versichert.[77]

Etwas zeitversetzt zum eigentlichen Museum begann auch die Research Library des MoMA, von Boom gestaltete Bücher zu sammeln. Damit spiegelt die Bibliothek gewissermaßen einen Teil des musealen Sammlungsbestandes, was zur Folge hat, dass in manchen Fällen, so auch bei *Weaving as Metaphor*, zwei Exemplare des gleichen Buches aus derselben Auflage an zwei unterschiedlichen Orten innerhalb des Museums existieren: ein Exemplar in der permanenten Sammlung (s. o.) und eines in der Bibliothek. Beide unterscheiden sich allein durch die ihnen zuteilgewordenen Zuschreibungen und die damit einhergehenden unterschiedlichen Gebrauchsweisen. Das Kunstobjekt *Weaving as Metaphor*, versehen mit der Inventarnummer 917.2007, gelistet unter dem Namen der Buchgestalterin Irma Boom, wird nicht mehr als Buch benutzt.[78] Das Gebrauchsobjekt *Weaving as Metaphor* hingegen, versehen mit der Bibliothekssignatur NK3012.A3 H52 2006 (Abb. 8), und katalogisiert unter dem Namen der Künstlerin Sheila Hicks, ist gekennzeichnet von üblichen Lektürespuren, die von seiner allgemeinen Verfügbarkeit für sämtliche Nutzer*innen im Lesesaal der Research Library des MoMA herrühren (Abb. 9).[79]

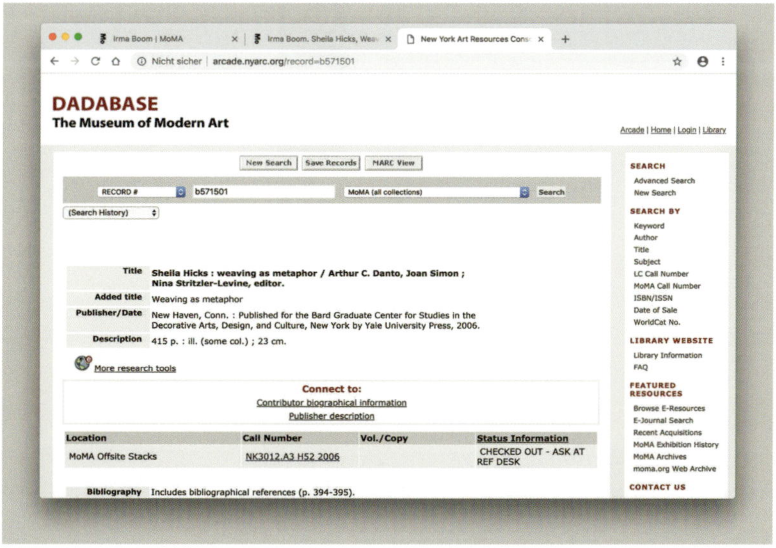

Abb. 8: Detailansicht Bibliothekssignatur NK3012. A3 H52 2006: *Sheila Hicks, Weaving as Metaphor* (Bildschirmphoto der »Dadabase«-Website).

Am Beispiel von *Weaving as Metaphor* lässt sich zeigen, dass die von Irma Boom gestalteten Bücher flexible Artefakte[80] sind, die sich je nach erfahrener Zuschreibung oder Kontextualisierung sowohl als Design- wie auch als Kunstobjekte interpretieren lassen, und das sogar zeitgleich – abhängig vom jeweiligen Exemplar und den konkreten Verkunstungsprozessen, denen es unterworfen wurde – und das unabhängig von den Aussagen der Protagonistin. Boom präsentiert sich selbst nämlich dezidiert *nicht* als Künstlerin:[81] »I'm absolutely a designer, I'm not an artist. When people say the book looks like an artwork, I don't think it does. It's never art—never, never, never.«[82] Gleichzeitig werden Boom und ihr Schaffen wiederholt explizit in die Nähe der freien Künste gerückt: »Her [Irma Boom's] work has an undeniable kinship with minimalist art, with the zero-related Nul and Fluxus movements

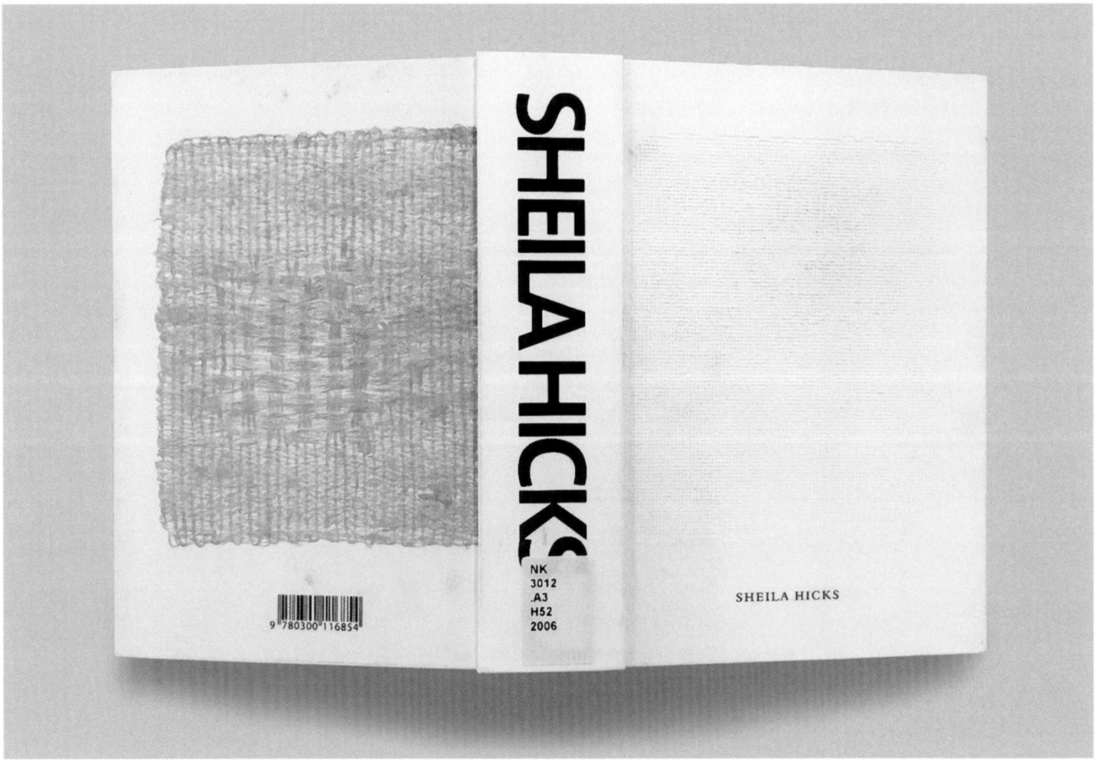

Abb. 9:
Das Bibliotheksexemplar von *Sheila Hicks, Weaving as Metaphor* im Museum of Modern Art in New York mit Signatur und Gebrauchsspuren.

that have attracted her since her time at art school.«[83] Damit steht Aussage gegen Aussage (bzw. Zuschreibung gegen Zuschreibung) – und es lässt sich bilanzierend lediglich festhalten: »Les deux ne font qu'un« (Abb. 10), die beiden sind eins.

Dem Medium Buch kommt, wie eingangs behauptet, eine Doppelfunktion zu: Es hat maßgeblich zur Verkunstung bestimmter Arbeiten und Formen kulturellen Schaffens beigetragen – und ist selbst verkunstet worden. Eine Besonderheit bildet die Tatsache, dass Bücher für gewöhnlich in einer Auflage erscheinen – im Gegensatz zu gewissen Beispielen der Gattung Künstler*innenbuch oder Objekten der Designart[84], die als Unikat existieren. Dies hat zur Folge bzw. birgt zunächst einmal das Potenzial[85], dass einzelne Exemplare des gleichen Buches verkunstet werden können, also vom bloßen Gebrauchsgegenstand oder Designobjekt zum Kunstwerk erklärt bzw. gemacht werden (was anhand von *Weaving as Metaphor* gezeigt werden konnte) – andere hingegen nicht. Verkunstungsprozesse offenbaren sich damit als bewusst gesetzte, intentionale Zuschreibungen, die nicht selten mit einem eigentlich längst problematisch gewordenen Verständnis von Autorschaft korrelieren bzw. über dieses erst ermöglicht werden. Fast immer, wie auch im Falle Booms, sind diese Prozesse an Namen, an Personen gebunden. Dass damit häufig ein gewisses kommerzielles Kalkül verbunden ist und diese Zuschreibungen System haben, deckt der US-amerikanische Graphikdesigner Michael Rock auf, indem er sich folgerichtig des Vokabulars

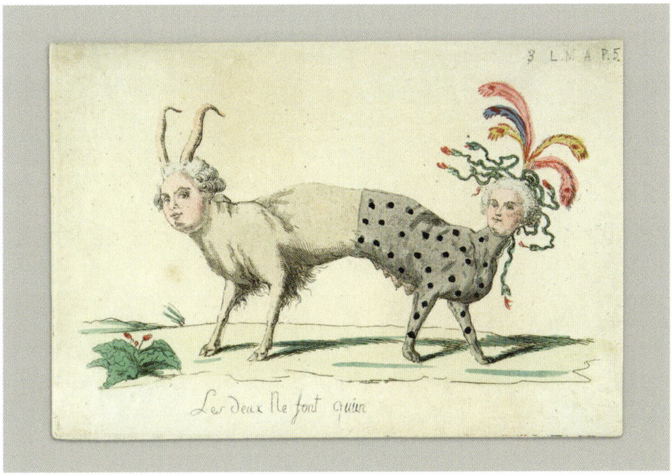

Abb. 10: Anonym, *Les deux ne font qu'un*, Frankreich, spätes 18. Jahrhundert, 15 × 21,3 cm.

der Marketingsprache bedient: ›Markenwert‹ und ›*celebrity endorsement*‹ sei es, was Irma Boom in der Rolle einer ›Design-Autorin‹ (bzw. ›Autoren-Designerin‹) auf die von ihr gestalteten Bücher übertrage: »It's not *just* a big book. It's an Irma Boom book. The designer, as author, supplies brand value or celebrity endorsement.«[86]

Die Journalistin Anna Winston bilanziert ein 2018 mit Irma Boom geführtes Interview folgendermaßen: »Boom is a designer, but she is also an editor, writer, visual artist, researcher, archivist and critic, depending on what the project demands.«[87] Mit den Worten Paola Antonellis, Chefkuratorin für Architektur und Design am MoMA, ließe sich ergänzen:

> »Irma Boom's singular and single-minded way of making books is the paradigm of what many contemporary-art curators seek: the moment in which the conventional labeling of artists and categorizing of objects—as graphics, product design, or art—feels radically unnecessary or even irrelevant.«[88]

Beide Aussagen (die Profilierung Booms als multidisziplinäre Praktikerin und die Charakterisierung ihrer Arbeitsweise als jenseits disziplinärer Grenzen verortet) lassen sich als Bestätigung dessen lesen, was eingangs als die aus produktionsästhetischer Sicht *de facto* hinfällig gewordenen disziplinären Grenzen thematisiert wurde. Die Praxis vieler zeitgenössischer Buchgestalter*innen spielt sich in Bezug auf historisch eng gefasste Disziplinen längst in einem ›Dazwischen‹ bzw. ›Jenseits‹ ab, was sich an den buchgestalterischen Arbeiten Irma Booms besonders gut nachvollziehen lässt.

1 Schwitters 1924, S. 91.

2 Eine Variante dieses Aufsatzes ist unter dem Titel »Das gedruckte Buch als Medium und Objekt von ›Verkunstungsprozessen‹« (= Verleger 2019) in Band 9 der Reihe *Kodex. Jahrbuch der Buchwissenschaftlichen Gesellschaft* erschienen.

3 »Das Buch ist ein Medium, das von unterschiedlichen Instanzen mit ›Wert‹ ausgestattet wird, und bestimmte epistemische Funktionen nur aufgrund dieser kollektiven, durch innen- wie außerwissenschaftlichen Akteuren geschaffenen Wertbildung ausüben kann.« (Hirschi / Spoerhase 2015, S. 5).

4 Der bewusst gewählte Begriff des ›zeitgenössischen Kunstbuches‹ soll hier eine Beschränkung markieren: Es ist dezidiert *nicht* das klassische Künstler*innenbuch in Kleinstauflage oder als Unikat gemeint, sondern das kommerziell produzierte Buch als, im weitesten Sinne, Gebrauchsgegenstand und Massenware.

5 Hier ist zu differenzieren zwischen ›dem Buch‹ im Sinne eines Werkes und dem einzelnen Exemplar einer bestimmten Auflage, das je nach Kontext nur eine ›Rolle‹ einnimmt – die jedoch nicht auf unbestimmte Zeit festgeschrieben, sondern wandelbar ist.

6 Diese vermeintliche Tautologie soll sichtbar machen, dass der vorliegende Aufsatz eine ganz bestimmte Gruppe von Artefakten und deren spezifische Charakteristika in den Blick nimmt: das gedruckte und in Kodex-Form gebundene Buch, wie es in seiner westlichen Ausprägung seit etwa fünf Jahrhunderten im Wesentlichen unverändert existiert. Damit wird das breitere Spektrum dessen eingegrenzt, was dem allgemeinsprachlichen und wissenschaftlichen Verständnis nach ›Buch‹ bzw. Bücher sein können.

7 Dort heißt es u. a.: »Sie [»[d]ie von der Kulturindustrie Überlisteten und nach ihren Waren Dürstenden«] drängen auf Entkunstung der Kunst.« (Adorno 1972, S. 32).

8 Horkheimer / Adorno 2006, S. 166.

9 Horkheimer / Adorno 2006, S. 166.

10 Grasskamp 1992, S. 158.

11 Grasskamp 1992, S. 138.

12 Grasskamp 1992, S. 158.

13 Grasskamp 1992, S. 143.

14 Quasi als Kehrseite der Medaille sind Prozesse zu beobachten, die z. B. Gestalter*innen unkritisch zu Künstler*innen im Sinne einer Genieästhetik stilisieren, inklusive damit einhergehender Autorschaftsansprüche. Diese Entwicklung ist bisher noch zu selten hinterfragt worden.

15 Einen guten ersten Überblick zu der seit langem geführten Debatte um die Abgrenzung (bzw. Annäherung) von Kunst und Design bieten die Beiträge in Geiger / Glasmeier 2012.

16 Vgl. Drucker 2014. Vgl. auch Keedy 1998.

17 Der britisch-US-amerikanische Graphikdesigner James Goggin äußert sich dazu folgendermaßen: »You could say that, when dealing with books, graphic design crosses over into product design territory. Books are three-dimensional objects of which the designer must consider the aesthetic, functional and structural aspects.« (Goggin 2009, S. 23).

18 In Hinblick auf die Frage, was Kunst sei, ist zu differenzieren zwischen ›internen‹ und ›externen‹ Kunst-Kriterien. Der vorliegende Aufsatz fokussiert dabei dezidiert letztere – in Form von externen Zuschreibungen, die sich nicht zwangsläufig auf klassische kunsthistorische Kriterien wie ›Original‹ / ›Erfindung‹, ›Freiheit‹ oder ›Zwecklosigkeit‹ berufen, häufig aber doch implizit auf diesen Argumenten bzw. Eigenschaften gründen. Um Zuschreibungen (im Sinne externer ›Einverleibungen‹ in die Kunstwelt) ging es auch Arthur C. Danto, der feststellte, es gebe einen »Diskurs der Gründe«, der »den Status von Kunst auf Dinge überträgt, die sonst alltägliche Dinge geblieben wären« (Danto 1996, S. 55). Nichts sei »außerhalb des Systems von Gründen, das ihm diesen Status verleiht, ein Kunstwerk: Kunstwerke sind nicht von Natur aus« (Danto 1996, S. 54).

19 Etwa Tom Phillips' (*1937) Arbeit *A Humument: A Treated Victorian Novel*, 1970.

20 Etwa Dieter Roths (1930 – 1998) zwischen 1961 und 1974 realisierte Serie der *Literaturwürste*.

21 Etwa Jorge Méndez Blakes (*1974) Installation *The Castle / El Castillo*, 2007.

22 Das Adjektiv ›Weiß‹ ist hier – in Anlehnung an die Erkenntnisse der Kritischen Weißseinsforschung – durch Großschreibung hervorgehoben, um zu verdeutlichen, dass der Begriff nicht auf äußerliche Zuschreibungen abzielt, sondern vielmehr eine wirkmächtige soziale Kategorie (die häufig unbenannt bleibt) beschreibt: das Weißsein. Vgl. dazu Eggers et al. 2009, S. 13.

23 Taylor 1989, S. 31.

24 Taylor 1989, S. 31.

25 Taylor 1989, S. 31.

26 Goggin 2009, S. 24.

27 Beispielsweise vom 22. Februar bis 3. Juni 2007 im Rahmen der ersten großen Retrospektive zu Matta-Clarks Werk im Whitney Museum of American Art, New York.

28 In diesem Zusammenhang ließe sich von Ausstellungen im Buch bzw. dem Buch als Ausstellungsraum sprechen. Vgl. dazu Nikkels 1998.

29 Anders ausgedrückt, handelt es sich um eine ›Indienstnahme‹ des Buches für Kunstzwecke.

30 Antonelli 2010.

31 Miltenburg 2014, S. 38.

32 Friedl 2002.

33 Hirsch Ballin et al. 2014, o. S.

34 Stritzler-Levine 2006.

35 Mallarmé 1897/1998, S. 257.

36 Kriwet 1961, S. 91.

37 Carrión 1982, S. 35.

38 Nicht nur Schriftsteller*innen und Künstler*innen, auch Protagonist*innen aus dem Bereich Buchgestaltung positionieren sich; z. B. der Typograph und Schriftgestalter Jan Tschichold, der 1928 auf die 1880er und 1890er Jahre zurückblickend von einem »Verfall der Gesamterscheinung des Druckwerks« (Tschichold 1928/1987, S. 22) spricht. Weiter heißt es dazu bei Tschichold: »Ohne Zweifel waren die Produkte des Buchgewerbes in den letzten Jahrzehnten des 19. Jahrhunderts wirklich fade und dürftig geworden.« (Tschichold 1928/1987, S. 24). Gewissermaßen als Antwort darauf bildete sich in den frühen 1920er Jahren – beeinflusst durch künstlerische Strömungen wie Dada, Futurismus und Konstruktivismus – die sogenannte Neue (László Moholy-Nagy) bzw. Elementare (Jan Tschichold) Typographie heraus. Doch bereits vor den folgenreichen Experimenten der klassischen Avantgarden des frühen 20. Jahrhunderts wurde die tradierte Buchform vereinzelt herausgefordert bzw. wurden Bücher gestaltet, die sich mit Johanna Druckers Begriff des *self-conscious codex* (vgl. Drucker 1997) fassen lassen – zu denken wäre u. a. an Laurence Sternes *The Life and Opinions of Tristram Shandy, Gentleman* (zwischen 1759 und 1767 in neun Bänden erschienen).

39 Für den Hinweis auf Neurath und Facetti in diesem Zusammenhang danke ich Silke Körber, Humboldt-Universität zu Berlin.

40 Ulises Carrión antizipiert diese Form von Buch bereits, wenn er die Hierarchisierung von Inhalt (Text) und Träger (Buch) in Frage stellt: »ein buch besteht aus verschiedenen elementen, eines von ihnen mag der text sein. ein text, der teil eines buches ist, ist nicht notwendigerweise der wesentlichste oder der wichtigste teil dieses buches.« (Carrión 1982, S. 35).

41 Meyer 2011, S. 271.

42 »Semiotisch gesehen ist die *signifiance* so etwas wie ein Surplus, etwas, was einem zustößt, ›vom Signifikanten widerfährt‹.« (Meyer 2011, S. 271).

43 »Was ist die Signifikanz? *Der Sinn, insofern er sinnlich hervorgebracht wird.*« (Barthes 1974, S. 90).

44 Winston 2018, o. S.

45 Ein besonders eindrückliches Beispiel hierfür ist ein von Boom 2013 für das Modehaus Chanel gestaltetes Buch, das komplett auf Tinte bzw. Druckerschwärze verzichtet. Sämtliche enthaltenen Texte und Zeichnungen sind nicht gedruckt, sondern blindgeprägt: »›It's the ultimate book,‹ Ms. Boom said. ›It only works in its physical form.‹ As a PDF, it would be just white pages.« (Barone 2017: o. S.). Vgl. dazu auch Lommen 2015, S. 22.

46 Ein von Boom gestalteter Geschäftsbericht ließe sich hier als Beispiel anführen. Über diesen sagt sie, er funktioniere auch als auf einem Bildschirm angezeigtes PDF sehr gut: »I just did an annual report for a new commissioner. It is a tiny annual report, but if you see the PDF, it actually gives a new dimension and looks actually very good on a screen.« (Bil'ak 2012, o. S.).

47 Bil'ak 2012, o. S.

48 »Boom herself believes that the developments in other media mean that the purpose and form of the book must be redefined.« (Farrelly 1994, S. 60).

49 Vgl. z. B. Leonardi 2010.

50 Drucker 2013.

51 Mit Blick auf digitale Medien unterscheidet Matthew Kirschenbaum die *forensic* von der *formal materiality*. Ersterer, der ›forensischen Materialität‹ eines Dokuments, wären Elemente wie Papier, Tinte, Fingerabdrücke, Flecken etc. zuzurechnen; zu letzterer hingegen, der ›formalen Materialität‹, zählen z. B. das Layout, die Wahl der Schrifttype, die Beziehungen zwischen Text- und Bildelementen etc. Siehe: Kirschenbaum 2008, S. 12–14, S. 16.

52 Boom 2013, S. 73.

53 »The book *Weaving as Metaphor* looks like a small bale of cotton.« (Leijdekkers 2010, S. 251).

54 Zaborov 2015, o. S.

55 Auch, so Carlos Spoerhase, »[i]m deutschsprachigen Feuilleton werden voluminöse Werke [...] gerne als schwere ›Ziegelsteine‹ charakterisiert« (Spoerhase 2016, S. 53).

56 Eigens für diese Publikation entwickelte Boom ein neuartiges Beschnittverfahren: »For this volume, [...] Boom invented an industrial process in which a circular hacksaw gives a texture to page edges that evokes the selvages of the artist's textiles.« (Antonelli 2010, S. 402).

57 So z. B. Lommen 2015, S. 23.

58 In einem für das dänische Louisiana Museum of Modern Art aufgezeichneten Gespräch klärt Boom auf, die Implementierung des Buchtitels schlichtweg vergessen zu haben: »I wanted to make a book for Sheila Hicks with a very visible spine [...]. [...] But I totally forgot to put the title on the cover. The title is not there.« (Lund 2015, 00:07:06–00:07:24).

59 Ihre Beweggründe, auf eine Abbildung von Arbeiten der Künstlerin auf dem Bucheinband zu verzichten, legt Boom folgendermaßen dar:

»The Sheila Hicks book […] is my manifesto of the book. […] Interestingly enough, the publisher said that there should be an image of her work on the cover. But I told him that actually, there should not be an image on the book, because Hicks is an interesting artist who deserves a bigger audience, and therefore we needed a more abstract cover. And it worked!« (Miltenburg 2014, S. 44).

60 Stritzler-Levine 2006, S. 4.

61 Die Frutiger ist eine 1975 vom schweizerischen Schriftgestalter Adrian Frutiger entworfene und erstmals 1976 von der deutschen Schriftgießerei D. Stempel veröffentlichte serifenlose Linear-Antiqua bzw. Grotesk.

62 Die Plantin ist eine französische Renaissance-Antiqua, gezeichnet 1913 von Frank Hinman Pierpont für die britische Monotype Corporation, basierend auf Schriftentwürfen aus dem 16. Jahrhundert von Robert Granjon und benannt nach dem französisch-flämischen Buchdrucker und Verleger Christoph Plantin.

63 Zu diesem wissenschaftlich lange Zeit vernachlässigten Thema findet sich mittlerweile verschiedentlich Literatur, z. B.: Manguel 2004; Maye 2014; Schulz 2015.

64 Das Spiel mit Größenverhältnissen wird auf der Bildebene aufgegriffen: Dem 15-seitigen Text vorangestellt ist eine Abbildung von Hicks' Arbeit *Advancing, Beginning to End* (1970; 25 × 29 cm), einem luftigen, groben Gewebe; auf die letzte Textseite hingegen folgt mit *White Letter* (1962/1963; 96,5 × 117,5 cm) die Abbildung eines extrem dichten, fein gewebten Wandteppichs. In Hinblick auf das Format der Arbeiten findet also interessanterweise eine zum Text gegenläufige Bewegung statt (von klein nach groß), während in Hinblick auf die Machart der Gewebe (von grob zu fein) die kontinuierliche Verkleinerung des Schriftgrades nachvollzogen wird.

65 Boom hat diese für einen akademischen Text unkonventionelle – und von Verlagsseite anfangs heftig kritisierte – Gestaltung laut eigener Aussage von Danto autorisieren lassen; vgl. Lund 2015: 00:08:40 – 00:09:12.

66 Mallarmé 1897/1998, S. 259.

67 Winston 2018, o. S.

68 Boom scheint sich darüber im Klaren zu sein, wenn sie selbstbewusst sagt: »That's my best example of what a book can do for a person.« (Miltenburg 2014, S. 41). Andere Quellen teilen diese Einschätzung: »This extraordinary book, which became a collector's item, formed a very special monument to the work of Sheila Hicks and brought it once more into the public eye.« (Leijdekkers 2010, S. 252).

69 So z. B. Boijmans Van Beuningen (Rotterdam 2011), Hayward Gallery (London 2015), Centre Pompidou (Paris 2018). Diese beispielhafte Auswahl steht stellvertretend für insgesamt mehr als 20 Soloausstellungen, die im Zeitraum 2006 (Erscheinen der Erstauflage) bis 2019 stattfanden. Im Vergleichszeitraum bis unmittelbar vor Erscheinen des Buches (1993 – 2006) fanden lediglich fünf Einzelausstellungen statt.

70 Winston 2018, o. S.

71 Rock 2006, S. 230.

72 Zuletzt u. a. *Irma Boom: The Book as Voyage* (12. Januar bis 19. Februar 2016; Kranzberg Art & Architecture Library, Washington University, St. Louis, MO), *Irma Boom: Under Cover* (12. März bis 16. April 2016; Slewe Gallery, Amsterdam), *Irma Boom* (23. November 2016 bis 14. Januar 2017; VI PER GALLERY, Prag).

73 *Irma Boom: Biography in Books* (4. Juni bis 3. Oktober 2010; Universiteit van Amsterdam, Bijzondere Collecties, Amsterdam) und *Irma Boom: Architecture of the Book* (18. September bis 15. Dezember 2013; Institut Néerlandais, Paris).

74 Barone 2017, o. S.

75 MoMA-Kuratorin Paola Antonelli: »[W]e have most of her [Irma Boom's] work in MoMA's collection. I just took a look at our database at the museum just now in order to reminisce, and it made me so happy to see the bold, experimental covers of Irma's books (we have about 100 of them) staring back at me like old acquaintances. For example, we are proud to have her masterful tome for Sheila Hicks's exhibition that happened at the Bard Graduate Center here in New York in 2006 (*Sheila Hicks: Weaving as Metaphor*). The book has the most gorgeous, tactile rough-cut deckle edges, and a pure, white cover that is quite sublime.« (Antonelli 2015, o. S.).

76 Die Institutionalisierung durch Museen wie das MoMA ist in diesem Fall der letzte Akt eines mehrteiligen Verkunstungsprozesses, dem bereits andere Schritte (so z. B. die Zuschreibung »Schönstes Buch der Welt«, s. o.) vorausgegangen sein müssen. Mit ihrer Auswahl subsumieren die Kurator*innen das Buch einem erweiterten, postmodernen Kunstbegriff, bedienen sich dabei aber letztlich traditioneller Kunstkriterien – in diesem Fall z. B. der Neuerfindung der Form: Was *Weaving as Metaphor* zu Kunst macht, ist die Tatsache, dass es den Eigensinn des Mediums zurückerobert – es ist ›Buch als Buch‹.

77 Auskünfte zur Research Library erhielt ich während eines Besuchs der MoMA-Bibliothek im Januar 2019 freundlicherweise von Jennifer Tobias, Reader Services Librarian. Dank gilt außerdem

Paul Galloway, Collection Specialist im bereits erwähnten Study Center des MoMA, der im Rahmen eines E-Mail-Austausches (Juli 2019) wichtige Hinweise gab.

78 Zumindest, wenn man von produktionsseitig intendierten, ›buchmäßigen‹ Gebrauchsweisen ausgeht, also der Nutzung im Sinne eines lesenden bzw. betrachtenden und blätternden Konsultierens des Buches. Ursula Rautenberg und Dirk Wetzel unterscheiden in diesem Zusammenhang ›primäre‹ von ›sekundären‹ Buchfunktionen, vgl. Rautenberg / Wetzel 2001, S. 51.

79 Es darf als unter Buchgestalter*innen geläufiger Topos gelten, die Abnutzung von Büchern bereits im Entwurf und der Materialwahl mitzudenken – und das weniger im negativen Sinne einer geplanten Obsoleszenz als vielmehr im Sinne einer bewussten Einplanung von nutzungsbedingten Alterungsprozessen, die das Wesen eines jeden gedruckten Buches ausmachen, wie es u. a. Friedrich Forssman formuliert: »Zu den vielen guten Eigenschaften von Büchern gehört, daß sie alt werden – wenn sie gut hergestellt sind, halten sie sogar ewig; wenn sie gut gestaltet sind, sind die Abnutzungsspuren vorgesehen und eingeplant.« (Forssman 2015, S. 77).

80 Es wäre in diesem Zusammenhang ebenso denkbar, von ›offenen Objekten‹ zu sprechen, wie es Carlos Spoerhase für das Medium Buch allgemein vorschlägt: »Obwohl also das Buch ein Objekt ist, das in allen diesen kulturellen Feldern zirkuliert und diese Felder auch auf unterschiedlichen Ebenen miteinander verknüpft, erweist es sich als ein ›offenes‹ Objekt, dessen spezifische Konturen jeweils nur in bestimmten sozialen Funktionszusammenhängen und Gebrauchspraktiken situativ stabilisiert werden.« (Spoerhase 2018, S. 22).

81 In Hinblick auf die Frage zum Verhältnis von Kunst und Design (vgl. Fußnoten 15 und 16) ist bemerkenswert, dass Boom jenseits dieser Kategorien denkt, wenn sie (im Zusammenhang mit Museen, die von ihr gestaltete Bücher sammeln) sagt, Büchermachen sei ›Kultur‹: »I love that my books are at MoMA and other museums, because *making books is culture.*« (Beaumont 2019, o. S.; Hervorhebung H. V.).

82 Miltenburg 2014, S. 41.

83 Lommen 2015, S. 22.

84 Zum Begriff der ›Designart‹ vgl. Frye 2018 und den Beitrag von Annika Frye in diesem Band.

85 Was hier Potenzial genannt wird, ließe sich auch als Affordanz (im Sinne eines Handlungsangebotes) beschreiben. Mehrere (bzw. alle) Exemplare eines Buches können objektiv betrachtet denselben Affordanzcharakter besitzen; die virtuell in ihnen angelegten Gebrauchsweisen aktualisieren sich jedoch davon unabhängig je unterschiedlich, in Relation zu den konkreten ›Gefügen‹ aus Exemplar, Nutzer*in und Situation.

86 Rock 2006, S. 231.

87 Winston 2018, o. S.

88 Antonelli 2010, S. 401.

Literaturverzeichnis

ADORNO, THEODOR W. (1972), *Gesammelte Schriften*, Bd. 7: *Ästhetische Theorie*, hg. von Gretel Adorno und Rolf Tiedemann, 2. Aufl., Frankfurt am Main.

ANTONELLI, PAOLA (2010), Irma Boom, in: Cornelia Butler / Alexandra Schwartz (Hg.), *Modern Women. Women Artists at the Museum of Modern Art*, New York, NY, S. 400 – 403.

ANTONELLI, PAOLA (2015), L'hommage: Irma Boom. http://halloffemmes.com/2015/11/lhommage-paola-antonelli-irma-boom/ (08. Juli 2019).

BARONE, JOSHUA (2017), Irma Boom's Library, Where Pure Experimentalism Is on the Shelf. https://www.nytimes.com/2017/01/16/arts/design/irma-boom-bookmaker-vermeer-prize-amsterdam-library.html (04. Januar 2019).

BARTHES, ROLAND (1974), *Die Lust am Text*, Frankfurt am Main.

BEAUMONT, ELEANOR (2019), Interview with Irma Boom. https://www.architectural-review.com/essays/interview-with-irma-boom/10038975.article (08. Juli 2019).

BIL'AK, PETER (2012), Irma Boom interview. https://www.typotheque.com/articles/irma_boom_interview (28. Juni 2019).

BOOM, IRMA (2013), *The Architecture of the Book. Books in reverse chronological order 2013 – 1986*, 2., ergänzte Aufl., Eindhoven.

CARRIÓN, ULISES (1982), Die neue Kunst des Büchermachens, in: *Wolkenkratzer. Frankfurter Kulturelle Anzeigen* 2 (3), S. 35 – 36.

DANTO, ARTHUR C. (1996), *Kunst nach dem Ende der Kunst*, München.

DRUCKER, JOHANNA (1997), The Self-Conscious Codex: Artists' Books and Electronic Media, in: *SubStance* 26 (1), Sonderband: *Metamorphoses of the Book*, S. 93 – 112.

DRUCKER, JOHANNA (2013), Performative Materiality and Theoretical Approaches to Interface. http://www.digitalhumanities.org/dhq/vol/7/1/000143/000143.html (01. Juli 2019).

DRUCKER, JOHANNA (2014), *Graphesis. Visual Forms of Knowledge Production*, Cambridge, MA.

EGGERS, MAUREEN MAISHA / KILOMBA, GRADA / PIESCHE, PEGGY / ARNDT, SUSAN (2009), Konzeptionelle Überlegungen, in: Dies. (Hg.), *Mythen, Masken und Subjekte. Kritische Weißseinsforschung in Deutschland*, 2., überarbeitete Aufl., Münster, S. 11 – 13.

FARRELLY, LIZ (1994), Clarity and Contradiction [Irma Boom's Work], in: *Eye* 4 (13), S. 59 – 65.

FORSSMAN, FRIEDRICH (2015), *Wie ich Bücher gestalte*, Göttingen.

FRIEDL, FRIEDRICH (2002), Laudatio zur Verleihung des Gutenberg-Preises der Stadt Leipzig am 22. März 2001, in: Irma Boom / Kristina Brusa (Hg.), *Irma Boom*, Leipzig, S. 28 – 33.

FRYE, ANNIKA (2018), Designart, Vortrag auf der Konferenz *Das ist Ästhetik! X. Kongress der Deutschen Gesellschaft für Ästhetik*, Offenbach am Main, 16. Februar 2018. https://bit.ly/2KrzoVj (07. Dezember 2018).

GEIGER, ANNETTE / GLASMEIER, MICHAEL (Hg.) (2012), *Kunst und Design. Eine Affäre*, Hamburg.

GOGGIN, JAMES (2009), The Matta-Clark Complex: Materials, Interpretation and the Designer, in: Sara De Bondt / Fraser Muggeridge (Hg.), *The Form of the Book Book*, London, S. 23 – 31.

GRASSKAMP, WALTER (1992), *Die unästhetische Demokratie. Kunst in der Marktgesellschaft*, München.

HIRSCH BALLIN, ERNST / DE BREIJ, CLAUDIA / CORNIPS, MARIE HÉLÈNE / MUNIE, OMAR / OLAF, ERWIN (2014), Irma Boom – Johannes Vermeer Award Laureate 2014 [Jury Report]. http://www.johannesvermeerprijs.nl/archief.php?lang=en&jaar=2014&s=2 (14. Januar 2019).

HIRSCHI, CASPAR / SPOERHASE, CARLOS (2015), Zwischen Bleiwüste und Bilderflut: Formen und Funktionen des geisteswissenschaftlichen Buches, in: Dies. (Hg.), *Bleiwüste und Bilderflut. Geschichten über das geisteswissenschaftliche Buch*, Wiesbaden, S. 1 – 17.

HORKHEIMER, MAX / ADORNO, THEODOR W. (2006), *Dialektik der Aufklärung. Philosophische Fragmente*, 16. Aufl., Frankfurt am Main.

KEEDY, JEFFERY (1998), Graphic Design in the Postmodern Era, in: *Emigre* 47, S. 50 – 60.

KIRSCHENBAUM, MATTHEW G. (2008), *Mechanisms: New Media and the Forensic Imagination*, Cambridge, MA.

KRIWET, FERDINAND (1961), Virtual-aktuelle Buchanzeige, in: *Augenblick. Zeitschrift für Tendenz und Experiment* 5 (3/4), S. 91 – 102.

LEIJDEKKERS, PETRI (2010), Building Books. The Powerful Book Designs of Irma Boom, in: *The Low Countries* 18, S. 244 – 253.

LEONARDI, PAUL M. (2010), Digital materiality? How artifacts without matter, matter. https://firstmonday.org/ojs/index.php/fm/article/view/3036/2567 (02. April 2019).

LOMMEN, MATHIEU (2015), Irma Boom: Autonomously assigned, in: *Parenthesis: The Journal of the Fine Press Book Association* 29, S. 21 – 23.

LUND, CHRISTIAN (2015), Irma Boom: My Manifesto for a Book. https://channel.louisiana.dk/video/irma-boom-my-manifesto-book (17. April 2020).

MALLARMÉ, STÉPHANE (1897/1998), Quant au livre / Das Buch betreffend, in: Ders., *Kritische Schriften. Französisch und Deutsch*, hg. von Gerhard Goebel und Bettina Rommel, Gerlingen, S. 232 – 263.

MANGUEL, ALBERTO (2004), Turning the Page, in: Peter Stoicheff / Andrew Taylor (Hg.), *The Future of the Page*, Toronto u. a. O., S. 27 – 35.

MAYE, HARUN (2014), Blättern, in: Heiko Christians / Matthias Bickenbach / Nikolaus Wegmann (Hg.), *Historisches Wörterbuch des Mediengebrauchs*, Köln, S. 135 – 148.

MEYER, PETRA MARIA (2011), Signifiance: der Sinn, der mir zustößt. Zur Sinnlichkeit der Sinnstiftung in der künstlerischen Praxis von Arnulf Rainer und Carlfriedrich Claus unter Berücksichtigung der diskursiven Voraussetzungen eines anderen Verstehens von Friedrich Nietzsche bis Roland Barthes, in: Martin Zenck / Markus Jüngling (Hg.), *Erzeugen und Nachvollziehen von Sinn. Rationale, performative und mimetische Verstehensbegriffe in den Kulturwissenschaften*, München, S. 255 – 281.

MILTENBURG, ANNE (2014), Reputations: Irma Boom, in: *Eye* 22 (88), S. 36 – 57.

NIKKELS, WALTER (1998), *Der Raum des Buches*, Köln.

RAUTENBERG, URSULA / WETZEL, DIRK (2001), *Buch*, Tübingen.

ROCK, MICHAEL (2006), Mad Dutch Disease: Ten Proposals for a Lecture on Dutch Design, in: Michael Bierut / William Drenttel / Steven Heller (Hg.), *Looking Closer 5: Critical Writings on Graphic Design*, New York, NY, S. 224 – 234.

SCHULZ, CHRISTOPH BENJAMIN (2015), *Poetiken des Blätterns*, Hildesheim u. a. O.

SCHWITTERS, KURT (1924), Thesen über Typographie, in: *Merz* 2 (11), *Typoreklame*, S. 91.

SPOERHASE, CARLOS (2016), *Linie, Fläche, Raum. Die drei Dimensionen des Buches in der Diskussion der Gegenwart und der Moderne*, Göttingen.

SPOERHASE, CARLOS (2018), *Das Format der Literatur. Praktiken materieller Textualität zwischen 1740 und 1830*, Göttingen.

STRITZLER-LEVINE, NINA (Hg.) (2006), *Sheila Hicks: Weaving as Methaphor*, New Haven, CT.

TAYLOR, PAUL (1989), Yoko Ono's New Bronze Age, in: *The New York Times*, 5. Februar 1989, S. 31.

TSCHICHOLD, JAN (1928/1987), *Die Neue Typographie. Ein Handbuch für zeitgemäß Schaffende*, 2. Aufl., Berlin.

VERLEGER, HAGEN (2019), Das gedruckte Buch als Medium und Objekt von ›Verkunstungsprozessen‹, in: Christian Benne / Carlos Spoerhase (Hg.), *Materialität: Von Blättern und Seiten*, Wiesbaden, S. 141 – 166.

WINSTON, ANNA (2018), At the Office with Irma Boom, Queen of Books. http://www.anothermag.com/design-living/11090/in-the-office-with-irma-boom-queen-of-books (04. Januar 2019).

ZABOROV, VICTORIA (2015), Reinventing the Book | Case Study: Irma Boom, https://medium.com/art-stories/reinventing-the-book-case-study-irma-boom-217ccfe47e7b (22. Januar 2019).

Abbildungsverzeichnis

1 links: Yoko Ono, *Grapefruit* (Wunternaum Press 1964); rechts: Lawrence Weiner, *Statements* (The Louis Kellner Foundation / Seth Siegelaub 1968). © VG Bild-Kunst, Bonn 2021; Photo: Hagen Verleger, 2019.

2 Monographien zu Gordon Matta-Clark; v. l. n. r.: *Object to be Destroyed: The Work of Gordon Matta-Clark* (MIT Press 2001), *Gordon Matta-Clark* (Phaidon 2003), *Gordon Matta-Clark: You Are the Measure* (Whitney Museum of American Art 2007). © VG Bild-Kunst, Bonn 2021; Photo: Hagen Verleger, 2019.

3 *Sheila Hicks, Weaving as Metaphor* (Yale University Press / Bard Graduate Center 2006), Einband, Buchgestaltung: Irma Boom. © VG Bild-Kunst, Bonn 2021; Photo: Hagen Verleger, 2019.

4 *Sheila Hicks, Weaving as Metaphor* (Yale University Press / Bard Graduate Center 2006), Katalogteil und Index. © VG Bild-Kunst, Bonn 2021; Photo: David Cabianca, 2009, Abdruck mit freundlicher Genehmigung.

5 *Sheila Hicks, Weaving as Metaphor* (Yale University Press / Bard Graduate Center 2006), Beitrag Arthur C. Danto. © VG Bild-Kunst, Bonn 2021; Photo: David Cabianca, 2009, Abdruck mit freundlicher Genehmigung.

6 Monographien zu Sheila Hicks; v. l. n. r.: *Sheila Hicks: 50 Years* (Yale University Press 2011), *Sheila Hicks: Apprentissages* (JRP Ringier 2017), *Sheila Hicks: Lifelines* (Centre Pompidou 2018), *Sheila Hicks: A Matter of Scale* (JRP Ringier 2019). © VG Bild-Kunst, Bonn 2021; Photos: Hagen Verleger, 2019.

7 Detailansicht Sammlungsobjekt 917.2007: Irma Boom, *Sheila Hicks, Weaving as Metaphor* (Bildschirmphoto der MoMA-Website). © VG Bild-Kunst, Bonn 2021; Bildzitat aus: https://www.moma.org/collection/works/110944 (15. Januar 2019).

8 Detailansicht Bibliothekssignatur NK3012. A3 H52 2006: *Sheila Hicks, Weaving as Metaphor* (Bildschirmphoto der »Dadabase«-Website). © VG Bild-Kunst, Bonn 2021; Bildzitat aus: https://arcade.nyarc.org/record=b571501 (15. Januar 2019).

9 Das Bibliotheksexemplar von *Sheila Hicks, Weaving as Metaphor* im Museum of Modern Art in New York mit Signatur und Gebrauchsspuren. © VG Bild-Kunst, Bonn 2021; Photo: Hagen Verleger, 2019.

10 Anonym, *Les deux ne font qu'un*, Frankreich, spätes 18. Jahrhundert, 15 × 21,3 cm. Bildzitat aus https://www.metmuseum.org/art/collection/search/393244 (15. Januar 2019).

Alexander Press

DRAWING ATTENTION: COMICS AUF DEM WEG ZU SICH SELBST?

»Fotografieren Sie nicht, zeichnen Sie; das Fotografieren stört das Sehen, Zeichnen prägt sich in die Vorstellung ein.«
Le Corbusier[1]

EINLEITUNG

In einer bemerkenswerten Geschwindigkeit hat sich die Comicforschung in der deutschsprachigen und internationalen Forschungslandschaft in den letzten zwei Jahrzehnten zu einem hochaktiven Teil in der Erforschung medialer Formen entwickelt. Dabei lässt sich ein breites Spektrum beteiligter Disziplinen und Forschungsmethoden beobachten. Das Spektrum reicht von den Visual Culture Studies, den Medien-, Literatur- und Sprachwissenschaften, der Kulturwissenschaft und Geschichte bis hin zur Kunstwissenschaft und Philosophie. Damit reagieren die Comicwissenschaften auf das zunehmende kulturelle und gesellschaftspolitische Interesse an Comics / Graphic Novels. Die Frage, ob sich Comics damit auch an den ›Rändern der Kunst‹ befinden, erscheint vor diesem Hintergrund naheliegend. Dass sich Künstler*innen des Formenvokabulars des Comics bedienen, sollte nicht von der Tatsache ablenken, dass wir es historisch mit einer jenseits des Kunstdiskurses gewachsenen Ausdrucksform zu tun haben. Im Folgenden sollen Argumente für den sicheren Stand des Comics als autonome kulturelle Praxis vorgebracht werden. Dabei wird eine anthropologisch-forschende Methode, hier verstanden als eine ethnografische Herangehensweise der Comiczeichner*innen, als ein sinnstiftendes Potential der aktuellen Comicpraxis vorgestellt.

Nach aktueller ›Lesart‹ stellt sich der Comic als hybrides Medium dar, dessen gesellschaftliche Wahrnehmung einem anhaltenden, bemerkenswerten Wandel unterliegt. Die neuartige Quantität, die sich in Hinsicht auf Publikationsformen und Rezeptionskultur aktueller Comicpublikationen ausmachen lässt, wird hier als Teil eines gegenwärtigen Kultur- und Medienwandels verstanden. Was vor 120 Jahren als kleine Bildfolge in den Zeitungen begonnen hat, findet sich nun als vielfältiger Teil – als notwendige Rezeptionskompetenz – einer zunehmend visuell geprägten Medienkultur wieder. Komplexe Artefakte wie Computerspiele, Virtual-Reality-Technologien und Graphic Novels drängen in den Kultur- und Kunstdiskurs. Gleichzeitig bringen sie Eigenschaften und Rezeptionsweisen mit (z. B. Immersion, das Spielerische, Aneignung populärkultureller Inhalte), die der Kunst- und Medienwissenschaft zwar nicht fremd sind, in dieser Intensität aber neu verhandelt werden müssen.

Einerseits hat die Aufwertung von Comics, die nun schon einige Jahrzehnte andauert, in der gesellschaftlichen Wahrnehmung der letzten Jahre nochmal neuen Aufwind bekommen. So ist es aktuell möglich, mit dieser Form des visuellen Erzählens ein bemerkenswert großes Publikum zu erreichen. Andererseits bleibt diesem Medium, mit seiner langen Tradition jenseits des Kunstdiskurses im Allgemeinen und mit den Undergroundcomics[2] im Besonderen, eine Widerspenstigkeit gegen die hegemonialen Tendenzen des Kunstmarktes erhalten. Undergroundcomics entwickelten sich schon immer in Opposition zum ›Mainstream‹. Durch die Möglichkeit der Selbstpublikation in Klein- und Selbstverlagen konnte, oft an der Zensur oder der staatlichen Kontrolle vorbei, auf soziale Themen eingegangen oder Missstände satirisch begleitet werden.[3] Eine aktuelle Möglichkeit, diese – an verlegerische Vorgaben und andere von außen herangetragene Erwartungen größtenteils nicht gebundene – Publikationsform zu begutachten, bieten die sogenannten Zine-Festivals (*zine*: englisch kurz für *magazine*). Hier finden sich in inhaltlicher und gestalterischer Eigenregie erstellte Publikationen, die in Kleinstauflagen verbreitet werden und selbst Comics enthalten oder sich medial als ›nahe Verwandte‹ entpuppen. Sie eröffnen ein Spektrum an grafischen Experimenten[4], gesellschaftskritischen Positionen oder Gedanken zur Revolution[5].

Als Versuch, eine eigene Position des Comics herauszuarbeiten, soll dieser Text Eigenschaften und Möglichkeiten des Mediums beleuchten, die durch eine Einhegung in die Konventionen des Kunstdiskurses eventuell nicht angemessen dargestellt werden.

Im ersten Abschnitt geht es darum, wie in diesem Medienhybrid verschiedene Techniken der Bedeutungsschöpfung kulminieren. Narrative bzw. dokumentarische Techniken wirken zusammen mit der Subjektivität der meist gezeichneten Bilder. Dem grafisch-zeichnerischen Stil werden im Comic eine Reihe bedeutungsschaffender Potentiale eröffnet. Die Möglichkeit, Bilder unter meist narrativen Gesichtspunkten miteinander in Beziehung zu setzen, eröffnet aus künstlerischer Sicht verschiedene Optionen, etablierte Bildpraxen als Material für eigene Intentionen heranzuziehen. Die Neubewertung des zeichnerisch-grafischen Stils unter bild- und narrationstheoretischen Aspekten und die Entwicklung des Konzepts eines Integrationseffektes sollen beispielhaft für die medialen Eigenschaften des Comics im Zentrum stehen. Integrationseffekt meint dabei die effektive Nutzbarmachung verschiedenster Bildtypen und ihrer originär bildlichen Funktionen zum Zwecke der Narration. Unter diesen Voraussetzungen kann die auf diese besondere Weise nur dem Comic-Medium eingeschriebene Selbstreflexivität als Katalysator für eine Form der ästhetischen Selbstverständigung[6] begriffen werden. Der zweite Abschnitt dieses Textes versteht sich als Versuch, den Prozess des Comic-Machens als eine quasi anthropologisch-forschende Tätigkeit im Sinne einer ethnologischen Beobachtung zu beschreiben. Sensible Beobachtung und Selbstreflexivität erweisen sich bei dieser Art des Comic-Machens als Schlüsselkompetenzen. Aus produktionsästhetischer Perspektive stellt sich die Frage, welche Eigenschaften das Comic-Machen als Ausdrucksform kennzeichnen. Was steckt im Detail dahinter, wenn wir behaupten, dass es eine ernstzunehmende ästhetische Strategie sein kann, einen Comic zu zeichnen? Ausgehend vom gegenwärtig bemerkenswert hohen Anteil autobiografischer, biografischer, journalistischer und dokumentarischer Comics soll das aus der Anthropologie stammende Konzept der visuellen Feldnotizen[7] mit einer möglichen Praxis des Comic-Zeichnens verglichen werden.

MÖGLICHKEITEN DES COMICS

Die Stationen der ›Nobilitierung‹ des Comics seit seiner Entstehung um 1900 sind viel mehr ein Kapitel der Mediengeschichte als ein Teil der Kunstgeschichte. Zunehmend werden Comics, Comicautor*innen und Comiczeichner*innen in der jüngeren Vergangenheit auch in musealen Kontexten rezipiert, sei es mit Fokus auf dem/r ›Comickünstler*in‹ als neu entstandenem/r Akteur*in, sei es mit diskursanalytisch ausgerichteten Ausstellungen zu Holocausterzählungen im Comic oder thematischen Präsentationen zu dokumentarischen und feministischen Comics. Vor dem Hintergrund einer florierenden Comicwissenschaft,[8] regelmäßiger Besprechungen im Feuilleton und nicht zuletzt der marketingstrategischen Einführung des Begriffs ›Graphic Novel‹ erscheint der Versuch sinnvoll, nach Tendenzen wechselseitiger Annäherung von Comic und ›Hochkunst‹ zu fragen. Folgt dieser institutionellen Adelung die Eingliederung ins Referenzfeld Kunst oder haben wir es mit einem eigenen ästhetischen Wirkungsfeld zu tun? Wird dieses genuine Wirkungsfeld, unter dem Vorwand der ›Ausweitung der Kunstzone‹, eventuell nicht auch einer kapitalistischen Verwertung durch Musealisierungspraktiken unterworfen? Und wer legitimiert hier wen?

Während die populärste Erscheinung, die Superhelden und ihre transmediale Dauerpräsenz[9] in Film, Fernsehen und den sogenannten sozialen Medien schon einen kulturwissenschaftlichen Untersuchungsgegenstand an sich bilden,[10] gibt es Entwicklungslinien des aktuellen Comics, die für die hier gestellte Frage relevant sind. Mittlerweile lassen sich bemerkenswert viele Konzepte und Begriffe des Kunstdiskurses auch auf Comicproduktion und -rezeption anwenden. An dieser Stelle sollte festgehalten werden, dass sich sowohl ›Comics‹ als auch ›Kunst‹ einer essentialistischen Definition entziehen. Nicht nur, dass das permanente Aushandeln, ob etwas Kunst sei, bekanntermaßen zu den wirkmächtigsten Eigenschaften des aktuellen Kunstbegriffs gehört,[11] wir haben es auch bei ›den Comics‹ mit einem überaus heterogenen Feld und komplexen medialen Besonderheiten zu tun.

Auch finden sich viele Künstler*innen, die sich der Ästhetik des Comics als künstlerischem Material bedienen, ohne es bei einer Adaption formaler Eigenschaften zu belassen. Im Rückbezug auf den vertrauten Bestand der Comics entwickeln die Künstler*innen eigene Strategien, um ihrer Intention eine Form zu geben. Als Beispiele seien hier William Pope.L und Christian Marclay genannt. Der afroamerikanische Künstler William Pope.L schleppt sich in seiner Kunstaktion *The Great White Way, 22 miles, 9 years, 1 street*, in einem Superman-Kostüm kriechend den New Yorker Broadway entlang (Abb. 1).

Christian Marclays Werk *Manga Scroll* besteht aus einem hüfthohen, zwei Meter langen Tisch, auf dem ein 20 Meter langes Rollbild montiert ist, von dem daher immer nur zwei Meter betrachtet werden können. Über die gesamte Länge dieses Rollbildes verbindet er Lautmalereien aus Mangas zu einer schlangenförmig bewegten Struktur. Marclay verwendet die Ästhetik des Comics, funktioniert sie allerdings um. Er befreit die grafischen Soundeffekte aus ihrem narrativen Kontext. Zur Präsentation des Werkes gehört auch eine Performance, bei der die Lautmalereien von den Vorführenden sprachlich-tonal wiedergegeben werden. Die Künstler kalkulieren hier mit den (Seh-)Erfahrungen der Betrachter*innen. Die bearbeitende, verfremdende, dekonstruierende Aneignung des Comics, seines Formeninventars und Bildmaterials ist hier nichts Geringeres als der Rückgriff auf eine vielschichtige, gesellschaftlich verankerte Bild- und Formensprache der Gegenwart.[12] Dieser Rückgriff auf einen etablierten Bestand des kollektiven Gedächtnisses ist eine Möglichkeit, die künstlerische Intention mit Hilfe von Comics zu realisieren. Jedoch beantworten diese Beobachtungen nicht die Frage nach dem eigentlichen ›Status‹ des Comics.

Versucht man zu umreißen, was einen Comic ausmacht, reicht es naheliegenderweise nicht, auf die Minimalbedingung von Stift und Papier hinzuweisen. Produktion und Rezeption von Comics basieren auf einem Spiel mit formalen Konventionen wie z.B. der Bilderfolge oder der Sprechblase, aber auch einem Verständnis davon, wie mittels dieses Spiels eine Narration erfolgt. Wie sind die Comicelemente sinnstiftend zu verstehen? Vergleichbar mit dem aktuellen Kunstbegriff schöpft auch die Praxis des gegenwärtigen Comics eher aus einer Art regulativen Idee denn aus einem konkret umris-

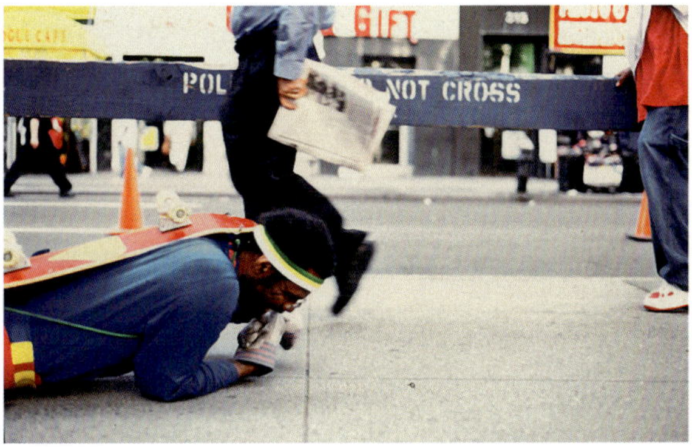

Abb. 1:
William Pope.L,
The Great White Way, 22 miles, 9 years, 1 street, Manhattan, 2001.

senen Formen- und Inhaltskatalog. Entgegen der häufig formulierten, profan erscheinenden Feststellung, dass sich eine Comicgeschichte aus Bildern (und Textelementen) konstituiert, die sich unter narrativen Gesichtspunkten aufeinander beziehen, entpuppt sich ein Comic bei genauerer Betrachtung als komplexes Gefüge verschiedener Modi der Zeichencodierung. Die Frage danach, was ein Comic ist, lässt sich auch nicht mit dem Verweis auf ein Anzeigegerät oder irgendein materielles Medium beantworten. »Denn im Gegensatz zu anderen populären visuellen Medien, die in der Moderne entstehen – wie der Film oder die Fotografie –, ist die Erfindung des Comic nicht an die Erfindung eines bestimmten technischen Apparats gebunden.«[13]

Ob in Zeitungen, als Heft, als Buch, digitalisiert oder digital auf dem Computerbildschirm erstellt, selbst gezeichnet und kopiert oder abonniert/geteilt/gelikt im Social-Media-Account: Der Parasit, den wir Comic nennen, bringt sein Wirtsmedium dazu, Bildgeschichten zu erzählen. Das Medium ohne Apparat wird im Zuge seiner Mediengeschichte zum Medium der Apparate.[14]

Durch die in den letzten Jahrzehnten stattgefundene Befreiung der Comics von inhaltlichen Eingrenzungen lässt sich eine Vielzahl an Themen beobachten. Auch die Etablierung von vielleicht unerwarteten Genres wie der Comicreportage, der Biografie und Autobiografie erscheint als Indiz für eine Weiterentwicklung, der Comic wird sich gleichsam seiner Möglichkeiten bewusst. In diesem Zusammenhang führt Barbara Eder den signifikant hohen »Anteil von Frauen auf Produzent*innenseite [...] auf die spezifischen Produktionsbedingungen von Graphic Novels«[15] zurück. Neben einer Abkehr von den männlich konnotierten Superheldengenres liegt hier auch eine allgemeine Entwicklung vor, weg von arbeitsteiligen Produktionsprozessen, hin zu einer Autoren*innenposition, die bestimmt ist von der »Idee eines Künstlersubjekts«[16]. Der Rekurs Eders auf die Sphäre der Kunst verdeckt allerdings die durchaus eigenständigen treibenden Kräfte hinter dieser Entwicklung. Ein Vergleich mit der etablierten Diskursfigur der/s Künstler*in untergräbt die ästhetische und inhaltliche Eigenständigkeit von Comic-Produzent*innen. Die Intentionalität der nun in höchstmöglicher Eigenregie geschaffenen Werke äußert sich in auto-/biografischen Reflexionen und aktuellen Themen wie Migration, Individuum und Gesellschaft, Gender/Queer und politisch-historischen Stoffen. Dabei bleibt es nicht bei der einfachen Darstellung. Die Funktionsweisen der Comicrezeption liegen jederzeit offen zu Tage. In einem dem Comic eigenen Aneignungsprozess ist eine selbstreflexive Art und Weise der Rezeption schon auf der formalen Ebene immer virulent.[17] Das Geflecht der Bilder muss aktiv von den Betrachter*innen verstanden werden, auch die Bilder selbst erfordern verschiedenste Rezeptionskompetenzen. Der zeichnerische Stil wiederum kann unterschiedlichste Bedeutungen entwickeln, die von den Betrachter*innen sinnvoll in ein narratives Interpretationsparadigma integriert werden müssen. Diese verhältnismäßig hohe Beteiligung der Betrachter*innen bei der Bedeutungskonstruktion führt zu einer Selbstreflexivität, die es ermöglicht, das narrative Paradigma, dem die Comicproduktion und -rezeption zum großen Teil unterliegen, bewusst zu machen. Die Betrachter*innen befinden sich in einer permanenten Konstruktionstätigkeit. Obwohl der aktuellen Kunstpraxis ein ausgeprägter Narrationsbegriff nicht fremd ist und dieser – nicht zuletzt durch den *documentary turn* und verschiedene Positionen der Videokunst – schon längst über die erzählerischen Aspekte der Ikonologie, der Symbolik und Metapher hinausgeht, steht ein Vergleich von ›Comic‹ und ›Kunst‹ in dieser Hinsicht vor der Herausforderung, dass Comics / Graphic Novels mit einem facettenreichen Narrationsverständnis arbeiten, das von klassischen Genreerzählungen bis zu formalen Experimenten reicht. Auf diesen Überlegungen aufbauend kann die These formuliert werden, dass Narration keine hinreichende Bedingung für Kunst ist, wohl aber ein ausreichendes Differenzkriterium des Comics. Vergleicht man die Praxis von Comic und Kunst unter dem Aspekt der Narration, so muss hier also ein Unterschied festgestellt werden. Ein Versuch, die gegenwärtige Entwicklung des Comics zu beschreiben, läuft bei einer Eingliederung in das ›Betriebssystem der Kunst‹ Gefahr, diese Differenz zu vernachlässigen.

Funktionen des grafischen Stils

Wenn wir uns im Folgenden zwei Seiten von Antonia Kühns *Lichtung*[18] genauer anschauen, muss darauf hingewiesen werden, dass diese fragmentarische Betrachtung eine Verfremdung der Rezeption darstellt, da die immersive Wirkung des ›Leseflusses‹ ignoriert wird, denn es handelt sich hier bereits um die Seiten 44 / 45 (Abb. 2).

Der Hauptcharakter Paul, ein kleiner Junge, kann sich nur vage an den Tod seiner Mutter erinnern. Unausgesprochen lastet die Vergangenheit auf der Familie. Der Grund für ihren Tod ist für Paul in einer verschütteten Erinnerung verborgen, die im Laufe der Handlung an die Oberfläche drängt. Am Geburtstag der verstorbenen Mutter sitzt Paul mit seinem Vater am Esstisch. Der Querschnitt des Kuchens, der mit seiner grafischen Penetranz im kollektiven Bildgedächtnis verankert ist, wird von Antonia Kühn für ihre Zwecke nutzbar gemacht. Wir sehen Paul mit geschlossenen Augen und Lichtflecken auf dem Gesicht, die an die weißen Streifen des Kuchens erinnern. Flankiert von zwei Querschnittsdarstellungen des Kuchens wird eine sinnliche Erfahrung suggeriert. Der Vater bittet ihn ein weiteres Stück ›für Mama‹ zu essen. Mit der Erwähnung der Mutter verändert sich die Darstellung des Kuchens in einer gleichsam expressionistischen Metamorphose. Die spitzwinkligen Streifen stehen im Kontrast zu den geraden Schichten der vorhergehenden Bilder. Diese ›Bildstörung‹ verleiht der Bildfolge eine weitere Bedeutungsebene, sobald man nach ihrer Ursache fragt. Hier hat der zeichnerische Stil nicht die Aufgabe einer direkten Repräsentation. Was uns von der Zeichnerin in ihrem eigenen Stil zu sehen gegeben wird, ist die Darstellung eines mentalen Zustandes. Dessen spezifische Bedeutung ergibt sich aus der narrativen Verbindung zu den umgebenden Bildern.

Der grafische bzw. zeichnerische Stil von Antonia Kühn kann als narratives Werkzeug bemerkenswerte Funktionen entwickeln. In Kombination mit dem Plot lassen sich die gezeichneten Bilder auch und vor allem als Spur der Künstler*innen betrachten. Grade diese Rezeption erlangt eine beson-

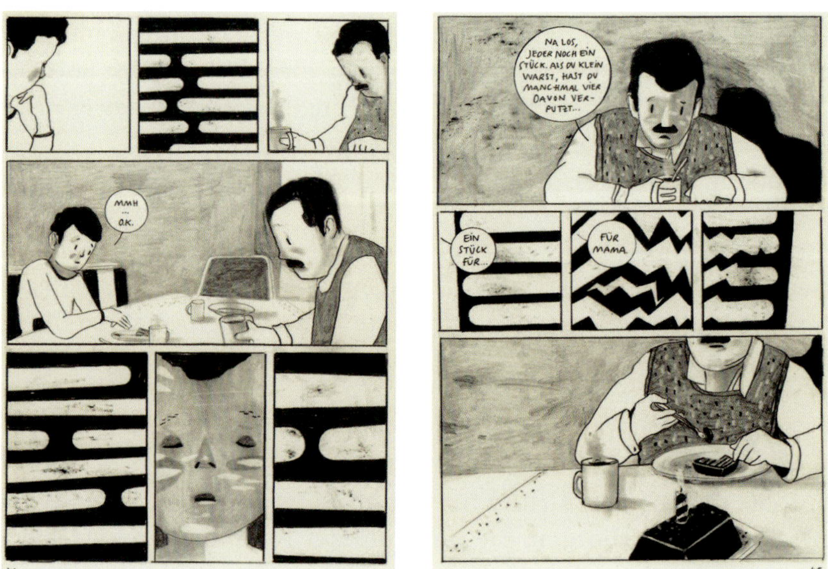

Abb. 2: Antonia Kühn, *Lichtung*, 2018, S. 44 f.

dere Intensität, sobald man biografische Momente des/r Künstler*in in der Geschichte zu erkennen meint. In allen hier im Text besprochenen Beispielen geht es um Narrationen, die stark autobiografische Züge tragen. In Kombination mit den formalen Möglichkeiten des Comics (aber auch des Films oder der Literatur) können für die Leser*innen/Betrachter*innen eines Comics besondere Angebote zur Einfühlung geschaffen werden. Die Medienphilosophin Susanne Schmetkamp misst dieser Beobachtung einen besonderen Wert bei:

> Das Konzept der narrativen Empathie wird in der Diskussion häufig so verstanden, dass es jene Form von Empathie meint, die in Gang gesetzt wird, wenn wir das Narrativ der Situation einer anderen Person lesen, sehen, hören oder imaginieren. Narrative Empathie ist also nicht immer am Werk, wann immer wir das Handeln anderer Personen beobachten, sondern ist ein Verstehen ›höherer Ordnung‹.[19]

Die Andersartigkeit der erzählten Welt kann sehr effizient über die zeichnerische Ebene vermittelt, ein *point of view* kann buchstäblich illustriert werden. Veränderungen im zeichnerischen Stil müssen keine Unterbrechung der Kontinuität der Geschichte bedeuten. Es ist mit dieser Strategie mög-

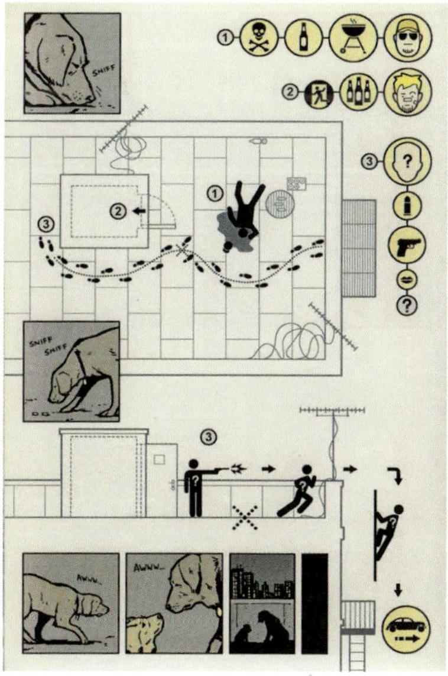

Abb. 3:
Matt Fraction (Autor), David Aja (Zeichner), *Hawkeye*, 2014.

lich, Bewusstseins- und mentale Zustände darzustellen. Auch das nicht Darstellbare, wie z. B. die Wahrnehmungsbedingungen eines Hundes,[20] kann als bildliche Metapher dargestellt werden (Abb. 3).

In der preisgekrönten Comicserie *Hawkeye* von David Aja und Matt Fraction wird eine Episode aus der Perspektive des alten, einäugigen Hundes des Protagonisten erzählt. Dabei wird dem Stil der diegetischen Welt ein reduzierter ›Piktogrammstil‹ zur Seite gestellt, der u. a. über die Assoziationsketten des Hundes informieren soll. In diesem Fall erhält der zeichnerische Stil die Funktion eines Zeichens, in dem Sinne, dass er auf etwas Anderes – die uns unbekannte Wahrnehmungsweise eines alten, einäugigen Hundes – verweist.

Bilder als erzählerisches Kapital

Als bildlastiges Medium ist der Comic nicht allein auf selbst erstellte Bilder angewiesen. Mittels einer Art Integrationseffekt[21] kann er sich auch externer Bildmodi bedienen. Bilder, die neben der Darstellung eines Handlungsmomentes einen weiteren Eigenwert enthalten, können gewinnbringend in den Comic eingebettet werden. Ein häufig zitiertes Beispiel für diese Vorgehensweise findet sich im Holocaustcomic *Maus*.[22] Hier ist es eine in den

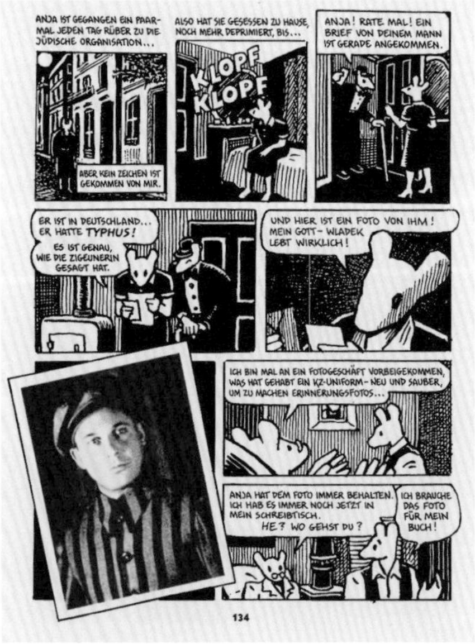

Abb. 4: Art Spiegelman, *Maus. Die Geschichte eines Überlebenden*, Bd. 2: *Und hier begann mein Unglück*, 1992, S. 134.

Bilderfluss eingefügte Fotografie des Vaters, der zu seinen Erlebnissen im Zweiten Weltkrieg interviewt wird. Nach dem Krieg lässt er sich in einem Fotostudio in KZ-Gefangenenkleidung ablichten. Doch nicht nur die sozialen Gebrauchsweisen der Fotografie[23] werden in die narrativen Strukturen der Graphic Novel integriert (Abb. 4).

Die ›Solidarität der Bilder‹[24] in einem Comic ermöglicht die narrative Nutzbarmachung aller Bildformen und -praxen. Das einzige Kriterium der Mäßigung ist die Bild- / Rezeptionskompetenz der Betrachter*innen. Wie weit diese reicht, liegt wiederum im Ermessen der Künstler*innen. In *Logicomix. Eine epische Suche nach der Wahrheit*[25] von Apostolos Doxiadis und Christos Papadimitriou sehen wir in der Bildmitte den Protagonisten, den Philosophen Bertrand Russell, als jungen Mann in der Rückansicht (Abb. 5).

Er steht am Rande einer Klippe, die Arme hält er, seitlich von sich gestreckt, schräg nach oben. Das darunter liegende Tal ist mit Nebel gefüllt. Der gesamte linke Bildrand wird von einem Baum eingenommen, der untere Bildrand von Büschen. Über die Fläche des mit Wolkentürmen bedeckten Himmels wurde ein Zitat aus dem Gedicht *Alastor oder der Geist der Einsamkeit* von P. B. Shelley gelegt. Während sich die Zeilen des Gedichtes schon in den vorhergehenden Bildern finden, stellen dieses Bild und die ent-

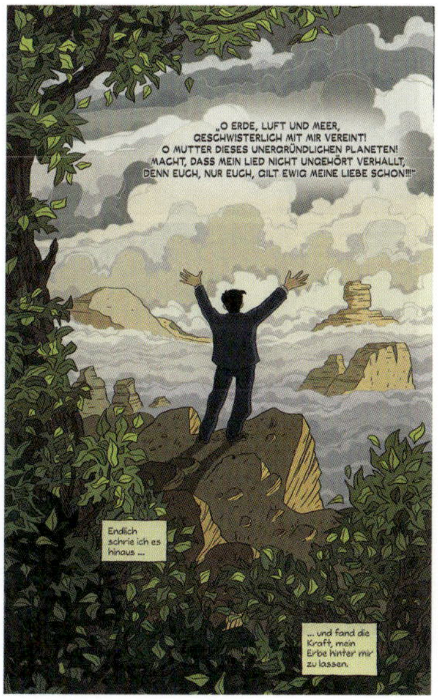

Abb. 5:
Apostolos Doxiadis / Christos Papadimitriou, *Logicomix: Eine epische Suche nach der Wahrheit*, 2010.

sprechende Zeile den Höhepunkt dieser Sequenz dar. Nach einer Kindheit, die von einem strengen Alltag, Verboten und religiösem Konservatismus geprägt war, gelangt der Protagonist in dieser Szene zu einer neuen, selbstbestimmten Freiheit. Wir sehen den Moment, in dem Russell seinen familiären konservativen Ballast hinter sich lässt und nur Vernunft und Logik als Richtlinien akzeptiert. Mit einem Transfer von Bildkulturen findet sich eine Strategie, diesen Freiheitsmoment zu illustrieren, die ein gutes Beispiel dafür liefert, was mit Integrationseffekt gemeint ist. Dieses Bild ›integriert‹ gleich mehrere Bilder aus der Kunstgeschichte. Eine detaillierte Kenntnis dieser Bilder erhöht natürlich die Bedeutung dieser Bildermelange, jedoch soll hier nicht behauptet werden, die Zeichner*innen dieses Comics seien nur auf eine kunsthistorisch versierte Zielgruppe fokussiert. Im Gegenteil, mit der Zuhilfenahme bereits erfolgreicher Bildformeln wird ein wichtiger Punkt in der Handlung auch auf der bildlichen Ebene als solcher markiert. Mit Aby Warburg formuliert, lässt sich die ›Wirkmächtigkeit‹ dieses Bildes zum *Lichtgebet* von Hugo Höppener (genannt Fidus) und zwei Bildern von Caspar David Friedrich zurückverfolgen (Abb. 6, 7). Gerade diese parasitäre Vorgehensweise betont noch einmal den Eigensinn des Comics.

Während das Lichtgebet, eine Ikone der sogenannten Jugendbewegung im ersten Drittel des 20. Jahrhunderts, die Selbstfindung oder Selbstbestimmung unseres Protagonisten schon illustriert, hat Caspar David Fried-

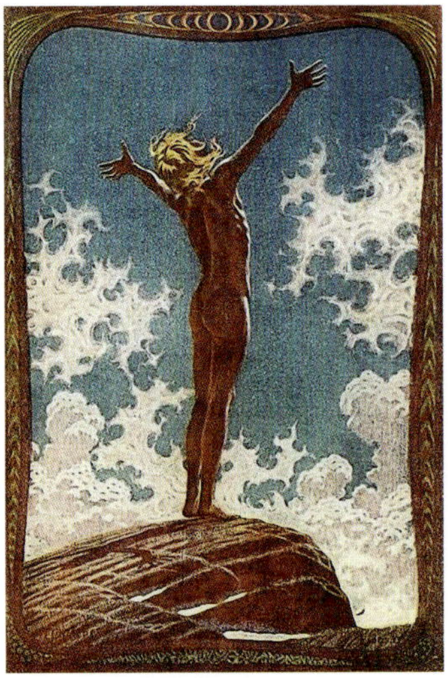

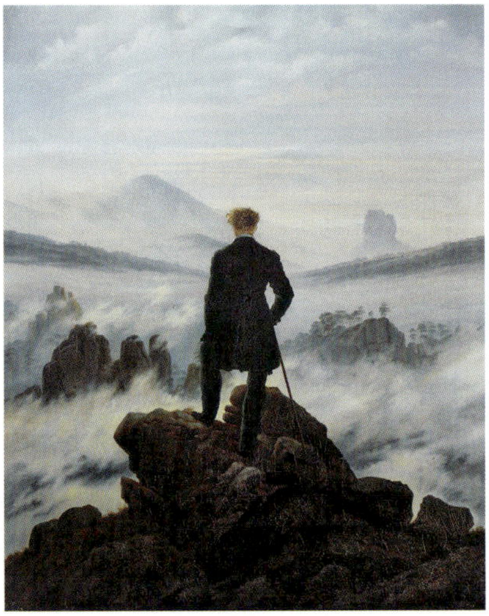

Abb. 6 (links): Fidus (eigentlich Hugo Höppener), *Lichtgebet*, mehrere Ausführungen, erstmals 1908.

Abb. 7 (rechts): Caspar David Friedrich, *Wanderer über dem Nebelmeer*, 1818.

rich mit seinen beiden Werken *Wanderer über dem Nebelmeer* (Abb. 7) und *Kreidefelsen auf Rügen*, die Bildformel geliefert. Anders als in den meisten Bildern von Friedrich werden die Betrachter*innen im Comicbild durch eine Buschreihe im direkten Vordergrund gleichsam aus dem Bild ausgeschlossen und sind nicht Teilhaber*innen der Geschichte, sondern Betrachter*innen dieses Bildes. Der Wanderer ist keine Stellvertreterfigur, sondern eine konkrete Person, deren Geschichte erzählt wird. Die Wirkmächtigkeit der »Allegorie für das menschliche Ausgesetztsein in der Welt«[26] machen sich Autoren und Zeichner*innen hier zunutze. In Kombination mit der dazugehörigen Narration des Comics haben wir es hier allerdings nicht mit einer schlichten Nachahmung zu tun. Dieses Nachleben der Romantik, in der aus einem Wanderer über dem Nebelmeer ein Wahrheitssuchender vor seiner neuentdeckten Freiheit wird, funktioniert nicht nur dann, wenn die Betrachter*innen auch Friedrichs Bilder als Vorbilder wiedererkennen. Die Darstellung des (Nebel-)Meeres kann in diesem Sinne, jenseits seiner Funktion als Ort der Handlung, von den Betrachter*innen als Metapher für weiterführende Bedeutungsstränge der Geschichte und Vermittler des Gefühlslebens des Protagonisten gesehen werden.[27] Wenn also die Handlung einer Geschichte (*plot, histoire, fabula*) mit den Mitteln des Comics umgesetzt wird, ist es möglich, die Spezialisierung der verschiedenen Bildgattungen (Fotos, Landkarten, Röntgenbilder, Werke der Kunstgeschichte etc.) zur Ausarbeitung der Geschichte (*story, discours, sujet*) einzusetzen.

Eine vergleichbare Überlegung findet sich beim Filmtheoretiker Siegfried Kracauer. Er stellt in seinem Buch *Theorie des Films* den Begriff Integration einem Abschnitt voran, in dem er sich mit dem Einbezug von Musikstücken in narrative Filme auseinandersetzt:

> Es hat nicht an erfolgreichen Versuchen gefehlt, musikalische Darbietungen in realistische Zusammenhänge einzubauen. Alle diese Versuche haben eines gemeinsam: anstatt das Musikstück im Interesse seiner Reinheit zu isolieren, rücken sie es vom Zentrum der Aufmerksamkeit ab, damit es soweit wie möglich zu einem Bestandteil des Films wird.[28]

Da auch eine im Bildfluss des Comics fremde Bildgattung nicht im Interesse ihrer Reinheit verwendet wird, die eingebauten Bilder also Bestandteil der Geschichte sind oder werden sollen, bietet sich auch für die Comicanalyse der Begriff der Integration an. Der Rezeptionsvorgang und die Rezeptionskompetenz der Betrachter*innen können so angemessen beschrieben werden. Wird eine Bildgattung, die anders codiert ist als die Mehrheit der Bilder, inmitten dieser platziert, so wird sie, aufgrund der Prämisse, dass wir es mit einem Comic und mit einer Narration zu tun haben, als Teil der Bilderfolge in die Geschichte mit aufgenommen: Das Bild wird integriert. Die Integration erfolgt durch die Narration. Eine nicht erfolgreiche Integration würde in unserem Fall bedeuten, dass im Bilderfluss ein Bild auftaucht, welches zur Narration keine weitere Bedeutung beisteuert, sondern als Fremdkörper für eine nicht konstruktive Form der Irritation sorgt. Auch diese Funktion kann in abstrakten Comics bedeutungsschaffend (als Abstraktion oder Dekoration etc.) eingesetzt werden, in ›konventionellen‹ Narrationen dient sie keinem narrativen Zweck. Dass wir es in aller Regel mit erfolgreicher Integration neuer Bildtypen zu tun haben, liegt also einerseits an der Hoffnung der Künstler*innen auf einen Nutzen für die Narration, anderseits an der grundsätzlichen Fähigkeit der Rezipient*innen, dem vorgebrachten Integrationswunsch zu entsprechen. Das Integrieren verschiedener Bildtypen stößt genau dann an seine Grenzen, sobald das Wissen um die Funktionsweise des Bildes die Bildkompetenz der Betrachter*innen übersteigt. So ist ein Beispiel denkbar, in dem die detaillierte Auswertung eines Röntgen- oder Mikroskopbildes wesentlich zur Bedeutung einer Geschichte beiträgt, die Betrachter*innen aber nicht über das notwendige Expertenwissen verfügen. Wird ein Plot mit den Mitteln des Comics in eine Story übertragen, ist es möglich, die verschiedenen Ursprünge und Eigenschaften der jeweiligen Bildtypen zur Ausarbeitung der Geschichte einzusetzen.

Die Handlungsstrukturen der Geschichte und die Funktionsweisen der verschiedenen Bildtypen gehen eine Synthese ein, in der der ursprüngliche Zweck des Bildes direkt verwendet, verstärkt oder allegorisiert werden kann. Auf diese Weise konstruieren verschiedene Bildtypen, immer auf Grundlage ihrer originären Funktion, den Sinngehalt der Geschichte mit.

Die Bandbreite der Bedeutung von Comicbildern ist also nicht einfach in dem enthalten, was sie darstellen sollen, sie erschließt sich erst in der oben beschriebenen Interaktion zwischen Betrachter*innen, Gezeigtem und vor allem der Art und Weise des Gezeigten. Aus ästhetischer Sicht enthalten die meist gezeichneten Bilder des Comics Bedeutungen, Werte und Informationen, die eine Bildwahrnehmung und Medienkompetenz auch jenseits einer filmisch-fotografischen Konditionierung einfordern. Innerhalb einer immer bildlastigeren Gesellschaft haben zeitgenössische Comiczeichner*innen mit einem Sinn für die Komplexität ihres Mediums die Möglichkeit, an Diskursen teilzunehmen und eigene zu erschaffen. Das Spannungsfeld der ästhetischen Selbstverständigung lässt sich mit der selbstreflexiven Rezeptionsweise des Comics und der hochgradigen Beteiligung der Betrachter*innen abstecken. Die Möglichkeiten eines piktoralen Verständnisses von Narration können neue Bild- und Sehgewohnheiten eröffnen. Das Potential dieses ästhetischen Wirkungsfeldes wird in aktuellen Comics/Graphic Novels erkundet.

DER ANTHROPOLOGISCHE ZWEIFEL ALS KONFIGURATION DES COMICS

> »Der Anthropologe [...] ist Augenzeuge.«
> Susan Sontag[29]

> »Doch ich hatte meine mysteriösen Notizbücher, die die Produktivität sicher steigerten [...] und die Notizbücher taten dies, weil sie keine Deponie, kein Parkplatz für Informationen waren. Die Notizbücher wurden zum Selbstzweck und förderten somit aktiv Beiträge aus dem Feld, wobei das Feld natürlich der Beobachter und der Beobachtete ist.«
> Michael Taussig[30]

Das Anfertigen von Skizzen und Zeichnungen als visuelle Feldnotizen erlebt eine Art Renaissance in der künstlerischen Praxis wie auch der anthropologischen Feldforschung.[31] Anthropologie wird in diesem Diskurs als ethnografische Aktivität verstanden, weniger als eine auf die Wissenschaft beschränkte Methode. Anthropolog*innen wie Amanda Ravetz, Michael Taussig oder Tim Ingold bewerten die Zeichnung nicht nur als Methode zur Dokumentation sozialanthropologischer Beobachtungen, sondern vor allem als konkrete Strategie der visuellen Forschung, die das Prozesshafte der eigenen Arbeit betont und die Bandbreite der Möglichkeiten erweitert, um z. B. auch Auswirkungen von Erinnerungen, des Imaginären oder des Traumhaften in den Fokus zu bekommen. Der grafische Stil als direkte Spur der (Comic-)Zeichner*innen ist nun nicht mehr nur als ein individueller Duktus der Strichführung zu betrachten. Die visuelle, grafische Auseinandersetzung mit einem Thema bekommt in Kombination mit Narrationen, die sich als Beobachtungsprotokolle im weitesten Sinne entpuppen, eine intensivere rezeptionsästhetische Funktion. Beispielhaft ist hier Paula Bullings Werk *Im Land der Frühaufsteher* als eindrucksvolles Beobachtungsprotokoll zu ›lesen‹ (Abb. 8).

Die Zeichnerin macht nicht nur den Umgang mit und die Unterbringung von Geflüchteten in Sachsen-Anhalt sichtbar, sondern versteht das Werk als eine Art Bericht, in dem sie als Protagonistin in ihrem eigenen Comic auftaucht und so eine narrative Situation schafft, in der sie gleichsam zusammen mit den Betrachter*innen die Geschichte erfährt (Abb. 9).

Susan Sontag schrieb in ihrem Aufsatz »Der Anthropolge als Held«[32], dass »Claude Lévi-Strauss den Beruf des Anthropologen als einen Beruf entdeckt, der einen Menschen ganz in Anspruch nimmt und ein geistiges Engagement bedeutet, das dem des schaffenden Künstlers, des Abenteurers oder des Psychoanalytikers in nichts nachsteht«.[33] Der Grundthese dieses Aufsatzes folgend, muss hier betont werden, dass Lévi-Strauss die anthropologische Haltung *neben* die des Künstlers stellt. Eine quasi anthropologisch-forschende Einstellung kann dazu führen, dass den eigenen Beobachtungen und Erfahrungen eine besondere Feinnervigkeit verliehen wird. Sontag geht es um nichts Geringeres als eine »geistige Autobiografie, eine exemplarische Geschichte der Person, in der eine umfassende Schau der menschlichen Situation, eine ganze Erlebnisweise entwickelt wird.«[34] Tillie Walden setzt sich in ihrem tagebuchartigen Comic *Pirouetten*[35] mit einer gesellschaftlichen

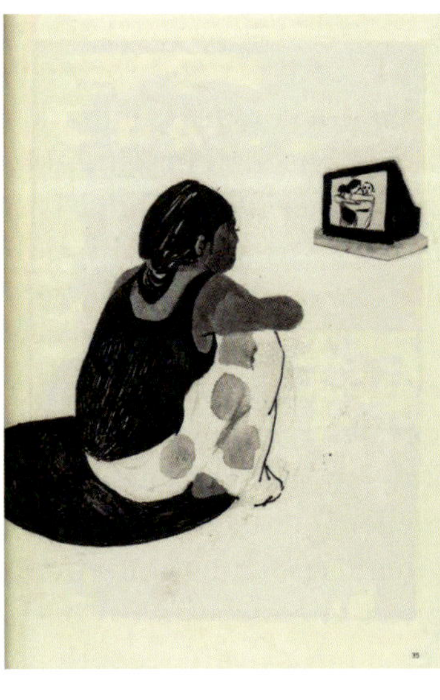

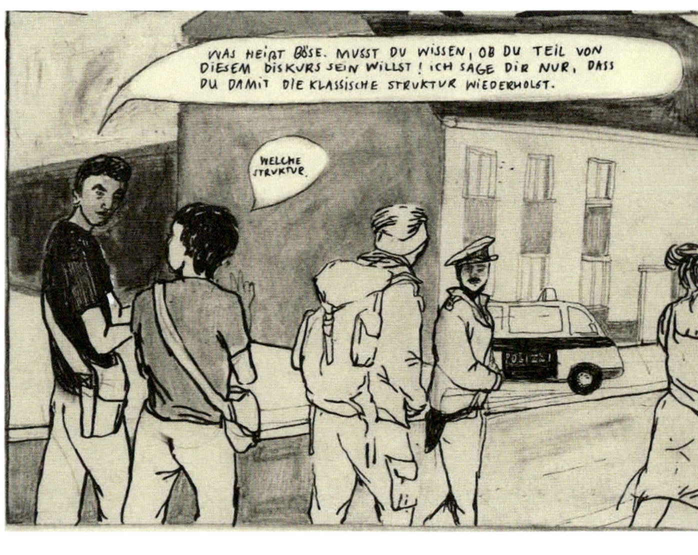

Abb. 8 (links): Paula Bulling, *Im Land der Frühaufsteher*, 2012, S. 35.

Abb. 9 (rechts): Paula Bulling, *Im Land der Frühaufsteher*, 2012, S. 91.

Norm und Erwartung von Weiblichkeit auseinander. Den Betrachter*innen wird die Entwicklung des Menschen Tillie Walden, ihr Streben nach Selbstbestimmung und Freiheit mit den Möglichkeiten des Comics präsentiert (Abb. 10).

Die Schöpfung von Comics wie *Pirouetten*, *Im Land der Frühaufsteher* oder *Lichtung* geschah nicht über die grafische Verarbeitung bereits vorgefertigter Skripte im konventionellen Sinn. Das Comiczeichnen erscheint hier als ein intrinsischer Forschungsprozess, in dem auch die Zeichner*innen etwas über das Thema erfahren oder entdecken und während des Zeichnens reflektieren.

Dies ist eine Art der anthropologischen Forschung, die das Comic-Machen nicht vom Ende her denkt. Der fertige Comic ist das Ergebnis, das Protokoll eines Explorationsprozesses. Comics, in diesem Sinne als visuelle Feldforschungsnotiz bzw. Feldforschungsskizzenbücher verstanden, setzen ein Beobachten und Sammeln voraus. Diese aus der Welt herausgegriffenen, aufgehobenen Fragmente stellen eine wilde, individuelle Ordnung dar, die im weiteren Verlauf zu einer Narration verbunden werden kann. Michael Taussig schreibt vergleichbar in Bezug auf Feldforschungsnotizbücher:

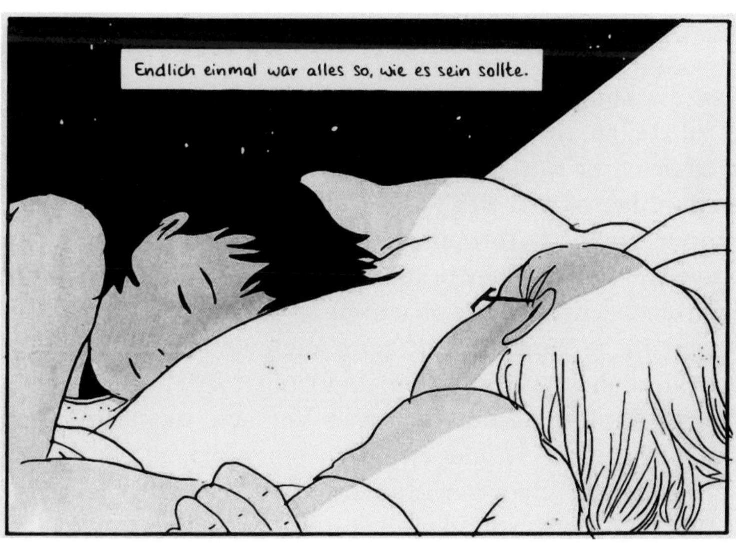

Abb. 10: Tillie Walden, *Pirouetten*, 2018, S. 223.

> Doch ich möchte noch eine weitere Eigenschaft hinzufügen, die die Magie der magischen Enzyklopädie ausmacht, nämlich die Art und Weise, wie das Notizbuch eigentlich eine Erweiterung des Selbst ist, wenn nicht sogar mehr Selbst als man selbst, wie ein ganz neues Organ neben dem eigenen Herz und Hirn, um nur die sinnträchtigsten Organe unseres inneren Selbst zu nennen. Die Funktion dieses neuen Organs besteht darin, der eigenen Welt andere Welten einzuverleiben.[36]

So wird ein Feldforschungsnotizcomic zu einer autobiografischen Wunderkammer. Die gesammelten Artefakte können eine Narration auslösen, da die Logik ihrer Zusammenstellung in der Authentizität der Beobachtung ihrer Urheber*innen liegt.

> Das Notizbuch [...] ist daher [...] ein persönliches Archiv, und es ist etwas mehr als das, nämlich eine Sammlung, die durch das Medium äußerer Beobachtungen und mitgehörter Bemerkungen den Kontakt zwischen dem aktuellen Selbst und seinen Vorgängern aufrecht erhält. [...] Der springende Punkt ist, dass es im Tagebuch eines Feldforschers um Erfahrungen auf einem fremden Feld geht. Es geht nicht darum, auf den Bus zu warten, der einen zu seiner gewohnten, sicheren Bleibe bringt, wo man einen weiteren Artikel über den Tod des Autors schreibt.[37]

Betrachtet man Comiczeichnen in dem oben skizzierten Sinne als sinnstiftende Strategie, steht ein ganzes Netz von Entstehungsfaktoren zur Verfügung. Es ist die Kompetenz, die Verstricktheit der eigenen Beobachtungen zur Schau zu stellen, die hier eine eigenständige Position ausmacht. Diese tiefe und zugleich kritische Faszination der Wirklichkeit erweist sich als bestimmende Eigenschaft der Arbeit an den hier besprochenen Comics. Comiczeichner*innen, Anthropolog*innen und versierte Betrachter*innen zeitgenössischer Kunst haben in diesem Sinne die Kompetenz gemeinsam, ihre eigenen Beobachtungen beobachten zu können,[38] wenn auch auf denkbar unterschiedliche Weise. Somit kann auch ein Comic, als visuelles Feldforschungsskizzenbuch verstanden, Deutungsmodelle der eigenen Wirklichkeitswahrnehmung anbieten. Dieser Versuch, das Comiczeichnen als phänomenologisches Werkzeug zu beschreiben, basiert auf einer Konzeption der anthropologischen Forschung als prozesshaft orientierte Herstellung von Werken, die sich vor allem dadurch auszeichnen, dass sich in ihnen (soziale) Erfahrung und eine bewusste Kommunikation darüber einprägen. Der Herstellungsprozess solcher Werke erfordert eine Ebene der Reflexion über die Konstruiertheit der eigenen Wahrnehmungsbedingungen. Die schöpferische Kompetenz besteht in diesem Fall darin, aus einer Perspektive zu reflektieren und zu kommunizieren, die sich aus der sozialen Erfahrung selbst ergibt. So werden die Erfahrungen der Feldforschung und die Reflexionen darüber zum künstlerischen Material. Das Werk, das Forschungsstück, erfordert einen anthropologischen Zweifel an der vorgefundenen Welt.

1 Zit. nach Wogenscky 1981, o. S., eigene Übersetzung.
2 Vgl. Platthaus 2010.
3 Vgl. Skinn 2004.
4 Mors Avem Kollektiv 2019.
5 Vgl. Torino / Wohlleben 2019.
6 »Der Wert der Kunst besteht darin, dass sie für uns besondere Aspekte der Welt, in der wir leben, und unserer selbst, verständlich macht. Die somit erzielte Klärung hinsichtlich der Frage nach dem Wert, den die Kunst für uns darstellt, können wir folgendermaßen etwas ausführlicher fassen: Ästhetische Erfahrungen sind in dem Sinne wert, als solche gemacht zu werden, als sie uns mit uns selbst konfrontieren. Die Selbstzweckhaftigkeit ästhetischer Erfahrungen hat, so verstanden, eine klare Kontur. Es geht darum, sich mit sich selbst auseinanderzusetzen. Genau aus diesem Grund ist das, was ästhetisch erfahren wird, dem ersten Augenschein nach unbrauchbar.« (Bertram 2005, S. 45).
7 Vgl. Pink 2006.
8 Im deutschsprachigen Raum dient vor allem die Gesellschaft für Comicforschung und die AG Comicforschung der Gesellschaft für Medienwissenschaften der akademischen Vernetzung und Sichtbarmachung der interdisziplinären Forschungen.
9 Vgl. Wilde / Thon 2019.
10 Vgl. Etter / Nehrlich / Nowotny 2018.
11 Eine empfehlenswerte Einführung dazu, wie Bedeutung in der aktuellen Kunst entstehen kann, bietet Bertram 2005.
12 Vgl. Clauß 2013.
13 Balzer / Wiesing 2010, S. 13.
14 Vgl. Wilde 2019.
15 Eder 2015, S. 161.
16 Frahm 2015, S. 42.
17 Vgl. Packard 2006.
18 Kühn 2018.
19 Vgl. Schmetkamp 2008, S. 75.
20 Fraction / Aja 2014.
21 Vgl. Press 2018, S. 55 – 78.
22 Spiegelman 1992, S. 134.
23 Vgl. Bourdieu u. a. 1981.
24 Vgl. Groensteen 2007.
25 Doxiadis / Papadimitriou 2010.
26 Lüttichau 2006, S. 229.
27 Vgl. Mauer 2010. Der Filmwissenschaftler Roman Mauer betont, dass »Naturräume in ihren Eigenschaften fiktionale und dokumentarische Erzählungen prägen und eigene Handlungsmuster, Standardsituationen und Figurenkonzeptionen, eigene Wahrnehmungsstrukturen, Atmosphären und symbolische Konnotationen im Kino provozieren können, die in der Kulturgeschichte tiefliegende Wurzeln haben.« (Mauer 2010, S. 23).
28 Kracauer 2015, S. 205.
29 Sontag 2015, S. 128.
30 Taussig 2011, S. 15.
31 Vgl. Grimshaw / Ravetz 2005 und Schneider / Wright 2010.
32 Sontag 2015.
33 Sontag 2015, S. 123.
34 Sontag 2015, S. 124 f.
35 Walden 2018.
36 Taussig 2011, S. 14.
37 Taussig 2011, S. 22.
38 Vgl. Luhmann 1997, S. 93 f.

Literaturverzeichnis

Primärliteratur

BULLING, PAULA (2012), *Im Land der Frühaufsteher*, Berlin.
DOXIADIS, APOSTOLOS / PAPADIMITRIOU, CHRISTOS (2010), *Logicomix: Eine epische Suche nach der Wahrheit*, Zürich.
FRACTION, MATT / AJA, DAVID (2014), *Hawkeye*, Megaband 1: *Mein Leben als Waffe*, Stuttgart.
KÜHN, ANTONIA (2018), *Lichtung*, Berlin.
SPIEGELMAN, ARTHUR (1992), *Maus. Die Geschichte eines Überlebenden*, Bd. 2: *Und hier begann mein Unglück*, Hamburg (engl. Original 1986, 1989, 1990, 1991).
WALDEN, TILLIE (2018), *Pirouetten*, Berlin.

Sekundärliteratur

BALZER, JENS / WIESING, LAMBERT (2010), *Outcault. Die Erfindung des Comic*, Bochum / Essen.
BERTRAM, GEORG (2005), *Kunst. Eine philosophische Einführung*, Stuttgart.
BOURDIEU, PIERRE u. a. (1981), *Eine illegitime Kunst. Die sozialen Gebrauchsweisen der Fotografie*, Frankfurt am Main.
CLAUSS, INGO (Hg.) (2013), *Kaboom! Comics in der Kunst*, AK Weserburg Museum Bremen, Heidelberg / Berlin.
EDER, BARBARA (2015), Graphic Novels, in: Julia Abel / Christian Klein (Hg.), *Comics und Graphic Novels. Eine Einführung*, Stuttgart, S. 156 – 168.
ETTER, LUKAS / NEHRLICH, THOMAS / NOWOTNY, JOANNA (Hg.) (2018), *Reader Superhelden. Theorie – Geschichte – Medien*, Bielefeld.
FRAHM, OLE (2015), Produktion, Distribution und Rezeption von Comics und Graphic Novels, in: Julia Abel / Christian Klein (Hg.), *Comics und Graphic Novels. Eine Einführung*, Stuttgart, S. 38 – 55.
GRIMSHAW, ANNA / RAVETZ, AMANDA (Hg.) (2005), *Visualizing Anthropology*, Bristol.

GROENSTEEN, THIERRY (2007), *The system of comics*, Jackson, MS.

KRACAUER, SIEGFRIED (2015), *Theorie des Films. Die Errettung der äußeren Wirklichkeit*, 9. Aufl., Frankfurt am Main.

LUHMANN, NIKLAS (1997), *Die Kunst der Gesellschaft*, Frankfurt am Main.

LÜTTICHAU, MARIO-ANDREAS VON (2006), Motive, in: Hubertus Gaßner (Hg.), *Caspar David Friedrich. Die Erfindung der Romantik*, AK Museum Folkwang Essen, Hamburger Kunsthalle, München, S. 223 – 270.

MAUER, ROMAN (Hg.) (2010), *Das Meer im Film. Grenze, Spiegel, Übergang*, München.

MORS AVEM KOLLEKTIV (2019), http://www.morsavem.com/ (26. Oktober 2019).

PACKARD, STEPHAN (2006), *Anatomie des Comics. Psychosemiotische Medienanalyse*, 1. Aufl., Göttingen.

PINK, SARAH (2006), *Doing Visual Ethnography. Images, Media and Representation in Research*. London u. a. O.

PLATTHAUS, ANDREAS (2010), Aus der Tiefe kam die Revolution. Zeichner und Themen des Underground-Comics, in: Margret Kampmeyer-Käding / Cilly Kugelmann (Hg.), *Helden, Freaks und Superrabbis. Die jüdische Farbe des Comics*, AK Jüdisches Museum Berlin, Berlin, S. 62 – 77.

PRESS, ALEXANDER (2018), *Die Bilder des Comics. Funktionsweisen aus kunst- und bildwissenschaftlicher Perspektive*, Bielefeld.

SCHMETKAMP, SUSANNE (2008), Narrative Empathie und der ethische Wert der Perspektiveneinnahme, in: *Zeitschrift für Ästhetik und Allgemeine Kunstwissenschaft* 63 (1), S. 73 – 92.

SCHNEIDER, ARND / WRIGHT, CHRISTOPHER (Hg.) (2010), *Between Art and Anthropology. Contemporary Ethnographic Practice*, Oxford / New York, NY.

SKINN, DEZ (2004), *Comix. The Underground Revolution*, Philadelphia, PA.

SONTAG, SUSAN (2015), Der Anthropologe als Held, in: Dies., *Kunst und Antikunst. 24 literarische Analysen*, 11. Aufl., Frankfurt am Main, S. 122 – 135.

TAUSSIG, MICHAEL (2011), *Fieldwork Notebooks / Feldforschungsnotizbücher, 100 Notes, 100 Thoughts / 100 Notizen, 100 Gedanken*, Ostfildern.

TORINO, PAUL / WOHLLEBEN, ADRIAN (2019), Memes with force: Lessons from the yellow vests. https://illwilleditions.noblogs.org/files/2019/03/Torino-and-Wohlleben-Memes-with-Force-IWE-READ.pdf (26. Oktober 2019).

WILDE, LUKAS R. A. (2019), Medium, Form, Genre? Medialität(en) des Comics, in: Markus Engelns / Ulrike Preußer / Felix Giesa (Hg.), *Comics in der Schule*, Berlin, in Vorbereitung.

WILDE, LUKAS R. A. / THON, JAN-NOËL (Hg.) (2019), *Frontiers of Narrative Studies* 5 (2), Sonderband: *Characters Across Media*.

WOGENSCKY, ANDRÉ (1981), Preface, in: *Le Corbusier Sketchbooks*, Bd. 1: *1914 – 1948*, hg. von Fondation Le Corbusier, Cambridge, MA, o. S.

Abbildungsverzeichnis

1 William Pope.L, *The Great White Way, 22 miles, 9 years, 1 street*, Manhattan, 2001. Bildzitat aus: Wikimedia Commons, File:Pope.L Great White Way 8762 01 s.jpg (06. Oktober 2019), Foto: © MINNYC123.

2 Bildzitat aus: Antonia Kühn, *Lichtung*, 2018, S. 44 f.

3 Bildzitat aus: Matt Fraction (Autor), David Aja (Zeichner), *Hawkeye*, 2014, o. S.

4 Bildzitat aus: Art Spiegelman, *Maus. Die Geschichte eines Überlebenden*, Bd. 2: *Und hier begann mein Unglück*, 1992, S. 134.

5 Bildzitat aus: Apostolos Doxiadis / Christos Papadimitriou, *Logicomix: Eine epische Suche nach der Wahrheit*, 2010, o. S.

6 Fidus (eigentlich Hugo Höppener), *Lichtgebet*, mehrere Ausführungen, erstmals 1908. Bildzitat aus: https://de.wikipedia.org/wiki/Fidus#/media/Datei:Fidus_-_Lichtgebet,_Farblithographie_1913.jpg (06. Oktober 2019).

7 Caspar David Friedrich, *Wanderer über dem Nebelmeer*, 1818, Öl auf Leinwand, 94.8 × 74.8 cm, Kunsthalle Hamburg. Bildzitat aus: https://de.wikipedia.org/wiki/Der_Wanderer_%C3%BCber_dem_Nebelmeer#/media/Datei:Ueber-die-sammlung-19-jahrhundert-caspar-david-friedrich-wanderer-ueber-dem-nebelmeer.jpg (06. Oktober 2019).

8 Bildzitat aus: Paula Bulling, *Im Land der Frühaufsteher*, 2012, S. 35.

9 Bildzitat aus: Paula Bulling, *Im Land der Frühaufsteher*, 2012, S. 91.

10 Bildzitat aus: Tillie Walden, *Pirouetten*, 2018, S. 223.

Katrin Hassler

AUSGRENZUNG UND INKLUSION: GESCHLECHTERREPRÄSENTATIONEN IM INTERNATIONALEN KUNSTFELD

Kampf um Sichtbarkeit titelte jüngst eine Ausstellung in der Alten Nationalgalerie in Berlin. Die reguläre Öffnung des Kunststudiums an der Berliner Kunstakademie vor rund hundert Jahren veranlasste die Kuratorinnen dazu, Werke von Künstlerinnen auszustellen, die ungeachtet der exklusiven Bedingung in die Kunstöffentlichkeit gelangt sind.[1] In der Alten Nationalgalerie liegt das Verhältnis zwischen Frauen und Männern, die die Kunst des 19. Jahrhunderts repräsentieren, mit 80 zu 4.000 bei rund 2 %.[2] Historisch gesehen zählten die künstlerischen Fächer in den Hochschulen zu den letzten, die Frauen zugänglich gemacht wurden.[3] Auch in den sich anschließenden Jahren veränderten sich die Bedingungen zumindest in England wenig, wie Katy Deepwell in ihrer Untersuchung zur Situation von Künstlerinnen zwischen den Weltkriegen darlegt. Zu dieser Zeit gab es zwar einen großen Pool an Künstlerinnen – Frauen machten ein Viertel bis zu einem Drittel der ausstellenden Künstler_innen der Royal Academy, des New English Art Club (NEAC) sowie der London Group aus –,[4] meist wurde das Kunstschaffen aber mit der Heirat beendet, selten bestand eine Professionalisierungsmöglichkeit als Kunstlehrerin.[5] Die Unterrepräsentation von Künstlerinnen bis in das 20. Jahrhundert hinein verwundert aufgrund solcher öffentlichen und gesellschaftlich in weiten Teilen gebilligten Exklusionsmechanismen wenig. Indessen irritiert das Fortbestehen der Exklusion von Frauen im Kunstfeld im Jahr 2020 trotz des offenbaren Wandels und einer politisch wie gesellschaftlich in weiten Teilen eingeforderten Gleichstellung. Von der Aktualität der Debatte um Geschlechterungleichheit sowie dem Bedarf und Bedürfnis, diesem Missstand etwas entgegenzusetzen, zeugen gegenwärtig zahlreiche Aktivismen. So agiert die Non-Profit-Organisation Art+Feminism gegen die Absenz von Künstlerinnen auf Wikipedia mittels regelmäßiger und weltweit veranstalteter ›Edit-a-thons‹ in Kunstinstitutionen – darunter Museen wie das Museum of Modern Art, New York oder die Tate Gallery, London. Im Rahmen dieser Aktionen erweitern Teilnehmerinnen Wikipedia-Seiten um ganze Artikel oder einzelne Daten zu Künstlerinnen und fördern damit deren öffentliche Präsenz. Seit dem Jahr 2014 nahmen über 14.000 Personen an mehr als 1.100 Veranstaltungen teil; mehr als 58.000 Wikipedia-Artikel wurden bereits erstellt oder erweitert.[6] Auch an der Feminist Art Coalition (FAC) beteiligen sich große US-amerikanische Museen wie das Whitney Museum of American Art in New York oder das Museum of Modern Art in Los Angeles. FAC unterstützt Kollaborationen zwischen Kunstinstitutionen, die sich für soziale Gerechtigkeit sowie strukturellen Wandel einsetzen, um Aufmerksamkeit für feministisches Denken und feministische Aktionen zu fördern. Im Herbst 2020 planten sie etwa ein dreimonatiges Aktionsprogramm, das Ausstellungen, Performances, Talks und Symposien umfasste.[7] Um ein letztes Beispiel zu nennen, das die Aktualität der Thematik unterstreicht: Am Tag der Finissage der eingangs genannten Ausstellung in der Alten Nationalgalerie Berlin fand unter dem Motto *fair share* eine Demonstration gegen die Geschlechterungleichheit im Kunstfeld statt. Organisiert vom Verein der Berliner Künstlerinnen 1867, dem Frauenmuseum Berlin e.V., dem Künstlerinnennetzwerk kunst+kind berlin sowie dem Verband der Gemeinschaften der Künstlerinnen und Kunstfördernden (GEDOK) begleiteten verschiedene Aktionen die Intervention.

In einem Workshop des Frauenmuseums Berlin beispielsweise wurden Masken von Künstlerinnen hergestellt (Abb. 1), um diese auf der Demonstration zu tragen und Namen wie Edith Kramer oder Polly Apfelbaum in das kollektive kunsthistorische Gedächtnis zu rufen.[8] Eine Aktion, die an die Guerrilla Girls und deren performative Auftritte erinnert. Weniger als 4% der in der Abteilung Moderne Kunst des Metropolitan Museum of Art in New York ausstellenden Künstler_innen sind Frauen, 76% der Aktbilder stellen Frauen dar. Dies monierten die Guerrilla Girls im Jahr 2012 und knüpften damit an eine Reihe von Postern und Ungleichheitsstatistiken im musealen Betrieb aus den vergangen 40 Jahren an (Abb. 2).[9] Diese Künstlerinnengruppe mit den Gorillamasken und ihre seit den 1980er Jahren bekannten, aufsehenerregenden Performances sowie Posteraktionen beschreiben eine Art Initialmoment dafür, aus der Kunst heraus mit Daten und Zahlen zu Geschlechterrepräsentationen zu agieren und diese überdies als Kunstpraxis oder künstlerisches Medium einzusetzen.

Trotz dieses Vorstoßes der Guerrilla Girls bereits in den 1980er Jahren erweist sich eine vergleichsweise beharrliche Resistenz gegen quantitative Verfahren als ein Merkmal des ansonsten stetig intensivierten Geschlechterdiskurses. Ausdruck findet dies in einer relativ begrenzten Datenlage, vor allem aber einer kaum ausgeprägten Systematisierung der bestehenden Daten zur Repräsentanz von Frauen im Kunstfeld – für das Spitzenfeld gilt dies in besonderem Maße. Ein großer Anteil der bestehen-

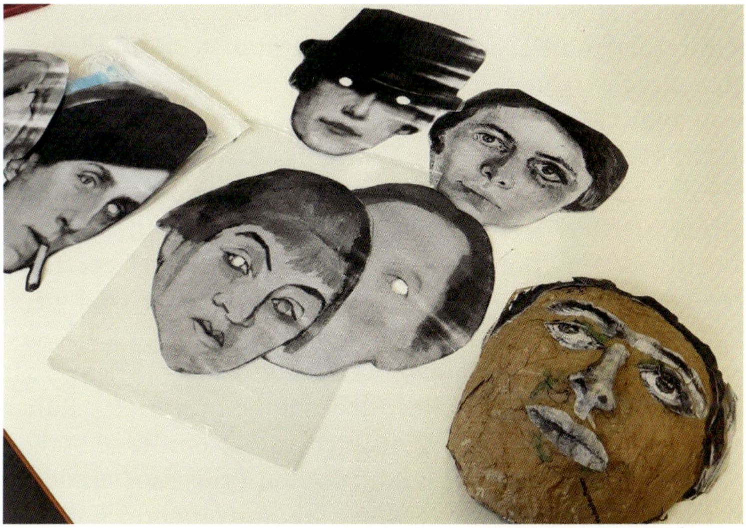

Abb. 1: Masken von Künstlerinnen für die Demonstration *fair share* am 8. März 2020 vor der Alten Nationalgalerie, Berlin.

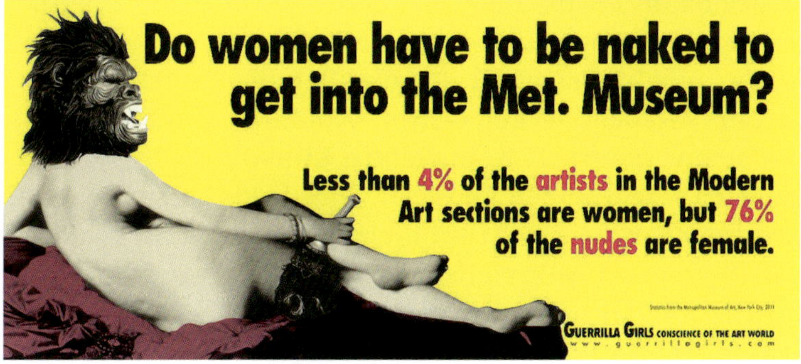

Abb. 2: Guerrilla Girls, *Do women have to be naked to get into the Met. Museum?*, 2012.

den Studien geht auf kulturpolitische oder kunstsoziologische Kontexte zurück, teilweise finden sich Ansätze in der Kunstgeschichte oder, wie in obigem Beispiel, in der Kunstpraxis; wobei ein Transfer zwischen diesen Wissens- und Praxisbereichen selten ist.[10] Insofern quantitative Designs in kunstwissenschaftlichen Kontexten auftreten, treffen diese auf eine stark idio- wie ethnografisch ausgerichtete Forschung, woraus sich eine Legitimationsproblematik oder auch Randständigkeit innerhalb des Diskurses ergibt, was eine Integration solcher Perspektiven zusätzlich erschwert. Im Sinne eines ›randständigen Forschungsfelds‹ lässt sich auch diesbezüglich an das Thema des vorliegenden Bandes anschließen, wobei sich die geringfügige oder auch unsystematische Datenlage als symptomatisch für diese marginale Position erweist. Anknüpfungsmöglichkeiten eines datengestützten Zugangs zu Kunst und Gender bestehen vor allem in Bereichen, in denen interdisziplinäre und Mixed-Method-Designs in kunstwissenschaftlichen Fragestellungen integriert werden. Beispielsweise resultieren aus den Digital Humanities neuere Strömungen in der kunsthistorischen Forschung, die bezüglich der Methodik Veränderungen hin zu stärker quantitativ ausgerichteten Designs hervorrufen und damit Ergänzungen des kunsthistorischen Methodensets bilden.[11] Die folgenden Überlegungen, Ausführungen und Datenbeispiele setzen an dieser Leerstelle und insbesondere an der Datenlücke hin zum internationalen Feld an. Genau in diesem Spitzenfeld als einem mit besonders viel Reputation ausgestatteten Bereich ist – so die Ausgangsüberlegung – mit stärkeren Hindernissen für Frauen zu rechnen, als dies für regional orientierte Kunstsphären gilt. Ergänzend zu den weiteren Beiträgen in diesem Band stehen in dem vorliegenden Text weniger die bildkulturellen Prozesse, sondern zentrale Aspekte der Inklusion von Künstlerinnen im Spitzenbereich des internationalen Kunstfelds im Fokus. Damit werden Prozesse, die aus Außenseiter_innen Künstler_innen machen, bezogen auf die Randgruppe der weiblichen Akteur_innen, auf einer strukturalen und datenbasierten Ebene aus kunstsoziologischer Perspektive beleuchtet. Anhand verschiedener Datenbeispiele lässt sich verdeutlichen, inwiefern Künstlerinnen sich verstärkt in den Peripherien – also an den Rändern – des Felds bewegen und ihnen der Zugang zum sogenannten Zentrum nicht nur historisch, sondern auch im 20. und 21. Jahrhundert sehr viel schwerer gelingt, als dies für ihre männlichen Kollegen gilt. Vornehmlich stellt sich die Frage, inwiefern Kunst von Frauen Präsenz in den mit besonders viel Reputation ausgestatteten Bereichen des internationalen Felds erlangt und welche inklusiven Entwicklungen in den vergangenen hundert Jahren zu verzeichnen sind. Von Interesse ist zudem, einen vergleichenden Blick auf Kunstproduktion und -vermittlung zu werfen.

Die Ausführungen basieren maßgeblich auf der Studie *Kunst und Gender. Zur Bedeutung von Geschlecht für die Einnahme von Spitzenpositionen im Kunstfeld.*[12] Die Untersuchung widmet sich den Geschlechterstrukturen mittels einer vorrangig quantitativ orientierten Perspektive, die darauf zielt, eine Datenbasis zu verschiedenen Ebenen der Verschränkung von Geschlecht in diesem Feld zu leisten und diese in einen Ansatz einer Gender-Kunstfeld-Theorie einzubinden.[13] Letztere betrachtet das Kunstfeld unter einer machttheoretischen Perspektive, auch angelehnt an Pierre Bourdieus Kunstfeldtheorie sowie seine geschlechtertheoretischen Ansätze; sie dient dazu, ein umfangreiches Bild der Geschlechterstrukturen im Feld wiederzugeben, Entwicklungen und Verläufe zu rekonstruieren sowie Ungleichheitsstrukturen aufzudecken. Gleichermaßen werden die Daten theoretisch rückgebunden, um nicht nur punktuelle Einsichten in die Verteilung von Geschlecht zu geben, sondern aus den Zusammenhängen der verschiedenen untersuchten Ebenen vergeschlechtlichte sowie vergeschlechtlichende Strukturen im Kunstfeld nachzuvollziehen. Dieses Vorgehen ermöglicht es, ganz grundlegend Schemen und Tendenzen der Perpetuierung sowie des Wandels von Geschlechterstrukturen im Kunstfeld zu identifizieren, und erklärt, weshalb die Darlegung nunmehr einige Jahre zurückliegender Erhebungen gerade im Zusammenspiel mit der theoretischen Rückbindung eine nach wie vor aktuelle Dimension beinhaltet. Punktuell konnten die Analysen um aktuelle Daten ergänzt und Entwicklungstendenzen skizziert werden – um längerfristige Veränderungen in den Geschlechterstrukturen nachzuvollziehen oder auch Bereiche herauszufiltern, die weiterhin kaum Bewegungen aufweisen, sind zweifelsohne weitere Untersuchungen und Anschlussstudien notwendig und wünschenswert.[14]

KÜNSTLERINNEN IM INTERNATIONALEN FELD

Das Spitzensegment der führenden 2.500 Künstler_innen des internationalen Kunstfelds findet sich in Tabelle 1 wieder. In die Wertung gehen Faktoren wie Ausstellungspräsenz, Institutionenranking und Peer-Group-Einbindung ein, bezeichnet als symbolisches Kapital und ungeachtet des ökonomischen

Erfolgs.[15] Deutlich wird, dass nicht von einer homogenen Geschlechterstruktur die Rede sein kann und die Asymmetrie bereits auf der Ebene der Top 500 Positionen gegenüber den Top 100 deutlich abnimmt. In diesem Bereich liegt für das Jahr 2010 ein Künstlerinnenanteil zwischen 7,7 % (Top 50) und 12,6 % (Top 100) vor. In den Top 500 steigt dieser Anteil auf 18,9 %, in den Top 1.000 auf 22,9 % an. Für die Top 2.500 Ränge ergibt sich ein Künstlerinnenanteil von 25,4 %. Zu den mit weniger symbolischem Kapital ausgestatteten Positionen des Samples hin schwächt sich die Asymmetrie also ab und verbleibt in einer relativen Stagnation ab dem Bereich der Top 1.000. Die Randständigkeit weiblicher Akteur_innen wächst demnach zu den Spitzenpositionen im Zentrum des Felds hin deutlich.

TABELLE 1: Top 2.500 Künstler_innen des internationalen Kunstfelds nach Rang (symbolisches Kapital)* (Datenquelle: ArtFacts.net 04/2010)

Rang (symbolisches Kapital)	*Alle Künstler_innen*	*Anteil Künstlerinnen*
	n	%
Top 10	10	10,0
Top 50	52	7,7
Top 100	103	12,6
Top 500	514	18,9
Top 1.000	1037	22,9
Top 1.500	1552	24,4
Top 2.000	2079	24,9
Top 2.500	2612	25,4

* Bei Mehrfachbesetzung eines Ranges, etwa durch Gruppen, werden alle Künstler_innen einzeln gewertet. / Quelle: Hassler 2017.

In den Daten des aktuellen ArtFacts-Rankings erhöht sich die Zahl der Frauen unter den Top 10 auf zwei – Louise Bourgeois ist von Rang 12 auf Rang 8 gestiegen. Cindy Sherman bleibt auf Rang 6.[16] Die Top 50 zeigen einen sehr starken Anstieg auf 18 %; eine ähnlich weitreichende Entwicklung lässt sich in den Top 100 feststellen – die Anzahl der Künstlerinnen stieg im Januar 2019 bereits auf 16 und damit auf 15,4 %, im Februar 2020 lässt sich der Frauenanteil in dieser Gruppe auf 19 % beziffern. Innerhalb von zehn Jahren ist demnach ein Anstieg um rund sechs Prozentpunkte in diesem Segment der Top 100 zu verzeichnen.[17]

TABELLE 2: Top 100 Künstler_innen des internationalen Kunstfelds nach Rang (symbolisches Kapital) 2010 und 2020 (Datenquelle: ArtFacts.net 04/2010 sowie 02/2020)*

Rang (symbolisches Kapital)	*Anteil Künstlerinnen 2010* %	*Anteil Künstlerinnen 2020* %
Top 10	10,0	20,0
Top 50	7,7	18,0
Top 100	12,6	19,0

* Bei Mehrfachbesetzung eines Ranges, etwa durch Gruppen, werden alle Künstler_innen einzeln gewertet; solche Mehrfachbesetzungen finden sich lediglich in den Auszählungen für das Jahr 2010.

Eine Auszählung der Top 400 Positionen im Jahr 2020 ergibt einen Künstlerinnenanteil von 24 % – zum Vergleich beläuft sich der Anteil der unter den Top 500 gelisteten Frauen im Jahr 2010 auf rund 19 %. Diese Daten verdeutlichen eine positive, inklusive Tendenz, sowohl hin zu den stärker peripher gelagerten Positionen als auch im Verlauf der vergangenen zehn Jahre. Sie stehen jedoch nach wie vor im Kontrast zu der Anzahl der an Kunstakademien ausgebildeten Künstlerinnen. Ihr Anteil ist in den vergangenen Jahren kontinuierlich gestiegen und liegt durchschnittlich deutlich über 50 %.[18] Um nur drei Beispiele zu nennen: In Auswertungen aus dem Jahr 2019 finden sich an der Kunsthochschule Berlin 68,6 % Studentinnen, an der Muthesius Kunsthochschule Kiel 69,9 % sowie an der Staatlichen Akademie der Bildenden Künste Stuttgart 65 % weibliche Studierende.[19] Zudem lässt sich eine weitere interessante Gegenüberstellung vornehmen: Aufgrund der unterschiedlichen Indikatoren können obige Ergebnisse nicht direkt in Relation zu solchen aus Untersuchungen zu anderen sozialen Feldern gesetzt werden; die Gegenüberstellung der Daten mit Werten zum ökonomischen Feld indiziert allerdings eine Tendenz, wonach die dargelegte Asymmetrie für ein internationales Spitzensegment vergleichsweise gering ausfällt. Zahlen von Catalyst.org zeigen,[20] dass gegenwärtig lediglich in 6 % der Fortune-500-Unternehmen – womit die führenden börsenorientierten Unternehmen weltweit untersucht werden – eine Vorstandsvorsitzende vorsteht;[21] im vergangenen Jahr waren es 5,4 %, im Jahr 2010 3,0 %.[22] Auch hier zeigt sich eine inklusive Tendenz, der Frauenanteil hat sich von 2010 bis 2020 verdoppelt. Gleichermaßen zeigt sich im privatwirtschaftlichen Bereich auf internationaler Ebene, gemessen an Vorstandspositionen führender börsenorientierter Unternehmen, eine deutlich stärkere Marginalisierung von Frauen, als dies für den Kunstbereich gilt. Umgekehrt nehmen Frauen im Bereich der Kunst sehr viel häufiger führende Positionen ein, als dies für den ökonomischen Pol der Fall ist. Legt man hier die dem sozialen Raum inhärente machttheoretische Perspektive Pierre Bourdieus als Matrize auf, lässt sich eine relative Inklusion von Frauen hin zu den mit weniger direkter Macht ausgestatteten gesellschaftlichen Bereichen – also den kulturellen Sphären – identifizieren.[23]

GENERATIONENFRAGE – ENTWICKLUNGEN DER INKLUSION

Linda Nochlin beschreibt Frauen in ihrem 1971 verfassten Text »Why Have There Been No Great Women Artists« als »acknowledged outsider«, als »the maverick ›she‹«, während sie dem Mann die »white-male-position-accepted-as-natural« zuweist und das »hidden ›he‹« als Subjekt aller wissenschaftlichen Prädikate begreift.[24] An die zentrale Diskussion, inwiefern veränderte Produktionsbedingungen – etwa die eingangs genannte Öffnung der Kunstakademien – zu einer Inklusion von Künstlerinnen geführt haben, schließen die folgenden Daten zu künstlerischen Positionen verschiedener Generationen an, die bis in das 19. Jahrhundert zurückreichen. Die Analyse der Künstlerinnenanteile verschiedener Jahrgänge lässt dabei Aussagen zur Persistenz sowie zum Wandel der asymmetrischen Verhältnisse zu.[25]

Aus Tabelle 3 geht für das Jahr 2010 ein Frauenanteil im Sample der Top 2.500 Künstler_innen insgesamt von 25,2 % hervor. Es zeichnet sich ein Wandel insofern ab, als der Anteil der weiblichen Kolleginnen in den jüngeren Kohorten deutlich zunimmt. Der Frauenanteil von lediglich 11,6 % in der Kohorte der bis 1929 Geborenen verwundert dabei kaum: Die ungleiche Verteilung erklärt sich insbesondere aus dem gesellschaftlichen Status der Frauen und den damit einhergehenden fehlenden Professionalisierungsmöglichkeiten zu dieser Zeit. Erst mit der gesetzlichen Gleichstellung von

Frauen und Männern in Deutschland im Jahr 1919, in deren Folge die meisten Kunstakademien in Deutschland Frauen zum Kunststudium zuließen, sieht Anne-Kathrin Herber einen Wendepunkt.[26] Zudem trug der maßgeblich auf männliche Künstler ausgerichtete ›Geniekult‹, wie von Linda Nochlin diskutiert, zur Marginalisierung der Frauen bei.[27]

TABELLE 3: Top 2.500 Künstler_innen des internationalen Kunstfelds nach Jahrgangskohorten* (Datenquelle: ArtFacts.net 04/2010)**

Geburtsjahr	*Alle Künstler_innen* n	*Davon Künstlerinnen* %
bis 1929	500	11,6
1930 bis 1939	232	15,9
1940 bis 1949	293	23,2
1950 bis 1959	397	27,2
1960 bis 1969	728	32,0
1970 bis 1979	375	36,0
ab 1980	7	–
gesamt	2532	25,2

* Zugehörigkeit zu Jahrgangskohorte nach Geburtsjahr. / ** Bei Mehrfachbesetzung eines Ranges, etwa durch Gruppen, werden alle Künstler_innen einzeln gewertet. / Quelle: Hassler 2017.

Der fortlaufende Anstieg des Künstlerinnenanteils über die verschiedenen Jahrgänge hinweg ist positiv zu vermerken. So sind in den Gruppen 1940 bis 1949 23,2 % Frauen zu verzeichnen, 1950 bis 1959 bereits 27,2 % und 1960 bis 1969 sowie 1970 bis 1979 32 beziehungsweise 36 %. Im Zuge des hier prognostizierten Wandels bleibt es demnach zu beobachten, inwiefern sich die Zahlen in den nächsten Jahren und Jahrzehnten weiter verändern; insbesondere, wenn die bereits genannten großen Kohorten an Studienabsolventinnen im Feld nachrücken und die eingangs dargelegte Aktualisierung der Debatte Früchte trägt. Letzteres gilt auch im Hinblick auf die etwa von Art+Feminism oder von spezifischen Ausstellungen bewirkten Rehabilitierungen von Künstlerinnen der älteren Jahrgänge. Ines Doleschal erkennt diesbezüglich eine neue Welle der Sichtbarmachung von Künstlerinnen, die eine Bewegung hin zur Öffnung des Depotbestands, zur Sichtung sowie zur Neubewertung und Umhängung in Museen mit sich bringt. Verschiedene Institutionen, wie das Baltimore Museum of Art, ändern ihre Strategie grundsätzlich und kaufen nunmehr ausschließlich Kunst von Frauen an.[28]

Die Absenz von Künstlerinnen in der jüngsten Kohorte bedarf einer gesonderten Betrachtung und legt zwei Vermutungen nahe: erstens einen Backlash, wonach die kontinuierliche Stärkung des Frauenanteils in den 1980er Jahren eine rückläufige Tendenz erfährt. Alternativ die Annahme, dass es einigen ›Ausnahmekünstlern‹ gelingt, den Übergang von der Akademie zur professionellen Laufbahn in einem sehr kurzen Zeitraum zu vollziehen – möglicherweise gestützt durch homosoziale Kooptation unter Ausschluss des weiblichen Nachwuchses und durch Familienplanungsphasen, die bei Frauen den Übergang verzögern. Eine erneute Untersuchung im Jahr 2014 zeigte, dass sich die Exklusion vier Jahre später nicht fortgesetzt hatte. Die Gruppe bestand dann aus fünf Künstlerinnen und fünf Künstlern.[29] Die Entwicklung der Folgejahrgänge sollte insbesondere hinsichtlich von Kooptationstendenzen und des speziellen Bedarfes der Förderung von Künstlerinnen in den Übergangsjahren von der Akademie in die Professionalisierung im Blick gehalten werden.

Tabelle 4 zeigt zudem, dass in den Top 100 im Jahr 2020 keine Künstler_innen aus den Jahrgängen ab 1980 vertreten sind; Gleiches gilt für das Jahr 2010 für den Bereich der führenden 100 Positionen. Dies verweist auf die Zeitspanne, die Künstlerinnen wie Künstler nach ihrem Akademieabschluss benötigen, um eine entsprechend hohe Reputation zu erlangen, die ihnen Eingang in die Spitzen des Felds verschafft. Im Jahr 2020 gelingt es wenigen Künstler_innen im Alter zwischen 41 und 50 Jahren in führende Positionen vorzudringen. Es handelt sich um zwei Künstler und eine Künstlerin – Kader Attia (*1970), Anri Sala (*1974) sowie Alicja Kwade (*1979).

Während Künstlerinnen aus den Jahrgängen 1950 bis 1959 mit 31,8 % vergleichsweise stark vertreten sind, weist der Jahrgang 1960 bis 1969 einen rückläufigen Frauenanteil von 22 % auf, zwei von neun Künstler_innen dieses Jahrgangs sind Frauen – Tacita Dean sowie Hito Steyerl. Im Jahrgang 1950 bis 1959 finden sich sieben weibliche Vertreterinnen: Jenny Holzer, Rosemarie Trockel, Mona Hatoum, Nan Goldin, Marlene Dumas, Cindy Sherman und Kiki Smith. Zwischen 1950 und 1954 geboren, fällt der Beginn ihrer künstlerischen Karrieren in die zweite Welle der feministischen Bewegungen der 1970er Jahre – und damit in eine Zeit, in der Kunsthistorikerinnen, Kunstkritikerinnen und Kunstvermittlerinnen, vornehmlich in den USA und in Großbritannien, aber auch in Deutschland, Frankreich und Italien, massive Kritik an den vorherrschenden kunsthistorischen Praktiken artikulierten.[30]

TABELLE 4: Top 100 Künstler_innen des internationalen Kunstfelds nach Jahrgangskohorten* (Datenquelle: ArtFacts.net 02/2020)

Geburtsjahr	*Alle Künstler_innen*	*Davon Künstlerinnen*
	n	%
bis 1929	26	11,5
1930 bis 1939	14	7,1
1940 bis 1949	26	23,1
1950 bis 1959	22	31,8
1960 bis 1969	9	22,0
1970 bis 1979	3	33,3
ab 1980	–	–
gesamt	100	20,0

* Zugehörigkeit zu Jahrgangskohorte nach Geburtsjahr.

Teilweise selbst in die feministische Bewegung eingebunden, kann der verstärkte Eingang von Künstlerinnen dieser Generation in das Spitzenfeld sicherlich mit dieser Umbruchssituation in Verbindung gebracht werden. Hinsichtlich der Generationen insbesondere vor 1940 findet, wie bereits anhand der Daten aus dem Jahr 2010 beschrieben, nur langsam eine Aufnahme der Künstlerinnen auch in die führenden Bereiche des Felds statt. Bis dato erweisen sich die von Seiten der Kunstgeschichte unternommenen Anstrengungen, Künstlerinnen zu rehabilitieren, in diesem Segment als wenig erfolgreich. Künstlerinnen, die Zugang erhalten, sind alle nach 1900 geboren, wohingegen Künstler wie beispielsweise Henri Matisse, Paul Klee oder auch Alexander Calder aus den Generationen 1860 bis 1890 Eingang finden. Bei den vor 1940 geborenen Künstlerinnen handelt es sich um Louise Bourgeois (*1911), Maria Lassnig (*1919), Yayoi Kusama (*1929) sowie Yoko Ono (*1933).

Insbesondere für Künstlerinnen der jüngeren Generationen bildet sich hier ein Möglichkeitsraum ab, in dem eine Spitzenkarriere für Frauen möglich ist und der für vorhergehende Generationen in diesem Maße nicht vorhanden war. Die weiter bestehende Marginalisierung – auf allen Generationsebenen – zeigt allerdings auch, mit welcher Prägnanz im Kunstfeld Exklusionsmechanismen wirkten und nach wie vor wirken. Es bleibt weiter zu beobachten, inwieweit die Entwicklungen auf eine tatsächlich langfristige Inklusion schließen lassen und, damit einhergehend, ob den Künstlerinnen zunehmend der Übergang und Eingang auch in die Gruppe der arrivierten Avantgarde und infolgedessen eine Verstetigung ihrer Position gelingt.

EXKLUSIVE SPITZEN AUF DEM KUNSTMARKT

Selten treten Geschlechterasymmetrien in solcher Prägnanz in Erscheinung, wie es auf dem Kunstmarkt der Fall ist: *Jimson Weed/White Flower No. 1* (1932) von Georgia O'Keeffe erzielte im Jahr 2014 bei Sotheby's einen Zuschlag von rund 44,4 Mio. US-Dollar und damit den höchsten je für ein Werk einer Künstlerin auf dem Tertiärmarkt verausgabten Preis.[31] Die Höchstmarke für Werke männlicher Künstler liegt nahezu zehnmal so hoch und erreichte 2017 mit dem Verkauf von Leonardo da Vincis *Salvator Mundi* ebenfalls eine neue Dimension: rund 450,3 Mio. US-Dollar.[32] Ein starkes Ungleichgewicht auf dem Auktionsmarkt bestätigt sich auch in dem Report »The Art Market 2020«.[33] Die Dominanz männlicher Künstler zeichnet sich hier in der Anzahl der Akteur_innen sowie in den durch Verkäufe erzielten Werten ab. Im Jahr 2019 machten Werke von Frauen rund 7 % der Lose insgesamt aus, diese erzielten 6 % des Verkaufswertes auf dem Auktionsmarkt. Der Anteil von Frauen, die Zuschläge von über 1 Mio. US-Dollar erzielten, lag bei 8 %. Auf dem höchsten Level der Zuschläge – über 10 Mio. US-Dollar – stammten lediglich 5 % der verkauften Lose von Frauen, die mit 3 % einen noch geringeren Anteil der Verkäufe ausmachten.[34] Interessant ist im Anschluss hieran eine im Jahr 2017 unter anderen von der Finanzökonomin Renée B. Adams publizierte Studie, die zeigt, dass Betrachter_innen computergenerierte Bilder höher einschätzen, wenn sie einem Künstler (vs. einer Künstlerin) zugeschrieben werden, und damit, inwiefern dieses Ungleichgewicht etwa auf die tief in unseren Habitus sowie in unser Denken eingeschriebenen geschlechtlichen Differenzierungen zurückgeht.[35]

Auch hinsichtlich des Sekundärmarkts liefert oben genannter Report verschiedene Daten. Demgemäß ist im Jahr 2019 ein Anstieg der Repräsentation von Künstlerinnen durch Galerien zu verzeichnen. In Galerien, die ausschließlich auf dem Sekundärmarkt tätig sind, waren im Jahr 2019 44 % der von ihnen vertretenen Künstler_innen Frauen – ein Anstieg von 8 % im Vergleich zum Vorjahr. Diese Künstlerinnen konnten zudem einen größeren Anteil am Gesamtumsatz gegenüber dem Vorjahr verzeichnen, dieser lag bei durchschnittlich 40 % (gegenüber 32 % im Jahr 2018). Im Sekundär- wie Tertiärmarkt tätige Galerien weisen einen geringeren Künstlerinnenanteil von 39 % auf (32 % im Jahr 2018). Der Anteil der Künstlerinnen an den Verkäufen dieser Galerien betrug 27 % des Gesamtumsatzes und lag damit ebenfalls um 4 % über den Ergebnissen von 2018. Ein anhaltendes Ungleichgewicht zeigt sich gemäß dem Report darin – und auch hier dokumentiert sich das Phänomen der Exklusion hin zu den führenden Positionen –, dass die Galerien des Sekundärmarktes tendenziell einen höheren Anteil an aufstrebenden Künstlerinnen aufweisen (48 % im Jahr 2019), mit zunehmender Etablierung fällt dieser Anteil zurück.[36]

Nicht nur Künstlerinnen liegen im Blickfeld des Reports – so wurde hinsichtlich der Käufer_innen folgende Tendenz identifiziert: Eine Umfrage von UBS Investor Watch und Art Economics unter 1.300 aktiven Sammler_innen mit hohem Eigenkapital ergab, dass zahlenmäßig zwar weniger weibliche Sammlerinnen zu verzeichnen sind (37 % versus 63 %), diese gegenüber den Sammlern aber wesentlich mehr Geld ausgeben.[37] 34 % der Sammlerinnen haben über eine Mio. US-Dollar in den vergangenen zwei Jahren verausgabt gegenüber 25 % der Männer.[38] Sammlerinnen kauften zu 40 % Werke von Künstlerinnen, Sammler hingegen zu 35 %. Ein insofern zentrales Ergebnis, als sich hier ein Effekt abzeichnen könnte, wonach Frauen verstärkt Künstlerinnen sammeln, was es weiter zu beobachten gilt.[39] Der Report zeigt aber auch hinsichtlich der Sammlerinnen eine durchaus gendertypische Tendenz: Je höher der Umsatz der Galerien, desto geringer ist der Anteil der an diesem Umsatz beteiligten Frauen. In Galerien, die eine Umsatzhöhe unter 1 Mio. US-Dollar aufweisen, findet sich mit 38 % ein vergleichsweise großer Frauenanteil unter den Käufer_innen – dieser sinkt stetig und liegt am obersten Ende der Galerien mit einem Umsatz über 10 Mio. US-Dollar bei 20 %.[40]

Abseits dieser ausschließlich auf dem Kunstmarkt bemessenen Höchstwerte erweist sich eine Analyse der von den oben aufgeführten Top-Künstler_innen erzielten Zuschlagspreise als interessant. Damit werden diejenigen Akteur_innen untersucht, die über ein sehr hohes symbolisches Kapital im internationalen Kunstfeld verfügen, wobei die Geschlechterdifferenz hinsichtlich der gleichzeitigen Erzielung von ökonomischem

Kapital im Fokus steht. Die Analyse der Top 500 Künstler_innen nach ArtFacts 2010, gekoppelt mit den jeweils höchsten erzielten Zuschlagspreisen auf dem Tertiärmarkt, ergibt das untenstehende Diagramm (Abb. 3).

Im hochpreisigen Extremsegment zeigt sich eine dünne Spitze mit männlichen Künstlern; der Höchstwert dieser Zeit liegt bei 76,9 Mio. Euro, erzielt von Pablo Picasso. Unter den Künstlerinnen erzielt Georgia O'Keeffe den höchsten Wert mit rund 6,3 Mio. Euro. Der Mittelwert der Künstlerinnen liegt bei rund 419.000 Euro, bei den Kollegen um ein Vielfaches höher, nämlich bei rund 4 Mio. Euro. Vergleicht man diese Werte mit den von beiden Künstler_innen aktuell erzielten höchsten Zuschlagspreisen, zeigt sich auch bezogen auf das ökonomische Kapital im Jahr 2020 eine weiterhin bestehende starke, wenn auch leicht abgeschwächte Geschlechterdifferenz in den absoluten Spitzenwerten. Picassos Werk *Les femmes d'Alger (Version ›0‹)* wurde im Mai 2015 für 176,3 Mio. Dollar versteigert; O'Keeffe erzielte im Jahr 2014, wie oben bereits genannt, rund 44,4 Mio. US-Dollar.

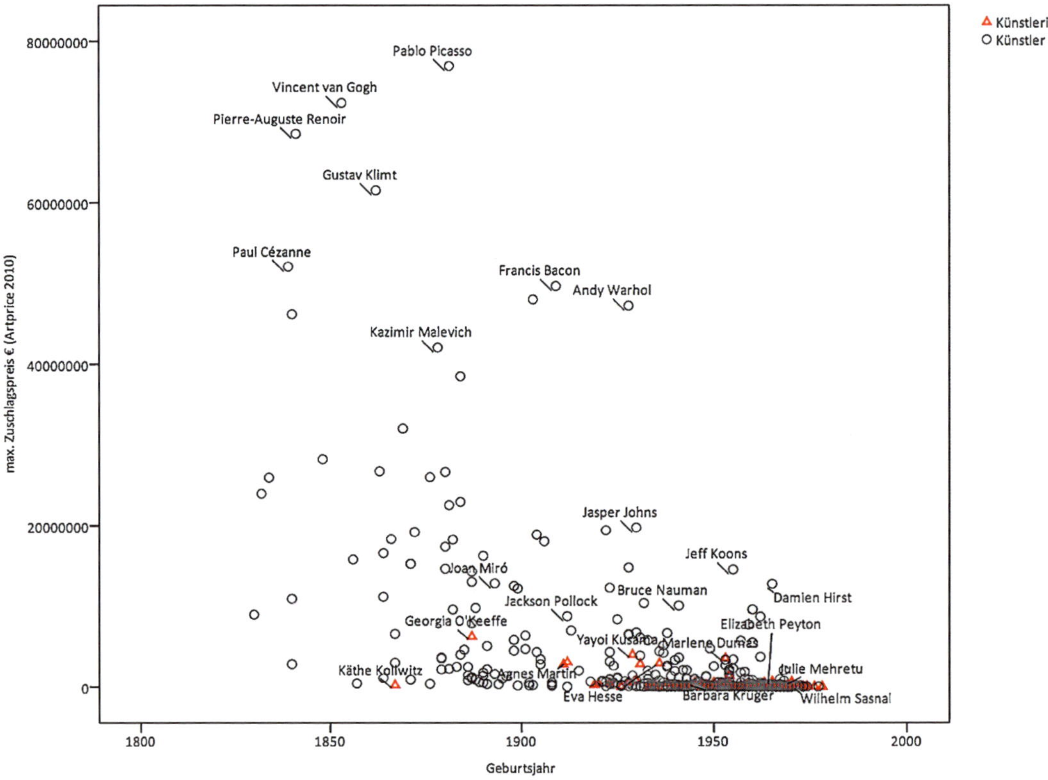

Abb. 3:
Top 500 Künstler_innen des symbolischen Pols des Kunstfelds nach Geburtsjahr und höchstem erzielten Zuschlagspreis (n=496; Pearson-Korrelation r=0,56; namentliche Nennung der Künstlerin und des Künstlers mit höchstem Zuschlagspreis je Jahrzehnt [Geburtsjahr]; Datenquellen: ArtFacts.net 04/2010 und Artprice.com 04/2010).

Diese Starpositionen, die am ökonomischen Pol des Felds in noch stärkerem Maße als Domänen männlicher und dazu historischer (i. e. verstorbener) Künstler zu identifizieren sind, als dies für den symbolischen Pol bereits sichtbar wurde, zeugen nach wie vor von einer gewissen Unmöglichkeit des Auftretens von Künstlerinnen auf solch exponierten Positionen. Sollte es einer Frau in den kommenden Jahren gelingen, in eine solche Ausnahmeposition vorzudringen, dürfte diese ein durchaus revolutionäres Potenzial aufweisen.

VERGLEICHENDE POSITIONEN

Als interessant erweist sich abschließend ein Blick auf die kunstfeldinternen vergeschlechtlichten Strukturen und Positionen, wobei Künstlerinnen, Museumsdirektorinnen und Galeristinnen in Vergleich gesetzt werden. Während Künstlerinnen im Jahr 2010, wie in Tabelle 5 ersichtlich, unter den Top 200 Positionen 18 % ausmachen, liegt der Frauenanteil der Direktor_innen bei 32,4 % und der Galerist_innen bei 39,8 %. Unter den Top 10 finden sich Galeristinnen mit 27,3 % zum Erhebungszeitpunkt deutlich besser gelistet, als dies für Künstler_innen und Museumsdirektor_innen gilt, deren Frauenanteil mit je einer Vertreterin lediglich 10 % ausmacht.

TABELLE 5: Frauenanteile verschiedener Akteursgruppen im Spitzenfeld der Kunst*

	Künstler_ innen	*Anteil Frauen*	*Museumsdirektor_ innen*	*Anteil Frauen*	*Galerist_ innen*	*Anteil Frauen*
	n	%	n	%	n	%
Top 10	10	10,0	10	10,0	11	27,3
Top 50	52	7,7	–	–	62	32,3
Top 100	103	12,6	–	–	129	37,2
Top 200	206	18,0	186	32,4	251	39,8

* Die Angaben zu den einzelnen Akteursgruppen basieren auf verschiedenen Datensätzen: Künstler_innen nach ArtFacts.net 04/2010, Museumsdirektor_innen nach Kunstkompass 2009, Galerist_innen und Galeristen nach Artinvestor-Galerienranking 2008. Zu den Direktor_innen erfolgte eine Kategorisierung der Museen durch die Herausgeber_innen des Rankings in zwei Stufen: Stufe 1: führende zehn Museen weltweit, Stufe 2: alle weiteren gelisteten Museen. Hier können keine Werte für die Top 50 sowie Top 100 Positionen angegeben werden; die Angaben umfassen 186 Museen. Bei den Galerist_innen wie Künstler_innen treten Mehrfachbesetzungen von Positionen durch solche von leitenden Positionen in Galerien bzw. durch Künstlerpaare und -gruppen auf. Daraus ergeben sich variierende Werte in den absoluten Zahlen der einzelnen Kategorien. / Quelle: Hassler 2017.

Ein Abgleich des Top 10 Spitzenbereichs mit aktuellen Daten deutet auch hier in allen Kategorien auf einen Anstieg des Anteils der Akteurinnen hin. Künstlerinnen wie Museumsdirektorinnen weisen je 20% auf, unter den führenden zehn Vertreter_innen finden sich je zwei Frauen, die Galeristinnen steigern sich auf 50% und erzielen damit ein ausgeglichenes Verhältnis zwischen weiblichen und männlichen Vertreter_innen.[41] Erklären und theoretisch rückbinden lässt sich diese Differenz, wenn wir die historischen Bedingungen der Professionalisierung von Frauen betrachten und feststellen, dass der Bereich der Kunstvermittlung lange Zeit nahezu der einzige war, in dem es ihnen überhaupt möglich war, eine semiprofessionelle Präsenz in der Öffentlichkeit zu erhalten. Anfänge hiervon sind bereits in den Salons des 19. Jahrhunderts zu sehen – wie beispielsweise auch Jens Kastner diskutiert.[42] Diese bildeten einen der wenigen Möglichkeitsräume für Frauen aus der Bourgeoisie, eine quasi-offizielle Position im kulturellen Feld einzunehmen. Pierre Bourdieu kommt in seinen Ausführungen zum Kunstfeld im Paris des 19. Jahrhunderts unter anderem auf Prinzessin Mathilde zu sprechen; an ihr lässt sich nachzeichnen, inwiefern eine Frau als Vermittlerin in künstlerischen Feldern agierte, wobei sich ihr relativ hohes soziales wie ökonomisches Kapital als entscheidend herausstellt.[43] Führt man diese Überlegungen weiter, bot gerade das relativ intransparente und informelle Feld der Galerien für mit hohem sozialem und ökonomischem Kapital ausgestattete Frauen in der Vergangenheit einen Raum, um aktiv und professionell im Kunstfeld zu agieren. Die vergleichsweise geringe Formalisierung der Laufbahn sorgte hier für eine stärkere Durchlässigkeit, als dies für andere Berufsgruppen galt. Mit der Ausweitung der Möglichkeiten, Bildungskapital persönlich zu erwerben, eröffneten sich weitere, in den Laufbahnen stärker formalisierte Professionsgruppen, wie Museumsdirektor_innen und in Teilen auch Künstler_innen – wobei etwa die Aufrechterhaltung der starken charismatischen Ideologie des ›genialen männlichen Schöpferkünstlers‹ den Zugang zu letzterer weiter erschwerte.[44] Diese grundlegende Struktur setzt sich fort und wird bis heute, wenn auch in deutlich abgeschwächter Form, in der vergleichsweise starken Präsenz von Frauen in vermittelnden Bereichen, insbesondere Galerien, aber auch in Direktionsposten sichtbar.[45]

Resümierend lässt sich an diesen Ausführungen die anhaltende Produktion und Reproduktion von Rollenverständnissen, die tief in unser vergeschlechtlichtes und vergeschlechtlichendes Handeln und Denken eingeprägt sind, nachzeichnen. Der Satz »Alles kann Kunst sein« – so der Titel des

Einführungsvortrags auf dem Symposium »Kunst an den Rändern« im Jahr 2019 – bezieht sich damit nicht in gleichem Maße auf Künstlerinnen wie auf Künstler, zumindest nicht gemessen an der Reputation im internationalen Feld. Obgleich obige Daten eine zunehmende Inklusion von Künstlerinnen deutlich bilanzieren, findet von Frauen produzierte Kunst nach wie vor nicht in gleichem Maße Eingang in diesen Bereich der führenden Positionen wie die ihrer männlichen Kollegen. Zum Gesamtbild dieses Gender-Mappings gehört darüber hinaus, dass Frauen die Einnahme führender Positionen im Kunstfeld vergleichsweise besser gelingt und dort als weniger randständig bewertet werden kann als etwa im Falle der ökonomischen Sphäre. Eine Betrachtung unter der Prämisse gesellschaftlicher Machtverhältnisse verweist damit auf die Gegenpole der Inklusion von Frauen in professionelle kulturelle Kontexte gegenüber einer verstärkten Exklusion von Positionen in ökonomischen Zusammenhängen. Mit Bourdieu betrachtet, stehen sich hier dominierte und dominierende gesellschaftliche Gruppen gegenüber, wobei sich Frauen in ersteren deutlich häufiger in den Spitzenbereichen zu etablieren vermögen; sie nehmen Positionen ein, die in relativer Distanz zu den gesellschaftlichen Zentren der Macht stehen. Ein Paradox insofern, als die trotz der existenten Asymmetrien faktische relative Macht von Frauen im Kunstfeld wesentlich mit der relativen Dominiertheit dieses sozialen Universums im sozialen Raum in Zusammenhang gebracht werden kann. In Überlegungen zu Inklusionen und Exklusionen im Kunstfeld sowie Analysen bildkultureller Prozesse erweist es sich daher als fruchtbar, die über viele Generationen transportierten, habitualisierten Strukturen der Vergeschlechtlichung mit in den Blick zu nehmen, sich diese auch in Form der faktischen Daten der Geschlechterrepräsentation feldspezifisch vor Augen zu führen und diese analytische Perspektive aus den Peripherien des Diskurses herauszuholen. Die Untersuchung dient damit nicht zuletzt dazu, Stimmen entgegenzuwirken, die sich vorschnell auf den heute ausgeglichenen Zugang zum Bildungssystem und somit auf eine gleichwertige Inklusion hinsichtlich professioneller und erfolgreicher Karrieren in Spitzensegmenten berufen. Neben den offensichtlichen Veränderungen gilt es die hinter diesem Fortschritt versteckten, unsichtbaren Strukturen, die für eine Perpetuierung von Geschlechterungleichheiten sorgen, zu entschlüsseln. Pierre Bourdieu bezieht sich diesbezüglich auf die verborgenen Kontinuitäten sowohl in den Strukturen wie in den Repräsentationen, die hinter den erkennbaren Veränderungen häufig verborgen bleiben.[46] Die nach wie vor tief in unseren gesellschaftlichen Strukturen und Denkschemata verankerten dichotomen geschlechtlichen Herrschaftsverhältnisse können dann aufgebrochen werden, wenn sie reflektiert, entschleiert und sichtbar gemacht werden, um den Perpetuierungen von Ungleichheitsstrukturen entgegenzuwirken. Wünschenswert bleibt, dass es Frauen weiterhin und verstärkt gelingt, von den Rändern in das Zentrum des Kunstfelds vorzudringen, und dass sie eine Präsenz ungeachtet ihres Geschlechts erlangen.

1 Vgl. www.smb.museum/ausstellungen/detail/kampf-um-sichtbarkeit.html (07. März 2020). Die Ausstellung fand vom 11. 10. 2019 bis zum 08. 03. 2020 statt (vgl. ebd.).

2 Vgl. Kuhn 2019.

3 Wurden die meisten Berufe im Laufe des 20. Jahrhunderts laut Elisabeth Mayerhöfer zumindest formaljuristisch für Frauen zugänglich, mit dem Effekt (beispielsweise in medizinischen Berufen) einer höheren Repräsentanz von Frauen, zählte der Kunstbereich zu einem der letzten, der seine Institutionen für Frauen öffnete (vgl. Mayerhöfer 2006, S. 276). Lange Zeit bestand die einzige Möglichkeit für Frauen, ein Studium an einer Kunstakademie zu beginnen, in einer Ehrenmitgliedschaft, die allerdings nicht mit einer vollen Mitgliedschaft zu vergleichen war – die Teilnahme am Unterricht und an Ausstellungen war nicht gestattet und eine Lehrerlaubnis nicht vorgesehen (vgl. Sutherland / Nochlin 1977, S. 26 ff.). Wie von Isabel Schulz ausgeführt, verfügten wenige Künstlerinnen über solche Mitgliedschaften, u. a. Artemisia Gentileschi (1593 bis ca. 1654), die 1616 als eine der ersten Frauen an der Accademia del Disegno in Florenz studieren konnte. Im Jahr 1783 wurde Élisabeth Vigée-Lebrun (1755 – 1842) Mitglied der Pariser Akademie und 1800 zudem Ehrenmitglied der Kunstakademie von St. Petersburg (vgl. Schulz 1991). Da die Akademie bis zum Ende des 18. Jahrhunderts die wichtigste Ausstellungsinstitution verkörperte, waren Frauen von der Möglichkeit, öffentlich als professionelle Künstlerin aufzutreten, ausgeschlossen – eine Situation, die sich erst mit der Einführung der Salons änderte (vgl. Herber 2009, S. 61).

4 Vgl. Deepwell 2010, S. 99.

5 Siehe dazu Deepwell 2010, S. 36 – 58 sowie S. 112, Fn. 55.

6 Siehe dazu www.artandfeminism.org (29. März 2020).

7 Siehe dazu www.feministartcoalition.org (29. März 2020).

8 Siehe dazu Lübben 2020.

9 Siehe dazu www.guerrillagirls.com/naked-through-the-ages (03. März 2020). Die Zahlen beziehen sich auf eine Bestandsaufnahme aus dem Jahr 2012. Für 1985 geben die Künstlerinnen 5 % »artists« und 85 % »nudes« an (vgl. ebd.).

10 Siehe dazu auch Hassler 2017, S. 23 – 68.

11 Siehe dazu beispielsweise auch Zweig 2015, S. 40.

12 Hassler 2017.

13 Siehe dazu Hassler 2017.

14 Die Analysen zur Geschlechterdichotomie im internationalen Kunstfeld greifen teils auf Datensätze aus dem Jahr 2010 zurück und bieten eine bis dato nicht anderweitig einsehbare Perspektive auf die Geschlechterstrukturierung des Kunstfelds. Die aktualisierten Daten zeigen Bewegungen im Feld – die Ungleichheit nimmt beispielsweise im Bereich der sich international auf den führenden Rängen befindlichen Künstler_innen ab. Gleichermaßen verdeutlicht die theoretische Rückbindung, dass es sich um zaghafte Schritte handelt, die einer genauen Beobachtung und Gegenüberstellung auf verschiedenen Ebenen bedürfen – zum einen hinsichtlich einer vorschnellen Euphorie, zum anderen in Bezug auf einen gesellschaftlich verankerten Geschlechterhabitus, der tief in das soziale Bewusstsein eingebrannt ist und einen kurzfristigen, umfassenden Wandel kaum möglich macht. Ein umfassendes Mapping zum Status der Geschlechterstrukturierung vermag hier Ungleichheiten vor Augen zu führen und theoriegeleitet zu reflektieren. Der Analyse liegen Datensätze zu verschiedenen Akteursgruppen zugrunde, wobei das Sample zu Künstlerinnen und Künstlern rund 2.600 Personen umfasst und auf Daten von ArtFacts und Artprice aus den Jahren 2010 und 2014, punktuell abgeglichen mit Werten aus den Jahren 2019 und 2020, basiert. Weitere Daten liegen u. a. zu Museumsdirektor_innen vor, basierend auf dem Museenranking des Kunstkompasses, und zu Galerist_innen, aufbauend auf dem Artinvestor-Galerienranking. Die Geschlechtervariable wurde in einer dichotomen Unterscheidung (weiblich/männlich) eingefügt, woran immer auch eine kritische Diskussion dieser bipolaren Setzung von Geschlecht ansetzen muss (siehe dazu auch Hassler 2017, S. 204). Von Interesse waren verschiedene Untersuchungsebenen, wobei im vorliegenden Text das symbolische und ökonomische Kapital, diachrone Entwicklungen sowie eine vergleichende Perspektive verschiedener Akteursgruppen im Fokus stehen. Weitere in der zugrunde liegenden Studie untersuchte Themenfelder, die den Rahmen des vorliegenden Bandes sprengen würden, bilden u. a. das Bildungskapital oder auch die geografische Herkunft, mit einem Fokus auf der Region des Mittleren und Nahen Ostens (siehe Hassler 2017).

15 Das symbolische Kapital beruht auf speziellen Wahrnehmungskategorien der sozialen Wertschätzung und der anerkannten Autorität (vgl. Bourdieu 1998, S. 108). Es kann alle Kapitalsorten umfassen und ist entweder in der gesamten Gesellschaft oder in bestimmten sozialen Feldern legitimiert (vgl. Hermann 2004, S. 139). Bourdieu bezeichnet es auch als Prestige, Renommee oder gesellschaftliche Anerkennung (Bourdieu 1985, S. 11 sowie Schwingel 2000, S. 85 f.). Im Rahmen der vorliegenden Untersuchung bemisst sich das symbolische

Kapital an den Punkten und Rängen, die nach ArtFacts vergeben werden. ArtFacts.net bewertet Künstler_innen nach der professionellen Aufmerksamkeit, die diesen in einem internationalen Kunstzirkel zukommt; siehe dazu www.ArtFacts.net/about_us_new (07. Februar 2015). Ziel der Rangliste ist die Bewertung von Künstler_innen nach deren Positionen im Feld – gemessen an der symbolischen Anerkennung; nach www.ArtFacts.net/marketing_new/?Services,Artist _Ranking (13. Dezember 2013). Die Beurteilung erfolgt anhand der Präsenz in Ausstellungen, wobei auch ein Institutionenranking (Ausstellungsorte) in die Auswertung eingeht. Zudem finden die Galerieanbindungen der Künstler_innen sowie die Einbindung in Peer-Groups Beachtung, vgl. www.ArtFacts.net/marketing_new/?Services, Artist_Ranking (20. November 2013). Maßgeblich gehen die Bemessungen damit auf kuratorische Entscheidungen zurück.

16 Vgl. artfacts.net/lists/global_top_100_artists (28. Februar 2020).

17 Siehe dazu ArtFacts.net 10/2019.

18 Siehe dazu bespielsweise Löther 2019, S. 79 sowie 2017, S. 79.

19 Vgl. Löther 2019, S. 79.

20 Die Non-Profit-Organisation gilt als eine der weltweit führenden zur Förderung von Frauen in der Wirtschaft. Catalyst initiierten im Jahr 1984 ihren jährlichen Zensus der Fortune-500-Unternehmen, im Jahr 1993 veröffentlichten sie ihren bis heute fortgeführten Jahresreport erstmalig (vgl. Gross 2015, S. 1 f.).

21 Siehe dazu Catalyst 2020.

22 Siehe dazu Catalyst 2019b sowie Catalyst 2019a.

23 Siehe hierzu beispielsweise Bourdieu 1982, 1983 sowie weitere Ausführungen in Hassler 2017.

24 Vgl. Nochlin 1971.

25 Angemerkt sei, dass der Untersuchung keine Längsschnitt-, sondern Querschnittsdaten aus dem Jahr 2010 zugrunde liegen, die die entsprechenden Aussagen ermöglichen.

26 Vgl. Herber 2009, S. 183.

27 Vgl. Nochlin 1971.

28 Ines Doleschal im Interview mit Alia Lübben, siehe dazu Lübben 2020.

29 Top 2.500 Künstler_innen nach ArtFacts.net 09/2014. Zu den Künstler_innen der Auswertungen von ArtFacts.net 2010 und 2014 siehe Hassler 2017, S. 279.

30 Vgl. Paul 2008, S. 298.

31 Siehe dazu: https://www.sothebys.com/en/videos/american-icon-georgia-okeeffes-jimson-weed-white-flower-no-1 (30. März 2020).

32 Vgl. Kräussl 2018, S. 92.

33 McAndrew 2020.

34 Siehe dazu McAndrew 2020, S. 142 sowie 144.

35 Siehe dazu Adams / Kräussl / Navone / Verwijmeren 2017.

36 Siehe dazu McAndrew 2020, S. 104.

37 Vgl. McAndrew 2020, S. 15.

38 Vgl. McAndrew 2020, S. 22.

39 Vgl. McAndrew 2020, S. 331.

40 Vgl. McAndrew 2020, S. 18.

41 Diese Berechnung für Oktober 2019 beruht für die Künstler_innen, wie im Vorhergehenden dargelegt, auf den Daten von ArtFacts.net. Die Daten zu den Direktor_innen bemessen sich weiterhin anhand der Liste führender Museen des Kunstkompasses; in die Wertung gehen die folgenden Museen ein: Neue Nationalgalerie (Berlin), Kunstsammlung Nordrhein-Westfalen (Düsseldorf), Royal Academy of Arts, Tate Modern (beide London), Museum of Contemporary Art (Los Angeles), Guggenheim Museum, Metropolitan Museum of Art, Museum of Modern Art (alle New York), Centre Pompidou, Louvre (beide Paris). Der Tate Modern sowie der Kunstsammlung Nordrhein-Westfalen stehen mit Maria Balshaw und Susanne Gaensheimer Direktorinnen vor. Hinsichtlich der Galerien kann auf eine neue Liste zu den führenden internationalen Galerien zurückgegriffen werden, die 2018 von Capital herausgegeben wurde; siehe dazu: https://www.capital.de/leben/die-50-wichtigsten-galerien-der-welt (26. Oktober 2019). Eine erneute Auswertung der Galerist_innen des Artinvestor-Galerienranking 2008, das für obige Tabelle Verwendung fand, zeigt ebenso einen Anstieg des Frauenanteils auf 41,7 %. Da das Feld der Galerien als dynamischer einzuschätzen ist als jenes der Museen, bietet sich der Abgleich mit dem neueren Ranking aus dem Jahr 2018 an.

42 Vgl. Kastner 2009, S. 60.

43 Auch weitere Frauen der Bourgeoisie finden hier Erwähnung, wobei sich das Kapital der Ehemänner und Familien in der Ausübung solcher semiprofessioneller Rollen im kulturellen Feld als essenziell erweist (siehe hierzu Hassler 2017, S. 174 ff.).

44 Siehe dazu u. a. Bismarck 2010 und Fliesbäck 2013, S. 468.

45 Diese Ausführungen unterstützen ferner die Aussage von Jens Kastner, Salons seien im Anschluss an Bourdieu als die einzige öffentliche bzw. halböffentliche Aufgabe der Frauen der bürgerlichen Klasse jener Zeit zu verstehen. Die Aufgabe bestand insbesondere darin, »Künstler (und selten Künstlerinnen) und Literaten (selten Literatinnen) in ihren Salons zu präsentieren und miteinander bekannt zu machen.« Kastner 2009, S. 60.

46 Vgl. Bourdieu 1997, S. 227.

Literaturverzeichnis

ADAMS, RENÉE B. / KRÄUSSL, ROMAN / NAVONE, MARCO / VERWIJMEREN, PATRICK (2017), Is Gender in the Eye of the Beholder? Identifying Cultural Attitudes with Art Auction Prices, 6. Dezember 2017. https://papers.ssrn.com/sol3/papers.cfm?abstract_id=3083500 (14. April 2020).

BISMARCK, BEATRICE VON (2010), *Auftritt als Künstler – Funktionen eines Mythos*, Köln.

BOURDIEU, PIERRE (1982), *Die feinen Unterschiede. Kritik der gesellschaftlichen Urteilskraft*, Frankfurt am Main.

BOURDIEU, PIERRE (1983), Ökonomisches Kapital, kulturelles Kapital, soziales Kapital, in: Reinhard Kreckel (Hg.), *Soziale Welt*, Sonderband 2: *Soziale Ungleichheiten*, Göttingen, S. 183 – 198.

BOURDIEU, PIERRE (1985), *Sozialer Raum und »Klassen«, Zwei Vorlesungen*, 3. durchg. Aufl., Frankfurt am Main.

BOURDIEU, PIERRE (1997), Eine sanfte Gewalt. Pierre Bourdieu im Gespräch mit Irene Dölling und Margarete Steinrücke (März 1994), in: Irene Dölling / Beate Krais (Hg.), *Ein alltägliches Spiel. Geschlechterkonstruktionen in der sozialen Praxis*, Frankfurt am Main, S. 218 – 230.

BOURDIEU, PIERRE (1998), *Praktische Vernunft. Zur Theorie des Handelns*, Frankfurt am Main.

CATALYST (2019a), Historical List of Women CEOs of the Fortune Lists: 1972 – 2019, Mai 2019. https://www.catalyst.org/research/historical-list-of-women-ceos-of-the-fortune-lists-1972-2019/ (20. 10. 2019).

CATALYST (2019b), Women CEOs of the S&P 500, 4. Oktober 2019. https://www.catalyst.org/research/women-ceos-of-the-sp-500/ (25. Oktober 2019).

CATALYST (2020), Women CEOs of the S&P 500, 11. Februar 2020. https://www.catalyst.org/research/women-ceos-of-the-sp-500/ (28. Februar 2020).

DEEPWELL, KATY (2010), *Women artists between the wars*, Manchester.

FLIESBÄCK, MARITA (2013), Creating a life: the role of symbolic and economic structures in the gender dynamics of Swedish artists, in: *International Journal of Cultural Policy* 19 (4), S. 462 – 480.

GROSS, MARY ELIZABETH (2015), *Experiences of Women Directors of U.S. Corporations. An Exploratory Study of the Experiences of Women Directors of U.S. Public Corporation Boards of Directors*, Diss. Rutgers, The State University of New Jersey. https://doi.org/doi:10.7282/T38P6268 (14. April 2020).

HASSLER, KATRIN (2017), *Kunst und Gender. Zur Bedeutung von Geschlecht für die Einnahme von Spitzenpositionen im Kunstfeld*, Bielefeld.

HERBER, ANNE-KATHRIN (2009), *Frauen an deutschen Kunstakademien im 20. Jahrhundert. Ausbildungsmöglichkeiten für Künstlerinnen ab 1919 unter besonderer Berücksichtigung der süddeutschen Kunstakademien*, Diss. Universität Heidelberg. https://doi.org/10.11588/heidok.00011048 (14. April 2020).

HERMANN, ANETT (2004), *Karrieremuster im Management. Pierre Bourdieus Sozialtheorie als Ausgangspunkt für eine genderspezifische Betrachtung*, Wiesbaden.

KASTNER, JENS (2009), *Die ästhetische Disposition. Eine Einführung in die Kunsttheorie Pierre Bourdieus*, Wien.

KRÄUSSL, ROMAN (2018), Die Avantgarde der Frauen. MM-Kunstindex, in: *Manager Magazin* (5), S. 92.

KUHN, NICOLA (2019), Die Alte Nationalgalerie entdeckt die Werke von Künstlerinnen neu, in: *Der Tagesspiegel*, 02. Oktober 2019. https://www.tagesspiegel.de/kultur/kunst-von-frauen-die-alte-nationalgalerie-entdeckt-die-werke-von-kuenstlerinnen-neu/25110528.html (14. April 2020).

LÖTHER, ANDREA (2017), *Hochschulranking nach Gleichstellungsaspekten 2017* (= *cews.publik* 21), Köln.

LÖTHER, ANDREA (2019), *Hochschulranking nach Gleichstellungsaspekten 2019* (= *cews.publik* 23), Köln.

LÜBBEN, ALIA (2020), Kinder müssen mit den Namen der Künstlerinnen aufwachsen, in: *Monopol-Magazin*, 06. März 2020. www.monopol-magazin.de/kinder-muessen-mit-den-namen-der-kuenstlerinnen-aufwachsen (29. März 2020).

MAYERHÖFER, ELISABETH (2006), Ungenützte Chancen: Gender Mainstreaming im Kunstbereich, in: *Österreichische Zeitschrift für Politikwissenschaft* 35 (3), S. 275 – 285.

MCANDREW, CLARE (2020), *The Art Market 2020*, Basel. https://d2u3kfwd92fzu7.cloudfront.net/The_Art_Market_2020-1.pdf (30. März 2020).

NOCHLIN, LINDA (1971), Why Have There Been No Great Women Artists?, in: *ARTnews* 69, S. 22 – 39 u. 67 – 71. https://www.artnews.com/art-news/retrospective/why-have-there-been-no-great-women-artists-4201/ (30. März 2020).

PAUL, BARBARA (2008), Kunstgeschichte, Feminismus und Gender Studies, in: Hans Belting / Heinrich Dilly / Wolfgang Kemp / Willibald Sauerländer / Martin Warnke (Hg.), *Kunstgeschichte. Eine Einführung*, Berlin, S. 297 – 336.

SCHULZ, ISABEL (1991), *Künstlerinnen. Leben, Werk, Rezeption*, Frankfurt am Main.

SCHWINGEL, MARKUS (2000), *Pierre Bourdieu zur Einführung*, Hamburg.

SUTHERLAND, ANN / NOCHLIN, LINDA (Hg.) (1977), *Women artists. 1550 – 1950*, Los Angeles, CA u. a. O.

ZWEIG, BENJAMIN (2015), Forgotten Genealogies: Brief Reflections on the History of Digital Art History, in: *International Journal for Digital Art History* (1). https://doi.org/10.11588/dah.2015.1.21633

Abbildungsverzeichnis

1 Masken von Künstlerinnen für die Demonstration *fair share* am 8. März 2020 vor der Alten Nationalgalerie, Berlin. Bildzitat aus: www.monopol-magazin.de/kinder-muessen-mit-den-namen-der-kuenstlerinnen-aufwachsen (29. März 2020).

2 Guerrilla Girls, *Do women have to be naked to get into the Met. Museum?*, 2012. Bildzitat aus: https://www.guerrillagirls.com/naked-through-the-ages (03. März 2020).

3 Top 500 Künstler_innen des symbolischen Pols des Kunstfelds nach Geburtsjahr und höchstem erzielten Zuschlagspreis (n=496; Pearson-Korrelation r=0,56; namentliche Nennung der Künstlerin und des Künstlers mit höchstem Zuschlagspreis je Jahrzehnt [Geburtsjahr]; Datenquellen: ArtFacts.net 04/2010 und Artprice.com 04/2010). aus: Hassler 2017, S. 213.

Anja Zimmermann

SICHERUNG DER AUSSENGRENZEN: TRANSGRESSIVE WEIBLICHKEIT, ABJECT ART UND ANDERE STRATEGIEN AM RAND DER KUNST

In den 1990er Jahren machte mit dem Begriff *Abject Art* ein Label die Runde in der Kunstwelt, das paradigmatisch für die Mechanismen des kunsthistorischen Diskurses steht, sich durch Ein- und Ausschlüsse zu regulieren. Das Konzept verdankt sich den Überlegungen der französischen Psychoanalytikerin und feministischen Theoretikerin Julia Kristeva zu Vorgängen der Verwerfung und des Ekels.[1] Es beruht auf der Vorstellung einer Grenze oder eines Randes: Ekel entsteht, so führte Kristeva aus, immer dann, wenn die Grenze des Körpers bedroht wird, wenn Dinge ihren Ort verlassen, wenn das Nicht-Ich dem Ich begegnet. Interessant an Kristevas Überlegungen war, dass sich ihr Modell auch auf andere Ausgrenzungsprozesse übertragen ließ. So konnte die Bedrohung von Identitäten durch die Konfrontation mit dem ›Anderen‹ im Anschluss an Kristeva als Ursache des Versuchs gedeutet werden, alle Arten von psychisch und sozial miteinander verwobenen Grenzen mit Hilfe von Ausschlussmechanismen zu sichern. Eine kleine Gruppe von Kunsthistoriker*innen,[2] die Anfang der 1990er Jahre an einem kuratorischen Stipendienprogramm des New Yorker Whitney Museums of American Art teilnahmen, fanden in einem solcherart konturierten Begriff des Abjekten ein schlüssiges Konzept, unter dem sich Kunstwerke aus der Sammlung des Museums mit neuem Blick betrachten ließen.

Angefangen von Zeichnungen Cy Twomblys, über Andy Warhols *Oxidation Paintings*, die durch das Aufbringen von Urin auf eine mit Kupferpulver versehene Leinwand entstanden waren, bis hin zu Claes Oldenburgs *Soft Sculptures* wurden Kunstwerke der Moderne und Gegenwart dem Publikum als Belege für das grundsätzliche künstlerische Interesse der ästhetischen Moderne an Ekel, Ab- und Ausgrenzung vorgeführt (Abb. 1). Die Ausstellung verstand sich dabei als politisch, da die Kurator*innen direkt auf die in den USA der 1980er und 1990er Jahre geführten *culture wars* reagierten. Diese mit dem deutschen Wort ›Kulturkriege‹ nur unzulänglich beschriebenen Auseinandersetzungen waren um Fragen zu Religion, Politik, aber vor allem auch der Kunst entbrannt; eine Reihe von Kulturinstitutionen verlor im Zuge der Auseinandersetzungen Fördermittel.[3] Insofern war die Präsentation der Kunstwerke aus der Sammlung des Whitney Museums unter der Bezeichnung *Abject Art* auch ein strategischer Kampf um Grenzen, weil zugleich ein Versuch, die künstlerischen Grenzüberschreitungen als integralen Teil der Moderne auszuweisen. Ziel war, die gezeigten Kunstwerke auf diese Weise sowohl zu Komplizen gegenwärtiger Konflikte zu machen, als auch auf sie im Sinne einer historischen Beglaubigung verweisen zu können.[4]

Eine besondere Rolle innerhalb dieses Konzepts spielten Begriffe, Bilder und Diskurse des Weiblichen. Auch die Stichwortgeberin der Abjektion, Julia Kristeva, hatte ihr Konzept auf die Figur des mütterlichen Körpers zentriert, der als Referenz die vaterzentrierte Theorie Sigmund Freuds

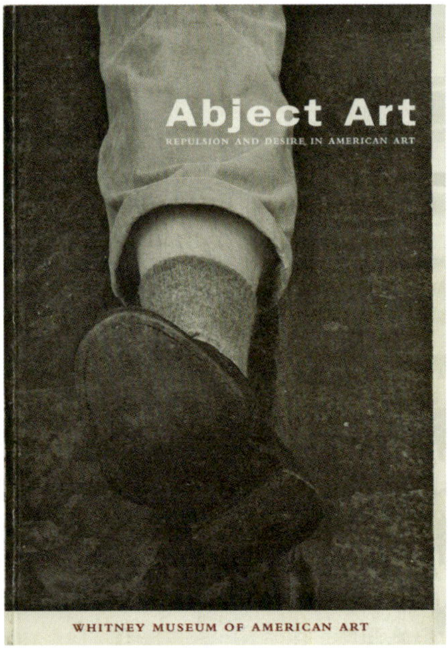

Abb. 1: Cover des Katalogs der Ausstellung *Abject Art*, die 1993 im Whitney Museum in New York gezeigt wurde.

ablösen sollte.[5] Dieser Kernaspekt von Kristevas Hypothese wurde in der kunsthistorischen Literatur allerdings überwiegend zugunsten der Konzentration auf einen vermeintlich geschlechtsneutralen Ekel oder den Begriff des Formlosen vernachlässigt.[6] In der New Yorker *Abject-Art*-Ausstellung stand das Thema Geschlechterdifferenz dagegen noch im Fokus.[7] So finden sich im Werkverzeichnis der Ausstellung ebenso wie in den Katalogtexten außergewöhnlich viele Hinweise auf Arbeiten von Künstlerinnen der 1960er und 1970er Jahre. Mit dem Abjekt ließen sich die Körpergrenzen auflösenden Skulpturen von Louise Bourgeois ebenso deuten, wie sich die Arbeiten Eva Hesses als »permeated by the artist's self-definition as a sick, decomposing, abject being« rezipieren ließen.[8] Kritisiert wurde hier, dass die kunsthistorische Literatur die Kopplung von Topoi des Ausgegrenzten, Abjekten und ›Anderen‹ mit Vorliebe bei der Beurteilung von Werken von Künstlerinnen zur Anwendung brachte. Der Katalog bemühte sich damit zu Recht, das Abjekt nicht als überzeitliche, allgemeingültige Kategorie zur Deutung bildender Kunst misszuverstehen, sondern forderte stattdessen seine *historische* Betrachtung. Warum, so fragten die Ausstellungsmacher*innen beispielsweise, hatte die Kennzeichnung als ›abjekt‹ für Künstler*innen* einen anderen Effekt als für ihre männlichen Kollegen? Ein Blick in den Katalog macht darauf aufmerksam, dass gerade in den 1960er und 1970er Jahren, einer Zeit also, in der Künstlerinnen immer deutlicher eine Position nicht an den Rändern, sondern im Zentrum des Kunstbetriebs einzufordern begannen, sie zugleich in ihren Arbeiten vermehrt jene an den Rändern angesiedelten abjekten Verfahren und Materialien zu nutzen begannen. Neben den bereits Genannten galt das z.B. auch für Hannah Wilke und Carolee Schneemann, deren 1964 aufgeführtes Happening *Meat Joy* als »experiment in pushing the limits« verstanden wurde.[9] Die verschobenen Grenzen oder Ränder, an denen sich Schneemann mit einer Arbeit wie *Meat Joy* bewegte, waren sowohl formaler (Schneemann war eine der Pionierinnen in der Konzeption des Happenings und des Kinetischen Theaters) als auch inhaltlicher Art. In ihrer Performance, die von den Zeitgenossen als »an exuberant sensory celebration of the flesh«[10] gefeiert wurde, interagierte die fast nackte Künstlerin mit den anderen weiblichen und männlichen Teilnehmern der Performance, hantierte mit Farbe, rohem Fisch und Hühnerfleisch und allerlei weiteren abjekten Materialien. Auch Hannah Wilke setzte gezielt ihren eigenen, oft nackten Körper ein, was ihr – nicht zuletzt auch von feministischer Seite – den Vorwurf eintrug, dass »her work ends up by reinforcing what it intends to subvert«.[11] Ihre Arbeiten, so die Argumentation, wiederholten lediglich die gängige Sexualisierung des weiblichen Körpers und seine Abwertung als potentiell abjekt. Ein hierfür einschlägiges Werk war die Fotoserie *S.O.S. – Starification Object Series* von 1974. In insgesamt 28 Einzelaufnahmen posierte die Künstlerin überwiegend mit entblößtem Oberkörper, versehen mit verschiedenen Accessoires wie Sonnenbrille, Hut oder Krawatte, sowie mit Dutzenden kleinen Kaugummis in Vulvaform, mit denen sowohl ihr Gesicht als auch ihr Oberkörper beklebt waren. Die gekauten, ausgespuckten und dann auf den Körper geklebten Kaugummis funktionierten für die Künstlerin wie Markierungen im Sinne einer Narbe oder eines Labels: »labeling people instead of listening to them«.[12] Sie störten einen einfachen visuellen Konsum des attraktiven Frauenkörpers, dessen Hautoberfläche nun markiert erschien. Wilke verdoppelte diese obsessive visuelle Selbstinszenierung mitunter auch, indem sie sich vor ihrem Werk fotografieren ließ. In einer Aufnahme, die anlässlich der 1975 gezeigten Ausstellung *Artists Make Toys* entstand, sehen wir die Künstlerin, wie sie eine der in den Fotografien eingenommenen Posen wiederholt – inklusive eines Kaugummis auf der Stirn (Abb. 2).

Auch diese Arbeit wurde dafür kritisiert, die sexistischen Inszenierungsformen des Weiblichen in der populären Kultur lediglich zu wiederholen. Gerade eine solche Kritik macht aber auch deutlich, dass der Einsatz des eigenen Körpers eine tückische Falle für Künstlerinnen darstellte, oder wie die Ausstellungsmacher*innen der *Abject-Art*-Ausstellung schrieben: »Transgressive femininity is not an option for the woman artist.«[13] Eine

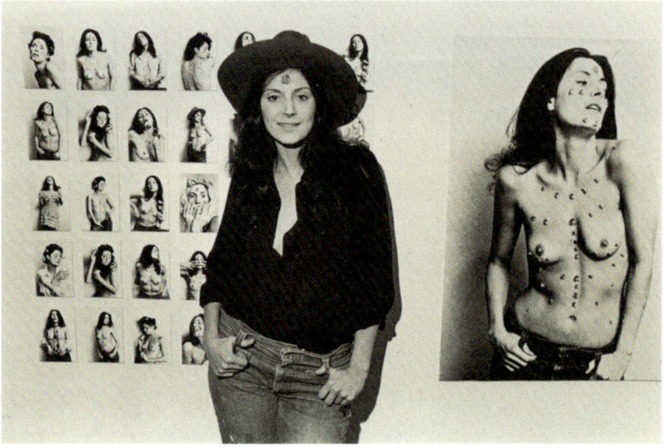

Abb. 2: Hannah Wilke verdoppelt die Posen ihrer Arbeit. Zu sehen ist die Künstlerin vor *S.O.S. Starification Object Series*, 1974, in der Ausstellung *Artists Make Toys*, Clocktower Gallery, 1975.

große Anzahl an Künstlerinnen begann in den 1960er und 1970er Jahren damit, eine männlichen Künstlern relativ problemlos zugestandene Position am Rand gesellschaftlicher Normen durch provokative, oft auch sexualisierte, Inszenierung des eigenen Körpers einzunehmen. Während die männlichen Künstler sich dadurch einen Platz in der zeitgenössischen Avantgarde sicherten, wurden diese Strategien im Fall der Künstlerinnen aber allzu oft in einen abwertenden Kontext eingeordnet. Die künstlerische »Verschiebung von Grenzen zwischen den gesellschaftlichen Normen ›des Erlaubten‹ und den mentalen Zonen der Tabus in der Kultur«, die integral für den Mythos des modernen Künstlers ist, behauptet unabhängig von Geschlechterstereotypen zu sein.[14] Tatsächlich jedoch entfalteten die ›Ränder‹, die Künstlerinnen mittels ihrer abjekten Körperinszenierungen besiedelten, in ihrer Rezeption jeweils unterschiedliche Effekte. Dies allerdings nicht, wie im Folgenden argumentiert werden soll, weil ihnen eine besondere »weibliche Ästhetik«[15] eignen würde, sondern weil die Vorstellung des Randes, an den sich die hier behandelten ästhetischen Experimente begaben, keine absolute ist, sondern nur als historisch und sozial relativierte denkbar ist.

Ein besonders eindrückliches Beispiel hierfür sind die Bildpolitiken Lynda Benglis', deren berühmt-berüchtigte doppelseitige Anzeige 1974 in der Zeitschrift *Artforum* auch im Katalog der *Abject-Art*-Ausstellung zitiert wurde (Abb. 3). Es handelte sich um ein Foto von Benglis in pornografischer Pose, nackt bis auf einen überdimensionalen Dildo, das auf einer ansonsten schwarzen Doppelseite seine schockierende Wirkung ungestört entfalten konnte. Häufig wird Benglis' Selbstinszenierung als direkte

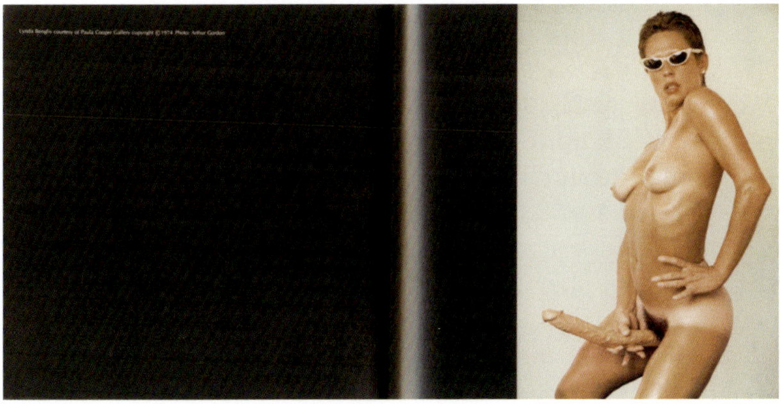

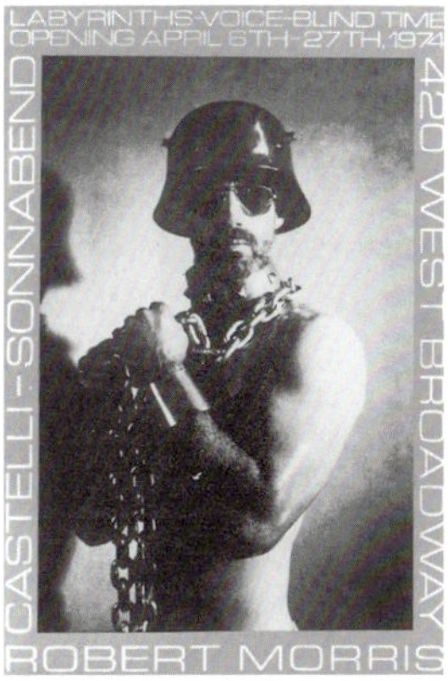

Abb. 3 (**links**):
Eine schockierende Selbstinszenierung?
Lynda Benglis 1974 in der Zeitschrift *Artforum*.

Abb. 4 (**rechts**):
Schien die Zeitgenossen weniger zu schockieren:
Robert Morris als moderner Mars, 1974.

Reaktion auf eine im selben Jahr veröffentlichte Fotografie von Robert Morris gedeutet, in der dieser ebenfalls halb entkleidet in SM-Ausstattung posierte (Abb. 4).[16]

Obwohl die Inszenierung Morris auf durchaus vergleichbare Weise in den Kontext transgressiver Sexualität brachte, unterschieden sich die Reaktionen auf seinen Auftritt deutlich von jenen, die Benglis hervorrief. Während ihre Anzeige zum Austritt mehrerer Redaktionsmitglieder der Zeitschrift *Artforum* führte und als Akt extremer Vulgarität bezeichnet wurde, konnte Morris' Darstellung als »ironic encapsulation of his own position in contemporary art«[17] gefeiert werden.

Es sollte erwähnt werden, dass diese Ungleichbehandlung des Auftritts männlicher und weiblicher Körper an den Grenzen des Dekorums bis heute wirksam ist. In einer 2009 von der New Yorker Galerie Susan Inglett veranstalteten Ausstellung wurden Genese und Rezeption der beiden Fotografien nachgezeichnet. Die aus Anlass dieser Ausstellung erschienene Rezension in der *New York Times*, die sich online einsehen lässt,[18] wiederholt in ihrer Bildpolitik bezeichnenderweise jenen bereits in den 1970er Jahren praktizierten Doppelstandard. Von Benglis' Werk ist lediglich der obere Bildausschnitt zu sehen. Der offensiv präsentierte Dildo wird nicht gezeigt, dabei war dieses Detail der visuelle Witz der Fotografie. Morris' Selbstbildnis dagegen wird vollständig abgebildet. Die Zensurregeln folgen hier denen, die bereits vor annähernd fünfzig Jahren darauf bestanden hatten, dass der pornografisierte weibliche Körper niemals zugleich ein Künstlerinnen-Körper sein kann, während dem männlichen dies problemlos gelingt.

Aus der Perspektive einer Theorie der Aus- und Einschlüsse und der dadurch produzierten Grenzen zeigt das Beispiel Benglis / Morris daher, dass Künstlerinnen, die sich dem Abjekten zuwandten und in der Inszenierung ihres eigenen Körpers explizit auf die Grenzen des Darstellbaren aufmerksam machten, mit ihrem Werk unter dem Rubrum des Pornografischen in einem ›Außerhalb‹ verortet wurden. Männliche Künstler dagegen konnten durch vergleichbare Strategien die Ehren eines *rebel-innovator* gewinnen und wurden gerade dadurch Teil der Avantgarde.[19] Tatsächlich belegt ein Blick auf die Ausstellungsgeschichte derjenigen Künstlerinnen, die sich als Zeitgenossinnen von Benglis ebenfalls über die Grenzen etablierter Weiblichkeitsdarstellungen hinauswagten, dass sie erst Jahrzehnte später, und mit großer kuratorischer Verve, zu einer *Feministischen Avantgarde* gemacht werden konnten.[20] Erst hierdurch kamen in den 1970er und 1980er Jahren weniger beachtete Künstlerinnen in den Genuss gesteigerter Aufmerksamkeit, Künstlerinnen wie Renate Bertlmann zum Beispiel, mit deren Kunst man sich lange »schwertat«,[21] weil auch sie die Grenzen zwischen Kunst und Pornografie in ihren Arbeiten immer wieder infrage stellte.

Wie aber lässt sich die Selbstinszenierung von Künstlerinnen wie Benglis, Bertlmann, Wilke oder Schneemann – alles Künstlerinnen, die um 1970/80 mit vergleichbaren Strategien in den Randzonen der Kunst(geschichte) tätig wurden – in Hinblick auf die Frage nach ebendiesen Rändern verstehen? Auf den ersten Blick sind die transgressiven Posen dieser und vergleichbarer Künstlerinnen nur als eine bewusste Überschreitung von Grenzen (lat. *transgressivus* = überschreitend) zu verstehen, die zwangsläufig auch ausschließende Effekte hervorrufen musste. Aber nicht nur die bereits kurz gestreifte Tatsache, dass für viele *männliche* Künstler eine solche transgressive Geste geradezu zum guten Ton des rebellischen Avantgarde-Künstlers gehörte, sondern auch die in der Forschung von verschiedener Seite stark gemachte Erkenntnis des konstitutiven Zusammenhangs von Außen und Innen, von Ausgrenzung und Einhegung[22] macht deutlich, dass es so einfach nicht ist. Vielmehr kann die Vielzahl an offensiven Selbstinszenierungen (nicht nur) feministischer Künstlerinnen in den 1960er und 1970er Jahren als detaillierte Auseinandersetzung mit den Rändern und Grenzen des zeitgenössischen Kunstdiskurses verstanden werden.

EINSCHLÜSSE, AUSSCHLÜSSE, KANON

Benglis' oft zitierte und diskutierte Anzeige (Abb. 3) von 1974 erschien, nicht lange nachdem ein zentraler Text der feministischen Kanondebatte veröffentlicht worden war: Linda Nochlins vielfach als Gründungstext feministischer Kunstgeschichte bezeichneter Aufsatz »Why Have There Been No Great Woman Artists«, der 1971 in der Zeitschrift *ARTnews* publiziert wurde.[23] Dass Benglis Nochlin rezipiert hat, steht außer Frage, denn an gleicher Stelle lässt sich unter dem Titel »Social Conditions Can Change« eine Stellungnahme der Künstlerin zu »Why Have There Been No Great Women Artists« nachlesen.[24] Als eine unter insgesamt sechs Künstlerinnen war Benglis aufgefordert, die Thesen Nochlins zu kommentieren. Nochlins Beitrag – obwohl auf historische Phänomene fokussierend – wurde offensichtlich als relevantes Thema insbesondere für zeitgenössische Künstler*innen* verstanden. In der Tat muss Nochlins feministischer Ansatz in der Kunstgeschichte innerhalb des *Women's Art Movement* jener Jahre situiert werden. Künstlerinnen begannen dort, sich in Gruppen und unabhängigen, nicht-kommerziellen Galerien zu organisieren und nahmen überdies kritisch Stellung zu sexistischer Diskriminierung in der Kunstwelt.[25] Nochlins Beitrag zielte darauf, diese historisch und institutionell erklärbar zu machen. Sie beschrieb z. B. den langewährenden Ausschluss von Künstlerinnen aus den Akademien bzw. aus den dort abgehaltenen Aktklassen, welche die Grundlage für eine professionelle künstlerische Ausbildung legten. So konnte sie zeigen, dass vermeintlich überzeitliche Begriffe wie ›Genie‹ oder ›Originalität‹ auf einer strukturell-institutionellen Basis ruhen: wenn Künstlerinnen der Zugang zu den üblichen Ausbildungswegen versperrt oder erschwert wurde, ist es kein Wunder, dass sie es nur in Ausnahmefällen zu den geforderten ›genialen‹ Leistungen bringen konnten. Spätere Forschungen haben dann deutlich machen können, inwiefern der

> zumeist tautologisch definierte Begriff der ›Qualität‹ zur Erklärung der Nicht-Ausstellbarkeit von Künstlerinnen historisch auf der Basis geschlechtsspezifischer Zuweisungen gewonnen worden ist und insofern die ›Qualitätslosigkeit‹ der Arbeiten von Künstlerinnen schon präjudiziert, bevor er in der Kunstkritik zum Einsatz kommt.[26]

In der Folge konnte zudem gezeigt werden, wie sehr sich die Kunstgeschichte im Rahmen ihrer Disziplinwerdung im Laufe des 19. und frühen 20. Jahrhunderts darum bemühte, einen wissenschaftlichen Diskurs zu etablieren, in dem Künstlerinnen als weniger fähig zu eigenständiger kreativer Leistung definiert wurden.[27] 1971 jedoch wurden diese Überlegungen, wenn überhaupt, erst in Ansätzen diskutiert, waren neu und unerhört. Vielen schienen sie zu weit zu gehen. So stellte Elaine de Kooning in ihrer Reaktion auf Nochlin fest:

> [...] women have exactly the same chance that men do. There are the same schools, museums, galleries, books, art stores. There are no obstacles in the way of a woman becoming a painter or sculptor other than the usual obstacles that any artist has to face.[28]

Eine institutionalisierte Randposition von Künstlerinnen konnte sie nicht erkennen. Erst rund fünfzehn Jahre später entstand das berühmte Plakat der anonym tätigen Gruppe von US-amerikanischen Künstlerinnen, die unter dem Namen Guerrilla Girls vor allem in New York auftraten und fragten »Do Women Have to Be Naked to Get into the Met. Museum?« (Abb. 5).[29]

Für diese Aktivistinnen war kaum mehr zu übersehen, dass de Koonings apodiktisch vorgetragene Einschätzung, Künstlerinnen »have exactly the same chance that men do« offensichtlich nicht stimmen konnte. Und so gewann die Metapher einer Kunst und Kunstgeschichte ›an den Rändern‹, wie sie schon Nochlins Analyse nahegelegt hatte, weiter an Bedeutung.[30] Der ›Rand‹ spielte (und spielt) als Modell der Selbstverortung und -wahrnehmung feministischer Kunstgeschichte eine nicht unwichtige Rolle, ermöglichte er doch sowohl die als notwendig empfundene Distanzierung vom ›herrschenden Blick‹[31] der Kunstgeschichte als auch die in der Rede von ›Randständigkeit‹ immer auch enthaltene Möglichkeit, von dort ›ins Zentrum‹ vorzudringen.

Nimmt man diese räumliche Metapher ernst, dann kann auch Benglis' Selbstinszenierung als Auseinandersetzung mit einer derart als randständig begriffenen Position als Künstlerin gedeutet werden. Dafür spricht nicht zuletzt auch ihr Kommentar zu Nochlins Text, in dem sie, ganz anders als de Kooning, die Verbindung von Weiblichkeit, Künstler*innenschaft und sozialem Ein- und Ausschluss bekräftigt: »If there were more female artists, and that will depend upon their effectiveness as examples, the term ›artist‹ would no longer imply one sex only«.[32] Während andere Respondentinnen darauf beharrten, dass es kontraproduktiv sei, Künstler*innen* als eigene Kategorie zu reflektieren, weil es ausschließlich auf ›künstlerische Qualität‹ ankäme, ging Benglis also davon aus, dass der Begriff des Künstlers keineswegs so geschlechtsneutral funktionierte, wie oftmals angenommen.

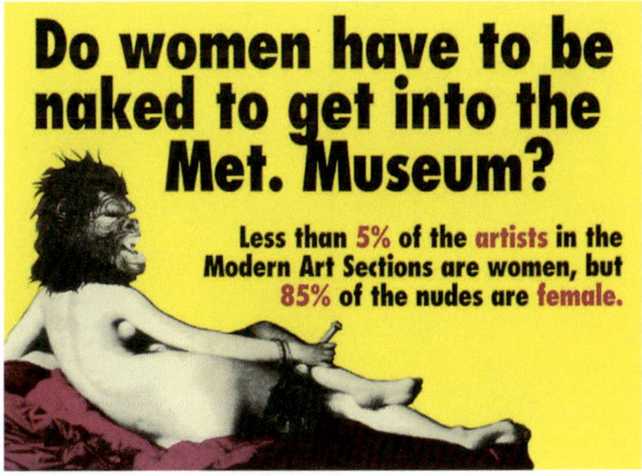

Abb. 5: Kritik der Randständigkeit von Künstlerinnen im Kunstbetrieb: Postkarte der Guerrilla Girls, 1989.

Benglis' Anzeige in *Artforum* war allerdings nicht die einzige Fotografie, in der die Künstlerin explizit eine Gegenstrategie zu dem zu verfolgen schien, was de Kooning gefordert hatte: das völlige Absehen von sozialen und gesellschaftlichen Identitätsmarkern (»tall, short, blonde, mesomorph, ectomorph, black, Spanish, German, Irish, hot-tempered, easy-going«), die alle »in no way relevant to […] being artists« seien.[33] Im Gegenteil scheinen die Fotografien, die Benglis ab Mitte der 1970er anfertigte, allesamt eine Art weiblicher Selbstpräsentation zu forcieren, die nicht nur im Widerspruch zu den Gepflogenheiten des künstlerischen Auftritts insgesamt stand, sondern darüber hinaus auch noch die ›Weiblichkeit‹ der Künstlerin auf inakzeptable Weise in den Vordergrund rückte.

Einem Artikel war z. B. eine Abbildung der Einladungskarte für die Ausstellung *Lynda Benglis Presents Metallized Knots* in der Paula Cooper Gallery in New York beigefügt (Abb. 6). Sie war Teil einer von der Künstlerin als »sexual mockeries« bezeichneten Serie an vergleichbaren Selbstinszenierungen.[34] Der Autor des Textes, Robert Pincus-Witten, betitelte seinen Beitrag »Lynda Benglis: The Frozen Gesture« und situierte die Künstlerin damit zunächst im Kontext des Abstrakten Expressionismus und insbesondere Jackson Pollocks. 1970 war diese Verbindung bereits explizit durch einen Artikel in *Life* hergestellt worden (Abb. 7 und 8).[35]

Die Zentralität der Geste als einer zentralen ästhetischen Kategorie des Abstrakten Expressionismus findet sich visuell festgeschrieben in den berühmten Fotografien, die Hans Namuth von Pollock bei der Arbeit im Atelier anfertigte und die den Künstler in der Bewegung beim Auftrag der

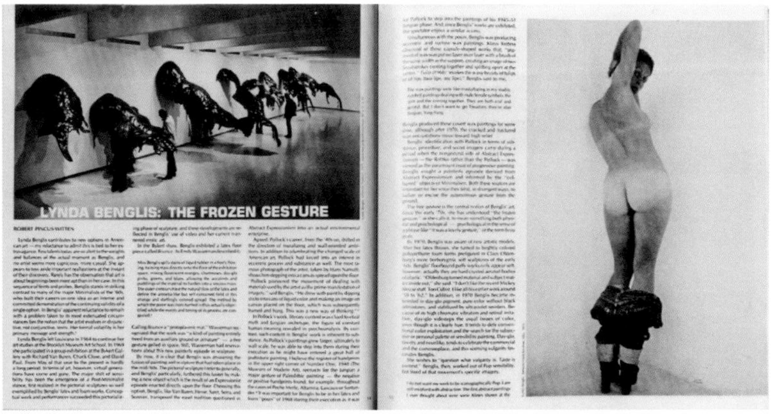

Abb. 6: Artikel von Robert Pincus-Witten in der Zeitschrift *Artforum* 1974. Ein weiteres Beispiel für das kontroverse Auftreten der Künstlerin.

Farbe direkt aus dem Eimer über die am Boden liegende Leinwand zeigen. Die Arbeitsweisen von Pollock und Benglis waren, so legte die Bildstrecke in *Life* nahe, vergleichbar. In der Gegenüberstellung einiger dreidimensionaler Arbeiten der Künstlerin mit der pornografisch arrangierten Fotografie in *Artforum*, bekam der Begriff der Geste in Pincus-Wittens Artikel jedoch noch eine ganz andere Bedeutung. Gemeint war nicht mehr nur die künstlerische Geste, die in der Kunst nach Pollock die körperbetonte Arbeit mit dem Material jenseits von Leinwand und Pinsel bezeichnete, sondern die ›Bewegung des Körpers‹ der Künstlerin (so die Definition von ›Geste‹), die die Grenzen des künstlerischen Felds zu überschreiten drohte. Pincus-Wittens Kennzeichnung der Künstlerin gleich im ersten Satz des Beitrags spiegelt dies wider: »Lynda Benglis contributes to new options in American Art – my reluctance to admit this is tied to her extravagance.«[36] Dieser Satz lässt sich auch als Aussage zur Kanonproblematik vor allem in Hinblick auf die in den 1970er Jahren vermehrt tätigen Künstlerinnnen verstehen, benennt er doch explizit einerseits die Anerkennung der künstlerischen Qualitäten

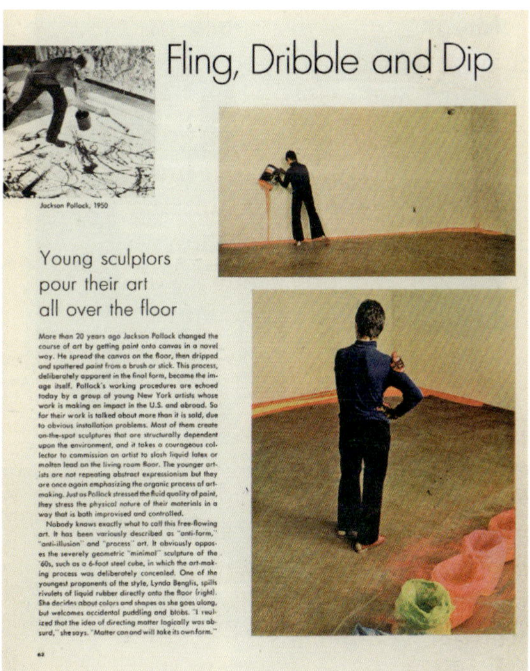

Fling, Dribble and Dip

Jackson Pollock, 1950

Young sculptors pour their art all over the floor

More than 20 years ago Jackson Pollock changed the course of art by getting paint onto canvas in a novel way. He spread the canvas on the floor, then dripped and spattered paint from a brush or stick. This process, deliberately apparent in the final form, became the image itself. Pollock's working procedures are echoed today by a group of young New York artists whose work is making an impact in the U.S. and abroad. So far their work is talked about more than it is sold, due to obvious installation problems. Most of them create on-the-spot sculptures that are structurally dependent upon the environment, and it takes a courageous collector to commission an artist to slosh liquid latex or molten lead on the living room floor. The younger artists are not repeating abstract expressionism but they are once again emphasizing the organic process of art-making. Just as Pollock stressed the fluid quality of paint, they stress the physical nature of their materials in a way that is both improvised and controlled.

Nobody knows exactly what to call this free-flowing art. It has been variously described as "anti-form," "anti-illusion" and "process" art. It obviously opposes the severely geometric "minimal" sculpture of the '60s, such as a 6-foot steel cube, in which the art-making process was deliberately concealed. One of the youngest proponents of the style, Lynda Benglis, spills rivulets of liquid rubber directly onto the floor (right). She decides about colors and shapes as she goes along, but welcomes accidental puddling and blobs. "I realized that the idea of directing matter logically was absurd," she says. "Matter can and will take its own form."

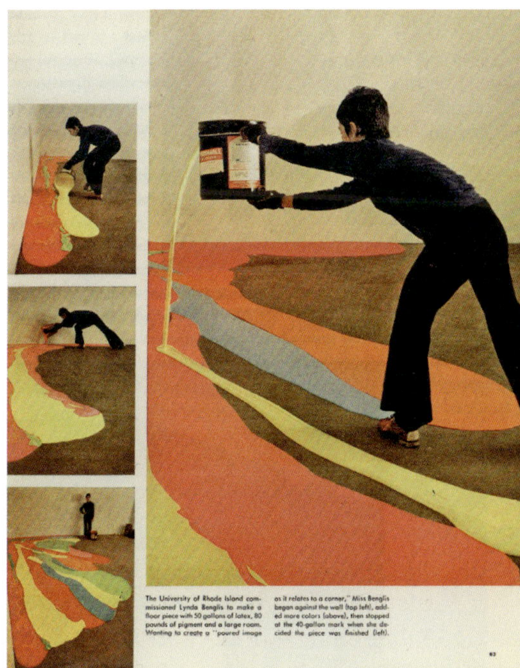

The University of Rhode Island commissioned Lynda Benglis to make a floor piece with 50 gallons of latex, 80 pounds of pigment and a large room. Wanting to create a "poured image as it relates to a corner," Miss Benglis began against the wall (top left), added more colors (above), then stopped at the 40-gallon mark when she decided the piece was finished (left).

Abb. 7 und 8:
Lynda Benglis und Jackson Pollock: Herstellung ästhetischer Genealogien in einem Artikel in der Zeitschrift *Life* vom 27. Februar 1970.

Benglis' (»contributes to new options«) und nimmt eine mögliche Platzierung der Künstlerin unter den zentralen künstlerischen Positionen ihrer Zeit andererseits wieder zurück (»reluctance«). Die von der Künstlerin eingenommene Pin-up-Pose ist in diesem Sinn als eine andere Art einer *frozen gesture* zu verstehen: als ein transgressives *Gendering* des innerhalb der Kunstkritik und ästhetischen Theorie seit dem Abstrakten Expressionismus extrem aufgeladenen Begriffs der ›künstlerischen Geste‹.[37] Griselda Pollock beschreibt den Abstrakten Expressionismus, in dessen Kontext Benglis in der zeitgenössischen Rezeption immer wieder gerückt wurde, als eine

> form of painting that specifically staged a kind of *primal gesturing*, an intentionally informal relation between the body of the painter and the things with which the painter works to create a trace of being in that body by its movements in space – both literal and mapped on canvas.[38] (Hervorh. AZ)

Für die Pollockrezeption wurde gezeigt, welche große Rolle in dieser Wahrnehmung die vom Fotografen Hans Namuth angefertigten Filme und Fotografien des Künstlers spielten.[39] Sie präsentierten diesen bei der Arbeit in seinem Atelier und machten den Zusammenhang zwischen Körper-Geste und Werk deutlich. Der Artikel in *Life* zeigte daher nicht nur *Arbeiten* der beiden, sondern Pollock und Benglis *bei der Arbeit* (Abb. 7 und 8). Benglis' provokative Selbstvermarktung im Stil eines Pin-ups lässt sich daher nicht nur als Versuch deuten, eine »edgy persona«[40] zu kultivieren, sondern kann als gezielter Versuch gewertet werden, die Deutungshoheit über den in Kunstgeschichtsschreibung und Kunstkritik forcierten Verweis auf Pollock zu erringen. Denn die expressionistische Geste war, wie im nächsten Abschnitt dargelegt werden soll, implizit als ›männlich‹ verstanden worden, wie überhaupt »der Kult des künstlerischen Genies in der populären Kultur [...] auf der Vorstellung der extrem sexuellen männlichen Figur« beruht.[41] Der fortwährende Hinweis der Künstlerin auf ihren sexualisierten Körper, d. h. die ständige Thematisierung hochgradig sexualisierter ›Weiblichkeit‹, die sie durch Lancierung entsprechender Fotografien, durch Interviews und andere Textbeiträge vorantrieb, machte damit auch die Frage explizit, inwiefern es einer Künstlerin überhaupt gelingen könne, sich in die männlich organisierten Genealogien der modernen Kunst einzuschreiben. Dass Benglis dabei auf massenmedial vermittelte, alles andere als sogenannte authentische Weiblichkeitsbilder zurückgriff, belegt, dass es ihr nicht um die Behauptung einer ›besonderen‹ weiblichen Ästhetik ging. Vielmehr ließ sie ihren Körper dergestalt Teil des Diskurses werden, dass seine aggressiv zur Schau gestellte Sexualität ständig die konventionellen Grenzziehungen zwischen Hochkunst und Kitsch, Weiblichkeit und Männlichkeit, Künstlerin und Modell etc. herausforderte.

SEXUALISIERTE KÖRPER IM ATELIER: KÜNSTLERSCHAFT UND GESCHLECHT

Das Atelier ist der Ort, an dem die von der Geschichtsschreibung des Abstrakten Expressionismus so zentral gesetzten Gesten aufgeführt werden, und damit der Ort, an dem künstlerische Subjektivität sich ereignet. In diesem Sinn wurden Atelierbilder von Pollock und Benglis miteinander kombiniert (Abb. 7 und 8). Es kann daher nur als weiterer bewusster Schachzug von Benglis gewertet werden, dass sie in dem genannten Artikel von Pincus-Witten gezielt die Information zum Besten gab, ihre Arbeiten seien »like masturbating in my studio«.[42] Diese offene Sexualisierung des künstlerischen Produktionsvorgangs muss im Kontext der uneingestandenen Verquickung von Künstlerschaft und Männlichkeit in den Erzählungen über die Rolle des Künstlers im Abstrakten Expressionismus verstanden werden. Wie Amelia Jones argumentiert, spielte eine »heroic, unified masculinity« des Künstlerkörpers in der zeitgenössischen Kunstkritik, etwa bei Harold Rosenberg oder Clement Greenberg, die entscheidende Rolle, wenn es um das Ideal des kreativen Subjekts im Atelier ging.[43] Auch Pollocks Beschreibung des Malvorgangs, in dem er »sticks, trowels, knives and dripping fluid paint« erwähnt, lässt sich nach Jones als »conception of painting as an act of *penetration*, involving the ejaculatory activity of ›dripping paint‹ from sharp, phallic objects onto a ›resistant‹ [...] surface«[44] (Hervorh. im Orig.) deuten. Während dieser sexualisierte Grundton männlicher Künstlerschaft prinzipiell unproblematisch erscheint, wurde die offensive Inanspruchnahme dieses Topos durch eine Künstlerin als ›extravagant‹ (Pincus-Witten) empfunden und der Künstlerin damit eine Position an den Rändern zugewiesen. Eine Erklärung hierfür liegt in einem Phänomen, das Reinhild Feldhaus als »das Obszöne einer weiblichen Künstlerschaft« beschrieben hat.[45] Noch in der kunsthistorischen Literatur des frühen 20. Jahrhunderts wurde Künstlerinnen die Befähigung zur künstlerischen Arbeit mit dem Hinweis auf ihre spezifische Körperlichkeit abgesprochen – bemerkenswerterweise verbunden mit der Pathologisierung ihrer Sexualität. In seiner Abhandlung *Die Frau und die Kunst* von 1909 hatte z. B. der Kunstkritiker Karl Scheffler die Überzeugung geäußert, dass »zwei Drittel aller Künstlerinnen und mehr im Geschlechtsempfinden irgendwie anormal« seien. Frauen, die sich trotz aller Warnungen dazu entschlössen, Künstlerinnen zu werden, zahlten, so Scheffler, für »diesen Entschluß fast immer mit Verkleinerung, Krankhaftigkeit oder Hypertrophie des Geschlechtsgefühls, mit Perversion oder Sterilität«.[46]

Die Kultur- und Sozialgeschichte der Künstlerin war daher bereits von ihren Anfängen an durch ein deutliches Ungleichgewicht gekennzeichnet. Weibliche künstlerische Produktivität schien in vielerlei Hinsicht erklärungsbedürftig, als Sonderfall, vielen Autoren gar als unmöglich.[47] Eine besondere Rolle spielte dabei in allen Fällen der weibliche Körper, dem allerlei Arten sexueller ›Pervertierungen‹ drohten, im Falle, eine Frau entschlösse sich, Künstlerin zu werden. Im Umkehrschluss ergibt sich daraus, dass jede Form künstlerischer Produktivität von Frauen von einer Position an den Rändern startet und Künstlerinnen sich offensichtlich zu dieser diskursiven Tradition verhalten müssen, die sich so stark auf ihren Körper konzentriert. Aus diesem Grund ist, durchaus paradox, Benglis' offensives Spiel mit der Obszönität ihres Körpers als eine Strategie der Einschreibung vom Rand ins Zentrum zu verstehen. Auch wenn es auf den ersten Blick so aussieht, als liefe Benglis' kalkulierte Positionierung außerhalb etablierter Scham- und Normgrenzen dem Bemühen, einen Platz im Kanon zeitgenössischer Kunstproduktion zu erobern, zuwider. Die ›abjekten‹ Inszenierungen von Benglis und auch anderen Künstlerinnen sind als sehr gezielte Versuche zu verstehen, einer zugewiesenen Randposition zu entkommen bzw. sie zunächst einmal künstlerisch produktiv zu machen, anstatt sie lediglich abzuwehren.

Benglis' Ziel sei, so erklärte wiederum Pincus-Witten im erwähnten Text in *Artforum*, »to question what vulgarity is«.[48] Jenseits der ›vulgären Posen‹ der Künstlerin, deren Verbindung zu spezifisch ästhetischen Kategorien (etwa der Geste) oben bereits skizziert wurde, ist Vulgarität auch noch in weiterer Hinsicht als spezifisch ästhetisches Anliegen der Künstlerin anzusehen. Hatte Benglis doch z. B. in den Boden-Arbeiten mit erstarrter Farbe (etwa *Contraband* von 1969) »alles daran gesetzt, die Formlosigkeit der Farbmaterie vorzuführen und sie, ganz wörtlich, als niederes Material auszuweisen.«[49] Doch anders als bei Pollock, dessen Farbverteilungen auf eine ebenfalls am Boden liegende Leinwand später in der Art traditioneller Tafelmalerei an den Wänden des *white cube* landeten, blieben Benglis' Farbarbeiten auf dem Boden. Sie betitelte sie gelegentlich auch als *Fallen Painting* (1968), »[thereby invoking] the depravity of the ›fallen‹ woman or brash and flashy woman of the streets«.[50] Benglis bespielte das Thema der Vulgarität also sowohl in den von ihr entwickelten künstlerischen Verfahrensweisen als auch durch ihre offensive Selbstinszenierung als Frau / Künstlerin ›an den Rändern‹.

Allerdings war das gekonnte Spiel mit den Überschreitungen von Grenzen durch die offensive Sexualisierung des eigenen Körpers im künstlerischen Prozess beileibe nicht nur Thema von Künstlerinnen. So hatte sich Vito Acconci 1972 in *Seedbed* buchstäblich an den äußersten Rand des Ausstellungsraums begeben, nämlich unter dessen Fußboden (Abb. 9). Verborgen unter einer begehbaren Rampe reagierte er – so wurden die Besucher*innen der Galerie per Aushang informiert – masturbierend auf Bewegungen im Galerieraum, was wiederum per Lautsprecher in diesen übertragen wurde. Die Performance, die an mehreren Tagen pro Woche wiederholt wurde, war Teil einer insgesamt aus drei Rauminstallationen bestehenden Arbeit.[51] Die künstlerische Strategie einer Arbeit wie *Seedbed* ist von der Überzeugung getragen, dass eine weiß, männlich und heterosexuell bestimmte Künstlerschaft »[can] no longer [...] be taken as the ubiquitous paradigm, simultaneously center and boundary«.[52] Allerdings wird diese Infragestellung des ›ubiquitären Paradigmas‹ männlicher Künstlerschaft gleichsam vom Zentrum aus betrieben: es stellt sich selbst zur Disposition. ›Von den Rändern aus‹ gedacht, nahmen Künstlerinnen wie Benglis, die ebenfalls durch Sexua-

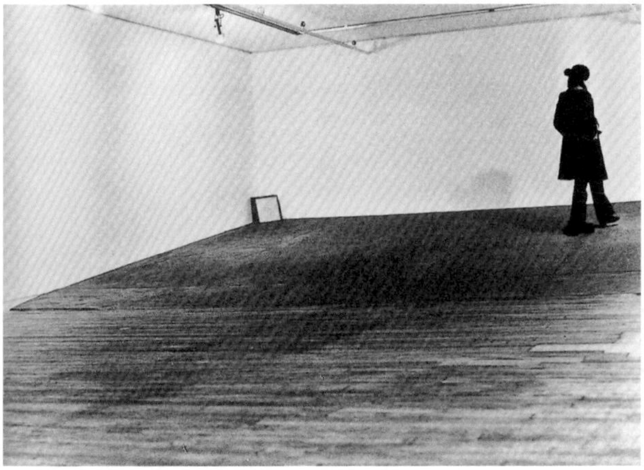

Abb. 9: Der männliche Künstlerkörper an den Rändern: in Vito Acconcis Performance *Seedbed*, 1972, verbarg sich der (angeblich) masturbierende Künstler unter einer in den Galerieraum gebauten Holzrampe.

lisierung des eigenen Körpers die Bedingungen ihrer Künstlerschaft problematisierten, dagegen bewusst eine sowohl historisch wie auch theoretisch marginalisierte Position ein.[53] Der ›Rand‹ und die ›Ränder‹ sind daher nur als relative Positionen zu begreifen – und dies nicht nur in Hinblick auf historisch und sozial sich wandelnde ›Zentren‹, gegenüber denen sich ein Rand nur definieren lässt, sondern vor allem auch in Hinblick auf diejenigen, die ihn strategisch bevölkern.

1 Kristeva 1980.
2 Jack Ben-Levi, Craig Houser, Leslie C. Jones und Simon Taylor.
3 Ein besonders breit diskutierter Fall war die Absage einer geplanten Ausstellung mit Werken Robert Mapplethorpes in der Washingtoner Corcoran Gallery. Deren Direktorin Christina Orr-Cahall hatte sich angesichts massiver Anfeindungen von rechtskonservativer Seite dazu gezwungen gesehen, auf die Präsentation der angeblich obszönen und unamerikanischen Kunst zu verzichten. Es kam zu Protesten und die Auseinandersetzung wurde zur Chiffre für die vielfältigen Kämpfe zwischen Kunst, Politik und Gesellschaft im Rahmen der *culture wars*. Vgl. Hartman 2019; Zimmermann 2001.
4 Jüngst zum Phänomen der kunsthistorischen Beschäftigung mit dem Abjekten: Fayet 2019.
5 Fayet 2019, S. 56. Vgl. auch: Menninghaus 1999.
6 Vor allem in den einschlägigen Auseinandersetzungen mit dem Themenkreis des Abjekten, etwa bei Hal Foster (1996) oder Yve-Alain Bois / Rosalind Krauss (1996), wird dieser Aspekt kaum benannt. Eine Ausnahme in der deutschsprachigen Kristeva-Rezeption innerhalb der Kunstgeschichte ist Jahn 1999.
7 Jones 1993. Auch Simon Taylors Katalogtext »The Phobic Object: Abjection in Contemporary Art« setzte sich prominent mit zwei Konzepten auseinander, die Abjektion und Weiblichkeit eng aneinanderbinden: ›Monstrous Feminine‹ und ›Female Grotesque‹. Taylor berücksichtigte überdies auch noch den abjekten männlichen Körper (Taylor 1993).
8 Jones 1993, S. 45.
9 Jones 1993, S. 50.
10 Jones 1993, S. 49.
11 Elizabeth Hess (1989), Self- and Selfless Portraits, in: *Village Voice* 34 (39), zit. nach Jones 1998, S. 172.
12 Zit. nach Jones 1998, S. 183. Hierzu passt auch die weitere Entwicklung ihres Werkes, in dem sie sich Anfang der 1990er Jahre schonungslos mit der eigenen Krebserkrankung und den Auswirkungen auf ihren Körper auseinandersetzte (etwa in der Serie *Intra-Venus*, 1992 – 1993).
13 Jones 1993, S. 53.
14 Ruppert 2018, S. 352 – 353.
15 Ein vor allem in der hier fokussierten Zeit, besonders in den 1970er Jahren, intensiv diskutiertes Konzept. Vgl. Bovenschen 1988.
16 Jones 1993, S. 52.
17 Zit. nach Jones 1998, S. 53. Vgl. auch: Richmond 2015, S. 5.
18 Smith 2009.
19 Jones 1998, S. 53.
20 Schor 2015.
21 Schor 2016, S. 10.
22 Nead 1992.
23 Nochlin 1971. Auf Deutsch erschien der Text erst wesentlich später: Nochlin 1996.
24 Benglis 1971/2015. Vgl. Richmond 2015, S. 40 – 44.
25 Vgl. Moore 2016.
26 Schade / Wenk 1995, S. 349.
27 Zimmermann 2009.
28 Kooning 1971/2015.
29 Guerrilla Girls / Chadwick 1995. Das Plakat, das auch als Postkarte Verbreitung fand, bezog sich auf die Ausstellung *International Survey of Painting and Sculpture*, die 1984 vom Metropolitan Museum in New York veranstaltet worden war. Insgesamt wurden 169 Künstler*innen präsentiert, davon jedoch weniger als 10 % Frauen.
30 Schade / Wenk 1995, S. 348.
31 Bischoff 1984; vgl. Zimmermann 2018.
32 Benglis 1971/2015, S. 43.
33 Kooning 1971/2015.
34 Richmond 2015, S. 4.
35 Bourdon 1970.
36 Pincus-Witten 1974, S. 54.
37 Vgl. z. B. Gompertz 2012; Elderfield 2003; Ratcliff 1995; Gaugh 1985.
38 Zit. nach Robinson 2006, S. 131.
39 Z. B. Berger 2009; Kalb 2012.
40 Richmond 2015, S. 4.
41 Aus einem Interview mit dem Berliner Künstler*innenkollektiv Soup du Jour, die u. a. mit einer an die Verfahren der Guerrilla Girls in den 1980er und 1990er Jahren anschließenden Bildkampagne 2019 gegen das unausgewogene Geschlechterverhältnis beim Berliner Gallery Weekend protestierten. Auf einem entsprechenden Plakat der Gruppe findet sich, ganz ähnlich wie bei den New Yorker Guerrilla Girls, der Hinweis, dass in Berlin »75 % white male artists« gezeigt würden, Lorch 2019.
42 Pincus-Witten 1974, S. 55. Benglis bezog sich mit dieser Aussage im Speziellen auf ihre Wachsarbeiten.
43 Jones 1998, S. 73.
44 Jones 1998, S. 73.
45 Feldhaus 2004.
46 Zit. nach Feldhaus 2004, S. 60.
47 Diese Verbindung von weiblicher Künstlerschaft und weiblicher Sexualität findet sich aber auch schon in der frühen Neuzeit, wie Christadler 2000 gezeigt hat.
48 Pincus-Witten 1974, S. 55.
49 Wagner 2001, S. 48 – 49.
50 Jones 1998, S. 97.
51 Die anderen beiden waren: *Transference Zone* und *Supply Room*, vgl. Linker 1994. Wie bei vielen Performances zirkulieren auch hier nur einige wenige Schwarz-Weiß-Fotografien als ›ikonographische

Festschreibung‹ der Aufführung (Kolesch 2013, S. 238). Das Foto, das eine einsam am hinteren Ende des Galerieraums schreitende Frau zeigt, eignet sich offenbar als ›Leerstelle und Einschreibefläche‹ (Kolesch 2013, S. 238) zugleich und zwar sowohl für ein *Gendering* des Rezeptionsverhältnisses (männlicher Künstler – weibliche Rezipientin) als auch für ein idealtypisches Rezipieren als Einzelne*r. In dieser Fotografie kam das von Acconci thematisierte Verhältnis zwischen Künstler und Rezipient*in, als ein Macht- und Begehrensverhältnis gedacht, in der Figur der vereinzelten Galeriebesucherin paradigmatisch zum Ausdruck. Für Benglis fehlen solche visuellen Inszenierungen. Zum Topos einer masturbatorischen Künstlerschaft vgl. auch: Krüger / Ott / Pfisterer 2013.

52 Russell Ferguson (1990), Introduction: Invisible Center, in: Russell Ferguson u. a. (Hg.), *Out There: Marginalization and Contemporary Cultures*, Cambridge, MA. u. a. O., zit. nach Jones 1998, S. 103.

53 Erinnert sei hier etwa an die zahlreichen Belege einer ästhetischen Theorie, die sich dem Nachweis der künstlerischen Minderwertigkeit der Werke von Künstlerinnen verschrieben hatte, vgl. Muysers 1999.

Literaturverzeichnis

BENGLIS, LYNDA (1971/2015), Social Conditions Can Change (Eight Artists Reply: Why Have There Been No Great Women Artists?), in: *ARTnews*, Juni 1971. https://www.artnews.com/art-news/retrospective/eight-artists-reply-why-have-there-been-no-great-women-artists-4245/#benglis (25. Oktober 2019).

BERGER, DORIS (2009), *Projizierte Kunstgeschichte. Mythen und Images in den Filmbiografien über Jackson Pollock und Jean-Michel Basquiat*, Bielefeld.

BISCHOFF, CORDULA (Hg.) (1984), *Frauen-Kunst-Geschichte. Zur Korrektur des herrschenden Blicks*, Gießen.

BOIS, YVE-ALAIN / KRAUSS, ROSALIND (1996), *L'informe – mode d'emploi*, AK Centre Georges Pompidou Paris, Paris.

BOURDON, DAVID (1970), Fling, Dribble and Dip, in: *Life*, 27. Februar 1970, S. 62 – 66.

BOVENSCHEN, SILVIA (1988), Über die Frage: Gibt es eine »weibliche« Ästhetik?, in: Ann Anders (Hg.), *Autonome Frauen*, Frankfurt am Main, S. 111 – 146.

CHRISTADLER, MAIKE (2000), *Kreativität und Geschlecht. Giorgio Vasaris »Vite« und Sofonisba Anguissolas Selbst-Bilder*, Berlin.

ELDERFIELD, JOHN (2003), Abstract Expressionism: Image and Gesture, in: Ders. (Hg.), *Visions of Modern Art*, AK Museum of Modern Art New York, New York, NY, S. 226 – 227.

FAYET, ROGER (2019), Manzonis »Kunstexkremente«. Authentizität und das Abjekte, in: Regula Krähenbühl / Roger Fayet (Hg.), *Authentizität und Material. Konstellationen in der Kunst seit 1900*, Heidelberg, S. 54 – 69. URL: https://doi.org/10.11588/arthistoricum.500 (25. Oktober 2019).

FELDHAUS, REINHILD (2004), Ohne Scham, mißbraucht und kinderlos. Das Obszöne einer weiblichen Künstlerschaft, in: *Frauen Kunst Wissenschaft* 38, Themenheft: *Mothering*, S. 60 – 67.

FOSTER, HAL (1996), Obscene, Abject, Traumatic, in: *October* 78, S. 107 – 124.

GAUGH, HARRY F. (1985), *The Vital Gesture – Franz Kline*, AK Cincinnati Art Museum, New York, NY.

GOMPERTZ, WILL (2012), Abstract Expressionism: The Grand Gesture, 1943 – 70, in: Ders., *What Are You Looking At?*, London u. a. O., S. 263 – 286.

GUERRILLA GIRLS / CHADWICK, WHITNEY (1995), *Confessions of the Guerrilla Girls*, New York, NY.

HARTMAN, ANDREW (2019), *A War for the Soul of America. A History of the Culture Wars*, 2. Aufl., Chicago, IL / London.

JAHN, ANDREA (1999), *Louise Bourgeois. Subversionen des Körpers: Die Kunst der 40er bis 70er Jahre*, Berlin.

JONES, AMELIA (1998), *Body Art. Performing the Subject*, Minneapolis, MN / London.

JONES, LESLIE C. (1993), Transgressive Femininity: Art and Gender in the Sixties and Seventies, in: *Abject Art: Repulsion and Desire in American Art (Selections from the Permanent Collection)*, AK Whitney Museum of American Art New York, New York, NY, S. 33 – 57.

KALB, PETER R. (2012), Picturing Pollock: Photography's Challenge to the Historiography of Abstract Expressionism, in: *Journal of Art Historiography* 7, S. 1 – 17.

KOLESCH, DORIS (2013), Zwischen Gut und Böse. Hörszenen der Gegenwartskunst, in: Nadja Elia-Borer / Constanze Schellow / Nina Schimmel / Bettina Wodianka (Hg.), *Heterotopien. Perspektiven der intermedialen Ästhetik*, Bielefeld, S. 227 – 242.

KOONING, ELAINE DE (1971/2015), Dialogue with Rosalyn Drexler, in: *ARTnews*, Juni 1971. https://www.artnews.com/art-news/retrospective/eight-artists-reply-why-have-there-been-no-great-women-artists-4245/ (26. Oktober 2019).

KRISTEVA, JULIA (1980), *Pouvoirs de l'horreur*, Paris.

KRÜGER, MATTHIAS / OTT, CHRISTINE / PFISTERER, ULRICH (Hg.) (2013), *Die Biologie der Kreativität.*

Ein produktionsästhetisches Denkmodell in der Moderne, Zürich / Berlin.
LINKER, KATE (1994), *Vito Acconci*, New York, NY.
LORCH, CATHRIN (2019), »Wir wissen alle genau, wer die Täter sind«. Guerrilla Girls im Kollektiv-Interview: Die Berliner Gruppe »Soup du Jour« kämpft gegen Diskriminierung, Sexismus und Rassismus in der Kunstwelt, in: *Süddeutsche Zeitung*, 12. Dezember 2019, S. 11.
MENNINGHAUS, WINFRIED (1999), *Ekel. Theorie und Geschichte einer starken Empfindung*, Frankfurt am Main.
MOORE, SABRA (2016), *Openings: A Memoir from the Women's Art Movement, New York City 1970 – 1992*, New York, NY.
MUYSERS, CAROLA (Hg.) (1999), *Die bildende Künstlerin: Wertung und Wandel in deutschen Quellentexten, 1855 – 1945*, Amsterdam / Dresden.
NEAD, LYNDA (1992), *The Female Nude. Art, Obscenity, and Sexuality*, London u. a. O.
NOCHLIN, LINDA (1971), Why Have There Been No Great Women Artists?, in: *ARTnews* 69 (9), S. 22 – 39 u. 67 – 71. Zuerst als: Why Are There No Great Women Artists?, in: Vivian Gornick / Barbara K. Moran (Hg.), *Woman in Sexist Society: Studies in Power and Powerlessness*, New York, NY 1971, S. 344 – 366.
NOCHLIN, LINDA (1996), Warum hat es keine bedeutenden Künstlerinnen gegeben?, in: Beate Söntgen (Hg.), *Rahmenwechsel: Kunstgeschichte als feministische Kulturwissenschaft*, Berlin, S. 27 – 56.
PINCUS-WITTEN, ROBERT (1974), Lynda Benglis: The Frozen Gesture, in: *Artforum* 13 (3), S. 54 – 59.
RATCLIFF, CARTER (1995), *The Fate of a Gesture: Jackson Pollock and Postwar American Art*, New York, NY.
RICHMOND, SUSAN (2015), *Lynda Benglis. Beyond Process*, London / New York, NY.
ROBINSON, HILARY (2006), Gesture, in: Dies., *Reading Art, Reading Irigaray. The Politics of Art by Women*, London / New York, NY, S. 125 – 146.
RUPPERT, WOLFGANG (2018), *Künstler! Kreativität zwischen Mythos, Habitus und Profession*, Wien u. a. O.
SCHADE, SIGRID / WENK, SILKE (1995), Inszenierungen des Sehens: Kunst, Geschichte, Geschlechterdifferenz, in: Hadumod Bußmann / Renate Hof (Hg.), *Genus. Zur Geschlechterdifferenz in den Kulturwissenschaften*, Stuttgart, S. 340 – 407.
SCHOR, GABRIELE (Hg.) (2015), *Feministische Avantgarde. Kunst der 1970er-Jahre aus der Sammlung Verbund*, Wien / München.
SCHOR, GABRIELE (2016), AMO ERGO SUM. Vorbemerkung zum Werk von Renate Bertlmann, in: Dies. / Jessica Morgan (Hg.), *Renate Bertlmann: Works 1969 – 2016. Ein subversives Politprogramm*, AK Sammlung Verbund, München u. a. O., S. 9 – 11.
SMITH, ROBERTA (2009), Art or Ad or What? It Caused a Lot of Fuss, in: *The New York Times*, 24. Juli 2009. https://www.nytimes.com/2009/07/25/arts/design/25benglis.html (25. Oktober 2019).
TAYLOR, SIMON (1993), The Phobic Object. Abjection in Contemporary Art, in: *Abject Art: Repulsion and Desire in American Art (Selections from the Permanent Collection)*, AK Whitney Museum of American Art New York, New York, NY, S. 59 – 83.
WAGNER, MONIKA (2001), *Das Material der Kunst: Eine andere Geschichte der Moderne*, München.
ZIMMERMANN, ANJA (2001), *Skandalöse Bilder – Skandalöse Körper: Abject Art vom Surrealismus bis zu den Culture Wars*, Berlin.
ZIMMERMANN, ANJA (2009), »Kunst von Frauen«. Zur Geschichte einer Forschungsfrage, in: Gabriele Werner (Hg.), *Kanones (FKW//Zeitschrift für Geschlechterforschung und visuelle Kultur* 48), Marburg, S. 26 – 36.
ZIMMERMANN, ANJA (Hg.) (2018), *1968ff – Kunst, Politik, Feminismus (FKW//Zeitschrift für Geschlechterforschung und visuelle Kultur* 65). https://www.fkw-journal.de/index.php/fkw/issue/view/77 (25. Oktober 2019).

Abbildungsverzeichnis

1 Cover des Katalogs der Ausstellung *Abject Art*, die 1993 im Whitney Museum in New York gezeigt wurde. Bildzitat aus: *Abject Art: Repulsion and Desire in American Art* (1993), AK Whitney Museum of American Art New York, New York, NY.
2 Hannah Wilke verdoppelt die Posen ihrer Arbeit. Zu sehen ist die Künstlerin vor *S.O.S. Starification Object Series*, 1974, in der Ausstellung *Artists Make Toys*, Clocktower Gallery, 1975 (Foto: Lois Greenfield). © VG Bild-Kunst, Bonn 2021; Bildzitat aus: https://www.moma.org/calendar/exhibitions/3958/installation_images/41667 (24. September 2019).
3 Eine schockierende Selbstinszenierung? Lynda Benglis 1974 in der Zeitschrift *Artforum*. © VG Bild-Kunst, Bonn 2021; Bildzitat aus: Franck Gautherot u. a. (Hg.) (2009), *Lynda Benglis*, Dijon, S. 46 – 47.
4 Schien die Zeitgenossen weniger zu schockieren: Robert Morris als moderner Mars, 1974. Robert Morris: Anzeige für die Galerie Castelli Sonnabend (Foto: Rosalind Krauss). © VG Bild-Kunst, Bonn 2021; Bildzitat aus: Richmond 2015, S. 6.

5 Kritik der Randständigkeit von Künstlerinnen im Kunstbetrieb: Postkarte der Guerrilla Girls, 1989. Bildzitat aus: Wilhelm Hornbostel / Nils Jockel (Hg.) (2002), *Nackt. Die Ästhetik der Blöße*, München, S. 58.

6 Artikel von Robert Pincus-Witten in der Zeitschrift *Artforum* 1974. Ein weiteres Beispiel für das kontroverse Auftreten der Künstlerin. © VG Bild-Kunst, Bonn 2021; Bildzitat aus: Pincus-Witten 1974.

7, 8 Lynda Benglis und Jackson Pollock: Herstellung ästhetischer Genealogien in einem Artikel in der Zeitschrift *Life* vom 27. Februar 1970. © VG Bild-Kunst, Bonn 2021; Bildzitate aus: Richmond 2015 o. S. (Farbtafel 3).

9 Der männliche Künstlerkörper an den Rändern: in Vito Acconcis Performance *Seedbed*, 1972, verbarg sich der (angeblich) masturbierende Künstler unter einer in den Galerieraum gebauten Holzrampe. © VG Bild-Kunst, Bonn 2021; Bildzitat aus: Paul Schimmel (Hg.) (1998), *Out of Actions: Between Performance and the Object, 1949–1979*, AK Museum of Contemporary Art Los Angeles, New York, NY, S. 239.

Jamie Allen

IMPROVISING INSTITUTIONS: ART & ITS INSTITUTIONAL BORDERS

»It's not easy to improvise; it's the most difficult thing to do. Even when one improvises in front of a camera or a microphone, one ventriloquizes, or leaves another to speak in one's place, the schemas and languages that are already there [...]. All the names are already pre-programmed. It's already the names that inhibit our ability to ever really improvise.
One can't say whatever one wants; one is obliged, more or less, to reproduce the stereotypical discourse. And so I believe in improvisation and I fight for improvisation; but always with the belief that it's impossible. And there where there is improvisation, I am not able to see myself; I am blind to myself. [...] It's for others to see. The one who has improvised here, no, I won't ever see him.«
Jacques Derrida[1]

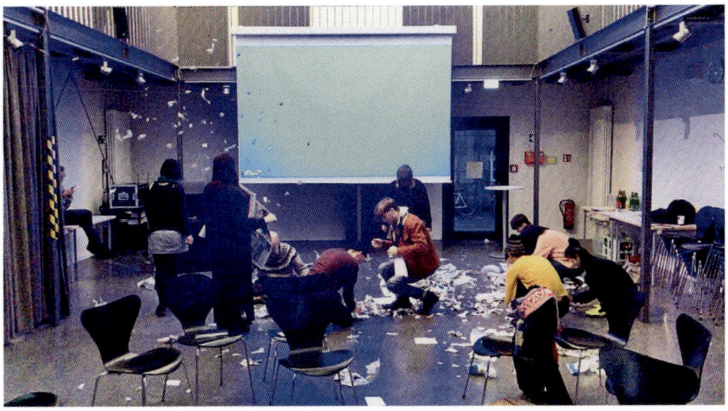

Fig. 1: Participants taking part in the «Improvising Institutions» workshop, convened by Jamie Allen and Bernhard Garnicnig at the Muthesius Kunsthochschule, January 26, 2019.

INTRODUCTION

The thoughts and writings that follow began their lives as notes for a talk on the topic and possibility of ‹institutional improvisation› and the equally suppositional and perhaps overly ambitious idea of ‹improvising institutions›. The talk itself was somewhat improvised, delivered at the end of a three-day series of such contributions and interventions. It was the *final* input to a lively and ambitious symposium entitled «Art and Its Borders» («Kunst an den Rändern»). At the grateful invitation of Christiane Kruse, Annika Frye and Ileana Pascalau of Muthesius Kunsthochschule in Kiel, I gave a lecture and, along with collaborator Bernhard Garnicnig, gave a workshop with Muthesius art students on themes related to this talk.

We were there to ask, together, after the «driving force behind a permanent expansion of the concept of art», as well as who it is that is «acting in the interest of the expansion of art», as the event description opines.[2] My response to these questions reflects how embedded and responsive, acculturated and conditioned we all are as actors within our institutional milieus. As we acknowledge the difficulty of metaphors set out by the event organisers — such as the colonial roots in Eurocentricity and growth of notions like ‹expansion› — we also invoked the expansive qualities of the ‹first rule› of improvisation: ‹*Yes, and...*› This improvisatory rule-of-thumb suggests that interlocutors should always build on what has already been created, said or invoked, and expand on that thinking. It is an attitude of acceptance of *what is*, a mode of inclusive criticality and opening out into possibility; against negation, denial and toward reception, generosity and modulation. As a definition of creativity, an elaboration or embellishment that does not pretend at the production, *ex nihilo*, of novelty, improvisation describes ways of reacting to environments, negotiating the planned and unplanned, it characterises the unprepared and extemporised ways that the borders of art might be expanded. Put in more embattled terms, as media theorist Marshall McLuhan once did, «the artist can show us how to ‹ride with the punch›, instead of ‹taking it on the chin›».[3] Aikido, the Japanese martial art — its name meaning «the way of unifying life energy»[4] — expresses similar orientations. Designed to keep both assailant and defender from injuring themselves, Aikido involves an expansive dialectics, one that is inclusive, incorporative, and reintegrative of bodies, actions and energies. How might we expand the borders of always-institutional and always-political creativity and art, beyond the circulation of pictures and objects? How might the rubric of improvisation allow us to rethink institutionality, as an improvisatory creative practice?

As Sylvia Plath and Michael Taussig have each taught us, if somewhat grimly, even «dying is an art, like everything else».[5] There is artistry that emerges from even the most prescriptive or seemingly ossified preformatted forms we choose for scholarly discourse, from the formats we take up for communicating research, contextualising and sharing ideas. Formats like lectures, workshops, exhibitions and other institutional, artistic and academic gatherings of people and things, are, it's true, often criticised for being unimaginative, repetitive and constraining. Yet, the instauration of these knowledge practices is accompanied with necessary differences and variation. That these events tend toward regularity helps us to detect this variation, creating opportunities to cultivate and precipitate creative serendipities and improvisational impulses, interruptions and suspensions, held in relief against backgrounds of social tradition, cultural presumption and institutional form. It is for this reason that we should, and hopefully do, extend great gratitudes to organisers of even the most standardised or formalised such events, as the effortful and thankless task of composing these frameworks provides the very impetus for certain forms of creativity, certain forms of revelation, rare opportunities for exposition and exposure. These very writings would never have been sketched up and written down had an invitation to Kiel not been extended, had I not been asked to deliver a lecture, not asked to rework this talk into an essay for publication. Likewise, symposia, conferences, roundtables, talks — as much as these are maligned in certain circles and cultures of artists as ‹extraneous› to the ‹art making› that is often supposed to be the central, core activity and concern — can also be opportunities for potential interruptions and reinforcements, open to the promise of creative practice. They are activities at the borders of art, as it is presumed to be known through its objects and images. They are activities that are interesting in their proximity to what we might term ‹institutional practices›, approaching the activations of infrastructure and performances of power which constitute institutions.

In recomposing these thoughts, wrought in front of an audience at Muthesius Kunsthochschule, I would also want to bring up and try to retrace elements of ongoing and always important discussions, which sparked, and evolved during the wintery days we spent in Kiel, and thereafter.[6] Understanding the self-reflexive nature of my own, somewhat self-assigned, tasks — to deliver a prepared lecture about improvisation and institutions within the frame of the institutional format of a lecture — I would come to press against the edges of the creative practice of institutions which I act in the interest of. This, in ways that involved the organisers and (other) artists present for and to the session, as well as other scholars, researchers and presenters, and the Muthesius Kunsthochschule and its own (creative) institutional practices.

During the talk on the afternoon of Saturday, January 26, 2019, just before the *Ende des Symposiums* (as it was listed in the event programme), I projected behind me a screenshot of the initial email invitation I had received to come to Kiel, to Muthesius Kunsthochschule, to the symposium «Art and Its Borders». Making this unedited and unredacted correspondence between myself and Annika Frye from months before the event public was amongst the gestures I made that day toward rendering legible the creative, institutional practices that constitute the profoundly elaborate and complex, almost miraculous, processes that serve to make any such event possible. I was also, unwittingly, potentially violating European law, in publicly displaying email-correspondence without the consent of all parties. The rather simple point I was trying to make in that moment — delving into a bit of behind-the-scenes correspondence — was merely to emphasise these practices, of institutions, to foreground relationships between scripted and textual memoranda and how these frame and concretise into real, situated events. Any such event, however standard or idiosyncratic, is constituted by small leaps, from imagination to logistics, from language to understanding, from telecommunications to embodied action. And within these leaps, we might consider what opportunities exist for new directions, hold-ups or improvisations.

The email screenshot I showed to the group in Kiel also outlined the economic terms of my visit. It contained the fee and travel arrangements that Muthesius University of Fine Arts and Design had offered me as remuneration for my participation. The outing of this information would become a moment of detent, and interruption, as various groups of participants weighed up the terms of their own engagement with the «Art and Its Borders» event. Registered as immediate consternation during the moments and the workshop which followed, this modest ‹fee gate› situation I had instigated would very quickly morph into a spectrum of responses and conversations: from degrees of scandal-mongering on social media to reasoned concern and conversation around the precarious labour of artists, cultural workers and academics. It would appear in hasty write-ups, and subsequent corrections, in the German-language newspaper *Süddeutsche Zeitung*, and, of course, for a few weeks after our time in Kiel discussion continued ‹in the comments› within a small online community of concern. The incident provoked a series of institutional and personal reactions, some of which were necessarily extemporised and improvised: the demand for swift critical responses on mediums like Facebook and determination of their appropriateness as an arena for addressing perceived and real asymmetries of institutional power, economic validation and personal responsibility; understanding how to appropriately nuance and contextualise the presumption of and demands for transparency; managing somewhat inappropriately personal guilt, accusation or slander in dealing with the mutual blind spots, responsibilities, difficulties and contradictions that we all project, co-create and expect from institutional power; discovering how best to react to future breakdowns of the structural and tacit inequalities of cultures of art and design wrought through institutional presumption and inertia.

The economic facts worth highlighting are that all travel expenses were paid for all who were involved in the event, for us to come to Kiel and return home. I was reimbursed for this, and was also paid for a closing lecture, as well as a workshop organised with a collaborator. All lecturers were paid for their contributions, *but artists were at the outset not given fees for exhibiting their work.* After the ›fee gate‹ and deliberations described above, the artists were later paid commensurately for their contributions.

My transgression, publicly outing the details of the money I had been offered for my travel and participation — created a small scandal. This impromptu and unauthorised ‹leak› of normally ‹behind the scenes› institutional practices poked a small hole in the infrastructure of standardised proceedings, proceedings that are often put in place to make things more transparent and fair, but also inscribe certain inequities. Not having intended any offense or ignominy with my little gesture of reveal, it has been with hope and humility since January 2019 that I've thought back on an unscripted unmasking that demanded of myself and others a series of extra-formal improvisations. For these and for their patience, and any new understandings they may have helped generate, I am grateful. If we have exercised means of examining the processes which compose our institutional formality and formats, and if we have allowed for a small interruption of institutional proceduralism to teach us how we might once again remake these relations inventively, imaginatively and experimentally, then our shared time in Kiel will have been of great value.[7]

INSTITUTIONS, INFRASTRUCTURE & IMPROVISATION

Can we identify and bring into play improvisation, as a means of widening practices and concepts through art in their always-institutional settings? This, while understanding that these means can have different ends, ambiguous in both form and effect? The liberal, neo-liberal, avant-garde and experimental deployment of improvisation, as a mode of thinking and doing in art and institutional life, involves gestures that can expand expressive empathy and creative, serendipitous opportunity. But improvisation can also serve as a way of colonising all that surrounds, subsuming difference, flattening distinction, including all life as a ‹ready-made› for our art worlds. Likewise, the sociality of improvisation is always a *demand* made of people. It demands a level of extroversion and public self-awareness that can for some (if not many) be torturous and persecuting, or can force extemporisations that feel worse than regurgitation.

A preliminary description, not definition, of the kind of improvisation I am interested in could begin by outlining it as a skill, a method and the kind of activity that to some degree resists theorisation. It is a form of impractical, relational creativity, different from *bricolage* or *improvisiert*, which are oriented toward goals of productivity or novelty that are external to these relations. Improvisation is a means of thinking and acting that is additive and modulative, not subtractive or halting, that leaves all involved parties different, transformed. Improvisation embodies a relationship to time and vitality that is variable and open — *kairotic*, not chronic, that is, expressive of a time and context when conditions are *just right* for something to happen.

If we consider relations to planning, improvisation the way I'd like to address it could be a terminal stage which minimised prognostications into the future, at one end of a spectrum of relational temporal projections that we might sketch thusly: Logistics → planning → strategy → tactics → improvisation. Along this spectrum, each subsequent containment and temporal relation seems to provide a kind of reaction or resistance to the step before, causing an upward ripple. Improvisation resists tactics, tactics interrupt strategy, strategy reacts to planning and planning rubs up against logistical regimes. Improvisation is therefore in no way a transcendent exit, nor is it the same as ‹randomness›, ‹aleatoric› or procedural creative gestures (although these are perhaps potentially means for seeding improvisational activity). In the arts, improvisation sits historically as a subversion of the sanctity and valuation of ‹composition›, to which it is often opposed. There are fairly banal, but still often repeated, arguments stemming from protestant work ethic valuations of creativity — claims that improvisation amounts to ‹just making it up› — that have the effect of devaluing artistic practices which arise in the moment against those that are planned, thought through, thoroughly crafted or structured in advance and externally defined.

Improvisation as we have just outlined is not generally part of how artistic practices address institutions directly — such as Institutional Critique and related work. These are rather structural, or post-structural approaches (which are of course, also structural) that respond to infrastructures that allow art, in some way, to happen. The first and second wave of Institutional Critique work by people like Andrea Fraser, Michael Asher, and Fred Wilson partakes of the modernist gesture of the ‹reveal›, in art as in academia. Infrastructures, to give a recursive description, are those structures that allow structure to exist, and so are frustratingly unscaled, infinitely nested targets for critique. Infrastructural structures can be real and metaphoric, actual and imaginary, static or processual. They are physical: as in the people who clean a public auditorium room before groups of publics enter it, or the work that goes into creating the exhibitions, artworks and events that we often come together to talk through. They are technological, as in the preparatory keyboard tapping that accumulated as I finalised and prepared this text. They are habitual, written into the behaviours of practical, banal belief in things like calendars and clocks, which give to rendezvous and daily rhythms the appearance of proceeding smoothly. They are mythological, developed as customs of belief that we might have toward research, knowledge and art, such as those that cause us to create and participate in things like symposia, conferences, and talks. The nested temporal structures of logistics → planning → strategy → tactics → improvisation gives us a hint as to how and where improvisation might be inserted into such systems and structures.

Institutions of art and art education are established entities, notoriously resistive and persistently unchanging in time. Improvisational strategies would seem to little match the dynamics of these entities. What is important and impressive in temporal improvisation practices, however, is the wide ranging political, social, organisational and aesthetic relationships and valuations that these techniques have brought up. The 1971 improvisor Cornelius Cardew wrote the essay «Towards an Ethic of Improvisation»[8] and numerous other visions for the ways in which society could be reshaped through an improvisatory thinking. George Lewis speaks and writes of the emancipatory relations that drove improvisational impulses in 1960s Chicago through the Association for the Advancement of Creative Musicians.[9] Lewis has also, for many years, explored the development of improvising machines as a ground for new subject kinds of subject/object relations, as he outlined in his article «Rainbow Family» entry for *Technosphere Magazine* in 2018.[10] Such political agencies can, as with anything, get out of hand or go in the wrong direction — some have pointed to U.S. President Donald Trump's dangerous love of extemporaneous improvisation, for example.[11] I am editing this text during the Spring of 2020, in the midst of lockdowns and self-isolations due to the Covid-19 pandemic, which has also been heralded by some as «The Ultimate ‹Yes, And›» improvisation for communities and cultures.[12]

The technique, approach or style that is improvisation is often mistaken as a forgoing of systems or structures — whereas anyone who improvises will tell you it is precisely a mode of heightened concern with the existence, possibilities and modulation of extant structures. Indeed, George Lewis, again, is a theorist and musician who is fond of speaking about improvisation as an existential skill: If you couldn't improvise you'd never survive a tiger attack, or get across a New York street alive.[13] There are sympathetic perspectives like Mihaly Csikszentmihalyi's now famous book that became a managerialist classic, *Flow, The Psychology of Optimal Experience*, which is about the alignment of (self) valuation and skill matching, moments where the challenge before us is near-perfectly matched to how we respond, allowing prepared psyches to loose fuse with the necessity of activities, and fall out of time.[14] Csikszentmihalyi's tack was to analyse how high-performance mental and physical activities like improvising in music could be leveraged for making people more effective, present and efficient. There are also newer works on the grassroots activities of community organisation and the forming of new collectivities, such as the book *Emergent Strategy* by adrienne maree brown — the title of which is a rather attractive generalised description or definition of institutional improvisation. This last book takes up science fiction writer Octavia Butler's view of civilization relating to groups as intelligence relates to individuals: «It is a means of combining the intelligence of many to achieve ongoing group adaptation,»[15] writes Butler. These are all sentiments that show us intersections between institutional creativity and the often more immediate-seeming role and technique of improvisation. Deleuze's writings on ‹instinct› (as an idea we can ally to improvisation and unthought, unconscious creativity) and ‹institutions› places these two things in relation, not as incompatible concepts or practices aligned to ‹freedom› and ‹control› but part of a natural history of human attempts to meet, abstract and organise provisions for desires and needs.[16] «What we call an instinct and what we call an institution essentially designate procedures of satisfaction,» writes Deleuze.[17]

It is also worth noting and linking these ideas to the rise of telecommunications and network technologies, as new globalised infrastructures that simultaneously revealed rhythmic disjunctions between systems that had been protected from improvisatory speeds by systems incongruities and buffers. These have evolved into means and techniques that make it possible and required for people to create and enact institutional voices, also through the requirements of institutional transparency in a digital culture (e.g.: Wikileaks, or the Panama Papers). In a similar way, the Internet has become an excellent mechanism for extemporised interactions *with* institutions; for both individuals demanding immediate answers from institutions, and for institutions being able to demand immediate responses from individuals. Such immediacy, as acceleration of attentional economics, propels improvisation as a contemporary need, or digital life skill, which art schools and creative pedagogy could do better at responding to (e.g.: meme culture and other kinds of rapid image production for social media). For example, an ongoing and collaborative activity that emerged from encounters during our time in Kiel include a «memeclassworldwide» research workshop with Juan Blanco, Mateusz Dworczyk, Karin Ferrari, Bernhard Garnicnig, Susannah E. Haslam and Ramona Kortyka. This group coalesced when an existing student initiative found support through our visit to Muthesius Kunsthochschule. The workshop Bernhard and I did there supported and encouraged the playful and important responses the students were already making to institutional demands, online and off. This is but one example of the potential for immediacy and reactivity, for speaking back, with appropriate and contemporary voices about and with institutions.[18]

For our purposes, ‹institution› should be understood as a verb, as ‹to institute› infers practices that are continuously instantiated through belief and action, and might suggest different relationships to how we can engage with them. One relevant example would be the sense we get from ‹institution› in phrases like ‹the institution of marriage›, which captures the relational yet perpetual nature of institutional forms better than the organisations, such as post offices and museums, which usually come to mind. Phrases like ‹the institution of marriage› also call to mind those things in the world that are produced by love and commitment, desire and intention; performed acts of restoration, inauguration and speech, projection and imagination; things that persist, *hopefully*, against all entropic odds, through time. The philosopher Étienne Souriau uses a word, ‹instauration› — that he used in place of words like invention or creation — which helpfully describes this kind of process or effort of a thing becoming, but needing ever thereafter to be re-instantiated, reinstated and paid attention to.[19]

A particularly interesting question that arises, as we interest ourselves in how improvisation might help modulate practices with and within various cultural institutions, is how and why the demand to improvise arises as necessary for those with *less* power. And how «experimentation and innovation [are] integral to [...] navigating adverse conditions on a daily basis [as] a matter of survival.»[20] It is continuously demanded, in situations of everyday work-life, art-life and play-life, that we improvise around the imposition of power, the constraints of environments and infrastructure and the programming of condition.

WHAT WATER?

Judging by the number of lines of text written about them, and words spoken on their behalf, it would seem that ‹fish› are a favourite animal of art historians, media scholars and philosophers alike. In 1964, Marshall McLuhan wrote in *Counterblast*: «Today we live invested with an electric information environment that is quite as imperceptible to us as water is to a fish.»[21] inferring that we only ever place one environment inside another one. Siegfried Zielinski's ... *After the Media* exposes the all-over environment of media in terms of a fundamental paradox: «The case of media is [such that] we swim in it like the fish in the ocean, it is essential for us, and for this reason it is ultimately inaccessible to us.»[22] David Foster Wallace, arguably the greatest American Novelist of his generation, an astute observer and critic of the institutional regimentation of human life, was also a bit of an ichthyologist. A similar fish story frames his 2005 commencement speech to the graduating class at Kenyon College. It is a story of…

> […] two young fish swimming along, [who] happen to meet an older fish swimming the other way. [The older fish] nods at them and says ‹Morning, boys. How's the water?› And the two young fish swim on for a bit, and then eventually one of them looks over at the other and says ‹What the hell is water?›[23]

Wallace continues:

> The point of the fish story is merely that the most obvious, important realities are often the ones that are hardest to see and talk about. This is the awareness — awareness of what is so real and essential, so hidden in plain sight all around us […] we have to keep reminding ourselves, over and over: This is water, this is water. Stated as an English sentence, of course, this may seem just a banal platitude, but the fact is that in the day to day trenches of adult existence, banal platitudes can have a life or death importance.[24]

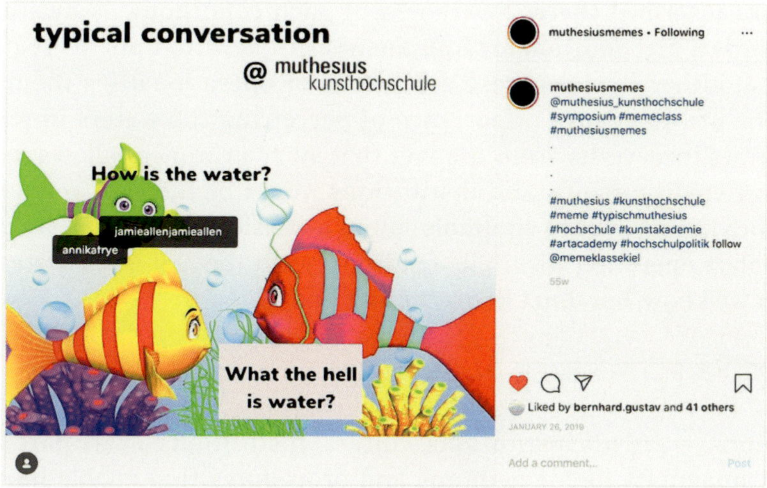

Fig. 2:
An image posted on January 26, 2019 to the Muthesius Kunsthochschule student-run Instagram account @muthesiusmemes after the lecture from which this essay was derived. The group behind this account further developed an extended, extemporised collaboration with «Improvising Institutions» workshop co-host Bernhard Garnicnig on a project entitled «memeclassworldwide».

The life and death importance Wallace was talking about here is grimly and sadly underscored by the fact that he took his own life, three years after this speech, at the age of 46.

There are, of course, many things that go broadly unnoticed — the air, the atmosphere, the earth, the chairs supporting our butts and the buildings that keep us warm and dry. There are also those things over which we have no conscious physiological control (our hearts beat, our lungs filling with air). The bandwidths of our consciousnesses are pre-programmed with foreground filters. Conditions of possibility recede, so as to lend greater significance to the possibilities themselves, and for us to delight in the *art* in and amongst all other things. Water-awareness, though, lends to aspects of our existence those qualities of artistic awareness and practice that Allan Kaprow highlighted, in one of his *Essays on the Blurring of Art and Life*, in differentiating between artists that get up every morning and make art, and artists that wake up every morning and ask «What is art, anyway?»[25]

It is one of the central functions of experimental arts — improvisation is one of these — to «make people aware of what they know and what they don't know that they know» as William Burroughs has said.[26] Improvisatory gestures lend polyrhythmic, contrapuntal or static qualities to situations that are otherwise monotonic, rote, and scripted by the conservatisms of history, culture and condition. Improvisation reroutes conscious energies toward what is or could be made possible in a given environment or situation, and hence toward that environment itself, and the conditions of possibility which are inscribed there. Awareness of such conditions — awareness of ‹water› — is a precondition for immanent critique, attempts to create something that either changes these conditions or operationalises them in new ways. The life and death importance of perceiving the waters in which we swim draws its severity from the fact that such awareness allows us to consider how environments, and institutions might be made or remade *otherwise*, more liveable, more equitable, more accessible. As artists, researchers and scholars operating within institutions, what the hell is *our* water? What is it that we know, but don't know that we know?

IMAGINED & PERFORMED INSTITUTIONS

Institutions — artistic institutions, cultural institutions — are part of a vast array of imaginary tools, mediums and procedures that enable human collectivity in a particular way. Institutions do not exist as singularly physical, geographical, organisationally constituted entities; they instead need to be continuously *instituted* — largely in unnoticed or unexamined ways. Just as poetry interrupts the structure of language, improvisation interrupts illusory temporal rigidity, semblances of rhythmic coherence and perceived procedural smoothness. It is this relationship to the orchestration of time that allows improvisation to expose how institutions have evolved in contemporary life as a harnessing of movement — first as tactics, then as strategy, then as planning and finally as the logistical world under which we live. As Fred Moten and Stefano Harney write in *The Undercommons*, «this logisticality will not cohere».[27] To put it another way, institutions are a kind of mass delusion, a collective processual hallucination,[28] existing in time as seemingly predictable, cohesive structures — like an elaborate baroque dance or a monorhythmic trance, not at all just a solid thing. Such *performed* institutions, or institutional performances, as such, if we choose to view them in such a way, might be more readily susceptible to the additive strategies suggested by modes of ‹yes... and› improvisation.

Imagine what it would be like if everyone at the Muthesius University of Fine Arts and Design, all of a sudden, started showing up 20 minutes late, or *early*, for everything, all day every day? Or, we could consider what happens when people, under relatively dire and serious circumstances, stop believing in, and stop adhering to the regular processual rigidity of law enforcement, banks, post offices or governments. What if we were to stop regularly paying our debts, or stop going to work.

None of this is to make institutionality itself or institutional practices themselves into a default ‹enemy› that must be subjected to arbitrary or reactionary change, or at all costs avoided. It is both wonderful and necessary, even essential, to organise, to manage, to compose the dances of synchronicity and coordination that go on inside institutions of all kinds. The institution is not always, as Marxists might have it, *just* a means of subjugating underclasses and controlling means of production. Nor are institutions, as Foucauldians might have it, *only* training wheels for habituation and self-governance. Institutions are part of the human need and desire to construct socialities, fulfilled both through systematised as well as abstract means. They are also a ground of potential, the very conditions for the possibility of human collectivity and coordination.

It would be difficult to argue against the fact that institutions of art and culture, and particularly those engaged in teaching and research, are becoming in some senses *more institutional*. We could trace the transformation of collective imaginaries when thinking about a school or university over the last 50 or 60 years. For a time (1960s, 1970s), student groups were active and specific communities, identifiable and identified with schools and universities, attached to ways of thinking and acting, a generation or ‹school of thought›. The students of Paris 1968, as a canonical and famed example, became an institutional force with a concise and specific identity, aligned with artistic and liberal arts sensibilities — much of the force of this movement deriving from powerful poetic rhetoric and symbolic imagery, graffitied dictums like «*ne travaillez jamais*» and «*sous les pavés la plage*». Then, in the 1980s and 1990s, industrialised democracies witnessed the proliferation of the phenomenon of the superstar academic — people like Noam Chomsky and Avital Ronel emerged as spokespeople within institutions who also resisted, or wrestled with, institutional cultures and their personal-professional overlaps and dilemmas. They were and are veritable celebrities, almost but not entirely transcending the administrative powers and institutional potentials that their positions and academic tenures subtend. And now, in our current moment, decade and century, which actors in the academy come to mind when we think of who represents the contemporary university, or art school? Most, I think, would answer, «the administration». President, provost, and the higher rankings of administration are now commonly filled by illustrious names — of artists, philosophers, and political and public intellectuals, their comings and goings even covered by the press.[29]

This intensification of interest and power in the administrative, bureaucratic functioning of art schools and educational institutions comes at a time in which we are all more and more preoccupied with classically bureaucratic, institutional processes. It seems as if the more we allow, or are ourselves responsible for, influxes of classically institutional practices into our everyday, artistic, academic or pedagogical circumstances, the more we all collude to downplay the very fact that this is occurring. We say things to one another like, «Well this is just how institutions are, aren't they?», or «That's the art world these days!», throwing our hands up at the number of forms, regulations, inefficiencies and opacities, the lack of support or understanding, the outright abuses of mandate or power. But throwing our hands in the air leaves us both vulnerable and prostrate. Gestures of complicity and acceptance — not talking to each other about these things — makes cloudy and distant and precludes the possibility that we might modulate, reformulate or reroute them.

I am a researcher, an artist, a designer and a teacher. I spend a lot of my time — like most people I imagine who are reading this — writing and reading emails, messages, communicating, coordinating. I write and co-write documents, proposals and reports, essays, book chapters, curatorial texts and artwork descriptions. I also create objects, media and events, but most of this *also* involves a lot of email coordination, invoices, receipts and forms. This means that mostly what I'm involved in is instituting things — *ad hoc* or temporally delimited things like project teams or collaborative groups, as well as longer-lived things like publishing collectives and research project consortiums. These activities have become a large part of what it means to be an artist or a scholar, a creative knowledge practitioner, today. Think of the number of emails that were sent in order to coordinate something like the publication of this essay. Or the number of messages that were sent, the number of documents and forms filled out, contracts signed, permissions, proposals, order and shipment forms, and proposal documents written that culminate in a public art exhibition. The result of all this typing now collectively composes part of the creative knowledge practices of art, of research and of teaching. They are all, of course, activities that benefit me as an individual, in many ways — through learning, affective and personal connections, through the fomenting of curiosity and ‹renewed› ideas, and through opportunities I get to open and grow into, react against, and even *improvise*. But these are also, of course, activities that provide energies and scaffolding, support and reification of the institutions through which these things necessarily take place. (It is here, during the original talk in Kiel from which this text is derived, that I projected an image of the invitation email to the audience in Kiel, thereby invoking institutional improvisations *aplenty*.)

When we interact or participate, especially when we do so out of unthought habit, with or in a given institution, with each step, touch, moment of attention or inattention — with each tacit reiteration of a norm or trope — we are, in a sense, placing a kind of vote — that this is the institution or institutional form that *we want to continue to exist*. What we participate in, even if we react against it, makes us complicit. We are complicit with *these* structures, co-constitutive of each and every social, legal and cultural structure we involve ourselves with, at the point and moment of each interaction, and in those other creative practices that occupy most of our time. The Artist Placement Group (APG), an inspiring artist-run organisation seeking to refocus art outside the gallery founded in 1966, attached artists to businesses or governmental context for periods of time. One of the APG slogans was, «context is half the work», and bureaucracy, textual communications, online habits and email practices I observe amongst artists might even indicate that to be a too-conservative ratio.[30] David Graeber's question from *The Utopia of Rules: On Technology, Stupidity and the Secret Joys of Bureaucracy*, is a similar call to context: «Could it be possible to develop a general theory of interpretive labor?» For Graeber, interpretive labour is «the everyday business of social life, [that] consists in trying to decipher the motives and perceptions of other people, systems and institutions.»[31] I would consider «interpretive labor» a kind of precursor to institutional improvisation, or at least of *good improvisation*, which is always, first, the act of *listening to and understanding what is happening already*.

Interestingly, Graeber references the ways that women in patriarchal cultures have been and are forced to listen to men, forced to learn and adjust to the whims and wants of fragile masculine, dominator psyches. Women and others have been forced to respond and be at the ready when masculine spasms of authority or desire emerge and radically change the situation or environment. There is an adage that has recently reached near-*meme* status online, told to me recently by an art student in Canada. It is: «Tyranny is the deliberate removal of nuance». The inverse of this phrase also seems like a straightforward derivation of ‹interpretive labour›. That is, people who live through autocratic, arbitrary and imperious conditions, no matter how severe, become *students of nuance*. Further proof of this relation may lie in the fact that the original phrase — «Tyranny is the deliberate removal of nuance» — is attributed to documentary filmmaker Albert Maysles, whose own sensitive and subtle film essays seem designed to *reassert* nuance.[32]

The improviser, composer, trombone player, computer programmer and ethnographer George Lewis' «Rainbow Family» essay is about improvising with machines, but it's not just about that. I'll quote him at length, to preserve the nuances of his thoughts on this:

> [We understand] that the experience of listening is an improvisative act, engaged in by everyone, that amounts to an expression of agency, judg-

> ment, and choice, conducted in a condition of indeterminacy. Immersing ourselves conceptually in this improvisative assemblage allows us to recognize our vulnerability as listeners, even as we practice active engagement with the world. If the subaltern cannot speak, he or she is obliged to listen, and acts of listening and responding inevitably place us in a condition of momentary sub-alterity, whatever our designated social, racial, gender, or class position. Indeterminacy, often posed musically since John Cage as separable from improvisation, becomes instead an aspect of everyday life that is addressed improvisatively.[33]

For those of us working with art schools and universities, these ideas could be applied to, or account for, those many moments of ambiguity and consternation when some seemingly arbitrary process or procedure is put in place, when a confusing email is circulated, when a new directive is rumoured but never initiated, when a supervisor or advisor lashes out unexpectedly, or when an unkind phrase is overheard in a stairwell… There is a concerned ‹we› that is left collectively listening but confused, even openly traumatised. This, if we listen with George Lewis, is a condition of momentary sub-alterity, or subjugated otherness, a position of *having* to listen-to, to learn-about, and to study the workings of those who oblige us to listen, and then oblige us to respond, to their often ambiguous utterances. George's own awareness of this condition is well honed. I'm reminded of a Glasgow Improvisers Orchestra session that George Lewis ‹conducted› and in which I was playing experimental electronics. An imposing figure to say the least amongst a relatively shy, deep-listening improviser grouping from Scotland, George kind of ran around the stage pointing at people, not-so-quietly imploring people: «Play something!» «Now you! You — play something!»

Graeber's term of interpretational labour points to the fact that this call-and-response we are called into is actual, real effort — it is time and attention consuming *work*, subalterns training in the art of responding to calls of power. Subalterns are compulsed and conditioned to listen, constantly, to interpret quickly, to attempt to understand deeply, and to respond sensitively. It is an inverse form of care for the intentions and possibilities of this or that leader, mandate, system, aim or goal, projected upon those required to respond and react. There are similarities and connections between this characterisation of listening-and-learning as improvisation in the resilience strategies of oppressed or displaced intersectional identities, addressed by Black Study scholars. Moten and Harney, whose *Undercommons* book has massively influenced the study and critique of cultural institutions in the past few years, sketch institutional labour and subaltern listening as the general condition of the ‹call› and the ‹demand›. They ask what makes it possible to muster new orientations or abilities to answer (or not answer) these calls in alternate ways. Morten and Harney reference this special study of listening as *improvisation*, and how it arises from a need to dis-harmoniously respond to the demands of institutionality, also as a kind of inverse, or perverse, care and concern for those who would impose systems of power, control and hierarchy, or oppression. They cite Afro-pessimist Frank B. Wilderson III, who «teaches us, the improvisational imperative is, therefore, ‹to stay in the hold of the ship, despite my fantasies of flight›».[34] And within such holds, under such hierarchies, the call to respond is described in *The Undercommons* also as a call to improvise:

> I think the call, in the way I would understand it, the call, as in the call and response, the response is already there before the call goes out. You're already in something. You are already in it [...] What's more, the call is always a call to dis-order and this disorder or wildness shows up in many places: in jazz, in improvisation, in noise.[35]

Graeber is inspired by black feminist studies scholar and poet bell hooks, who inspired the whole idea of a general theory of interpretive labor (and who chooses not to capitalise her name):

> Although there has never been any official body of black people in the United States who have gathered as anthropologists and/or ethnographers to study whiteness, black folks have, from slavery on, shared in conversations with one another ‹special› knowledge of whiteness gleaned from close scrutiny of white people. [...] For years black domestic servants, working in white homes, acted as informants who brought knowledge back to segregated communities — details, facts, psychoanalytic readings of the white ‹Other.›[36]

With every deference and all respect and commitment to honour to those who have endured the violent and horribly threatening circumstances of patriarchy and colonialism, we may all find in these interpretations and actions of listening, learning and improvisation, hope and inspiration for dealing with always patriarchal and colonial institutions, and for developing different kinds of responses to them.

PLAY SOMETHING!

The idea that we demand improvisation from those less empowered than us is, or should be, a disconcerting thought for people who take up the honours of teaching, giving lectures or hosting workshops. The people we can safely assume are in some way ‹in charge› of things — presidents, institute directors, heads of department, teachers — as well as the systems and initiatives they put in place — are, under normal circumstances, necessarily *less aware* of those they affect than *those they affect are aware of them*. Those ‹in charge› are, by a structural irony of hierarchy and its natural, numerical asymmetricity, much less practiced and adept at listening, study and improvisation, in the ways just described. To prove this, we just need to think, for a moment, about how many individual minds, neural circuits and thought-energies are, every day, situated on, studying and reacting to the dictums, desires and whims of *the boss*, or the President of an art academy, or of a teacher in a classroom.

Whatever other topics or ‹content› we might try and bring to the fore, the most concerned and thoughtful students, ‹around the watercooler› or at the coffee machine, will spend most of their time studying *their teachers*, interpreting *the institution*. They will mostly be researching the socio-technical institutional constructions ‹above them› who demand of them that they respond, who demand their improvisations. It is apparent then, that these are the actors in creative institutional cultures who are improvisatively poised, trained, and listening.

The pre-occupations we have with these institutions, that are various and precarious as actual occupations most of the time, could, as Lorde, Lewis, Moten and Harney suggest, precipitate responses that are thoughtfully improvisatory — dis-ordered and noisy — admissive of more energetic possibility and the careful re-imposition of nuance that staves off tyranny, and creates openings for change in institutional practices, environments and habits. We are hindered, perhaps, by our lack of practice at, or unwillingness to ‹improvise upward›, or at least horizontally. Perhaps what we need is to make better, more frequent improvisatory demands of one another, repeatedly and often: «Hey you, PLAY SOMETHING!»

If improvisation, as we have outlined, develops as a response to the call or demand of imposed structures — as responses to power and imposed temporalities — what can we develop as improvisational tactics, strategies, as concerted or expressive, personal responses to planning and logistics? How this demand is made, who it comes from, and what kind of emergent strategies could we help another to practice, such that we are more ready for those opportune, kairotic instants where expression and desire can erupt. In *that* moment. We all have our responsibilities, and most of the time an *ability to respond*; opportunities turn at least some part of our attentions and care toward asking the obvious yet under-asked question: How do these infrastructures of contemporary creative practices and cultural production work, how are they working on us, how do they cause us to work on each other? How might we all work otherwise? If these questions seem too obvious to waste time discussing, I would ask you, as Foster Wallace did, to think about fish and water, and to bracket for just a few more minutes your scepticism about the value of interrogating the totally obvious.

1 J. Derrida, when asked to extemporise on ‹love› in the 2002 interview film *Derrida*, 2002, directed by Kirby Dick / Amy Ziering Kofman, New York, NY: Zeitgeist Films / Jane Doe Films.
2 Cf. https://muthesius-kunsthochschule.de/wp-content/uploads/2018/09/kunst-an-den-raendern-programm.pdf (23 April 2020).
3 McLuhan 1964, p. 66.
4 Saotome 1989, p. 222.
5 Taussig 2001, p. 1.
6 I am grateful for the close readings, attentions, care and suggestions given by Bernhard Garnicnig and Annika Frye in formulating the accounts in this essay relating to our time in Kiel.
7 In this vein, following the workshop portion of our visit, collaborator Bernhard Garnicnig would go on to develop the ongoing @memeclassworldwide project with students and artists from Kiel. See http://www.memeclassworldwi.de/ and https://www.instagram.com/mcww.club/.
8 Cardew 1971.
9 Lewis 2008.
10 Lewis 2018.
11 Graham 2017.
12 Oliphant 2020.
13 Coleman 2015, p. 6.
14 Csikszentmihalyi 2014.
15 Butler 2012, p. 81.
16 Deleuze 2004.
17 Deleuze 2004, p. 19.
18 Garnicnig 2019.
19 Latour 2011.
20 Coleman 2015, p. 6.
21 McLuhan 1969, p. 14.
22 Zielinski 2006, p. 33.
23 Wallace 2009, p. 5.
24 Wallace 2009, p. 26.
25 Kaprow 1993, p. 54.
26 Burroughs 1999, p. 162.
27 Harney / Moten 2013, p. 92.
28 Yuval Harari gives an account of corporate institutions as «figment[s] of our collective imagination» (Harari 2014) and Bernhard Garnicnig often uses the phrase «consensus hallucination» to describe this same idea.
29 See, for example: Hüffer 2018.
30 Eleey 2007.
31 Graeber 2015, p. 34.
32 Cf. https://www.goodreads.com/quotes/3274788-tyranny-is-the-deliberate-removal-of-nuance (24 April 2020).
33 Lewis 2018, n.p.
34 Harney / Moten 2013, p. 94.
35 Harney / Moten 2013, p. 7.
36 hooks 2010, p. 38.

References

BURROUGHS, WILLIAM S. (1999), *Conversations with William S. Burroughs*, ed. by Allen Hibbard, Jackson, MS.

BUTLER, OCTAVIA E. (2012), *Parable of the Sower*, New York, NY.

CARDEW, CORNELIUS (1971), Towards an ethic of improvisation, in: id., *Treatise Handbook*, London, pp. 17 – 20.

COLEMAN, KWAMI (2015), Everyone's Creative: George E. Lewis and Ubiquitous Improvisation, in: *Teachers College Record* 117 (10), pp. 1 – 9.

CSIKSZENTMIHALYI, MIHALY (2014), Toward a Psychology of Optimal Experience, in: id., *Flow and the Foundations of Positive Psychology*, Dordrecht, pp. 209 – 226.

DELEUZE, GILLES (2004), Instincts and Institutions, in: id., *Desert Islands and Other Texts, 1953 – 1974*, transl. by Mike Taormina, Los Angeles, CA / New York, NY, pp. 19 – 21.

ELEEY, PETER (2007), Context is Half the Work, in: *Frieze Magazine* 111. https://frieze.com/article/context-half-work (23 April 2020).

GARNICNIG, BERNHARD (2019), memeclass worldwide. https://muthesius-kunsthochschule.de/veranstaltungen/memeclass-worldwide-i-didnt-know-its-that-easy/ (23 April 2020).

GRAEBER, DAVID (2015), *The Utopia of Rules: On Technology, Stupidity, and the Secret Joys of Bureaucracy*, Brooklyn, NY / London.

GRAHAM, DAVID A. (2017), Trump's Dangerous Love of Improvisation, in: *The Atlantic*, 9 August 2017. https://www.theatlantic.com/politics/archive/2017/08/get-on-board-the-trump-trane/536379/ (23 April 2020).

HARARI, YUVAL NOAH (2014), *Sapiens. A Brief History of Humankind*, London.

HARNEY, STEFANO / MOTEN, FRED (2013), *The Undercommons: Fugitive Planning & Black Study*, Wivenhoe et al.

HOOKS, BELL (2010), Representations of Whiteness in the Black Imagination, in: David R. Roediger (ed.), *Black on White: Black Writers on What it Means to Be White*. New York, NY, pp. 38 – 53.

HÜFFER, WILM (2018), *HFG-REKTOR SIEGFRIED ZIELINSKI VERLÄSST KARLSRUHE*: Das lähmende Erbe von Peter Sloterdijk. https://www.swr.de/swr2/leben-und-gesellschaft/article-swr-12514.html (23 April 2020).

KAPROW, ALLAN (1993), *Essays on the Blurring of Art and Life*, ed. by Jeff Kelley, Berkeley, CA.

LATOUR, BRUNO (2011), Reflections on Etienne Souriau's *Les différents modes d'existence*. http://www.bruno-latour.fr/sites/default/files/downloads/98-SOURIAU-GRAHAM-GB.pdf (23 April 2020).

LEWIS, GEORGE E. (2008), *A Power Stronger than Itself: The AACM and American Experimental Music*, Chicago, IL / London.

LEWIS, GEORGE E. (2018), Rainbow Family, in: *Technosphere Magazine*, 23 December 2018. https://www.technosphere-magazine.hkw.de/p/5-Rainbow-Family-5Aj9nAxzG6zFRAAd9icEvH (23 April 2020).

MCLUHAN, MARSHALL (1964), *Understanding Media: The Extensions of Man*, New York, NY.

MCLUHAN, MARSHALL (1969), *Counterblast*, Toronto.

OLIPHANT, GRANT (2020), The Ultimate «Yes, And», The Heinz Endowment, Blog Detail. http://www.heinz.org/blog-the-point/blog-detail/?id=71 (24 April 2020).

SAOTOME, MITSUGI (1989), *The Principles of Aikido*, Boston, MA / London.

TAUSSIG, MICHAEL (2001), Dying is an Art, like Everything Else, in: *Critical Inquiry* 28 (1), pp. 305 – 316.

WALLACE, DAVID FOSTER (2009), *This Is Water: Some Thoughts, Delivered on a Significant Occasion, about Living a Compassionate Life*, New York, NY.

ZIELINSKI, SIEGFRIED (2006), *Deep Time of the Media: Toward an Archaeology of Hearing and Seeing by Technical Means*, transl. by Gloria Custance, Cambridge, MA / London.

List of Images

1 Participants taking part in the «Improvising Institutions» workshop, convened by Jamie Allen and Bernhard Garnicnig at the Muthesius Kunsthochschule, January 26, 2019. Photo by Bernhard Garnicnig, 2019.

2 An image posted on January 26, 2019 to the Muthesius Kunsthochschule student-run Instagram account @muthesiusmemes after the lecture from which this essay was derived. The group behind this account further developed an extended, extemporised collaboration with «Improvising Institutions» workshop co-host Bernhard Garnicnig on a project entitled «memeclassworldwide». Image citation from: https://www.instagram.com/p/BtGOCuxAZ56/ (23 April 2020).

Peggy Stahnke

KÜNSTLERINTERVIEW GRENZEN DER SICHTBARKEIT – *EMBODIMENT OF PAIN*

Die Fotografin und Künstlerin Peggy Stahnke beschäftigt sich seit ihrem Studium an der Muthesius Kunsthochschule Kiel (2012–2017) mit der Sicht auf menschliche Körper in sozialen Kontexten. Stahnke konfrontiert vorherrschende Körperideale der digitalen Medien mit ihren Gegenbildern menschlicher Individualität. Ihre Bilder erzählen Geschichten von der Schönheit des menschlichen Körpers jenseits der eng gefassten gesellschaftlichen Norm und Ästhetik. Sie bricht Tabus der Sichtbarkeit und zeigt Menschen, wie man sie sehen könnte.

Nach dem Master-Examen war Peggy Stahnke Stipendiatin der Muthesius Kunsthochschule im »Muthesius-Projekt« mit der Arbeit *hautnah* (ursprünglich *Über Körper*), einer Fotoserie über Menschen mit schweren geistigen und körperlichen Behinderungen (dazu erschien der Ausstellungskatalog *hautnah*, hg. vom Muthesius Kunsthochschule Verlag, Kiel 2019). Die Arbeit *Über Körper* wurde 2015 in der Ausstellung *Foto-Reflexionen 05, Landesausstellung für Fotografie in Schleswig-Holstein* mit dem ersten Platz ausgezeichnet. Für ihre Serie *embodiment of pain* erhielt sie 2018 den Publikumspreis im Rahmen des Muthesius-Preises in der Kunsthalle zu Kiel. Gegenwärtig arbeitet Stahnke als Stipendiatin der Kulturstiftung des Landes Schleswig-Holstein an einer Fotoserie über die Flüchtigkeit des Tanzes. Seit 2014 nimmt sie an Ausstellungen in ganz Deutschland teil, eine erste internationale Ausstellungsbeteiligung führte sie 2018 zu *Les Rencontres de la photographie* nach Arles. Peggy Stahnke lebt und arbeitet in Kiel.

Christiane Kruse: *Was zeigen die Fotografien?*

Peggy Stahnke: Gezeigt werden an Brustkrebs erkrankte Frauen unterschiedlichen Alters, die in verschiedenen Abschnitten ihres Lebens mit dieser Herausforderung konfrontiert worden sind und sich in unterschiedlichen Stadien ihrer Erkrankung befinden. Das heißt, die Frauen standen zum Zeitpunkt des Projektes noch vor geplanten Operationen oder Therapien bzw. haben diese bereits hinter sich. Die Betroffenen sind zwischen 25 und 45 Jahren alt und kommen aus Norddeutschland. Die Bilder zeigen einen fotografischen Kommentar zum Thema Brustkrebs.

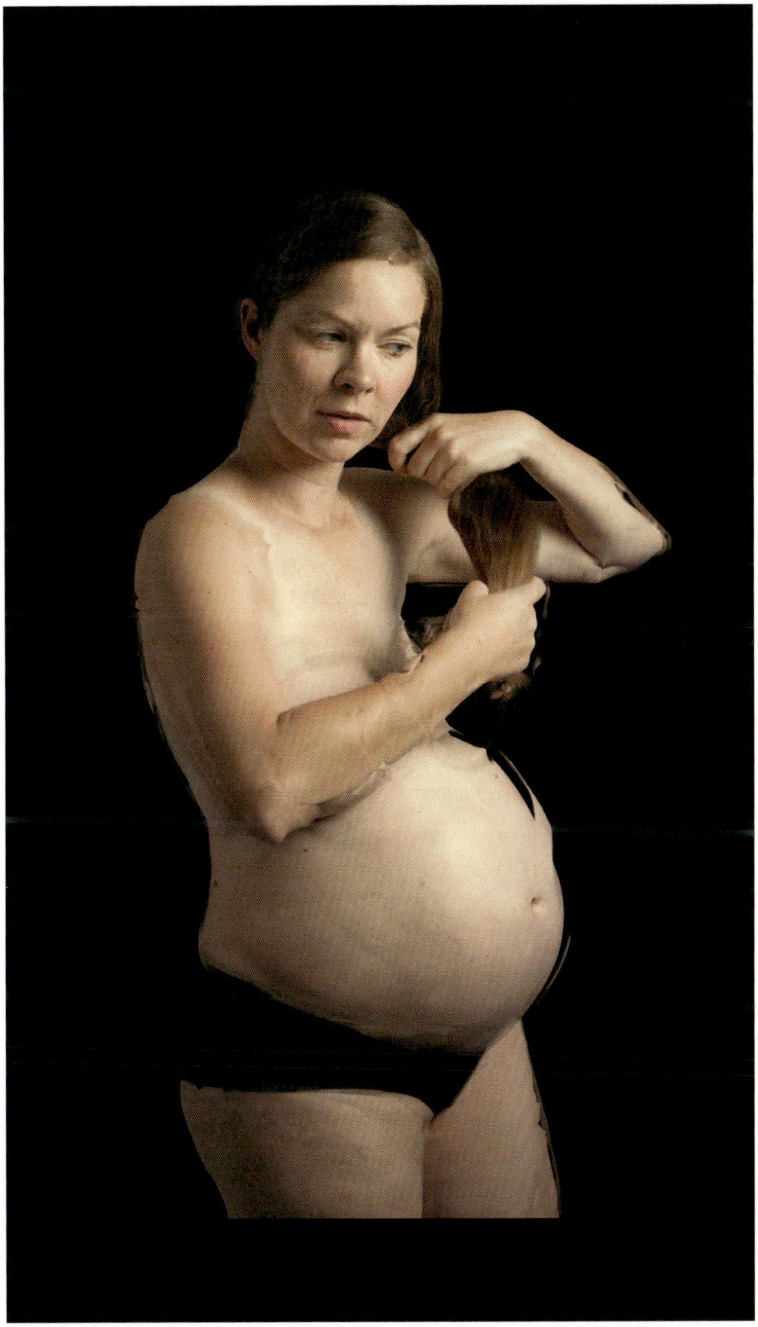

CK: *Wie kam es zu dem Projekt?*

PS: Während meines Studiums an der Kunsthochschule ist ein Familienmitglied von mir an Brustkrebs erkrankt. Dieses Ereignis war für mich der Auslöser, mich fotografisch mit dem Thema Brustkrebs zu beschäftigen. Ich begann nach Modellen zu suchen und begegnete einer jungen Frau, die in ihren Zwanzigern an Brustkrebs erkrankt ist.

Außer unserem Alter verband uns vorerst nichts. Wir waren Fremde füreinander. Ich versuchte, mich mit der Kamera ihr als Person und auch der Krankheit zu nähern. Ich porträtierte sie analog. Es entstanden erste Bilder.

Der Masterabschluss rückte näher und mir wurde bewusst, dass ich meine Abschlussarbeit zum Thema Brustkrebs machen und dieses fotografisch weiter vertiefen wollte.

Ich suchte nach weiteren Modellen. Dies war nicht so leicht. Ich wandte mich an Rehakliniken, Krankenhäuser, Brustzentren und Selbsthilfegruppen. Leider stand ich oftmals vor verschlossenen Türen. Kaum jemand stellte sich als Vermittler zur Verfügung. Also versuchte ich es nach einiger Zeit über die sozialen Netzwerke. Über Facebook startete ich einen Aufruf und bekam in kürzester Zeit deutschlandweites Interesse. Da das Masterprojekt in seiner Dauer begrenzt ist und ich schon ein paar Wochen für die Organisation gebraucht hatte, entschied ich mich nur Frauen aus Schleswig-Holstein und Hamburg zu fotografieren.

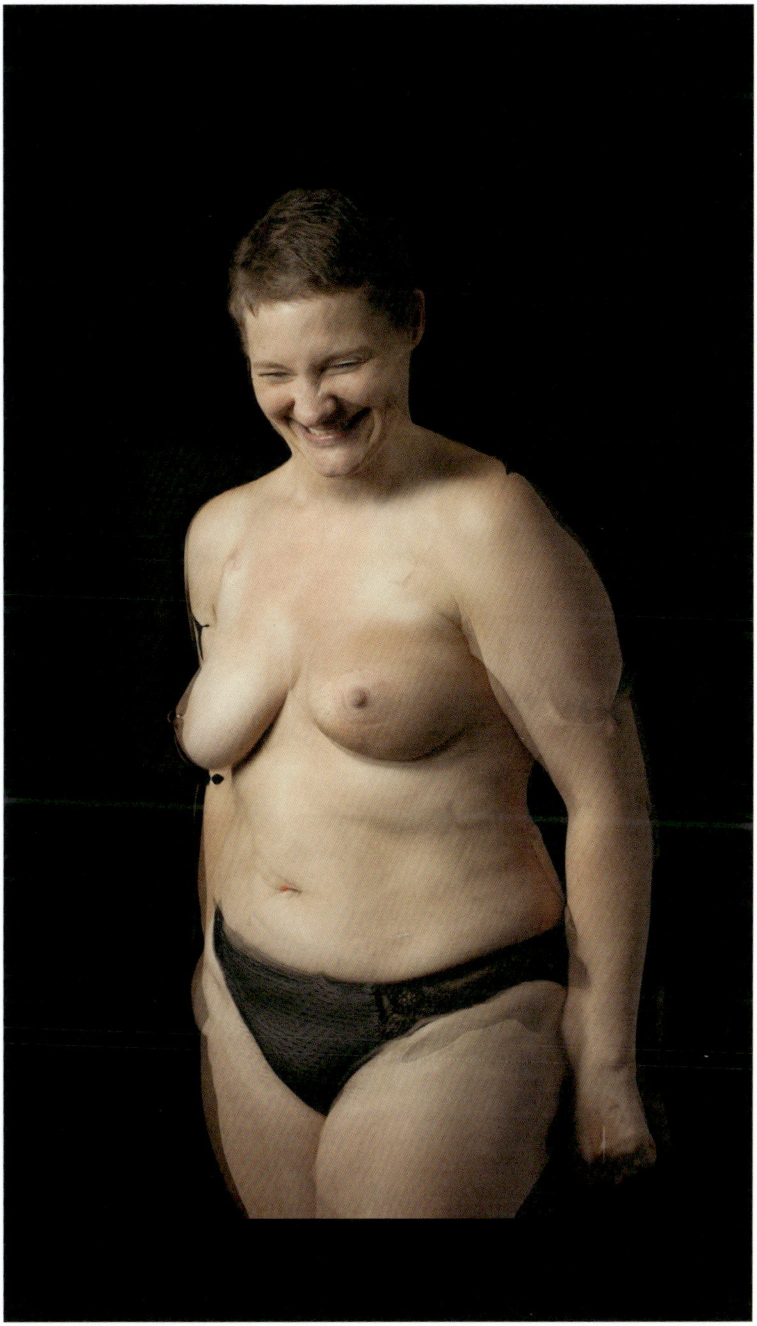

CK: *Welches Bildmaterial zeigst du – keine Found-Footage-Bilder. Wie zeigst du die Krankheit Brustkrebs? Welche Rolle spielt es, dass du betroffene Frauen fotografiert hast? Welche Bildtechnik verwendest du?*

PS: Im Internet ist an Bildmaterial zum Thema mittlerweile so gut wie alles zu finden. Ich hätte also problemlos Bilder von Frauen mit Brustkrebs finden können. Aber was für ein Material wäre das gewesen? Die Bilder, die für Werbeprospekte oder Ähnliches produziert werden, waren nicht das, was ich zeigen wollte.

Ich habe bewusst keine Found-Footage-Bilder eingesetzt, weil es mir darum ging, die Frauen persönlich kennenzulernen, mich mit meiner Kamera den Frauen selbst zu nähern. Es ging mir um den Akt des Fotografierens, der die Fotografie für mich so besonders macht. Diese zwischenmenschliche Erfahrung, sich auf Augenhöhe respektvoll zu begegnen, wurde der Ausgangspunkt meiner Arbeit. Ich wollte Frauen fotografieren, die ich real getroffen hatte und die bereit waren, mir von ihrer eigenen Geschichte zu erzählen.

Die Krankheit Brustkrebs zeige ich als Halbakte. Ich habe die Frauen einzeln im Studio fotografiert und dabei versucht, sie mit ihren individuellen Gesten abzubilden. Jede mit dem gleichen Lichtaufbau. Danach stellte ich mehrere Motive frei.

Mit Hilfe eines Morphingprogramms ließ ich am Computer immer zwei Motive miteinander verrechnen. Ich markierte, welche Bereiche in dem von mir ausgewählten Porträt einer Frau mit welchen Bereichen in dem Bild einer weiteren Frau verrechnet werden sollten. Morphingprogramme sind darauf ausgelegt, zwei Ausgangsbilder, die exakt gleich aufgenommen wurden, miteinander zu verschmelzen, um ein drittes, vorher nicht existierendes Bild zu erschaffen. Um diese Funktion des Morphingprogramms bewusst zu brechen, verrechnete ich zwei Ausgangsbilder mit unterschiedlichen Posen oder Gesten. Dieses Vorgehen zielt darauf, Rechenfehler / Bildfehler zu erzeugen, die genau durch diesen Prozess entstanden. Diesen Prozess wiederholte ich mit mehreren Zweierkonstellationen. Am Ende wählte ich bestimmte Ergebnisse und Rechenfehler aus, die ich dann in Photoshop zu einem Bild komponierte. Es sind also mehrere Frauen in einem Bild. Die Arbeit *embodiment of pain* besteht aus sieben Endbildnissen.

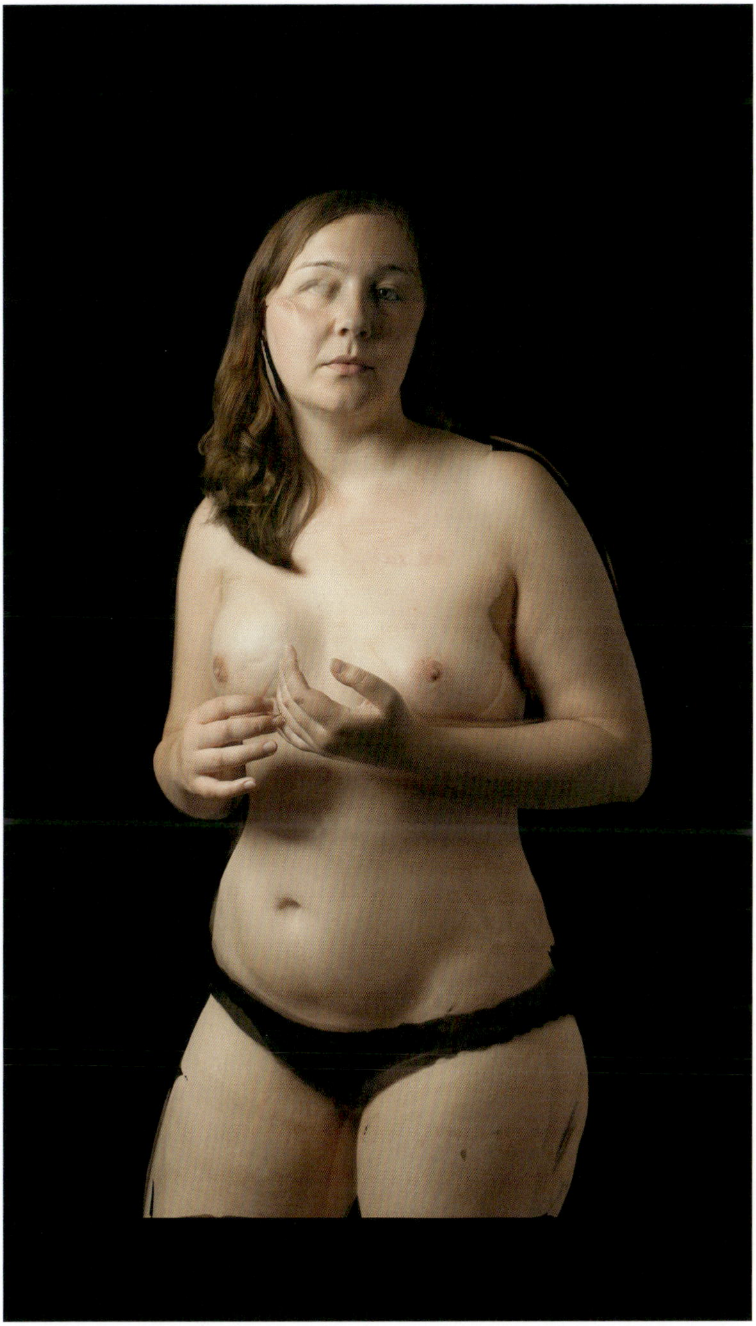

CK: *Krankheit zeigen ist ein Tabu: einmal für die (betroffenen) Frauen und dann auch für die Gesellschaft. Wie gehst du als Künstlerin mit diesem Tabu um? Welche Bildsprache wählst du? Warum ist es wichtig, das Tabu zu brechen?*

PS: Ich zeige die Krankheit schonungslos. Es ging mir nie darum, etwas zu verschleiern. Ich verstecke die Wunden der Frauen nicht. Ich zeige nicht nur ihre Narben, die durch Operationen oder Bestrahlung entstanden sind, sondern auch Einschnitte in Haut und Körperteile, die sich durch das Morphen formten.

Ich zeige und überspitze das, was sonst im Verborgenen bleibt. Ich zeige etwas, was sonst nicht gesehen werden will. Manchmal redet man nicht über Themen, weil sie so groß erscheinen, dass sie nicht zu fassen sind. Aber diese Arbeit macht genau diese großen Themen sichtbar: Krankheit, Schmerz, sogar den Tod, der einem in den Sinn kommt, wenn man an Krankheiten wie Brustkrebs denkt. *Embodiment of pain* beschreibt also nicht nur den körperlichen Schmerz, den die Betroffenen erfahren haben, sondern auch eine emotionale Verletzlichkeit. Diese Verletzlichkeit erzählt eine Geschichte, die Geschichte einer Überwindung, einer Akzeptanz und eines Annehmens dieser Versehrtheit.

Für die Frauen, die bei dem Projekt mitgemacht haben, war es sehr wichtig, sich zu zeigen, zu dem zu stehen, wie sie sind und wer sie sind, und somit gleichzeitig gegen das Tabu *Krankheit zeigen* anzugehen.

Die Arbeit bietet eine Projektionsfläche, da sich die Menschen, gerade Frauen, mit den Abgebildeten identifizieren können. Wir alle haben vergängliche Körper.

In *embodiment of pain* beschreibe ich die Krankheit als einen Lebenszustand. Einen Zustand, mit dem man lebt, der nicht mangelhaft ist, nur weil die Gesellschaft es so definiert.

In meinen Arbeiten beschäftige ich mich allgemein mit dem (von der Gesellschaft so definierten) ›Makel‹, dem etwas Unperfektes, für mich etwas zutiefst Menschliches, innewohnt. Ich zeige verschiedene Formen des Lebens und erweitere die Bandbreite dessen, wie etwas öffentlich gezeigt wird.

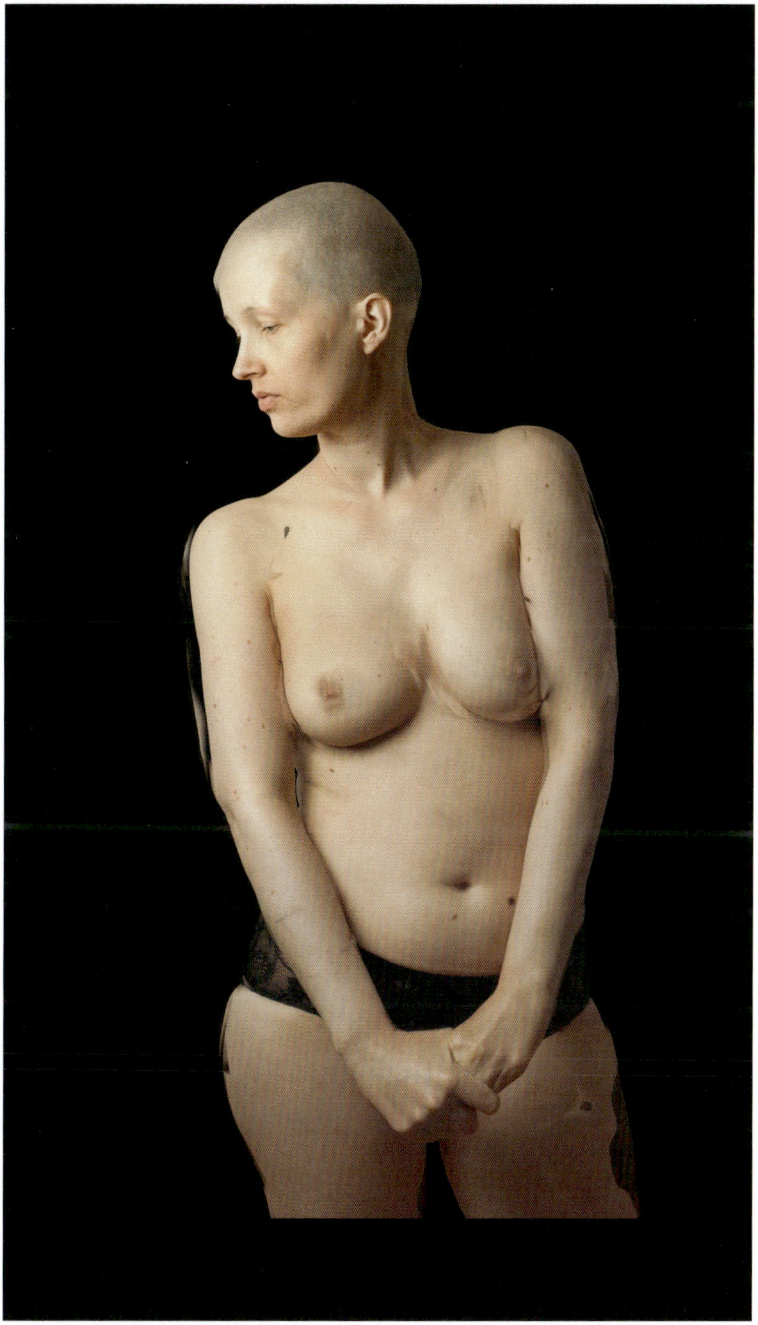

CK: *Wie steht* embodiment of pain *zum Mainstream der Medien, Körper in Bildern zu idealisieren oder zu perfektionieren?*

PS: Ich bediene mich der digitalen Programme und hätte somit alle Möglichkeiten, die Techniken zu nutzen, die auch in der Werbung genutzt werden. Meine Bilder habe ich aber bewusst nicht retuschiert. Die Frauen, die ich fotografieren durfte, haben Normalkörper und keine Modelmaße. Die Arbeit *embodiment of pain* stellt sich bewusst gegen die Idealisierung im vorherrschenden Mainstream der Bildmedien. Die Betroffenen entsprechen mit ihrer Erkrankung nicht (mehr) dem von der Gesellschaft vorgegebenen Idealbild. Mithilfe der Fotografie hinterfrage ich das vermeintlich Vollkommene. Mit meiner Arbeit greife ich die Vorstellung an, dass ein perfekter Körper das Ziel der Menschen, insbesondere der Frauen sein soll. Im Grunde verweist die Krankheit selbst auf die Unerreichbarkeit von Perfektion – und genau das ist das Thema meiner Arbeit.

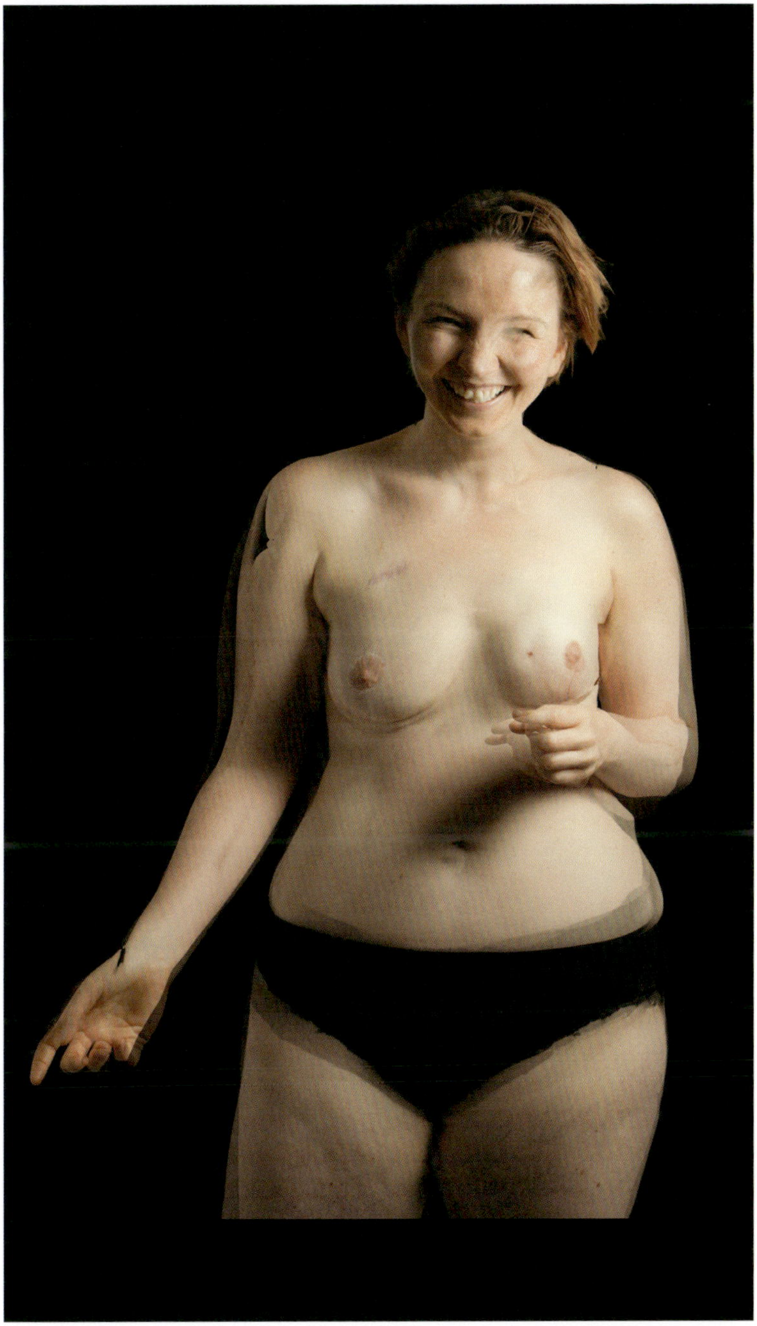

CK: *Was ist der beste Ort für deine Bilder? An wen sind sie adressiert?*

PS: Es gibt nicht einen einzigen besten Ort. Ich denke, es gibt mehrere. In Frage kommen Ausstellungsräume, Institutionen, Kliniken, die sich mit dem ganzen Menschen beschäftigen und die offen für aktuelle Positionen sind. Wichtig ist auch, dass es Orte sind, an denen diese Bilder viele Menschen erreichen. Menschen, die offen dafür sind, sich berühren zu lassen. Adressiert sind die Bilder somit an alle, die sich darauf einlassen.

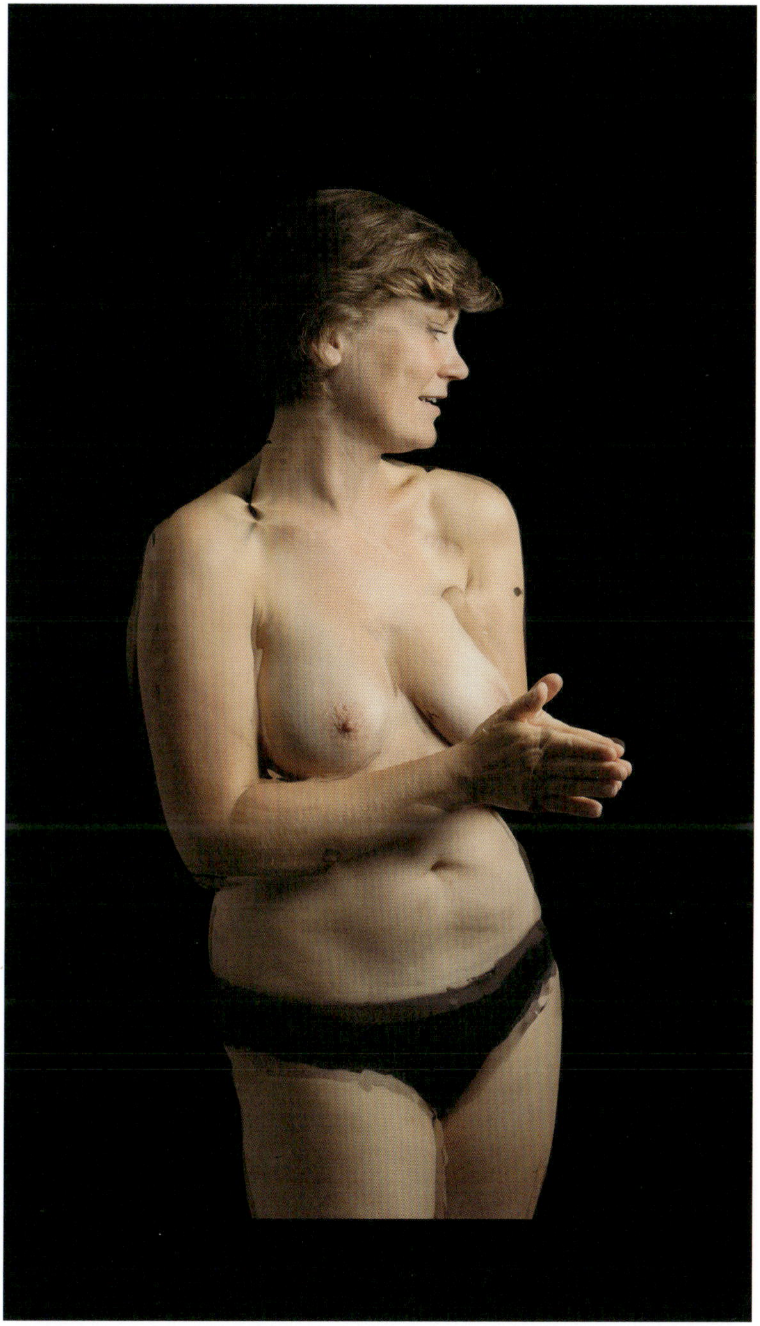

CK: *Wie könnte man den Kunstaspekt der Bilder charakterisieren?*

PS: Meine Arbeit kann durch ihre Ästhetik als Designarbeit gesehen werden, insofern sie über eine Krankheit aufklärt, indem sie sie zeigt. Als Kunstarbeit kann sie gelten, weil sie Realität nicht einfach abbildet. Sie steht daher an der Schnittstelle von Design und Kunst. Die Übergänge sind fließend. Dennoch sehe ich *embodiment of pain* eher im Kunstkontext. Die Serie kommentiert heutige Fotografie, die digital arbeitet. Die Digitalität zieht einen Realitätsbezug in Zweifel, sie entwirft Masken der Realität, meist nach einem einfach durchschaubaren, mit einem Algorithmus errechneten Ideal. Fotografie ist heute das, was die Leute sehen wollen, und sie verdeckt, dass sie Realität berechnet. Meine Bilder zeigen, dass sie nicht bloße Abbilder von Frauen sind. Man sieht ihnen sofort an, dass ich sie komponiert habe und die Bildelemente frei arrangiert sind. Insofern stehen sie der Malerei näher als der Fotografie im ursprünglichen Sinn des referenziellen Abbildens. Digitalität schafft mir in Bezug auf Fotografie eine Freiheit, die es beim bloßen Akt des (analogen) Fotografierens so nicht gibt.

Meine Bilder sind Gegenbilder zum massenmedialen Mainstream, etwa den Bildern der Werbung. Ich nehme mir die Freiheit, an Tabus zu rütteln, wie es in der Kunst geschieht.

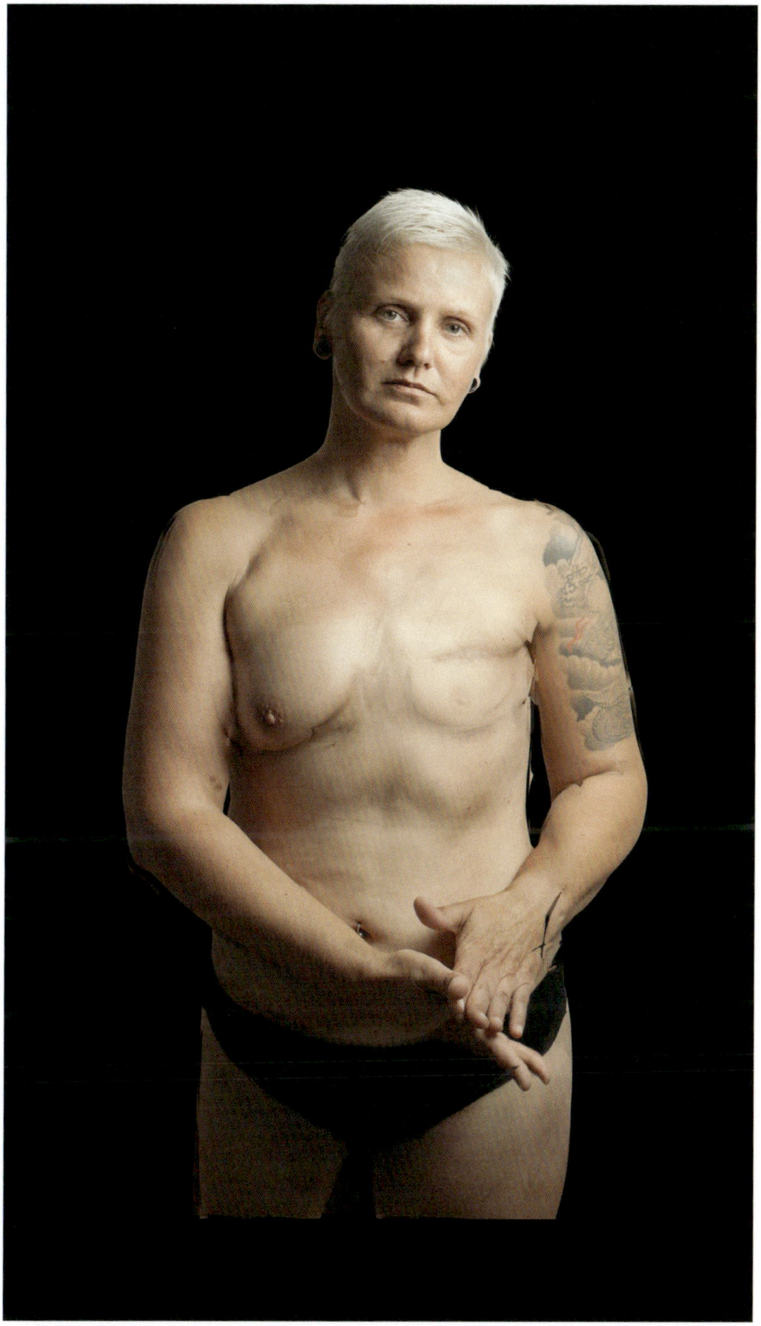

Abbildungsverzeichnis

1 Peggy Stahnke, *embodiment of pain #1*.
© Peggy Stahnke.
2 Peggy Stahnke, *embodiment of pain #2*.
© Peggy Stahnke.
3 Peggy Stahnke, *embodiment of pain #3*.
© Peggy Stahnke.
4 Peggy Stahnke, *embodiment of pain #4*.
© Peggy Stahnke.
5 Peggy Stahnke, *embodiment of pain #5*.
© Peggy Stahnke.
6 Peggy Stahnke, *embodiment of pain #6*.
© Peggy Stahnke.
7 Peggy Stahnke, *embodiment of pain #7*.
© Peggy Stahnke.

Abdruck mit freundlicher Genehmigung der Künstlerin

Design am Rande der Kunst

Annika Frye

VON DESIGNART ZU DESIGNFORSCHUNG: DIE KATEGORIE DES EINMALIGEN IM ZEITGENÖSSISCHEN PRODUKTDESIGN

In seinem Buch zur *Gesellschaft der Singularitäten* macht der Kulturwissenschaftler Andreas Reckwitz auf eine interessante Verschiebung in der gegenwärtigen Kulturproduktion aufmerksam.[1] Und zwar, erklärt Reckwitz, haben wir es nicht mehr mit industriellen Massenprodukten, die im Zentrum von (Design-)Produktion stehen, und ihrer ›banalen‹ Ästhetik zu tun. Stattdessen zielt die gegenwärtige Kulturproduktion auf das Besondere, auf das Einzelstück. Dieser Paradigmenwechsel vom Allgemeinen zum Besonderen gilt in Reckwitz' Diagnose nicht nur für die (Ausnahme-)Dinge des Designs oder der Kunst. Von Urlaubsreisen bis hin zu Vintage-Fundstücken in unserer Wohnung wollen wir *alle* Aspekte unseres Lebens einmalig gestalten.[2] Die Beobachtung Reckwitz' ist dann jedoch äußerst deprimierend: Im Anspruch, uns zu unterscheiden, sind wir alle gleich. Weil wir stets neue Singularitäten in unserem Alltag produzieren, ist das Streben nach dem Einzelstück nichts Besonders mehr – strukturell und formalästhetisch ähneln sich die Wohnzimmer der Hipsters von Berlin bis Shanghai.

Alle Bereiche des Alltags unterliegen einer ›Verkunstung‹, wie man den Gedanken von Reckwitz mit Blick auf das Vorhaben dieses Bandes nun weiterspinnen könnte. Dies lässt nicht nur die Kunst als die ursprüngliche Sphäre des Einmaligen beliebig und banal erscheinen, sondern auch jene Bereiche des Designs, die sich in einer Hinwendung zur Kunst seit den 1960er Jahren dem Einzelstück anstelle der Serienproduktion verschrieben hatten.[3] Dort hat sich eine Erweiterung des Spektrums vom massenproduzierten Industriedesign bis zum Design-Einzelstück entwickelt, sodass eine Nischenkategorie des Produktdesigns entstand, die ich *Designart* nennen möchte.[4] Die Gestalter*innen dieses Designgenres machten das Singuläre zum Ausgangspunkt der Gestaltungsidee an sich. Es handelt sich dabei um aufwändige kunsthandwerklich produzierte Möbel und Objekte, die als Einzelstücke oder Kleinserien hergestellt werden und mit dem Namen von meist bekannten Designer*innen verknüpft sind. Akteur*innen des Feldes sind beispielsweise Hella Jongerius, Kiki van Eijk, Jerszy Seymour, Front, Maarten Baas, Jurgen Bey und Studio Job. Ihre Arbeiten werden, ähnlich wie Kunstwerke, in Galerien verkauft. Das wohl bekannteste Beispiel dieser Designkategorie ist die *Lockheed Lounge*, eine Chaiselongue aus Aluminiumblech von Marc Newson (1986, siehe Abb. 1), die 2015 bei einer Auktion 2,5 Millionen Pfund einbrachte und die als das teuerste und vielleicht auch begehrenswerteste Designobjekt der Welt gilt.[5] Zunächst war diese Designkategorie nicht als eigenes Designgenre, sondern als Protest gegen den massenproduzierten Ulm-Funktionalismus der Nachkriegsmoderne gemeint, weil man die Idee ›künstlerischen‹ Arbeitens gegen Planungstheorien und Expertentum innerhalb der damaligen Designwelt in Anschlag brachte.

Die Designart ist interessant, und zwar sowohl mit Blick auf konkrete Beispiele für Randphänomene von Kunst und Design als auch mit Blick auf das systematische Verhältnis der Kategorien Kunst und Design. Um diesen Bereich und die von Reckwitz dargestellte Konjunktur des Einzelstücks untersuchen zu können, möchte ich zunächst einen kurzen Abriss der Entstehung der Designart im Spannungsfeld von Design- und Kunstbegriffen geben.[6] Ich möchte den Bereich außerdem auf seine aktuellen Potenziale hin

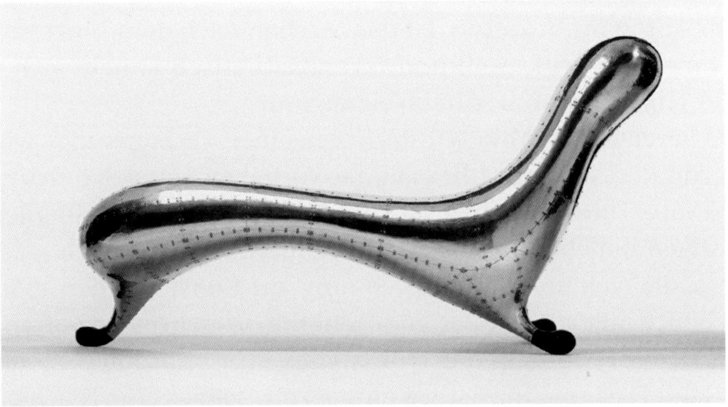

Abb. 1: Marc Newson, *Lockheed Lounge*, 1986.

befragen. Das Interesse am Einmaligen entwickelt sich derzeit von der einfachen kunsthandwerklichen Produktion von Design-Objekten hin zu technologisch und inhaltlich avancierten Projekten, in denen das Design seine Tendenz zum Experimentellen zum Ausdruck bringt.

DESIGN UND KUNST: ÜBERSCHREITUNGEN ALS KONTINUITÄT

In einem traditionellen Verständnis sind Design und Kunst als eigene kulturelle Praktiken zu denken, sie erfahren unterschiedliche Weisen der Rezeption. Normalerweise verbindet man mit Design in Serie gefertigte Gebrauchsdinge, es unterscheidet sich von Kunst, da es alltägliche Zwecke im Blick hat. Kunst hingegen ist nach Kant zweckmäßig, aber ohne dass diese Zwecke sich in praktischen Kategorien erfassen oder auf Begriffe bringen lassen.[7] Die so verstandene Autonomie der Kunst wurde im Zuge der Industrialisierung und ihren technischen Fortschritt weiter vorangetrieben, sodass eine Lücke zwischen Alltag und Kunst entstand.[8]

Verschiedene Bewegungen zu Beginn des 20. Jahrhunderts haben diese Lücke zu überbrücken versucht, wie etwa die Bemühungen in der Designausbildung am Bauhaus zeigen. So sind etwa die Arbeiten aus der Bauhaus-Weberei einerseits aus einem forschend-analytischen Umgang mit dem Material hervorgegangen (vor allem machen sie sich dabei den produktionstechnischen, konstruktiven Aspekt von Weberei zunutze), andererseits können die typischen grafischen Muster der Textilien auch als freie Arbeiten verstanden werden, da sie zugleich dem Bildlichen verpflichtet sind. Die Formentscheidungen der Gestalterinnen gehen hier nicht allein in der Funktion auf – sie haben Aspekte der Überschreitung von Funktionalität, indem sie Muster und Strukturen aufweisen, die nicht ausschließlich dem Fertigungsprozess geschuldet sind, sondern auch einen dekorativen Charakter haben, wie die Designwissenschaftlerin T'ai Smith darstellt.[9]

Der Impuls der Nachkriegsmoderne war, gegen solche ›künstlerischen‹ Aspekte in der Gestaltung anzuarbeiten.[10] An der Hochschule für Gestaltung (HfG) Ulm versuchte man stattdessen entlang von Planungsmethoden, das Design auf die Ebene der empirischen Wissenschaften zu bringen. Das Credo der wissenschaftlichen Objektivität, der Überprüfbarkeit von gestalterischen Prämissen und die Funktionalität der Ergebnisse prägten das damalige Denken der Gestalter*innen, und diese Perspektive ist in der Designausbildung auch heute noch wirksam.

In der Naturwissenschaft geriet jedoch ein solches positivistisches Ideal durch wissenschaftstheoretische Arbeiten wie Thomas S. Kuhns *The Structure of Scientific Revolutions* von 1962 unter Druck.[11] Kuhn erklärte – kurz gefasst –, dass auch naturwissenschaftliche Forschung von ihren Rahmenbedingungen beeinflusst sein kann. Dies zeigt sich besonders dann, wenn sich im naturwissenschaftlichen Diskurs sogenannte ›Paradigmenwechsel‹ abzeichnen, weil bestimmte Ideen und Techniken die Art und Weise, wie Forschung praktiziert wird, verändern. Der Laborarzt Ludwik Fleck hatte diese Veränderung bereits in den 1930er Jahren als eine Veränderung des ›Denkstils‹ beschrieben.[12]

Parallel zu der Kritik am Positivismus in der Wissenschaftstheorie vollzog sich im Design ebenfalls eine Veränderung des Denkens. Es kam zu einer Zurückweisung des Funktionalismus, wie ihn die HfG Ulm verkörpert hatte. Die Gestalter*innen von neuen Bewegungen und Gruppen wie Neues Deutsches Design und von Memphis und Alchimia wandten sich der Kunst zu. Dies erlaubte neue Freiheiten. Man konnte den festgefahrenen Funktionalismus einer ökologisch und sozial gescheiterten Nachkriegsmoderne aufbrechen.[13] So entstanden Arbeiten wie Andreas Brandolinis *Deutsches Wohnzimmer* oder Jasper Morrisons *Reuters News Centre* – beide für die documenta 8. Die Weiterführung dieses Neuen Designs geschah seit 1990er Jahren in den Niederlanden mit der Gruppe Droog, die den heutigen Markt für Design-Einzelstücke wesentlich geprägt hat.

Die Designgeschichte, so klingt es hier an, erzählt das Verhältnis von Design und Kunst als eine Geschichte von zwei Brüchen. Ein erster Bruch ist das Autonomwerden der Kunst und die Abtrennung des Designs vom (Kunst-)Handwerk mit der Industrialisierung und der Massenproduktion, ein zweiter Bruch, dann in der ›Postmoderne‹, die Hinwendung zurück zur Kunst. Mit der Pop-Art bildete sich wiederum eine breite Bewegung heraus, die Industrieprodukte zum Gegenstand von Kunst machte. Bei genauerer Betrachtung legt der Vergleich der wichtigsten Strömungen aber keine klare Unterscheidung von Kunst und Design im Sinne eines Entweder-oder in den jeweiligen historischen Zeiträumen nahe. Anders gesagt: Bereits seit der Moderne gab es Designströmungen, die der Kunst zugeneigt waren (so wie es auch künstlerische Arbeiten gab, die dem Design zugeneigt waren). Bloß konnten diese im Diskurs nicht besonders zutage treten, weil sie als Arbeiten von Frauen im ›Kanon‹ keine Beachtung fanden – wie die Arbeiten der Designer*innen der Deutschen Werkstätten Hellerau – oder weil sie als frühe

Ausnahme markiert wurden, wie Duchamps Readymades.[14] Blickt man nochmal genauer auf die HfG, so wird deutlich, dass sogar sie für ihre Konzeption die Kunst – hier dann wiederum als das *Andere* des Designs – brauchte. HfG-interne Streitigkeiten entzündeten sich letztlich genau am Verhältnis von Kunst und Design, wobei Design nun statt mit Kunst mit (Natur-)Wissenschaft, und zwar im damaligen Verständnis, assoziiert wurde. So forderte Tomás Maldonado, nach dem Künstler Max Bill der zweite Rektor der HfG Ulm, in einer Sitzung aller Dozenten 1957, die HfG müsse sich auf Wissenschaft konzentrieren.[15] Auf diese Weise setzte sich eine wissenschaftliche Variante des Funktionalismus als Gegenmodell zum ›künstlerischen‹ Arbeiten durch.[16]

Die obige Diskussion zeigt, dass Bezugnahmen des Designs auf Begriffe der Kunst oder die Abgrenzung von diesen Begriffen für das Design prägend zu sein scheinen. Ich habe oben angedeutet, dass Werke der Kunst und Objekte des Designs sich nach Kant in der Frage der Funktionalität unterscheiden, also die Frage der Funktionalität für die Autonomie des Kunstwerks entscheidend ist. Des Weiteren kann man einen Werkbegriff auch an der Frage der Serialität festmachen. Man könnte einen Begriff des (autonomen) Kunstwerks zugrunde legen, der den Status des Kunstwerks als etwas Einmaligem aus seiner Art und Weise der technischen Hervorbringung ableitet. So kann man im Unterschied dazu das Design als das Serielle und darin eben Nicht-Einmalige verstehen. Dies ist nicht unerheblich für eine Diskussion der Designart, denn sie scheint ja eben, wie im Fall der *Lockheed Lounge*, aus solch einem, der Kunst entlehnten Werkbegriff ihre Legitimation zu ziehen. Die *Lockheed Lounge* wurde in einem handwerklichen und nicht in einem industriellen Prozess hergestellt, sie ist einmalig und erreicht darin vielleicht einen Kunststatus. Dass diese Gleichung nicht aufgeht, hat jedoch bereits Walter Benjamin gezeigt. Zuallererst waren es, historisch gesehen, Kunstwerke, deren Status durch die technische Reproduzierbarkeit nicht mehr an einem solchen Werkbegriff festgemacht werden konnte. Das Design wurde in dieser Zeit als Disziplin überhaupt erst entwickelt. Walter Benjamin hat wegen der Möglichkeit der technischen Reproduzierbarkeit auf den Verlust der Aura des Kunstwerks verwiesen. Die Aura ist eine »einmalige Erscheinung einer Ferne, so nah sie sein mag«.[17] Sie konstituiert das Kunstwerk als Kunstwerk. Mit der technischen Reproduzierbarkeit der Kunstwerke geschieht, so Benjamin, eine »Zertrümmerung der Aura«.[18] Stattdessen schlägt Benjamin eine Fundierung der »Kunst in der Politik« vor.[19]

Eine andere Variante des Werkbegriffs macht den Status des Kunstwerks an seiner Gattung fest, respektive an seiner Medialität: Wie Juliane Rebentisch bemerkt, ist aber dieser Kunstbegriff, der Kunst entlang bestimmter Medialitäten ordnet, prekär geworden (als Beispiel schlechthin führt Juliane Rebentisch den Werkbegriff von Clement Greenberg an).[20] Nicht nur haben wir es in der Gegenwartskunst mit ›hybriden Werken‹ zu tun, wie Juliane Rebentisch schreibt, vielmehr hat die Kunst auch ihr vermeintlich Anderes, also »[...] traditionell eher kunstfremde Elemente – industriell Gefertigtes, Dinge des Alltags, neue Technologien – in sich aufgenommen, so dass der Status der alten Kunstgattungen mit ihren Darstellungsformen und -medien für den Begriff von Kunst überhaupt fraglich wird«.[21] Das Design und seine industriell gefertigten Produktionen haben, beginnend mit Marcel Duchamps Readymades, längst Eingang in die Kunstwelt erhalten.

Jedoch ist es keinesfalls so, dass nun, wie sie weiter erklärt, eine ›ästhetische Posthistoire‹ eintritt, in dem Sinne, dass Kunst- respektive Designdinge jeweils nur noch per Zuschreibung zu solchen werden.[22] Juliane Rebentisch schlägt stattdessen vor, die Frage des Werkbegriffs erfahrungstheoretisch zu wenden und die Rezeption des Kunstwerks anstelle seiner Gattung oder seines Mediums als konstitutiv für einen Werkbegriff, also als ›prozessual‹ zu verstehen. Mit ›Prozess‹ ist dann nicht eine Produktionsästhetik gemeint, die die Produktion des Kunstwerks im Atelier (oder während der Installation o. Ä.) in den Blick nimmt. Gemeint ist, dass die Rezeption des Werks als offenes Werk selbst prozesshaft ist: »Das Werk erscheint erst in der und als die Dynamik, die sich zwischen ihm und einem auf es bezogenen Subjekt entfaltet.«[23] Typischerweise ist dies bei Installationskunst der Fall, etwa bei den Arbeiten Ilya Kabakovs.[24] Wegen der Prozesshaftigkeit der Erfahrung, aber auch, in empirischer Argumentation, wegen der Vielfalt und Intermedialität der Werke sei es nicht mehr hilfreich, ›gattungstheoretisch‹ vorzugehen. Stattdessen muss von Fall zu Fall entschieden werden, ob ein Werk unter diesen Kunstbegriff fällt, respektive ob es sich um einen Gegenstand des Designs handelt.

Gleichwohl müssen wir, wenn wir Begriffe gebrauchen, Grenzverwischungen identifizieren oder aber Lehrprogramme konzipieren, irgendwie angeben können, welche Grenzen wir meinen, die da verwischen, oder welche Disziplinen es sind, die hier interdisziplinär arbeiten. Anders gesagt: Wir brauchen jeweils einen Begriff von Kunst und Design, der die Ränder der

Grenzen markiert, die da überschritten werden sollen.[25] So gilt für Designobjekte, dass sie – auch wenn sie beispielsweise in einem Museum oder in einer Galerie vorkommen – immer noch als Design und nicht als Kunst zu verstehen sind, weil man sie immer noch als Tisch, Stuhl oder Leuchte wahrnehmen kann. Es kommt auf die Art und Weise der Erfahrung an, wie Juliane Rebentisch erklärt.

> Anders als der Gebrauchsgegenstand, und sei er noch so flexibel, ist das moderne Kunstwerk, in einer Formulierung von Adorno, durch und durch bestimmt durch seinen ›Rätselcharakter‹, es ist bestimmt dadurch, sich jeder eindeutigen Bestimmung und also auch jedem Zweck zu entziehen.[26]

Diese Haltung scheint inzwischen auch im Designdiskurs Konsens zu sein. In ähnlicher Weise argumentiert beispielsweise die Designjournalistin Alice Rawsthorn, auch sie gibt an, dass die von den Designer*innen geschaffenen Objekte sich in ihrer Funktion von Werken der Kunst unterscheiden. Arbeiten wie die *100 Chairs in 100 Days* von Martino Gamper (2009) und ebenso die Arbeiten von Studio Formafantasma haben stets eine funktionale Ebene.[27]

Die Abgrenzungen von Kunst und die Bezugnahmen auf die Sphäre der Kunst bilden eine begriffliche Fundierung des Designdiskurses. Neue Techniken und Materialien scheinen diese Fragestellung obendrein immer wieder wie von selbst aufzuwerfen. Vor dem Hintergrund neuer Technologien wie 3D-Druck entstehen sowohl in der Kunst als auch im Design neue Arbeitsweisen, die sich zum Beispiel in ihrem Umgang mit diesen Techniken ähneln können – was im letzten Abschnitt genauer diskutiert werden soll. Es erscheint mir daher mit Blick auf diese begriffliche Fundierung problematisch, das Verhältnis von Kunst und Design abschließend zur Klärung bringen zu wollen. Anstatt für eine der beiden Seiten zu sprechen, möchte ich daher für eine neue Blickrichtung auf das Verhältnis von Design und Kunst argumentieren und den ständigen Aushandlungsprozess der Grenzen von Kunst und Design als eigene Qualität verstehen. Statt das Narrativ einer ersten Trennung, dann Zusammenführung und erneuten Trennung von angewandter und freier Kunst zu bemühen, will ich lieber einen Begriff von Design starkmachen, der die Grenzverwischungen nicht nur als produktiv ansieht, sondern die Kippbewegung zwischen angewandtem und freiem Arbeiten als Kontinuität des Designdiskurses selbst versteht.

Aus diesem Kippmoment zwischen Gebundenheit einerseits und Freiheit anderseits hat sich eben jene Nische herausgebildet, die im Designerjargon Designart heißt. Anfänglich hatte sich Designart als Gegenbewegung zum Funktionalismus etabliert und bildete – sofern der Funktionalismus bis Mitte der 1960er Jahre die vorherrschende Gestaltungsideologie in Verbindung mit Konsum war – eine Gegenposition zur Konsumkultur. Die Einzelstücke und Kleinserien des Neuen Deutschen Designs etwa waren bewusst nicht für die Serienproduktion konzipiert. Rückblickend schreibt beispielsweise der Designer und Professor Hardy Fischer, der in den 1980er Jahren Mitglied der Gruppe Kunstflug war:

> Mit der ihr eigenen Vitalität schleppte die Subkultur und schleppten wir unseren ästhetischen Lärm nicht in die Produktion, sondern in die Medien, auf dass er dort produziert werde. Diese Bewegung brauchte keine Vorsprecher, benötigte keine Regeln für die gute Industrie-Form, sondern wir benötigten zu dieser Zeit nur unsere Hände und ein paar Werkzeuge, um die Blutleere des Funktionalismus als des ›Kaisers neue Kleider‹ für uns zu demaskieren.[28]

Das zunächst produktive Moment von Designart lag in dem reflexiven Verhältnis, das die Designart zu den bisherigen Arbeiten des (Industrie-) Designs einnahm. Zwei wesentliche Fragen wurden nun untersucht: zum einen das Verhältnis des Designs zu den industriellen Formen der Massenproduktion (dies geschah zum Beispiel anhand von Readymades wie dem von Stiletto zu einem Stuhl umfunktionierten Einkaufswagen – *Consumer's Rest*, 1983).[29] Erst in einem nächsten Schritt fanden diese Arbeiten dann in Museen und Galerien, weil diese Räume als einzige Möglichkeiten der Vermarktung für die neue Designkategorie bieten konnten. Sie waren – zunächst – nicht in erster Linie für diesen ›Markt‹, der sich erst noch etablieren musste, produziert worden. Das wichtigste Ziel der Gestalter*innen des Neuen Deutschen Designs war die Distanznahme zu bisherigen Designströmungen, und dies geschah, indem wesentliche Prinzipien des bisherigen Designs unterlaufen wurden, wie zum Beispiel Serialität, die Abgrenzung des Designs von der Kunst, die Abgrenzung vom Handwerk sowie die Suche der Moderne nach ›neuen‹ Typologien.

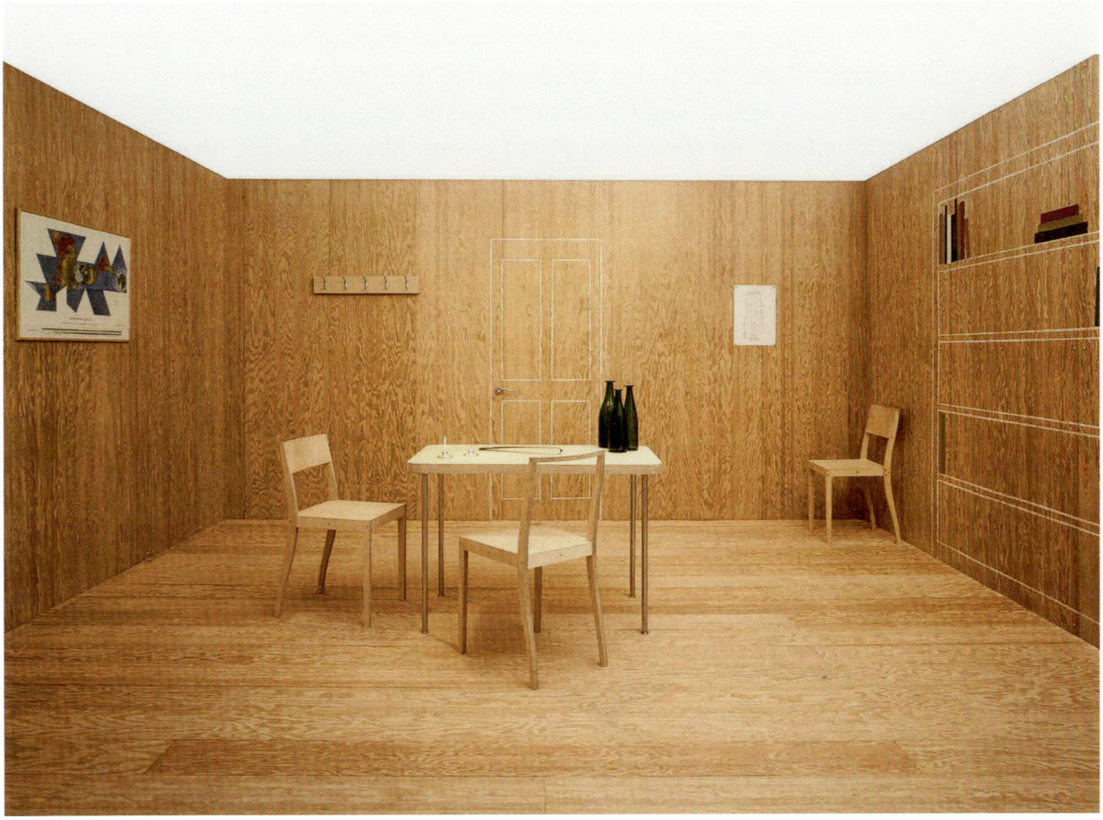

Abb. 2:
Jasper Morrison,
Some New Items for the Home, Part I, 1988, Berlin,
DAAD-Galerie.

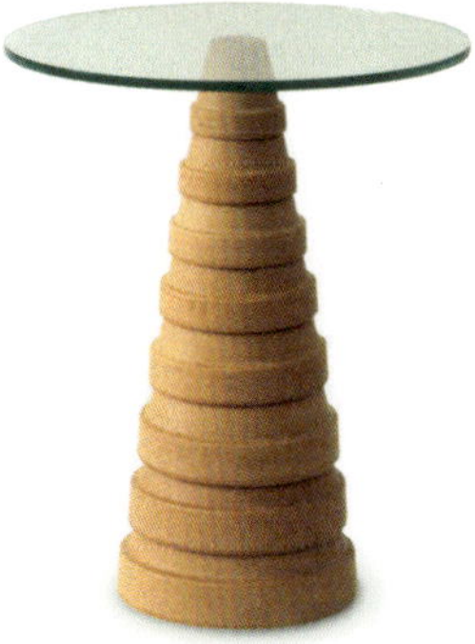

Abb. 3:
Jasper Morrison,
Flower Pot Table, 1983
(als Serienprodukt
bei Cappellini 1984).

Japser Morrison verband die Ideen des Readymades und der Aneignung in einer für die gesamte Bewegung wegweisenden Ausstellung, und zwar in der Installation *Some New Items for the Home, Part I* (siehe Abb. 2). Jasper Morrison, der heute für seine minimalistischen Möbelentwürfe bekannt ist, war zeitweise Teil des Neuen Deutschen Designs in Berlin. Er nahm 1983 als Austauschstudent an dem vom Ulm-Absolventen Hans Nick Roericht, Professor an der Hochschule der Künste, organisierten *Kaufhaus des Ostens* teil. Es ging darum, aus Halbzeugen und Fertigteilen neue Entwürfe umzusetzen. Morrison gestaltete einen Tisch aus übereinander gestapelten Baumarkt-Blumentöpfen, der ein Jahr später von Cappellini produziert wurde (Abb. 3). Im Anschluss an dieses Projekt und auf Einladung des Designaktivisten Andreas Brandolini sowie des DAAD erarbeitete Morrison in Berlin 1988 dann die Installation *Some New Items for the Home, Part I.* Darin nimmt Morrison vorweg, was er später gemeinsam mit Naoto Fukasawa als den Begriff des ›Super-Normalen‹ bezeichnet.[30] Der Witz des Alltäglichen scheint auch in seinen heutigen industriellen Entwürfen immer wieder auf.

Ich möchte diese Installation genauer ansehen. Die Ausstellungsansicht der Installation zeigt einen spartanisch eingerichteten Raum, der vier mal fünf Meter groß ist. Darin findet sich ein Tisch, auf dem drei grüne Glasflaschen und zwei Kerzenhalter platziert sind. Die Flaschen in drei verschiedenen Größen erinnern an Weinflaschen, sie haben aber kein Etikett und sie sind – anders als gewöhnliche Weinflaschen – mit einer flachen breiten Auswölbung an der Öffnung versehen. Um den Tisch herum gruppiert sind zwei Stühle, ein weiterer Stuhl befindet sich in einer Raumecke. Die drei von Morrison selbst hergestellten Stühle bestehen aus einfachem Multiplex. Die S-förmige Rückenlehne und die zusammenhängenden Hinterbeine wurden, wie Morrison erklärt, basierend auf einem zweidimensionalen Schnittmuster, mit einer Stichsäge ausgesägt.[31] Die Sitzfläche besteht aus dünnem, elastischen Sperrholz, das einfach aufgeklebt wurde. Die Schrauben, die die Beine mit dem Rahmen für die Sitzfläche verbinden, sind noch sichtbar. Zwei Stühle wurden mit einer Lehne versehen, der dritte Stuhl besitzt nur eine schmale Verbindung, sodass die Rückenlehne hier ebenfalls nur angedeutet ist. Der dritte Stuhl, so scheint es, ist auf seine einfachsten Bestandteile reduziert worden. 1988 ging der Stuhl mit der minimalistischen Rückenlehne unter dem Namen *Plywood Chair* bei Vitra in Serie. Die Vergrößerung der Rückenlehne bei den anderen zwei Stühlen ist ein Zugeständnis an die Bequemlichkeit.[32] An der Wand hängen außerdem eine Garderobe und eine Dymaxion-Weltkarte nach Buckminster Fuller, als Zitat. Die Garderobe besteht aus einem Brett und fünf daran festgeschraubten Haken – vermutlich fertige Haken aus dem Baumarkt. Diese Haken können ebenfalls als Zitat verstanden werden, denn eines von Duchamps Readymades ist eine ganz ähnliche Hakenleiste (*Trébuchet*, Duchamp 1917), die bei Duchamp jedoch am Boden platziert wurde und nicht an der Wand hängt.

Die Tür wiederum wurde nur mit Kreide auf die Wand gezeichnet, die Türklinke hingegen – ein Prototyp oder ein vorgefundenes Objekt? – wurde nicht als Zeichnung, sondern als tatsächliches Objekt an der Wand befestigt. Ebenfalls mit Kreide auf die Wand gezeichnet wurde ein Bücherregal. Die Bücher – nur einige wenige – werden symbolisch angedeutet durch verschiedenfarbige, auf die Wand aufgebrachte Buchrücken ohne Titel. Alle Objekte, so scheint es, bringen das Alltägliche, Normale und Gewöhnliche, das ihre jeweiligen Typenformen ausmacht, auf den Punkt. Der Stuhl ist eben ein typischer Stuhl, die Garderobe eine typische Garderobe. Im Fall des Regals und der Tür reicht die reine Repräsentation der Typenform mittels der Kreidestriche aus, um ihre Funktionalität anzudeuten – aber nicht gänzlich auszuführen. Allerdings weichen die Objekte dann doch in einzelnen Aspekten von der einfachen Typenform ab: die S-Form der hinteren Stuhlbeine, die ebenfalls S-förmige Türklinke, die Flaschenhalsöffnungen.

Ein weiteres Gestaltungselement des Raumes wird erst bei längerer Betrachtung deutlich. Der ganze Raum besteht vor allem aus einem Material: Sperrholz. Wände und Boden gehen dabei nahtlos ineinander über. Die alltäglichen Formen der Dinge stehen im Mittelpunkt. Hier greift Morrison die Idee des Minimalismus auf der Ebene von Materialität auf.

Die Installation widerspricht sowohl den Typologien deutscher Mainstream-Wohnzimmer als auch dem Avantgarde-Design von Memphis und Alchimia. Wegen der vielen Brüche mit dem Gewohnten, hervorgerufen durch die Reduktion auf das Material Sperrholz und die Reduktion der Gegenstände auf Linienzeichnungen ist die Installation eine konzeptionelle Arbeit, die an der Grenze zur Kunst angesiedelt ist. Die Arbeit hat dabei auch deshalb künstlerische Implikationen, weil sie als Installation konzipiert ist.

Wie oben dargestellt wurde, hat Juliane Rebentisch Installationskunst als ›Form‹ der Gegenwartskunst schlechthin diskutiert. Durch seine konzeptionelle Arbeitsweise wurde Morrison dann auch zunächst in einem künstlerischen Kontext bekannt. Bei der documenta 8 im Jahr 1987 hatte er bereits die Installation *Reuters News Centre* präsentiert, die aus einem ähnlich spärlich eingerichteten Raum mit Bildschirmen und einer fortwährend aktuelle Nachrichten ausdruckenden Maschine bestand; die Nachrichten konnten von den Besucher*innen selbst an der Wand befestigt werden.

Heute hat Morrisons Minimalismus längst den Mainstream erreicht.[33] Einfache, scheinbar nicht als gestaltet markierte Objekte werden bei Muji, aber auch bei Ikea verkauft. Dreißig Jahre nach der Installation in der DAAD-Galerie in Berlin können wir Morrisons Idee besser verstehen, wenn wir uns vergegenwärtigen, vor welchem designhistorischen Hintergrund die Arbeiten entstanden sind. Morrisons Entwurf des Raumes in der DAAD-Galerie entstand aus einem Interesse am Alltäglichen, das sich eben nicht aus einer streng funktionalistischen Gestaltungslogik entwickelte. Vielmehr offenbaren Morrisons Arbeiten eine Lust am Gewöhnlichen, am Dilettantischen, an der Anonymität der Gebrauchsdinge und an den industriellen Formen (wie etwa der Blumentopf-Tisch zeigt). Morrison eignet sich in seiner Installation Alltägliches an, ähnlich wie bei den Readymades in der Kunst (wobei das Readymade freilich noch viel mehr ist als eine bloß auf Verfahren der Aneignung beruhende Kunst).[34]

In Morrisons Umgang mit den alltäglichen Gegenständen, die uns stets umgeben, werden diese Formen selbst zum Material wiederum neuer Gestaltung. Morrison schreibt dazu, dass seine Aneignung einen neuen Blick auf die Dinge des Alltags ermöglicht:

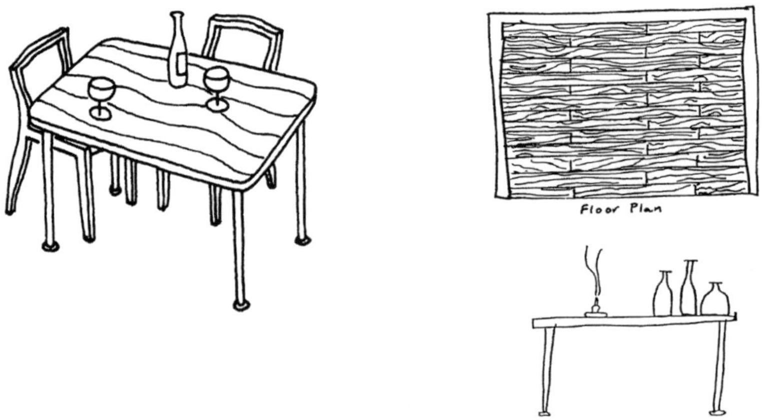

Abb. 4: Jasper Morrison, Zeichnungen für *Some New Items for the Home, Part I*, 1988.

> The formal appearance of an object need not be the result of hours of careful analysis of the problem or pages of drawings. It could be the visual consequence of an idea, a process, a material, a function or a feeling. Then again it could arrive in the shape of a borrowed form or a stolen object. [...] In fact the hi-jacking of everyday objects serves a dual-purpose of providing a new object in an economical manner and making the point that there is great beauty in the obvious or everyday.[35]

Ein wichtiges Mittel für Morrison, diese Einfachheit und Alltäglichkeit in einen eigenen Entwurf zu übertragen, ist das Mittel der Zeichnung (siehe Abb. 4). Durch extrem reduzierte, teilweise dilettantisch wirkende Zeichnungen bringt Morrison den Kern der Dinge zum Ausdruck. Sie suggerieren, dass es weniger auf die einzelne Form im Detail als auf das Wesenhafte der Objekte ankommt. Die Strichzeichnung bildet als naiv-kindlich wirkende Skizze zugleich ein Stilmittel Morrisons. Kinderzeichnungen haben oft das Archetypische der Dinge zum Gegenstand, in ähnlicher Weise versucht Morrison anhand solcher unbeholfenen, einfachen Skizzen diesen Archetypen des Alltags auf die Spur zu kommen.

Wichtig für die Designgeschichte sind die Arbeiten Morrisons nicht nur wegen der Analyse des Alltäglichen, sondern auch, weil sie weitere Gestaltung ermöglichen. In dem Katalog zur Droog-Retrospektive *The Spirit of the Nineties* erklärt die Kuratorin und Droog-Mitgründerin Renny Ramakers, Morrisons Ausstellung in der DAAD-Galerie habe den gesamten gestalterischen Minimalismus der 1990er Jahre schon in den 1980er Jahren auf den Punkt gebracht. Auch wenn der Raum, den Morrison – vielleicht auch in Anlehnung an Environments der Pop-Art – sehr spartanisch und auf basale Funktionen reduziert erscheinen ließ, so ist seine Arbeit, dies merkt auch Renny Ramakers an, keinesfalls ein Anachronismus, in dem Sinne, dass hier klassisch moderne Gestaltungstypologien aufgegriffen würden. Ramakers schreibt: »There is nothing neo-modern about this gesture, however. This is still the spirit of the New Design talking. Morrison is appropriating the same keen interest in recycling elements from everyday use.«[36]

Morrison, erklärt Ramakers weiter, nutzt alltägliche archetypische Formen und recycelt sie sogar. Anders als im Neuen Deutschen Design besteht jedoch seine Strategie der Aneignung in einem ›Redesign‹ der Gegenstände, sodass dabei bestimmte Typologien hervorgehoben werden, die bei einem Gegenstand – wie etwa dem Kleiderhaken – immer wieder vorkommen. Diese Sichtbarmachung des Typologischen lässt Morrisons Kleiderhaken eben nicht nur als einen spezifischen Kleiderhaken wirken, sondern als einen Haken, der zugleich alle anderen möglichen und bisherigen Haken mit referenziert, er bekommt in bestimmter Weise eine metaphorische ›Aboutness‹, wie sie Arthur C. Danto für Kunstdinge diagnostizierte[37] – wobei diese Aboutness im Fall des Hakens recht eingeschränkt bleibt (der Haken bleibt am Ende ein Kleiderhaken).

Die Reduktion in Morrisons Arbeiten ist, so kann man wiederum den Hinweis von Renny Ramakers weiter verstehen, weniger eine formale Reduktion, wie sie im Funktionalismus stattfand. Die klassische Design-Moderne hatte versucht, ganz und gar neue Formen jenseits handwerklicher Typologien zu schaffen. Morrison versucht nicht, historische und teilweise aus dem Handwerk stammende Formen im Sinne einer Revolution zu überwinden, er analysiert stattdessen ihre Typologien und transferiert sie in einen zeitgenössischen Kontext.

ENTZAUBERUNG DER DESIGNART

Wie aber hat sich im Anschluss an das Neue Deutsche Design und an Droog die Designart weiterentwickelt? Während Morrisons Arbeiten im Kontext des Neuen Deutschen Designs noch außerhalb klassischer Marktlogiken standen, ist inzwischen jener Markt der Designart entstanden, der auf ebendieses ›konzeptionelle‹ Design ausgerichtet ist und seinen Zenit vor etwa 10 Jahren erreichte. Anstelle industrieller Produkte stehen hier einzelne Designer*innen nach dem Vorbild des Künstler-Genies als ›Autor*innen‹ im Vordergrund. Angetrieben von der Suche nach dem Einmaligen, das in der Funktion allein nicht aufgeht, haben diese Autorendesigner*innen je eigene Methoden und Perspektiven auf Möbel- und Objektdesign entwickelt, wie die Londoner Designart-Galeristin Libby Sellers erklärt:

> This appreciation for authorship has been a catalyst for some of the changes in design – its production, marketing and consumption – over the last few decades. It has been both fed and fuelled by a growing media, led by the cult of celebrity and eager for the photogenetic content, and by industry's need to perpetuate interest and generate new content to feed this media and an increasingly sophisticated (though over-saturated) consumer market.[38]

Auch hier ist also die Idee wirksam, sich durch Einzelstücke vom übersättigten Massenkonsum abzuheben, wenn auch in anderer Hinsicht. Anstatt Alltägliches in einen neuen Kontext zu rücken, erscheinen die Kreationen der aktuellen Designart als besonders exklusiv. Um die auf Designart spezialisierten Galerien, wie Helmrinderknecht in Berlin oder Rossana Orlandi in Mailand, hat sich ein elitärer Zirkel aus Designer*innen gebildet, die in ihren Ateliers für Galerien, aber auch im Auftrag von Sammler*innen exklusive Möbel produzieren. Den Sammler*innen von Designart geht es darum, ein singuläres, einzigartiges Artefakt jenseits der Massenproduktion zu erwerben. Darin wird die Idee des Einmaligen aus der Kunst in den Kontext des Designs übertragen. So charakterisiert die Galeristin Libby Sellers die Designart als funktional, aber auch als ›begehrenswert‹.[39]

> One consequence of the so-called ›experience economy‹ has been a growing obsession with collecting possessions, memories and experiences in order to create personal histories, mementoes of our lives or simply to keep track of the immediate past. In tandem with this has been the increasing fortune of design as a cultural barometer and as a field of specialist collecting in its own right.[40]

Libby Sellers skizziert hier jene Tendenz zur Singularisierung, die ich eingangs mit dem Verweis auf Reckwitz dargestellt habe. Das Sammeln von Design, so Sellers, ist eine typische Konsequenz dieser Entwicklung. Ganz ähnlich wie in der bildenden Kunst haben sich für das Design von Einzelstücken Strukturen marktförmiger Gestaltung und Verwertungslogiken herausgebildet – wie beispielsweise die Verwendung von bewusst aufwändigen handwerklichen Prozessen und teuren Materialien, die der Idee des demokratischen, massenproduzierten Industrieprodukts zuwiderläuft. Der spektakuläre Verkauf von Marc Newsons *Lockheed Lounge* für 2.434.500 Pfund beim Auktionshaus Phillips in London 2015 ist dabei das bekannteste Bespiel für die Marktförmigkeit und das Elitäre einer Designrichtung, die Design auch zu einem Medienspektakel hat werden lassen.

Die Geschichte des spektakulären Verkaufs der *Lockheed Lounge* steht dabei in Zusammenhang mit dem Madonna-Video *Rain* von 1993, in dem Madonna sich auf dem futuristisch anmutenden Möbelstück räkelt. In der Folge stieg nicht nur der Preis der Lounge, der Erfolg dieses einen Entwurfs machte den australischen Designer Marc Newson zugleich weltberühmt. Auch kann man den Erfolg des Entwurfs mit dem Hinweis auf Arthur C. Danto erklären und sagen, dass es Narrationen sind, die hier die Originalität des Designobjekts begründen. Neben dem Madonna-Video ist es auch der durchaus mühsame Herstellungsprozess, der für die Einzigartigkeit des Objekts sorgt. Die *Lockheed Lounge* wurde aus Aluminiumplatten im Punktschweißverfahren zusammengesetzt, die Platten wurden anhand von Formen aus Fiberglas gebogen, sodass sich die spezielle Kontur der Lounge ergibt – die wegen ihrer organischen Gestalt nur noch entfernt an eine Récamiere erinnert. Die Füße der Lounge bestehen ebenfalls aus Fiberglas. Am Schluss musste die Oberfläche des Möbels mühsam von Hand poliert werden. Der Name der Lounge wiederum ist ein Verweis auf den amerikanischen Flugzeugbauer und Waffenhersteller Lockheed Martin, weil die zusammengesetzten Aluminiumplatten an eine Flugzeugverkleidung erinnern.

Die Designart hat, so verstanden, einen Zug zum Elitären. Die Aneignungsstrategien der 1970er und 1980er Jahre waren nicht nur als Gegenmodell zum Industriedesign gemeint, sie referenzieren auch Teilhabe und Open Design – Ideen, die auch im aktuellen Designdiskurs wirksam sind. Die Designer*innen der Designart vermarkten sich stattdessen wie Künstlerfiguren, ihre Objekte erscheinen in limitierter Auflage, sodass sie besonders selten und exklusiv sind. Es geht nicht mehr darum, das ›Normale‹ und Alltägliche der Objekte in den Vordergrund zu rücken. Dies ist aber problematisch, weil es der ursprünglich demokratischen Idee von Design zuwiderläuft.

Ein Beispiel dafür ist das höchst erfolgreiche Designduo Studio Job, dessen Arbeiten als eine Radikalisierung dieser Entwicklung verstanden werden können. Sie orientieren sich an einer bestimmten Richtung innerhalb des postmodernen Designs, und zwar an dessen Forderung nach mehr Symbolik. Das Studio, das viele Arbeiten auf seiner Portfolio-Seite auch unter ›Kunst‹ kategorisiert, wurde 1998 von Nynke Tynagel und Job Smeets gegründet. Sie arbeiten an der Grenze von Kunst und Design. Das Designerpaar studierte an der Design Academy Eindhoven und vermischt comicartige, bunte und detaillierte Motive zu dekorativen Grafiken, die teilweise als All-Over-Patterns auf Möbeln und Objekten erscheinen, oder realisiert diese Grafiken in Form einzelner, teils übergroßer Skulpturen. Darin greifen sie Formen alltäglicher Objekte auf und setzen sie durch die Übertragung in das Verfahren des Bronzegusses sowie durch die Umwidmung von Funktionen in einen neuen Kontext. So etwa im Fall der *Banana Lamp* (2015), einer Leuchtenserie aus in Bronze gegossenen Bananen für die Galerie Carpenters

Workshop, bei denen die Bananenschalen den Leuchtenfuß bilden und das Innere der Banane das Leuchtmittel ist (Abb. 5). In ironischer Brechung wird die Form der Banane, die überdies obszön penisartig ist, erst comicartig gezeichnet und dann zu einem funktionalen Gegenstand hin entwickelt. Die Oberflächenstrukturen (etwa das Innere der Bananenschale) werden bei Studio Job durch die Umsetzung im handwerklichen Bronzegussverfahren zu einem beinahe spätbarocken Ornament. Das Material verleiht den Leuchten gleichzeitig etwas Exklusives. Einzig der Umstand, dass es sich dann schließlich doch noch um eine Leuchte, also um ein – wie auch immer – funktionales Produkt handelt, unterscheidet es von den Skulpturen eines Jeff Koons. Mit dem Motiv der Banane spielen sie außerdem auf Andy Warhols Banane an. Hier geht es nicht wie bei Jasper Morrisons Arbeiten darum, das Typi-

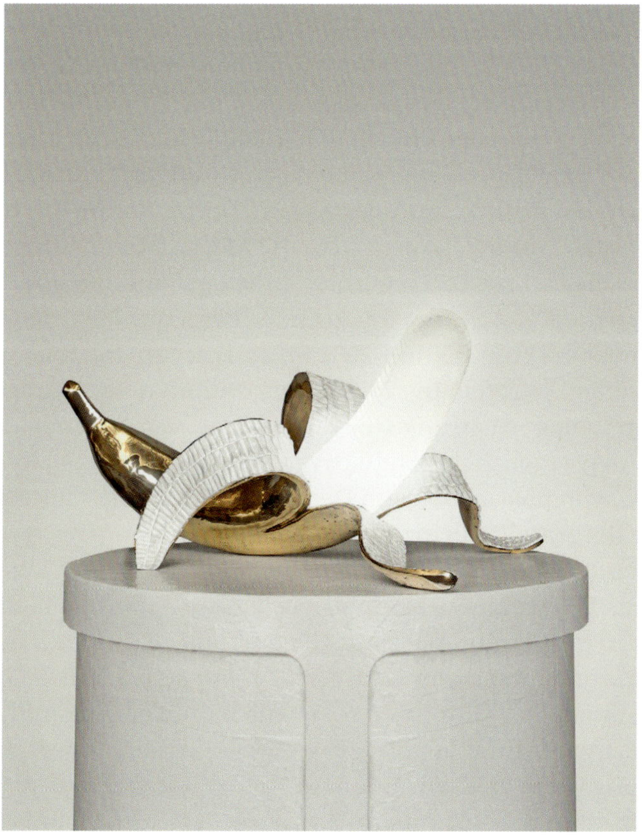

Abb. 5: Studio Job, *Banana Lamp*, 2015, Galerie Carpenters Workshop.

sche oder Ernste der Gebrauchsdinge in den Vordergrund zu stellen. Stattdessen beziehen sich Studio Job bewusst auf die Pop-Art, und sie bedienen sich der Kategorie des Originals aus der Kunst.[41]

Bei anderen Arbeiten verwenden sie die Idee der Skalierung – die Bronzeskulptur *Pouring Jug* (2007) ist ein riesiger schwebender Krug, aus dem steinartige Formen herausfließen, die an polygonale Strukturen aus CAD-Programmen erinnern. In wiederum anderer Hinsicht übertrieben ist dann der *Train Crash Table* von 2015, eine Arbeit, die auf der Portfolio-Seite der Designer als ›rein autobiografisch‹ erklärt wird.[42] Der Tisch in Form zweier kollidierender Dampflokomotiven symbolisiert mit ironischer Geste die Trennung von Nynke Tynagel und Job Smeets, dabei bildet der Dampf der beiden kollidierenden Lokomotiven die Tischplatte.

In den letzten Jahren wurden einige der Konzepte von Studio Job in die Serienproduktion übertragen. Die Bananenleuchte beispielsweise gibt es nun auch für 250 Euro als Kunststoffversion, was Job Smeets wie folgt kommentiert: »Wir machen eine Skulptur und verkaufen sie für viel Geld in kleiner Auflage. Und dann machen wir ein günstiges Produkt für die Serie, das sich jeder leisten kann.«[43] Das Gros der Entwürfe wird aber weiterhin in künstlerischen Verfahren der Produktion von Einzelstücken und nicht in seriellen Verfahren produziert, den Absatzmarkt der Entwürfe von Studio Job bilden Designart-Galerien. Jedes Jahr lancieren sie für die Messe Design Miami / Basel neue ›Kollektionen‹, die von reichen Sammler*innen gekauft werden.

Die Arbeiten von Studio Job greifen Ideen der Postmoderne auf, von einzelnen Möbelobjekten bis hin zu ganzen Interior-Designs wird die Idee der symbolischen Übertreibung in ein ›Gesamtkunstwerk‹ umgesetzt. Dabei wird im Sinne eines ›Anything Goes‹ eine Idee von Postmoderne ausbuchstabiert, die den eigentlich produktiven Gedanken (mehr Symbolik, aber auch Teilhabe) von postmodernem Design zuwiderläuft.[44] Es greift auch das von Reckwitz dargestellte Prinzip: In der Wiederholung des immer gleichen Konzepts – der unmittelbaren bildlichen Übertragung von Erzählungen auf die Objekte aus Bronzeguss – stagnieren sie, ihre Arbeit ist nicht experimentell, sondern marktförmig. Dass ein Gegenstand in einem handwerklichen, singulären Prozess hergestellt wird, reicht nicht aus, damit er als einzigartig im engeren Sinne gilt. Denn nur *dass* etwas handwerklich und nicht industriell produziert wird, führt nicht per se dazu, dass ein Unterschied zu bisheriger Gestaltung produziert wird. Indem Nynke Tynagel und Job Smeets stets neue Singularitäten produzieren müssen, werden ihre Arbeiten beliebig.

Heute muss die Designart trotz ihrer großen Medienpräsenz bei Blogs wie *Dezeen* weiterhin als sehr kleine Marktnische des Produktdesigns gelten. Zwar ließ der Verkauf von einzelnen Entwürfen wie der *Lockheed Lounge* Gestalter*innen auf einen aussichtsreichen Markt kunsthandwerklich produzierter Einzelstücke hoffen. Wichtige Galerien wie die von Libby Sellers in London oder die Moss Gallery in New York mussten jedoch schließen. Die Kategorie des Einzelstücks ist, im Design, in eine Krise geraten, sofern seine inflationäre Verbreitung das Einzelne vor dem Hintergrund all der anderen Singularitäten banal erscheinen lässt. Dies geschieht, weil eigentlich als Einzelstücke konzipierte Objekte wie die Bananenleuchte als günstigere Variante und in Serie verkauft werden. Dies geschieht aber auch, weil immer mehr Gestalter*innen im Bereich der Einzelstücke arbeiten und so allein der Umstand, dass es sich bei einem Designobjekt um ein handwerklich produziertes Einzelstück handelt, keine Ausnahme mehr ist, sondern die Regel. Dies hat eine ›Entzauberung‹ der Designart bewirkt.

Die Entzauberung des Singulären im Design geschieht, weil sich dieses plötzlich der Marktförmigkeit eines eigenen, parallelen Kunstbetriebes für seltene Designobjekte unterworfen hat. Reckwitz spricht diesbezüglich von einer bewussten ›Rarifizierung‹.[45] Es wurde ein Elitismus dort etabliert, wo es eigentlich um alltägliche, gewöhnliche und nicht um exklusive Dinge gehen sollte, wie sie Morrison und das Neue Deutsche Design in ihren funktionalismuskritischen Ansätzen umsetzten. Die Designart war in diesen Ansätzen der Versuch, klassische Produktionsformen, aber auch Begrifflichkeiten aufzubrechen. Die Erforschung des Gewöhnlichen und Alltäglichen jenseits von Expertentum, Funktionalismus und wissenschaftlicher Methode war der ursprüngliche Impuls der Designart.

KONJUNKTUR VON EXPERIMENTELLEN PROZESSEN

Ich möchte im Folgenden eine andere Perspektive auf das Thema des Einzelstücks aufzeigen, die sich im Kontext derzeitiger Entwicklungen im Kunst- und Designdiskurs als Weiterentwicklung der Designart beschreiben lässt. Das Arbeiten in experimentellen Versuchsaufbauten markiert heute einen wesentlichen Überschneidungspunkt von Design und Kunst (hierzu fand im Sommersemester 2017 ein Symposium an der Muthesius Kunsthochschule Kiel statt: »PHASE 3 – WIE FORSCHEN WIR / HOW WE DO RESEARCH«). Das Experiment ist also als eigene gestalterische Kategorie jenseits der Serienproduktion in den letzten Jahren immer wichtiger geworden. Ich schlage daher vor, den Bereich des Einzelstücks im Design vor dem Hintergrund des *Experiments* und der *Forschung* neu zu perspektivieren.[46]

Designer*innen nutzen heute ihre Arbeit, um die Wirkung des Designs in der Gegenwart zu erforschen. Die Designjournalistin Alice Rawsthorn notiert in dieser Hinsicht etwas sehr Interessantes: »Designers are pursuing similar objectives [as artists] by using their work as a research exercise to interrogate design's role as a powerful, if sometimes problematic force in our lives.«[47] Design soll demnach nicht nur der Gestaltung von alltäglichen Dingen des Gebrauchs dienen, es soll auch kritisch seinen Kontext und seine Prozesse reflektieren. Dafür aber erweist sich der Bereich des Industriedesigns nicht als geeignet. Mit der Postmoderne etablierten sich, wie anfangs beschrieben wurde, neue Felder, darunter auch das der Designart. Dass sich dieser Bereich wiederum heute in die Richtung von Designforschung verschiebt, kommt in einem Interviewzitat des Designers Ronan Bouroullec in dem Buch der Galeristin Libby Sellers zur Designart zum Ausdruck. Ronan Bouroullec erklärt dort, warum er es für aussichtsreich hält, mit der Kategorie des Einzelstücks zu experimentieren und für Galerien zu arbeiten anstatt im Bereich des klassischen Industriedesigns: »The main reason we entered into the gallery ›system‹ was to be able to carry out research and to produce pieces that would otherwise never have been produced.«[48] Bei der Zusammenarbeit mit Galerien geht es ihm also nicht in erster Linie darum, die Arbeiten in die Nähe der Kunst zu rücken. Ronan Bouroullec sieht den Kontext der Galerien vielmehr als geeignet an, zu experimentieren und zu ›forschen‹. Die Zusammenarbeit mit ›der Industrie‹, die in dem Interview als Gegenpol zur Designart konturiert wird, sei regelgeleitet und von Einschränkungen begleitet. Mit einer Galerie zu arbeiten, sei hingegen wie ›wieder atmen zu können‹.[49] Eine Galerie als Auftraggeber würde den Kontext schaffen, Neues zu erproben und zu experimentieren. Die *Aim Lamp*, die Ronan und Erwan Bouroullec für die Galerie Kreo 2010 entwarfen, machte zum Beispiel im Feld der Designart Karriere und fand dann schließlich Eintritt in die Serienproduktion: Die Leuchte wird heute von Flos produziert. Auf diese Weise ist die Galerieszene dann auch kein Ort mehr für handwerklich produzierte, exklusive Einzelstücke. Stattdessen werden neue Entwürfe erprobt, denen die Industrie möglicherweise keine Chance bieten würde. Für die Gestalter*innen, die im Feld der Einzelprodukte arbeiten, wird Kunst als Bezugsrahmen nun von Forschung als Paradigma abgelöst.

Neben der Möglichkeit, Neues zu schaffen, gibt es noch weitere strukturelle Gründe für das Interesse der Gestalter*innen an der Forschung. Dieses Interesse lässt sich mit dem Verweis auf den Umstand begründen, dass das Designfeld sich durch neue, digitale Technologien ändert. Techniken der Serienproduktion, die den klassisch modernen Designbegriff mitbegründet haben, geraten von der Seite individualisierter Produktionsmethoden her unter Druck. Insbesondere, weil digitale Produktion die Herstellung von Einzelstücken ermöglicht, hat sich die Komplexität von handwerklichen Prozessen im Design verändert. Die ›Versuchsaufbauten‹ der Designer*innen dienen dazu, technologisch anspruchsvolle Projekte zu entwickeln, die jedoch noch nicht für die Serienproduktion geplant sind. Es geht in den Projekten vielmehr darum, die Möglichkeiten technologischer Innovation oder kultureller Veränderung darzustellen. In den letzten zehn Jahren sind zum Beispiel um die Technik additiver Fertigung herum immer mehr Projekte entstanden, die Handwerk und Technik mit Experimentalaufbauten verbinden. Sie zeigen Prozesse, deren Entwerfer*innen wie Forscher*innen im Laboratorium agieren. Ein in dieser Hinsicht typisches Beispiel ist der *Solar Sinter* (2011) von Markus Kayser, Absolvent des Royal College of Art (London). Ein solargetriebener 3D-Drucker, der anhand eines Laserstrahls Wüstensand schichtweise zu Skulpturen formt. Weil hier Handwerk, Design und Technik

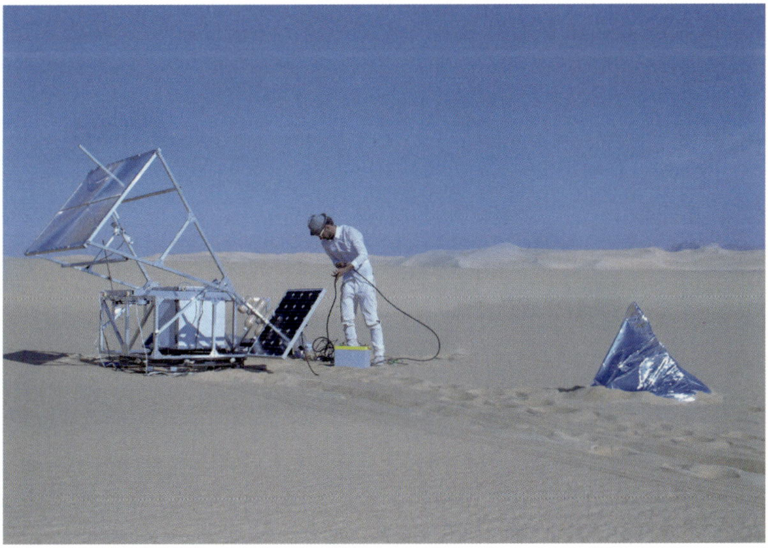

Abb. 6: Markus Kayser, *Solar Sinter*, 2011, Royal College of Art.

auf so anschauliche Weise miteinander verbunden wurden, avancierte der *Solar Sinter* zum Sinnbild für das transformatorische Potenzial der additiven Fertigungsmethoden.

Zwar gab es schon seit den 1980er Jahren 3D-Druck-Techniken, jedoch waren diese teuer und schwer zugänglich. Die wirkungsvolle Inszenierung des 3D-Druckers in Interaktion mit dem Gestalter im marokkanischen Wüstensand hat der Technologie zu einiger Popularität verholfen. Wichtig ist, dass hier der Prozess mit seinem experimentellen Charakter mehr in den Vordergrund tritt als das Ergebnis. Die Ergebnisse des Prozesses – einfache Schalen – sind jedoch keinesfalls als Serienprodukt oder Vorläufer zur Serienproduktion gemeint. Während des Höhepunktes des 3D-Druck-Hypes bildete der *Solar Sinter* ein wichtiges Referenzprojekt, weil er die Potenzialitäten des 3D-Drucks aufzuzeigen vermochte. Der *Solar Sinter* wurde beispielsweise in einem Artikel der *Frankfurter Allgemeinen Zeitung* zur Konjunktur des DIY-3D-Drucks diskutiert.[50] Interessanterweise nennt Dietmar Dath hier Markus Kayser einen ›Künstler‹.

Auch wenn Technik hier einen wichtigen Aspekt des Neuen bildet, wäre es dennoch zu kurz gegriffen, den Ursprung dieser neuen Entwicklung im Design allein den digitalen Techniken zuzuschreiben. Techniken können nicht unabhängig von ihrem kulturellen Kontext Anwendung finden, sie können nur in der Hinsicht Verwendung finden, in der Designer*innen sie perspektivieren. Anders gesagt: Erst ein bestimmter Blick auf eine Technik und bestimmte Ideen von Design ermöglichen es, dass eine Technik zu Neuem führt. Dass 3D-Druck in den gestalterischen Mainstream gelangte, und wirklich zu etwas ›Neuem‹ avancierte, lag unter anderem daran, dass die Patente für die Geräte aus den 1980er Jahren ausliefen, streng genommen sind sie kein neues Phänomen. Neu war bloß ihre Weiterentwicklung von hochspezialisierten Werkzeugen der Industrie hin zu Schreibtischgeräten. Dass sie in den Mainstream gelangten, lag jedoch an der ›Kultur der Digitalität‹. Die Kultur der Digitalität ist nicht allein ein technisches Phänomen, wie der Kulturwissenschaftler Felix Stalder erklärt, sondern gekennzeichnet von Phänomenen wie ›Gemeinschaftlichkeit‹, ›Netzwerkhaftigkeit‹ und ›Algorithmizität‹, die schon vor der allgemeinen ›Digitalisierung‹ in bestimmten Subkulturen entwickelt wurden.[51] In den 1960er und 1970er Jahren war es – bezogen auf das Beispiel der 3D-Druck-Technik – die Umweltbewegung, die zur Eigenproduktion von Möbeln und Dingen des täglichen Gebrauchs aufrief. Daraus ging der *Whole Earth Catalogue* hervor, der wiederum als Vorläufer von Open-Source-Strategien (und der Umweltbewegung) verstanden werden kann, dies waren Voraussetzungen der heutigen Entwicklung von 3D-Druckern für den Schreibtisch.

Auch Ronan Bouroullec bezieht sich in seiner Aussage, ›forschen‹ zu wollen, weniger auf den Ursprung des Neuen in der Technik, sondern zunächst auf die Idee, im Experiment ohne feste Zielvorgaben arbeiten zu können. Eine ganz ähnliche Idee von gestalterischer Arbeit als ›geschütztem Raum‹ mit offenem Ergebnis zieht sich auch durch die Diskussionen um angewandte Designforschung an Hochschulen in neu installierten PhD-Programmen. Hier wird das gestalterische Experimentieren als Form der Produktion von eigenem, praktischem Wissen adressiert. So geht es darum, Möglichkeiten für längere und umfassendere Projekte jenseits der üblichen Entwicklungszeiten zu schaffen. Es geht aber auch darum, Design von einer Praxis zu einer Disziplin zu entwickeln, die eine eigene ›Wissenskultur‹ hat.[52] Dabei ist das ›Vorbild‹ dieser Art des Arbeitens das klassische naturwissenschaftliche Experiment – das, ähnlich wie schon bei der Designart die Kunst, quasi ins Designsystem ›importiert‹ wurde.

Die Designwissenschaftlerin Claudia Mareis hat solche Überschneidungen von Design- und Wissenskulturen in den Naturwissenschaften in ihrer Dissertation von 2011 dargestellt. Dort zeichnet sie nach, wie in den 1960er Jahren Wissensdiskurse aus den Planungswissenschaften, der Kybernetik und der Mathematik das Design beeinflussten. Dann hat – als Gegenmodell – eine wissenschaftstheoretische Auseinandersetzung stattgefunden, die das naturwissenschaftliche Experiment in die Nähe der Kunst und in die Nähe des Designs rückte. Dies ist besonders mit Blick auf das Projekt der designwissenschaftlichen Fundierung einer interdisziplinären praxisbasierten Forschung an Kunsthochschulen interessant.[53] Neben prominenten Positionen wie derjenigen von Paul Feyerabend[54] oder Donna Haraway[55] haben Designforscher*innen in den letzten Jahren in Deutschland vor allem die Arbeiten des Wissenschaftshistorikers Hans-Jörg Rheinberger rezipiert. Seine Idee des Experimentalsystems erweist sich mit Blick auf gestalterische experimentelle Prozesse als höchst produktiv, die Studie *Experimentalsysteme und epistemische Dinge* enthält zudem immer wieder ganz konkrete Verweise auf die Kategorie Kunst: »Die Gedanken von Erfindern und Wissenschaftlern richten sich ganz ähnlich wie die von Künstlern nicht auf die Erkenntnis des Bestehenden […].«[56] Im Rückgriff auf Gedanken des Kunsthistorikers George Kubler beschreibt Rheinberger hier den

Entwurfscharakter experimentellen Arbeitens, das – ebenso wie das Arbeiten von Künstlern*innen – zukunftsgerichtet ist. Sein Begriff des Experimentalsystems beschreibt ein Zusammenspiel von sehr spezifischen Materialien und Techniken, das zu neuen Ideen und neuen Erkenntnissen in den Naturwissenschaften führt. Ihre Kombination ist kontextabhängig – dies ist wichtig, weil das Experimentalsystem so selbst zu etwas Singulärem wird. Nach Rheinberger muss ein Experimentalsystem als etwas ›Gestaltetes‹ gelten, weil Techniken und Apparaturen und die Anordnungen dieser (konkreten) Materialien ebenfalls einem quasi gestalterischen Prozess unterliegen. Weiter erklärt Rheinberger, dass ein gelungenes Experimentalsystem so konzipiert sein muss, dass es, anstelle Fragen zu beantworten, Raum für neue Fragen eröffnet und Neues ermöglicht.[57] Ähnlich sind forschungsmäßige Gestaltungsprojekte konzipiert. Auch sie eröffnen Fragen und ermöglichen neue Projekte. Die Rolle der Techniken bei der ›Produktion‹ des ›Neuen‹ ist dabei vielschichtig. Rheinberger wendet sich explizit gegen ein Verständnis von Technik im Sinne einer ›Technowissenschaft‹,[58] das die Technik als alleinigen Motor des Neuen in den Wissenschaften sieht. Stattdessen sieht er die Methodik des Experimentierens und die Art und Weise, wie Experimente ›entworfen‹ sind, als Motor des Neuen.[59] Also kommt es auf das Arrangement des Experimentalsystems selbst an. Rheinberger beschreibt das ›Experimentalsystem‹ schließlich als grundlegende Arbeitseinheit der gegenwärtigen Forschung: »Experimentalsysteme sind […] zugleich lokale, individuelle, soziale, institutionelle, technische, instrumentelle und, vor allem, epistemische Einheiten.«[60] Darin können jedoch Techniken – je nachdem, wie sie angewendet und umfunktioniert werden – eine wesentliche Rolle spielen, sie werden in bestimmter Weise *interpretiert*. Insgesamt will Rheinberger mit Sicht auf Wissenschaft als Prozess zeigen, dass neue Ideen in den (Natur-)Wissenschaften nicht im Sinne eines singulären Moments des Heureka ›entdeckt‹ werden. Das ›epistemische Ding‹, also der Gegenstand, nach dem gesucht wird, liegt nicht einfach ›in der Natur‹ vor. Stattdessen sind neue Entdeckungen in der wissenschaftlichen Forschung Produkte eines sorgfältig *gestalteten* und zugleich *unvorhersehbaren* Prozesses. Rheinbergers Beispiele bilden dabei konkrete historische Experimentalzusammenhänge, etwa die Entwicklung der Proteinbiosynthese.

Man kann diese Gedanken leicht auf das Design übertragen, sofern jeder Designprozess mit den daraus entstehenden Artefakten, Gerätschaften, Substanzen und Bildern eben von Projekt zu Projekt ganz und gar neu konzipiert werden muss. Das ›Neue‹ hat jenseits der in der Postmoderne kritisierten Fortschrittsnarrative als Faktor gestalterischer Produktivität keinesfalls ausgedient. Nur wird nun ein Wissensbegriff herangezogen, der Wissen als etwas ›Gestaltetes‹ ansieht, statt vom künstlerischen Genie in der Produktion des Neuen auszugehen, wie es die Designart tut: Designer*innen müssen stets neue Prozesse entwerfen – und nicht bloß einzelne Objekte (wie die *Lockheed Lounge*). Während die Objekte der Designart den Rezipient*innen (oder Konsument*innen) meist als einzelnes Bild oder in einer Ausstellung – also herausgelöst aus diesen Prozessen – begegnen, sind die experimentellen Prozesse als offene Prozesse angelegt, sie lassen weitere Ideen und Prozesse entstehen. Die Produktion von Wissen wird in diesen Prozessen wichtiger als die Produktion von Design-Originalen.

Mit Blick auf die Idee des Einzelstücks, das im Kontext des experimentellen Versuchsaufbaus eine neue Bedeutung erhält, weil es zum Gegenstand eines Forschungsprozesses avanciert, ist ein Projekt der schwedischen Designgruppe Front interessant.[61] Es handelt ebenfalls von den Möglichkeiten des 3D-Drucks. Das Projekt *Sketch Furniture* (2005) ist ein performativer Prozess, in dem gezeigt wird, wie unterschiedliche Möbelarchetypen (eine Leuchte, ein Stuhl, ein Tisch) freihändig in den Raum gezeichnet, mit in vier Raumecken platzierten Kameras gefilmt und so in ein 3D-Modell übersetzt werden (siehe Abb. 7 und 8). Dabei wurde eine Reihe von skulpturalen Möbeln gestaltet, bei denen spontane Handskizzen in digitale, räumliche Modelle übertragen und in einem 3D-Druck-Prozess materialisiert wurden. Auf diese Weise wird die sonst zweidimensionale Zeichnung unmittelbar zum dreidimensionalen Computermodell. Die Möbel wiederum sind die Materialisierungen der Performance. Im CAD-Programm werden die Skizzen dann mit einer Materialstärke versehen und mit einem großformatigen Lasersinterdrucker ausgedruckt. Die geglättete und weiß lackierte Oberfläche der Objekte verstärkt den Eindruck des bloß digitalen – virtuellen – Modells. Es handelt sich jedoch um ganz konkrete Objekte.

In dem Projekt tritt außerdem ein weiterer, für die Kommunikation des Projekts wichtiger Aspekt hinzu, und zwar die Performance der Designerinnen im Video. Der Film dient hier nicht so sehr der Veranschaulichung des technischen Prozesses, sondern der Inszenierung der Akteurinnen und ihrer zeichnerischen Geste. Im Video wird mit der Performance auch der Prozess des Designs dokumentiert, bei dem Formgebung und Produktion sich im Moment der zeichnerischen Geste überschneiden.

Digitale Werkzeuge treten in diesem Prozess bzw. in dieser Performance dann in mehrfacher Hinsicht auf: Das Digitale dient der Sichtbarmachung des Designprozesses mit seinen Werkzeugen auf der Ebene des Videos. Im konkreten Produkt, dem Möbel, wird das Digitale als Form und als Oberfläche sichtbar. Das Digitale ist hier die technische Voraussetzung des Neuen: 3D-Druck, Motion Capture Technology, Computer Aided Design. Der Computer, respektive die digitale Technik produziert hier das Design quasi mit. Dabei scheint sich eine neue Form von Materialität herauszubilden, wie sie zum Beispiel der Architekturhistoriker Antoine Picon charakterisiert: »The new materiality is located at the intersection of two seemingly opposed categories, the totally abstract, based on signals and codes, and the ultra-concrete, involving an acute [...] perception of material phenomena and properties.«[62]

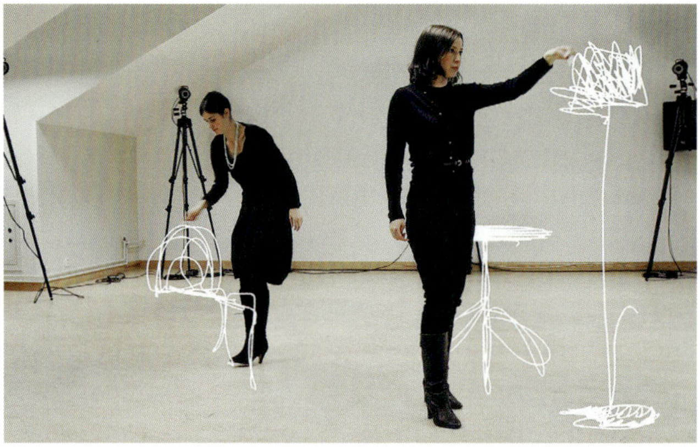

Abb. 7: Front, *Sketch Furniture*, 2005.

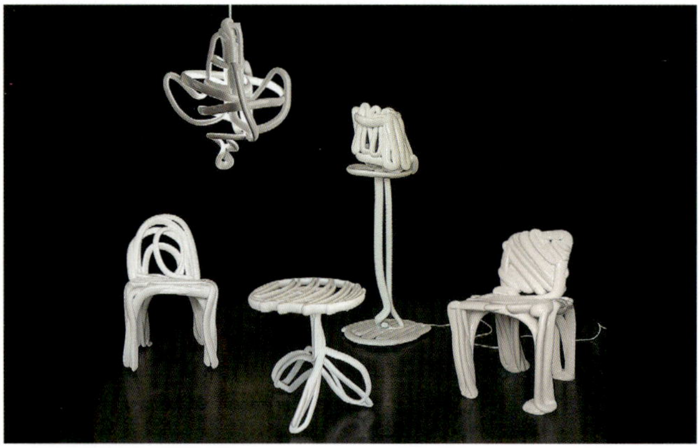

Abb. 8: Front, *Sketch Furniture*, 2005.

Antoine Picon erklärt an dieser Stelle das dialektische Verhältnis von digitaler und analoger Materialität. Signale, aus denen Digitalität schließlich besteht, sind uns niemals als solche gegeben, sie werden immer nur über Zeichen, also durch Code, vermittelt. Selbst als Code bleiben sie für uns immer noch abstrakt, im Vergleich etwa zu einem Designobjekt oder einer architektonischen Form. CAD-Programme wiederum vermögen es, durch ihr Interface, diesen Codes eine anschauliche Form zu geben. Diese Form bleibt jedoch stets vorläufig. Im CAD-Programm lässt sich nicht nur eine unendliche Vielfalt an Formen realisieren, auch sind diese stets veränderbar. Diese zwischen den Sphären des Digitalen (Abstrakten) und Analogen (Konkreten) situierte Materialität unterscheidet sich daher von bisherigen ›Materialien‹, mit denen Gestalter*innen gearbeitet haben. Die Qualität dieser neuen Materialität, die zwischen dem Abstrakten und dem Konkreten liegt, wird in dem Projekt von Front in besonderer Weise anschaulich und zugleich aus forschungsmäßiger Perspektive thematisiert. Die spontanen Handskizzen werden in die Digitalität übertragen, sodass sich die zeichnerische Geste und digitale Darstellungsmethoden überschneiden. Indem die Handskizze den Ausgangspunkt bildet, ist – wie bei einem experimentellen Versuchsaufbau – noch unklar, wie im Einzelnen die Zeichnung eines Möbels ausfallen wird. Das Video dokumentiert dann wiederum den gesamten Versuchsaufbau als einen Prozess der experimentellen Formfindung.

Front bringen in ihrem Prozess ›neue‹, technisch avancierte Möbel-Einzelstücke hervor, der gesamte gezeigte Prozess zur Produktion dieser Einzelstücke ist von experimenteller Art. Es ist ein einmaliger Prozess, weil es sich um eine einmalige Konstellation von Akteurinnen handelt. Das Projekt hat epistemische Qualitäten, weil es als Prozess gezeigt wird und darin anschlussfähig wird für weitere Arbeiten. Es war beispielsweise Teil des Berliner Designmai 2007, der unter dem Titel ›Digitalability‹ Arbeiten versammelte, die sich der Produktion von Wissen um digitale Prozesse widmete.

Projekte wie das von Front, die digitale Prozesse in den Fokus rücken, finden sich in letzter Zeit häufiger. Sie lassen vermuten, dass die bisherige Idee von einem singulären, handwerklich elaborierten Prozess zur Produktion von Design-Einzelstücken mit Kunstaffinität (wie etwa bei der *Lockheed Lounge*) seitens der digitalen Produktion unter Druck geraten ist. Der *Cinderella Table* von Demakersvan, dessen Form die Umrisse zweier unterschiedlicher, digital ineinander gemorphter Tische bilden, zeigte bereits 2004, dass nun ehemals sehr aufwändige Freiformen wie die der *Lockheed Lounge* ohne großen Aufwand – ohne den Bau von speziellen Werkzeugen – realisiert werden können.

Wenn die aufwändige Herstellung eines Designobjekts als Konzept nicht mehr im Vordergrund steht, kommt es stattdessen auf etwas anderes an. So können wir auf die technischen Bedingungen, die Akteur*innen und die Bezüge zu anderen Disziplinen schauen, wenn wir verstehen wollen, ob ein Designprojekt ›Neues‹ im Sinne von Rheinberger produziert. Das an der Universität der Künste in Berlin installierte Design Research Lab zum Beispiel widmet sich neuen Materialitäten und ihren Akteur*innen. Es erforscht mit Mitteln des Interaktionsdesigns, der *Wearable Technology* und der Partizipation die Wirkung von Digitalisierung auf die Gesellschaft oder auf einzelne Nutzer*innen. Gegenstand kritischer Reflexion sind dabei stets Prototypen, etwa ein in eine Jacke integriertes Radio oder ein Handschuh mit Drucksensoren für Gehörlose. Die Prototypen sind nicht als Serienprodukte konzipiert, sie finden in Experimenten mit Nutzer*innen Einsatz.

Was könnte schließlich die Perspektive von ›experimentellen Versuchsaufbauten‹ im Design sein? Während sich die Idee des handwerklich produzierten Einzelstücks abgenutzt hat, tritt der Prozess als solcher in den Vordergrund: Dies zeigen Projekte wie *Sketch Furniture*. Auch ist – mit Blick auf die Weiterentwicklung des Designs als einer akademischen Disziplin – interessant, dass im Experimentieren die Produktion von neuem Wissen angelegt ist (im Fall von Front entsteht Wissen über die neue ›Materialität‹ des Digitalen). Dabei wird, dies muss hier angemerkt werden, ein bestimmter Wissensbegriff vorausgesetzt, der Wissen im Prozess des Experimentierens an sich verortet. Anders als klassische Auffassungen von Naturwissenschaft, wie zum Beispiel bei Karl Popper, der das Aufstellen und Falsifizieren von Hypothesen als zentrales epistemisches Moment der Naturwissenschaften ansah, sind praxisorientierte Ansätze der Wissenschaftsforschung am Experimentieren als wissensmäßigem Moment interessiert.[63] Rheinberger zum Beispiel schreibt in seiner Einführung in die Historische Epistemologie: »Die Vorstellung von Wissenschaft als Prozess löste die zwanghafte Sicht auf Wissenschaft als System ab.«[64] Dabei schließt Rheinberger an die Gedanken von Bruno Latour, Karin Knorr Cetina oder Donna Haraway an, die Wissensproduktion ebenfalls in Praktiken des Experimentierens und Forschens verorten. Im Design haben sich im Zuge einer ähnlichen Praxisorientierung Ansätze etabliert, die ›implizites Wissen‹ oder eine Art Praxiswissen als genuines *Designwissen* charakterisieren. Donald A. Schön zum Beispiel hat in Protokollstudien von Gesprächen zwischen Designer*innen in den 1980er Jahren gezeigt, wie Wissen über Entwürfe in Diskussionen Gestalt annimmt.[65] Und Michael Polanyi hat in seiner von der Gestaltpsychologie inspirierten Studie *The Tacit Dimension* gezeigt, wie ›implizites Wissen‹, respektive Körperwissen für handwerkliche Prozesse erlernt wird. ›Implizites Wissen‹, so die zentrale Beobachtung Polanyis, ist deswegen so schwer zu beschreiben, weil es mit Sprache nicht explizit gemacht werden kann und sich der Darstellung in Lehrbüchern entzieht.[66] Das Tun von Designer*innen ist jedoch von genau solchem Wissen geprägt. Erst die Designer*innen selbst können dieses Wissen anschaulich machen – was etwa die Designerin Judith Seng in ihren choreografischen Arbeiten zeigt, die in einem anderen Beitrag zu diesem Band diskutiert werden (Judith Seng: Ein choreografischer Gestaltungsansatz).

Wie aber hängen Kunst und Design bei diesen experimentellen Prozessen zusammen? Das Projekt von Front beinhaltet neben der Sichtbarmachung einer neuen Materialität auch weitere Aspekte: den performativen Charakter des Zeichnens, die Sichtbarmachung der technischen Apparaturen im Video sowie die Idee des wertvollen Einzelstücks. Es kann folglich nicht mehr klar gesagt werden, welcher Disziplin (Technik? Kunst? Design?) man es nun zuweisen soll. Blickt man auf die Technik und die Formalästhetik, so gibt es hier beispielsweise Überschneidungsmomente mit den Arbeiten des kanadischen Post-Internet-Künstlers John Rafman, der 2014 eine Reihe von Büsten mit dem Titel *New Age Demanded* produzierte (Abb. 9). Die Büsten sind, ähnlich wie die skulpturalen Möbelentwürfe von Front, mit dem 3D-Drucker produziert worden. Rafman wiederum greift hier klassische Formen auf, da er die Idee der Büste zum Ausgangspunkt nimmt und die Büsten dann auf einem Marmorsockel präsentiert – wie es im Ausstellungskatalog des Westfälischen Kunstvereins heißt.[67] Technisch und formalästhetisch ist die Arbeit jedoch eindeutig angelehnt an Methoden des digitalen Designs. Die Büsten wurden anhand von Computermodellen produziert, dabei wurden die Formen der Büsten durch unterschiedliche Filtereffekte verfremdet. Eine der Skulpturen ist von Löchern übersät, die nächste hat eine fluide und an Colanis Industrial-Design-Utopien erinnernde Form. All diese Formen, so kann man resümieren, sind nur möglich durch die Verwendung von CAD-Programmen und durch ihre Freiformeffekte sowie deren absolute Detailgenauigkeit. Es handelt sich – wie bei den Arbeiten von Front – um die unmittelbare Übertragung der computergenerierten Form ins Material. Rafmans Arbeit ist nun aus Designsicht deswegen interessant, weil sie die Beliebigkeit von generativem Design und insbesondere der Visualisierungen, die in Designprozessen entstehen, veranschaulicht. Was jedoch nicht im Vordergrund steht, ist der Produktionsprozess an sich: Während Front ihren Formgebungsprozess als Performance im Video in den Mittelpunkt des Projekts stellen, so sind es bei Rafman die Skulpturen – also die Ergebnisse –, die als fertige Installation in einem Museum präsentiert werden. Rafmans Arbeit ist also nicht eindeutig als Experiment markiert (die Arbeit selbst ist nicht als Experiment intendiert). Auch unterscheiden sich die Arbeiten von Front und Rafman, weil sie ganz unterschiedliche Gegenstände behandeln: Möbel sind typische Gegenstände des Designs, während Büsten ein klassisches Kunstsujet sind und überdies im Museum präsentiert werden, was ebenfalls ein Kunstaspekt ist.

Obgleich es viele Ähnlichkeiten unter den bisher diskutierten Projekten gibt, möchte ich sie nicht als Beweis für eine Einheit von Kunst und Design verstehen. Auch wenn Design und Kunst ähnliche Methoden nutzen, müssen ihre Unterschiede nicht, weil Kunst und Design im Begriff des ›Experiments‹ oder in ihrer Form einen Überschneidungspunkt haben, ganz aufgegeben werden. Die Grenzen zur Kunst werden vom Design zwar

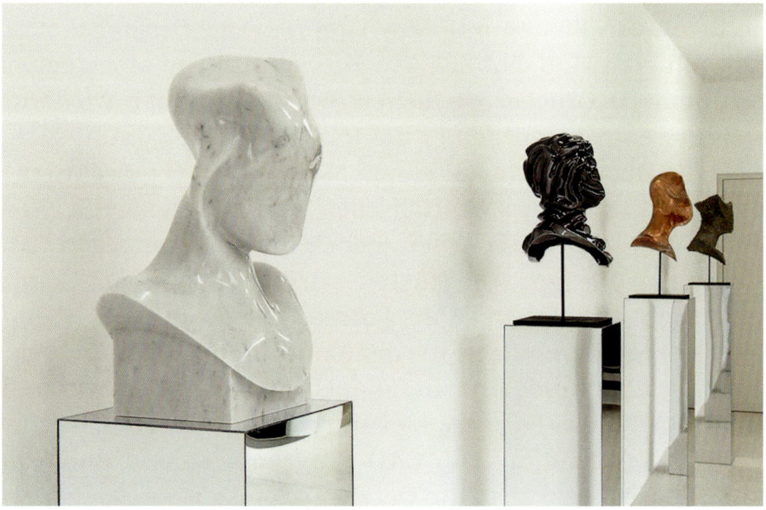

Abb. 9: John Rafman, *New Age Demanded*, 2014.

berührt, aber nicht überschritten. Weiterhin kann auch hier – wie weiter oben diskutiert wurde – der Status des Designobjekts als zweckmäßig in einem praktischen Sinne verstanden werden. Dies gilt für die Objekte der Designart ebenso wie für die experimentellen Versuchsaufbauten im digitalen Design. Die mit teils handwerklichen, teils digitalen Techniken gefertigten Einzelstücke sind weiterhin als Objekte des Designs zu verstehen, weil sie in einem Designprozess entstehen. Zwar gehen sie nicht in Serie, weil sie stets auf der Ebene des ersten, schon funktionierenden Prototyps verbleiben sollen. Auf diese Weise können sie auch kein Interesse der Industrie hervorrufen. Der *Solar Sinter* zum Beispiel markierte einen wichtigen Punkt in der Verbreitung von den 3D-Druck-Techniken und kann als Forschungsarbeit für angewandte Projekte verstanden werden. Solche Designprojekte greifen die Methodiken und historischen Ideen des Industriedesigns auf und entwickeln diese weiter. Oder aber sie brechen mit diesen Ideen und machen den Bruch zum Konzept, sodass sie darin wiederum auf das historisch gewachsene Industriedesign Bezug nehmen.

ZUSAMMENFASSUNG

Dieser Aufsatz hat nun untersucht, wie sich das Design seit den 1980er Jahren zur Kunst positioniert hat. Anlass der Diskussion war das Feld der Designart, einer Designrichtung, in der Designstücke als wertvolle ›Einzelstücke‹ und nicht als massentaugliche Industrieprodukte gehandelt werden. Mit Blick auf das Vorhaben des Bandes, nämlich »Kunst an den Rändern« zu betrachten, kann die Designart als interessanter Ausgangspunkt verstanden werden, sofern ihr wesentlichster Bezugspunkt der Rand der Kunst ist. Die Arbeiten der Designart könnten außerdem als ›Grenzverwischung‹ von Design und Kunst verstanden werden und waren anfangs auch so gemeint: Als Gegenposition zum bisherigen Funktionalismus vollzog sich in den 1960er Jahren eine Hinwendung des Designs zur Kunst. Design sollte ebenfalls den Status von Kunst als Sphäre der ›Singularität‹ haben. Auch wenn sie Parallelen zu Kunstwerken in technischer oder konzeptioneller Hinsicht aufweist, so zeigte eine genauere Betrachtung der Designart jedoch, dass Design und Kunst als unterschiedliche Praxisformen verstanden werden müssen. Wesentlich lässt sich dies – mit Blick auf die begriffliche Diskussion am Anfang – vor dem Hintergrund unterschiedlicher Arten der Rezeption begründen. Meine Untersuchung ging dabei von designwissenschaftlichen Ideen und Begriffen aus, also vom Designdiskurs. Kunstbegriffe und Werke der Kunst bilden zwar Material der Diskussion. Sie konnten im Zuge des Textes aber allenfalls aus der Perspektive des Designs verstanden werden.

Die anschließende Frage war: Wo befindet sich die Designart heute? Die Designart muss als Weiterentwicklung der Postmoderne im Design verstanden werden, weil wichtige postmoderne Strömungen wie das Neue Deutsche Design oder Memphis und Alchimia ihr den Weg ebneten. Aufwändig handwerklich produzierte Einzelstücke wie die *Lockheed Lounge* erreichten in den 2000er Jahren bei Auktionen sehr hohe Preise, die auf eine Konjunktur der Design-Originale hindeuteten. Eine eigene Messe (Design Miami / Basel) und eigene Galerien verschrieben sich dem Thema. Designart wurde außerdem Referenzpunkt von Design-Ausbildungsinstitutionen: Die Design Academy Eindhoven und das Royal College of Art bildeten eine Generation von Designer*innen aus, die sich nicht mehr Massenprodukten widmeten, sondern auf die Herstellung von Design-Einzelstücken spezialisierten. Gleichwohl hat die Richtung der Designart an Bedeutung verloren, insbesondere ihr handwerklicher Zugang zu Gestaltung. So ist, erstens, der ›Clou‹ des handwerklichen Arbeitens wegen der massenhaften Verbreitung ebendieser Design-Einzelstücke nun kein Clou mehr (siehe Reckwitz). Zweitens hat die Designart sich so weit von ihrem Bezugspunkt – der demokratischen Idee von Design – entfernt, dass sie elitär und beliebig geworden ist (siehe Studio Job). Drittens hat die Designart oft Konzepte aus der Kunst nur zitiert, aber keine eigenen Konzepte finden können (siehe Studio Jobs Bananenleuchte).

Die Suche nach einer zusätzlichen Kategorie zeitgenössischer Gestaltung jenseits des Industriedesigns und jenseits der – nunmehr überholten – Designart geschah ebenfalls vor dem Hintergrund von Singularität. Die Idee des Einzelstücks hat sich im Design keinesfalls überholt, jedoch sind andere Formate, die an Forschungszusammenhänge aus den Geistes- und Naturwissenschaften anschließen, in den Fokus geraten. Anstelle handwerklichen Arbeitens hat sich die Gestaltung von experimentellen Versuchsaufbauten etabliert. Das Experiment hat gerade deshalb Konjunktur im Designdiskurs, weil es das komplizierte Verhältnis von digitaler Technik und digitaler Kultur in besonderer Weise anschaulich macht. Im – prozessual verstandenen – Experiment lässt sich durch die Dokumentation aller Akteur*innen, Apparaturen, Arbeitsschritte und Methoden das Wissen um einen Entwurf erarbeiten. Das Experiment ist, weil es immer neu konzipiert wird und als ganzer, medial aufbereiteter Prozess zum ›Produkt‹ von Gestaltung wird, selbst singulär. Es ist zugleich ein Kreuzungspunkt von Kunst und Design, sofern Kunst ebenfalls ›Forschung‹ und ›Experiment‹ als Methoden verwendet.

1 Reckwitz 2017.
2 Reckwitz 2017, S. 9.
3 Reckwitz 2017, S. 9.
4 Eine andere, hierfür auch übliche Bezeichnung ist der Begriff *Collectible Design*. Dieses wird insbesondere auf der Messe Design Miami / Basel verkauft. Hierzu besonders: Sellers 2010, S. 14.
5 Dan Howarth, Marc Newson's Lockheed Lounge sets new record at auction, 29. April 2015. https://www.dezeen.com/2015/04/29/marc-newson-lockheed-lounge-new-auction-record-design-object-phillips/ (10. Oktober 2019).
6 Zu dem Spannungsfeld von Design und Kunst wurde vor einigen Jahren ein höchst interessanter Band herausgebracht (Huber / Meltzer / Munder / Oppeln 2011), der neben der begrifflichen Debatte auch Beispiele der 1990er und 2000er Jahre aufgreift, zum Beispiel die *Tree Trunk Bench* von Jurgen Bey oder die Wachsarbeiten von Jerszy Seymour.
7 »Der Begriff der schönen Kunst aber verstattet nicht, daß das Urteil über die Schönheit ihres Produkts von irgend einer Regel abgeleitet werde, die einen Begriff zum Bestimmungsgrunde habe, mithin einen Begriff von der Art, wie es möglich sei, zum Grunde lege.« Kant 1790/2006, § 46, S. 236.
8 Wellmer 1985, S. 115 – 117.
9 Smith 2014, S. 111.
10 Das Bauhaus hatte, wie Otl Aicher erklärte, einen größeren ›Kunstbezug‹ als die HfG; Otl Aicher, zit. nach Spitz 2002, S. 318.
11 Siehe auch Mareis 2011, S. 25 ff.
12 Fleck 1935/1980.
13 Dazu: Moles 1968/2010, S. 271 – 272.
14 Zu den Designerinnen der Werkstätten Hellerau: Beyerle / Nemeckova / Staatliche Kunstsammlungen Dresden 2018. Der Ausstellungskatalog legt nahe, dass Gestalterinnen wie Lilli Vetter in den 1920er Jahren innerhalb des Kunsthandwerks (also anhand von Wandteppichen, Schränken, Dekorstoffen und bei ganzen Bahn-Interieurs) einen autonomen künstlerischen Ausdruck zu erreichen versuchten, weil die Sphäre der Kunst ihnen verstellt blieb. In angewandten Bereichen aber erhielten sie den Raum, um ihre Ideen und Konzepte umzusetzen – sodass sie dennoch zu eigenständigen Werken gelangten. Duchamps Readymades entstanden in einer Zeit, in der man noch sehr den üblichen Kunstgattungen Malerei, Bildhauerei, Architektur usw. verpflichtet war. Weiter zu Duchamp: Rebentisch 2013, S. 92.
15 Vgl. Spitz 2002, S. 216.
16 Hierzu etwa Bonsiepe 1967. Bonsiepe argumentiert einerseits für eine Notwendigkeit wissenschaftlicher Methodik entgegen der ›Intuition‹, aber er kehrt andererseits Probleme einer missverstandenen Objektivität der Wissenschaft heraus.
17 Benjamin 1991, S. 440.
18 Benjamin 1991, S. 440.
19 Benjamin 1991, S. 442.
20 Siehe Rebentisch 2013, S. 95 ff.
21 Rebentisch 2013, S. 92.
22 Vgl. Rebentisch 2013, S. 92.
23 Rebentisch 2013, S. 92.
24 Rebentisch 2003, S. 162 ff.
25 Vgl. Rebentisch 2013, S. 33.
26 Rebentisch 2013, S. 34 sowie zum ›Rätselcharakter der Kunst‹ etwa Adorno 1970, S. 562.
27 Rawsthorn 2018, S. 36.
28 Hardy Fischer, zit. nach einer Vortragsankündigung an der Kunsthochschule Kassel am 26. 11. 2019.
29 Bruno Munari beklagt dies in der Einleitung seines Buches *Design as Art* (Munari 1971/2008), S. 12.
30 Fukasawa / Morrison 2007.
31 Hierzu die Beschreibung auf Morrisons Portfolio-Seite: https://jaspermorrison.com/exhibitions/1980-1989/some-new-items-for-the-home-part-i (08. Januar 2020).
32 »They were more comfortable but less striking« ebd.
33 Die ursprüngliche Idee des Minimalismus im Industriedesign, die sich gegen ausufernden Konsum richtet, liegt darin, dass einfache, funktionale Gegenstände nicht durch modische Veränderungen obsolet werden. Auf diese Weise können sie lange benutzt werden. Diese Idee vertreten Dieter Rams ebenso wie Naoto Fukasawa und Jasper Morrison.
34 Siehe Rebentisch 2013, S. 122 ff.
35 Morrison 1991, https://jaspermorrison.com/publications/essays/the-unimportance-of-form (20. Juni 2020).
36 Ramakers 1998, S. 34.
37 Vgl. hierzu auch Rebentisch 2013, S. 124.
38 Sellers 2010, S. 39.
39 Sellers 2010, S. 14.
40 Sellers 2010, S. 6.
41 Dazu die Portfolio-Seite von Studio Job: https://www.studio-job.com/work/art/banana (02. Januar 2020).
42 Siehe den Eintrag zum *Train Crash Table* auf der Portfolio-Seite von Studio Job: https://www.studio-job.com/work/art/train-crash-table (08. Januar 2020).
43 Norman Kietzmann, Studio Job, Interview im *Dear*-Magazin. https://www.baunetz-id.de/menschen/studio-job-18224583 (05. Januar 2020).
44 Das Verhältnis von Moderne und Postmoderne ist besonders hinsichtlich der Frage nach mehr Teilhabe kompliziert – so macht zum Beispiel Albrecht Wellmer in seinem Vortrag vor dem Werkbund 1985 (Wellmer 1985) darauf aufmerksam, dass

dieses insgesamt nicht im Sinne eines solchen Bruchs verstanden werden kann. Le Corbusiers *Unités d'habitation* etwa könnten, im Sinne Wellmers, als Entwürfe mit postmodernem Charakter gelesen werden, sofern sie eine narrative Struktur haben. Sie machen ihre ›Konstruktionen sichtbar‹. Dieses Gestaltungsprinzip wurde jedoch später als etwas genuin Postmodernes markiert – Charles Jencks gründete darauf 1972 gemeinsam mit Nathan Silver seine Gestaltungstheorie des *Adhocism*, des aus vorliegenden Stücken zusammengesetzten Designobjekts – und entspricht nicht der gängigen Weise, wie Le Corbusier verstanden wird.

45 Reckwitz 2017, S. 131.

46 Zum Forschungsbegriff: Frayling 1993/94.

47 Rawsthorn 2018, S. 34.

48 Ronan Bouroullec, zit. nach Sellers 2010, S. 163.

49 Sellers 2010, S. 163.

50 Dietmar Dath, Was heißt hier Herstellung? *FAZ* vom 07. Januar 2013.

51 Siehe Stalder 2017.

52 Der Begriff *Wissenskultur* findet sich besonders bei der Wissenschaftstheoretikerin Karin Knorr Cetina und wurde von Claudia Mareis in den Kontext der Designwissenschaft eingeführt. Bei Karin Knorr Cetina geht es vorrangig um experimentelle Wissenskulturen (etwa: Knorr Cetina 2002), während Claudia Mareis den Begriff umfassender mit Blick auf Methodiken und Diskurse um ›Wissen‹ im Design seit den 1960er Jahren versteht (siehe Mareis 2011).

53 In den letzten zehn Jahren hat dieses Projekt mit der Dissertation von Claudia Mareis (Mareis 2011, s. o.) eine Konjunktur erlebt. Aber es ist – aus designwissenschaftlicher Sicht – dann nicht wirklich weiter ausgeführt worden. Zwar gibt es viel praxisbasierte Forschung im Design, aber kaum strukturierte designwissenschaftliche Arbeiten zu dieser Art der Wissensaneignung. Zu nennen wären hier zwei Ausnahmen: Janda 2018 sowie Seitz 2017.

54 Feyerabend 1984.

55 Haraway 1995.

56 Rheinberger 2006, S. 97.

57 Rheinberger 2006, S. 22.

58 Rheinberger 2006, S. 31 – 33.

59 Vgl. Rheinberger 2006, S. 24.

60 Rheinberger 2006, S. 9.

61 Das Kollektiv bestand bis 2016 aus Sofia Lagerkvist, Anna Lindgren, Charlotte von der Lancken und Katja Sävström, heute sind es Sofia Lagerkvist und Anna Lindgren.

62 Picon 2010, S. 157.

63 Hierzu: Schatzki / Knorr Cetina / Savigny 2000.

64 Rheinberger 2007, S. 9.

65 Schön 1982.

66 Polanyi 1966/2009.

67 Die Broschüre ist anlässlich der Ausstellung (06. 02. – 01. 05. 2016) im Westfälischen Kunstverein in Münster erschienen, der Text (ohne Titel, ohne Seitenzahlen) stammt von Kristina Scepanski und Raphael Smarzoch: https://www.westfaelischer-kunstverein.de/fileadmin/user_upload/download/ausstellungen/2016/2016_rafman_web__2_.pdf (09. Januar 2020).

Literaturverzeichnis

ADORNO, THEODOR W. (1970), *Gesammelte Schriften*, Bd. 7: *Ästhetische Theorie*, Frankfurt am Main.

BENJAMIN, WALTER (1991), *Gesammelte Schriften*, Bd. 1, Teil 2: *Das Kunstwerk im Zeitalter seiner technischen Reproduzierbarkeit*, hg. von Rolf Tiedemann und Herrmann Schweppenhäuser, unter Mitwirkung von Theodor W. Adorno und Gershom Scholem, Frankfurt am Main.

BEYERLE, TULGA / NEMECKOVA, KLARA / STAATLICHE KUNSTSAMMLUNGEN DRESDEN (Hg.) (2018), *Gegen die Unsichtbarkeit. Designerinnen der Deutschen Werkstätten Hellerau 1898 – 1938*, AK Kunstgewerbemuseum Japanisches Palais Dresden, München.

BONSIEPE, GUI (Hg.) (1967), Arabesken der Rationalität. Anmerkungen zur Methodologie des Design, in: *ulm* 19/20, S. 9 – 23.

FEYERABEND, PAUL (1984), *Wissenschaft als Kunst*, Frankfurt am Main.

FLECK, LUDWIK (1935/1980), *Entstehung und Entwicklung einer wissenschaftlichen Tatsache*, hg. von Lothar Schäfer und Thomas Schnelle, Frankfurt am Main.

FRAYLING, CHRISTOPHER (1993/94), *Research in Art and Design = Royal College of Art Research Papers* 1 (1).

FRYE, ANNIKA (2017), *Design und Improvisation. Produkte, Prozesse und Methoden*, Bielefeld.

FUKASAWA, NAOTO / MORRISON, JASPER (2007), *Super Normal: Sensations of the Ordinary*, Baden.

HARAWAY, DONNA (1995), Situiertes Wissen. Die Wissenschaftsfrage im Feminismus und das Privileg einer partialen Perspektive, in: Dies., *Die Neuerfindung der Natur. Primaten, Cyborgs und Frauen*, hg. von Carmen Hammer und Immanuel Stieß, Frankfurt am Main u. a. O., S. 73 – 97.

HUBER, JÖRG / MELTZER, BURKHARD / MUNDER, HEIKE / OPPELN, TIDO VON (Hg.) (2011), *It's Not a Garden Table. Art and Design in the Expanded Field*, Zürich.

JANDA, VALENTIN (2018), *Die Praxis des Designs. Zur Soziologie arrangierter Ungewissheiten*, Bielefeld.

KANT, IMMANUEL (1790/2006), *Kritik der Urteilskraft*, Stuttgart.

KNORR CETINA, KARIN (2002), *Wissenskulturen. Ein Vergleich naturwissenschaftlicher Wissensformen*, Frankfurt am Main.

LATOUR, BRUNO (2009), Ein vorsichtiger Prometheus? Einige Schritte hin zu einer Philosophie des Designs, unter besonderer Berücksichtigung von Peter Sloterdijk, in: Marc Jongen / Sjoerd van Tuinen / Koenraad Hemelsoet (Hg.), *Die Vermessung des Ungeheuren. Philosophie nach Peter Sloterdijk*, Paderborn, S. 357 – 374.

MAREIS, CLAUDIA (2011), *Design als Wissenskultur*, Bielefeld.

MOLES, ABRAHAM A. (1968/2010), Die Krise des Funktionalismus (1968), in: Klaus Thomas Edelmann / Gerrit Terstiege (Hg), *Gestaltung denken. Grundlagentexte zu Design und Architektur*, Basel, S. 271 – 274.

MUNARI, BRUNO (1971/2008), *Design as Art*, übers. von Patrick Creagh, London u. a. O.

PICON, ANTOINE (2010), *Digital Culture in Architecture. An Introduction for the Design Professions*, Basel.

POLANYI, MICHAEL (1966/2009), *The Tacit Dimension*, London.

RAMAKERS, RENNY (1998), Spirit of the Nineties, in: Dies. / Gijs Bakker (Hg.), *Droog Design. Spirit of The Nineties*, Rotterdam, S. 30 – 65.

RAWSTHORN, ALICE (2018), *Design as an Attitude*, Zürich.

REBENTISCH, JULIANE (2003), *Ästhetik der Installation*, Frankfurt am Main.

REBENTISCH, JULIANE (2013), *Theorien der Gegenwartskunst zur Einführung*, Hamburg.

RECKWITZ, ANDREAS (2017), *Die Gesellschaft der Singularitäten. Zum Strukturwandel der Moderne*, Berlin.

RHEINBERGER, HANS-JÖRG (2006), *Experimentalsysteme und epistemische Dinge*, Frankfurt am Main.

RHEINBERGER, HANS-JÖRG (2007), *Historische Epistemologie zur Einführung*, Hamburg.

SCHATZKI, THEODORE R. / KNORR CETINA, KARIN / SAVIGNY, EIKE (Hg.) (2001), *The Practice Turn in Contemporary Theory*, London.

SCHÖN, DONALD A. (1982), *The Reflective Practitioner. How Professionals Think in Action*, New York, NY.

SEITZ, TIM (2017), *Design Thinking und der neue Geist des Kapitalismus*, Bielefeld.

SELLERS, LIBBY (2010), *Why What How. Collecting Design in a Contemporary Market*, hg. von Robert Violette, London.

SMITH, T'AI LIN (2014), *Bauhaus Weaving Theory. From Feminine Craft to Mode of Design*, Minneapolis, MN.

SPITZ, RENÉ (2002), *HfG Ulm. Der Blick hinter den Vordergrund. Die politische Geschichte der Hochschule für Gestaltung 1953 – 1968*, Stuttgart / London.

STALDER, FELIX (2017), *Kultur der Digitalität*, Berlin.

WELLMER, ALBRECHT (1985), Kunst und industrielle Produktion. Zur Dialektik von Moderne und Postmoderne, in: Ders., *Zur Dialektik von Moderne und Postmoderne*, Frankfurt am Main, S. 115 – 134.

Abbildungsverzeichnis

1 Marc Newson, *Lockheed Lounge*, 1986. Bildzitat aus: https://www.dezeen.com/2015/04/29/marc-newson-lockheed-lounge-new-auction-record-design-object-phillips/ (12. Januar 2020).

2 Jasper Morrison, *Some New Items for the Home, Part I*, 1988, Berlin, DAAD-Galerie. Bildzitat aus: https://jaspermorrison.com/exhibitions/1980-1989/some-new-items-for-the-home-part-i (12. Januar 2020).

3 Jasper Morrison, *Flower Pot Table*, 1983 (als Serienprodukt bei Cappellini 1984). Bildzitat aus: https://jaspermorrison.com/projects/tables/flower-pot-table (09. Januar 2020).

4 Jasper Morrison, Zeichnungen für *Some New Items for the Home, Part I*, 1988, Bildzitat aus: https://jaspermorrison.com/exhibitions/1980-1989/some-new-items-for-the-home-part-i (12. Januar 2020).

5 Studio Job, *Banana Lamp*, 2015, Galerie Carpenters Workshop. © Studio Job, mit freundlicher Genehmigung von Studio Job.

6 Markus Kayser, *Solar Sinter*, 2011, Royal College of Art. Bildzitat aus: https://kayserworks.com/#/798817030644/ (15. Mai 2020).

7,8 Front, *Sketch Furniture*, 2005. Bildzitat aus: http://www.frontdesign.se/sketch-furniture-performance-design-project (09. Januar 2020).

9 John Rafman, *New Age Demanded*, 2014. Foto: Westfälischer Kunstverein. Bildzitat aus: https://www.westfaelischer-kunstverein.de/ausstellungen/archiv/2016/jon-rafman/ (26. Februar 2020).

Annette Geiger

KUNST UND DESIGN ZWISCHEN UTOPIE UND DYSTOPIE: EIN ROLLENTAUSCH

Das Nachdenken über die Grenzen der Kunst gehört seit der Moderne zum Diskurs der Kunst selbst. Seit 1800 beschreibt eine Theorie der autonomen Künste, wie die Werke der Kunst die Ränder des Systems ausloten, erweitern und unterminieren. Doch kann Kunst tatsächlich gegen die Grenzen der Kunst aufbegehren? Angriffe auf die Selbstverständlichkeiten des Kunstbegriffs werden gemeinhin innerhalb des Kunstbegriffs vollzogen. Wir verwechseln Kunstwerke in der Regel nicht mit alltäglichen Dingen, wir wissen durch den Ort und die Art der Ausstellung, durch die Medien und Institutionen, was zur Kunst gehört und was nicht. Letztlich muss die Kunst erst über eine materiell wie institutionell gesicherte Grenze verfügen, damit sich die Werke der Kunst mit dem Unterminieren derselben beschäftigen können.

Ganz anders in der Gestaltung: Design ist eigentlich überall – man weiß nicht recht, ob es irgendwo anfängt oder aufhört. Gibt es überhaupt Dinge, die kein Design sind? Wer um sich blickt, trifft unweigerlich auf geformte Dinge. Denn was in unserer Umwelt wäre kein Artefakt des Menschen? Umfasst der Designbegriff also alle vom Menschen gemachten Dinge, die nicht Kunst sind? Das wäre eine denkbar einfache Einteilung, aber wir müssten trotz allem erklären können, was den Unterschied von Kunst und Design ausmachen soll.

Doch bildet dies schon aus rezeptionstheoretischer Sicht ein Problem, denn Kunst und Design sehen sich ähnlicher, als man denkt (Abb. 1–4). Die irische Designerin Eileen Gray entwarf 1925 das Tagesbett *Roquebrune*, es ist

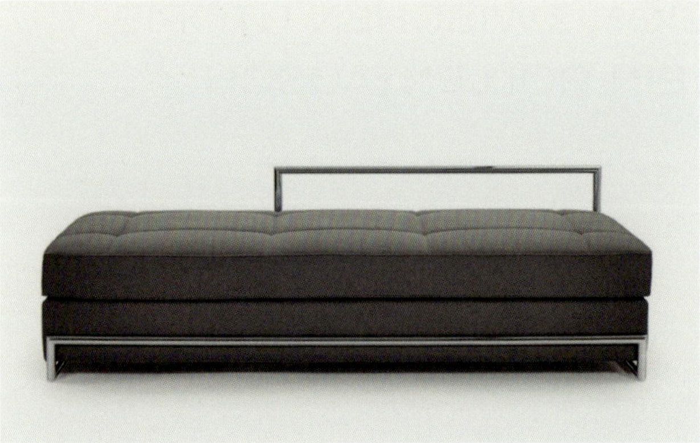

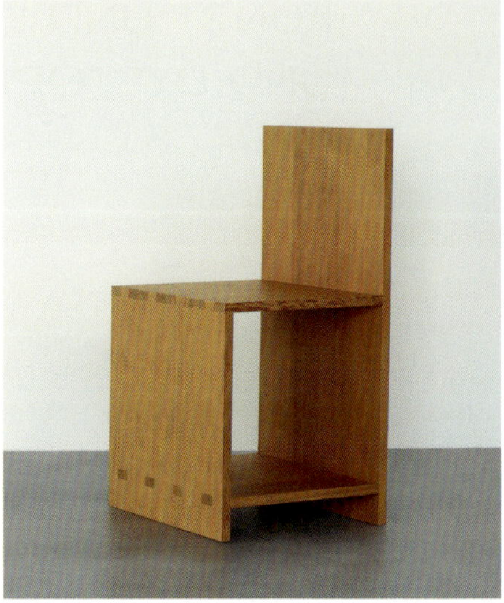

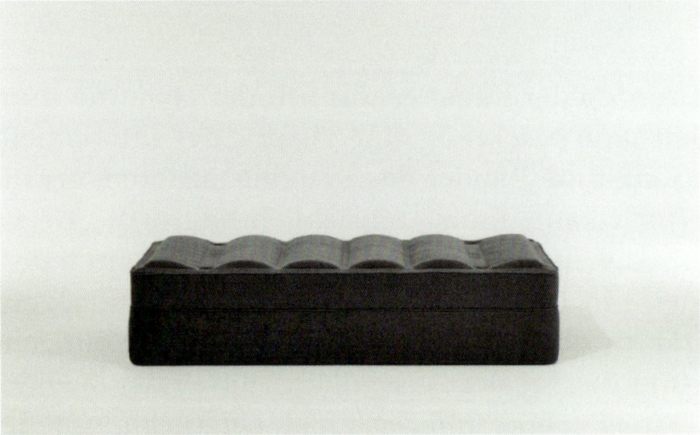

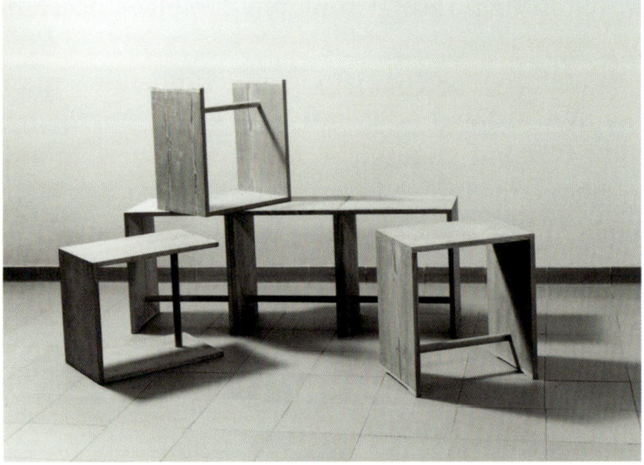

Abb. 1 (**oben, links**):
Eileen Gray,
Roquebrune,
1925.

Abb. 2 (**Mitte, links**):
Rachel Whiteread,
Daybed, 1999.

Abb. 3 (**unten, links**):
Max Bill /
Hans Gugelot /
Paul Hildinger,
Ulmer Hocker, 1954.

Abb. 4 (**oben, rechts**):
Donald Judd,
Open Side Chair,
1984.

ein benutzbares Möbelstück bzw. ein Gebrauchsgegenstand des Alltags. Das *Daybed* der britischen Bildhauerin Rachel Whiteread von 1999 ist formal hervorgegangen aus ihrer skulpturalen Arbeit – doch ähnelt es Ersterem durchaus. Natürlich sind sie nicht identisch, aber doch vergleichbar in der ästhetischen Anmutung. Ebenso lässt sich Max Bills berühmter *Ulmer Hocker* von 1954 durchaus mit den Holzmöbeln des Künstlers Donald Judd aus den 1980er-Jahren vergleichen, wenn man die kühne Schlichtheit und minimalistische Reduktion als ihr wesentliches Merkmal erachtet. Alle vier Arbeiten sind noch heute im Handel zu kaufen – als Original, Reedition oder Kopie. Handelt es sich nun um Möbel oder Kunstwerke? Sollen wir diese Dinge im Alltag benutzen oder sie im Museum ausstellen, um sie zu reflektieren? Der Unterschied von Kunst und Design kann in den Objekten selbst nicht verortet werden. Weder die sinnliche Wahrnehmung noch die Materialität vermag hier den Ausschlag zu geben. Was also sollte den Unterschied dann rechtfertigen?

An dieser Stelle könnte man verärgert feststellen, dass die Differenz nur von den ökonomischen Interessen der Märkte aufrechterhalten wird: Das elitäre, diskursiv aufgeladene Kunstwerk wird nun einmal teurer gehandelt als das Designobjekt, dem jener intellektuelle Diskurs zu fehlen scheint. Doch ist dieses Interesse an der Verknappung von teurer Kunst und der omnipräsenten Verbreitung von billigerem Design heute noch legitim? Was wäre der gesellschaftliche Nutzen, Kunst und Design auf diese Weise zu trennen – trotz der schockierenden Ähnlichkeit der Objekte?

Alle Versuche, den tiefen Graben zwischen Kunst und Alltag subversiv zu unterlaufen, scheinen bis heute gescheitert. Das zeigte uns letztlich schon Marcel Duchamp: Ob eine gewöhnliche Schneeschaufel als Alltagsgegenstand tatsächlich zum Schneeschaufeln benutzt wird oder als Readymade innerhalb des Kunstsystems wahrzunehmen ist, macht definitiv einen Unterschied. Duchamp suchte nach ästhetisch indifferenten Objekten, um nichts anderes aufzuzeigen als diese unüberbrückbare Differenz. Er forderte das Kunstsystem heraus und trug genau damit zu seiner selbstreferentiellen Schließung bei: Das Kunstwerk beweist seine Autonomie, indem es sich vom Alltagsgegenstand gerade *nicht* unterscheidet – und trotzdem ganz anders ist. Es gilt als Werk, das mit dem Alltag nicht verwechselt werden darf, wenn es zur Kunst gehören soll.

Andererseits hatte Duchamp sich auch erfolgreich als Designer betätigt: Die von ihm gestalteten *Rotoreliefs* von 1935, kreisende Scheiben, die sich zu rein dekorativen Zwecken als sogenannte ›Disc-optics‹ auf einem

Plattenspieler drehen, versuchte Duchamp nicht etwa in einem Museums- oder Galeriekontext auszustellen.[1] Er mietete vielmehr einen Stand auf der Pariser Muster- und Erfindermesse *Concours Lépine*, um das Produkt als Wohnaccessoire zu verkaufen. Die Scheibe fiel zwar beim Publikum durch, aber Duchamp erhielt bei dem dort ausgerichteten Erfinder-Wettbewerb in der ›Klasse D für Industriedesign und Büroartikel‹ eine lobende Auszeichnung. Die Preisrichter*innen hatten die Aktion des Künstlers nicht durchschaut, sie hielten sein Werk ›nur‹ für Design. Doch was hatte Duchamp nun eigentlich gefertigt bzw. verkauft – Kunst oder Design?

Aus Sicht der Theorie kann man dazu nur feststellen: Die Grenzen zwischen Kunst und Design werden nicht so sehr in Bezug auf die Objekte gezogen, sondern im Hinblick auf die diskursiven Kontexte, die jeweils die Referenz bilden. Wahlweise kann man dabei die Diskursmacht, z. B. nach Michel Foucault, betonen oder auch die Autonomie und Selbstreferenz moderner Kommunikationssysteme, z. B. nach Niklas Luhmann. Beide Ansätze belegen gleichermaßen, dass die Unterscheidung nicht auf materiell oder medial wahrnehmbaren Gegebenheiten beruht, sondern auf Diskurs- bzw. Kommunikationsphänomenen der Gesellschaft. Zeitgenössische Fotografien aus Duchamps New Yorker Atelier (Abb. 5) zeigen, dass er die Readymades zunächst als hängend bzw. frei schwebend im Raum konzipierte.[2] Damit schuf er natürlich einen ästhetischen Unterschied zum Alltag. Die Ausstellung bzw. performative Aufführung der Gegenstände ist hier gänzlich anders als im täglichen Gebrauch. Wäre das also die künstlerische Leistung, die den Unterschied macht?

Doch findet man Entsprechendes auch in der heutigen Gestaltung: So zeigt die Arbeit *Do Reincarnate* des katalanischen Designers Martí Guixé aus dem Jahr 2000 (Abb. 6), dass man dieselbe Geste auch als Design betrachten kann.[3] Als selbstreflexives Statement zum heutigen Designsystem, das zu viele Produkte schafft, die die Welt nicht braucht, forderte Guixé dazu auf, keine neuen Dinge mehr zu kaufen, sondern einfach die alten Gegenstände, die man schon lange besitzt, an einer dünnen Perlonschnur im Wohnraum zum Fliegen zu bringen. Es reicht ein ausgesprochen schlichter Akt des Do-it-yourself-Designs, um aus alten Dingen neues Design zu machen. Readymades sind diese Arbeiten trotz allem nicht, da wir die Dinge nach Guixé stets benutzen sollen als das, was sie sind: Alltagsgegenstände. Der Unterschied bezieht sich also ausschließlich auf die Wahrnehmung der Dinge, er ist rezeptionsästhetisch bedingt.

KUNST UND DESIGN ALS TRADIERTE CODIERUNG

Die Wahrnehmung von Kunst und Design, so können wir folgern, hat sich historisch um eine spezifische Codierung bzw. Leitdifferenz herausgebildet, die es hier zunächst zu beschreiben gilt: Design, so könnte man den Minimalkonsens einer Definition fassen, soll nicht einfach nur dekorieren und verschönern, sondern Probleme lösen. Oberflächliches Styling wurde im Designdiskurs stets verschmäht, reine Luxus-Phänomene mag man ebenso wenig dazuzählen wie den Hang zu Kitsch und biederer Gemütlichkeit oder den Trash der heutigen Billigproduktion. Kurzum: Design muss eine legitime Dienstleistung für Mensch und Umwelt erzielen, sonst ist es illegitim. Design hat der Gesellschaft durch gestaltete Dinge zu dienen – hier mehr funktional oder technologisch, dort mehr sozial oder emotional o. ä. Damit wird deutlich, dass auch die Gestaltung auf ein ethisch-ästhetisches Wertungssystem zurückgeht: Nur ›gute Dinge‹ sollen Design sein, schlecht gestaltete Artefakte versucht der Designdiskurs auszugrenzen.

Die Kunst hingegen hatte bislang nicht die Aufgabe, derart weltliche Probleme zu lösen. Sie sollte, insbesondere durch Reflexion und Kri-

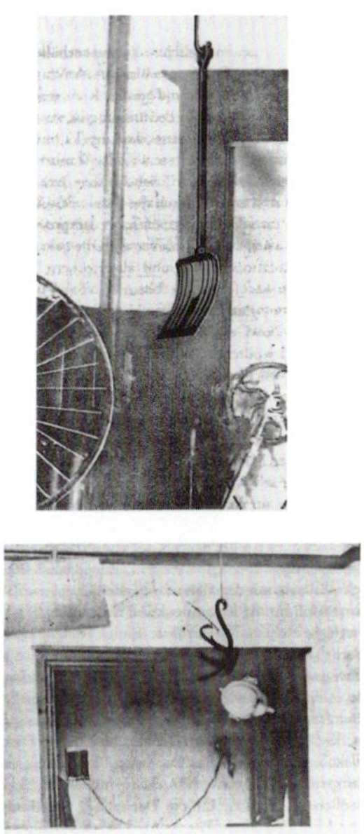

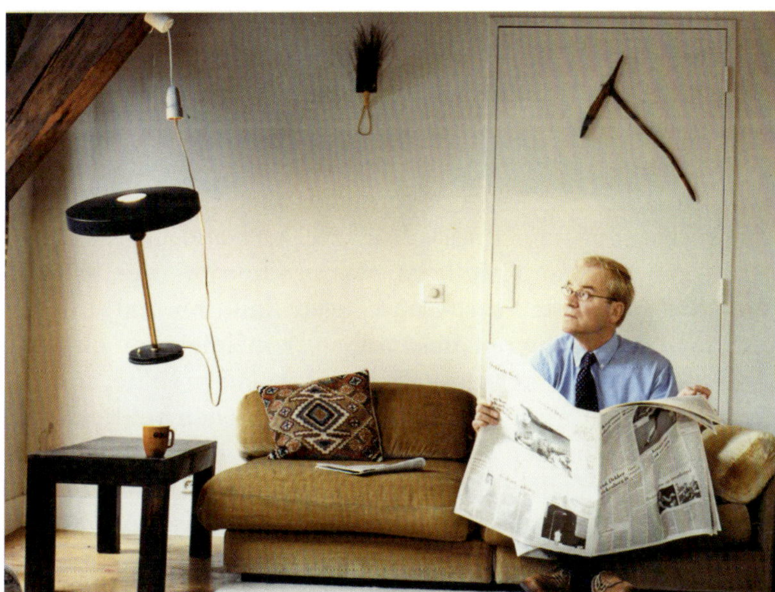

Abb. 5 (**links**):
Marcel Duchamp,
Hängende Readymades im
New Yorker Atelier, 1915–1917.

Abb. 6 (**rechts**):
Martí Guixé, *Do Reincarnate*, 2000.

tik, eher dazu beitragen, uns spezifische Probleme bewusst zu machen oder sich auch mit deren Unlösbarkeit für Geist und Gesellschaft zu beschäftigen. Eine einfache, gar selbsterklärende Lösung für die gängigen Alltagsanforderungen zu bieten, war ihre Sache nicht. Kunst macht das Leben keineswegs handhabbarer und komfortabler, sondern anspruchsvoller, reflektierter oder, wenn man so will, ›bewusster‹ – so zumindest der bisherige Diskurs.

Bevor es gilt, diese bisher gängige Arbeitsteilung von Kunst und Design aus heutiger Perspektive in Frage zu stellen, sei jenes ältere Selbstverständnis der Disziplinen noch genauer beschrieben. Bleiben wir zunächst beim Design: Häufig wird für die Frage des legitimen Entwerfens der Funktionalismus-Gedanke herangezogen. Dies birgt jedoch einen Fehlschluss, denn allein im effizienten Funktionieren der Dinge ist noch kein ethischer Gedanke im Sinne des Designs enthalten. Sonst müsste eine Waffe, nur weil sie gut funktioniert, als gutes Design betrachtet werden. Oder es müsste ein elektrischer Stuhl als gut designtes Möbelstück erachtet werden, wenn er möglichst wirksam tötet. Wir bilden hierzulande an den Hochschulen für Gestaltung aber keine ›Waffendesigner*innen‹ o. Ä. aus. Das Funktionieren überlässt man den technisch spezialisierten Berufen, Designer*innen hingegen sollen das Gute an den Dingen entwerfen, d. h. in erster Linie: Dinge *für* den Menschen entwerfen – und nicht *gegen* ihn. Doch was wäre eigentlich gut für den Menschen? Worin sollte sich eine gute Problemlösung von jenen Konsum- und Komfortansprüchen der Industrienationen unterscheiden, die es eigentlich nicht mehr zu bedienen gilt? Was wäre heute eigentlich legitimer Bedarf bzw. gerechtfertigtes Bedürfnis in einer Überflussgesellschaft wie der unseren?

Jede Epoche der Gestaltung beantwortete diese Frage nach der Legitimität der Dinge auf ihre Weise: Die Arts-and-Crafts-Bewegung wendete sich gegen die industrielle Massenproduktion, der lebensreformerische Jugendstil versuchte Psyche und Geist, Emotion und Intellekt durch Farbe und Form zu therapieren, das Bauhaus konzipierte einen Kreativitätsbegriff, der die Gesellschaft gerade auch sozial erneuern sollte, so wie sich die Ulmer Hochschule für Gestaltung nicht weniger als den politisch-moralischen Wiederaufbau der jungen Bundesrepublik auf die Fahnen geschrieben hatte. Letztlich ging es allen historisch bedeutsamen Designrichtungen mehr um ethische Momente als um funktionale (auch wenn die Designgeschichtsschreibung dies bis heute oft verzerrt darstellt).[4] Heute denken wir diese Diskurstradition unter den Begriffen des Social Design (z. B. nach Victor

Papanek) oder des Integrierten Design (z. B. nach Lucius Burckhardt) weiter.[5] Es gilt nicht mehr nur Dinge zum Funktionieren zu bringen, sondern sinnstiftende Lebenskontexte für alle zu generieren, so die Idee von Burckhardts ›unsichtbarem Design‹, das komplexe Systeme und Zusammenhänge zu gestalten sucht und nicht mehr nur Gegenstände.[6] Der Paradigmenwechsel vom utilitaristisch gedachten Funktionalismus (des Handwerks wie der Industrie) zum ethisch-ästhetisch motivierten Design (als Gestaltungsmittel von Gesellschaft) war aus historischer Sicht das Gründungsmoment der Designdisziplin selbst. Design muss per Definition ein am Menschen orientiertes Reformdesign sein oder es ist kein Design, sondern nur Warenästhetik bzw. williger Vollstrecker profitorientierter Konsumlogik.

Machen wir dies kurz an einem Beispiel deutlich: Eine Designgeschichte des Automobils sollte man strenggenommen nicht entlang der bekannten Automarken schreiben. Das *Car Design* der großen Konzerne gehört in die Geschichte des Marketings bzw. der Konsumkultur, denn hier wird im Hinblick auf Absatz und Gewinn konzipiert. Die Entwickler*innen sind also von den Erwartungen ihrer Zielgruppen abhängig, sie müssen deren Wünsche befriedigen, wie unvernünftig diese auch immer seien. Eine im Sinne des Designs legitime Problemlösung entsteht hierbei nicht, das Produkt leistet keinen Dienst für Mensch und Umwelt, im Gegenteil, es befriedigt unter Umständen lauter Bedürfnisse, die man heute aus Umweltgründen nicht mehr haben dürfte.

Wahres Autodesign hingegen würde nicht am Styling der Hüllen arbeiten, sondern die Mobilität der Zukunft entwerfen, die heute auf die Reduktion des Autofahrens hinausläuft: Zum ›integrierten‹ bzw. ›unsichtbaren‹ Mobilitätsdesign gehören nunmehr Fahrrad-Autobahnen durch die Innenstädte, die Abschaffung des Parkstreifens zugunsten von Fahrradwegen, Sharing-Konzepte für E-Autos oder auch der kostenlose öffentliche Nahverkehr bzw. hochfrequente Bus- und Bahnanbindungen zu allen Tages- und Nachtzeiten usw. All dies muss heute keine Utopie mehr sein, vielerorts ist es schon Praxis. Design definiert sich darüber, dass es ›zu denken wagt‹ – durchaus auch im Sinne von Visionen, gar Utopien und Zukunftsspekulationen, gegen jeden Widerstand, gegen Machbarkeitsvernunft oder Zielgruppenerwartung. Nur dieses spekulative Moment vermag Designer*innen von Ingenieur*innen und Marketing-Strateg*innen zu unterscheiden, die hier über das Funktionieren wachen und sich dort um die Wünsche und Bedürfnisse ihrer Zielgruppen sorgen. Diese Ausdifferenzierung der Zuständigkeiten zeigt das Design als eine Disziplin übergreifender ethisch-humaner, ökologischer wie ästhetischer Verantwortung – so zumindest der Diskurs.

Gibt es dann überhaupt ein Automodell, das man in diesem Sinne als legitimen Entwurf in die Designgeschichte aufnehmen dürfte? Man könnte hier z.B. an Richard Buckminster Fullers *Dymaxion Car* von 1933 denken: Als dreirädriges und aerodynamisch entworfenes Transportmittel sollte es eines Tages auch fliegen können – so Fullers kühne Vision.[7] Von der reinen Machbarkeit ließ er sich in seinem Design-Denken nicht einschränken. Oder man könnte, etwas näher an der Realisierbarkeit, den *Kar-A-Sutra* des italienischen Designers Mario Bellini heranziehen (Abb. 7): Dieser Wagen zeigt auf, wie ein Auto ›für den Menschen‹ eigentlich aussehen müsste.

In Auftrag gegeben wurde der Entwurf 1972 vom New Yorker Museum of Modern Art (MoMA) und Bellini antwortete mit einer Art Love-and-Peace-Car aus dem Geist der 1968er-Revolution.[8] An der Entwicklung beteiligt waren aber auch Hersteller wie Pirelli und Citroën, die ihrerseits ein Interesse hatten, die Zukunft des Autofahrens spekulativ auszuloten. Die zeitgenössischen Fotografien des Kar-A-Sutra zeigen zudem eine aufschlussreiche Inszenierung durch die herumturnenden Pantomime-Darsteller*innen: An

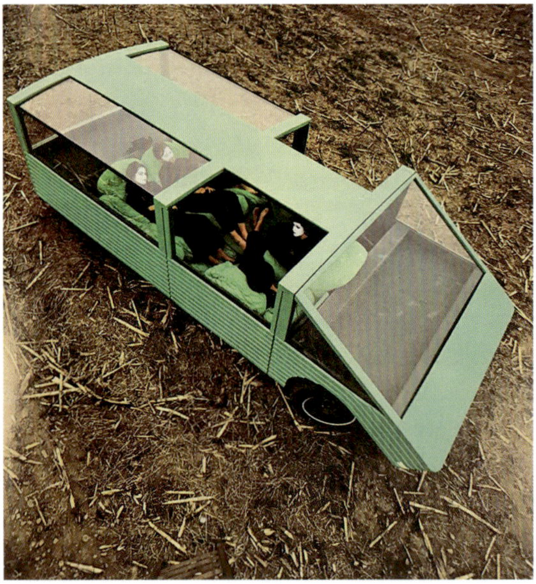

Abb. 7: Mario Bellini, *Kar-A-Sutra*, 1972.

der Grenze von Komik und Groteske loten sie aus, was man in einem Auto alles tun könnte – abgesehen vom Fahren. Die Protagonist*innen stehen hier für die Befreiung von allem Erwartbaren oder gar zwanghaft Normierten im Automobilbau. Das Fahrzeuginnere hat sich in eine Wohnlandschaft verwandelt, die mit gänzlich neuen Körpererfahrungen bespielt werden kann. Es geht nicht mehr darum, festgeschnallte Körper von A nach B zu bringen, Handlungsspielräume gibt es hier vom Toben und Turnen zum Liegen und Faulenzen. Alles Utopie? Mir scheint, das in Zukunft selbstfahrende Auto könnte sich daran wieder verstärkt orientieren: als langsam fahrende Wohn- oder Arbeitsinsel durch eine entschleunigte Innenstadt, gar als Besprechungsraum für das Offsite-Meeting, ist es kein Mittel zum Zweck mehr, sondern bewusst gewählter Lebensraum. Bellinis Vision war auch damals schon weniger utopisch, als man denkt, der Entwurf blieb keineswegs folgenlos: Der erste Renault Espace sowie der Fiat Ulysse hatten Aspekte des Vorbilds bewusst kopiert. Design, so können wir zusammenfassen, muss seinem Diskurs nach Reformdesign sein – selbst im Automobilbau. Es muss Visionen in die Welt tragen, die nicht nur machbare Lösungen anbieten, sondern die langfristige Verbesserung menschlichen Daseins in der Welt anstreben.

Eben dieser auf Pragmatik und Nützlichkeit ausgerichtete Reformwille fehlte der Kunst bisher im traditionellen Gefüge der Codierungen. Dem Hang zum Utopischen im Design strikt entgegengesetzt konnte die Kunst als ein System identifiziert werden, das sich auch der Dystopie zuwenden darf – d.h. einer kritischen bis pessimistischen Beschreibung von Mensch und Welt. Der Begriff der Dystopie ist bis heute unscharf in seiner Definition, meist wird er auf fiktive literarische, malerische oder filmische Anti-Utopien bezogen, die mahnend aufzeigen, auf welche Fehlentwicklungen eine moderne Gesellschaft zusteuern könnte. Die Dystopie dient daher, wie auch die Utopie, reformerisch-pädagogischen Zwecken: Das Ausmalen negativer Zukunftsszenarien soll die Menschen dazu bringen, schon in der Gegenwart handelnd einzuschreiten, um die drohende Entwicklung zu verhindern. Doch präzisiert die Anti-Utopie nicht, weder normativ noch präskriptiv, wie sich das Eintreten der negativen Zustände verhindern ließe. Anders als die Utopie braucht die Dystopie somit kein ausformuliertes Wissen darüber, was das Gute sei, sie verschmilzt vielmehr die in der Gegenwart empfundenen Sorgen mit jenem negativen Zukunftsbild, das als spekulativ betrachtet werden muss. In den Künsten beruhen Utopie wie auch Dystopie folglich weder auf Wissen noch auf Wissenschaft, sondern auf Empfinden.[9]

Anders als im Design wird in der Kunst also keine Verbesserung versprochen, kein Ausweg aufgezeigt, es wird vielmehr thematisiert und problematisiert, was uns bewegt, ängstigt, gar traumatisiert oder auch diskriminiert, entwurzelt, destabilisiert usw. Die Kraft der Kunst kann, spätestens seit der Moderne, immer auch dionysisch und zerstörerisch sein, sie reicht bis hin zu Dissonanz und Schmerz. Gegenüber allen Heilsversprechen des Designs verharrt die Kunst im radikal Uneindeutigen. Dies betonte z. B. auch Adornos Ästhetik: Alle Konsenskultur, wie man sie im Design durch Normen, Standards und Serienproduktion notwendig antrifft, bedeutete für Adorno ein Abgleiten in die Kulturindustrie.[10] Produkte beruhen auf kulturellem Einvernehmen und das macht sie in seinen Augen per se verdächtig. Die Kunst vermag er definitorisch gut abzugrenzen, sie habe nicht Wünsche zu befriedigen, sondern diese durch Dissonanz und negative Ästhetik zu unterminieren.

Dieser Topos wurde in den Werken der modernen Kunst auch offen thematisiert, z. B. in Franz von Stucks Gemälde *Dissonanz* von 1910 (Abb. 8). Als Allegorie der Kunst bzw. der Rolle des*der Künstler*in seit der Moderne wird hier das Prinzip der Avantgarde als buchstäbliche Verpflichtung zum Missklang dargestellt. Stets kommt eine neue Jugend, eine neue Generation von jungen Wilden, die Misstöne produziert, damit schockiert und selbst den

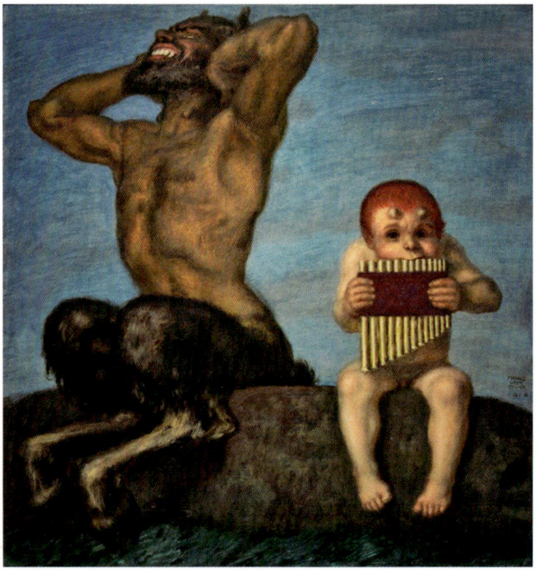

Abb. 8: Franz von Stuck, *Dissonanz*, 1910.

alten Marsyas mit Dissonanzen konfrontiert, die seinen einstigen Wettstreit mit Apoll als akademisch gezähmtes Rührstück erscheinen lassen. Avantgarde muss immer auch wehtun, damit sie als Kunst Anerkennung findet – darum hält sich hier selbst der Bocksbeinige die Ohren zu: Das scheinbar naive Menschenkind, alias der*die moderne Künstler*in, kann noch grauenhafter auf der Panflöte blasen als er selbst. Erst wenn das Neue Tabula rasa macht mit dem Alten, wird es in der Kunst als Original bzw. als originell eingestuft.[11] So zumindest kartierte es die hier nur grob skizzierte Diskurslandschaft in der Tradition der Moderne. Doch ist diese Aufteilung von Kunst und Design heute noch gültig?

KUNST UND DESIGN – EINE REVISION DER ROLLEN?

Mir scheint, die bisherige Aufteilung von Kunst und Design gerät zunehmend ins Wanken. Die alte Zuschreibung, Design sei stets pragmatisch-weltverbessernd bis positiv-utopisch und die Kunst stets kritisch-reflexiv bis dystopisch-zerstörerisch ausgerichtet, trifft nicht mehr den Kern dessen, was aktuell geschieht. Es fand, so meine These, eine Art Rollentausch statt: Die heutige Kunst tritt alltagsbezogen, weltverbessernd auf wie nie zuvor, und das Design widmet sich Dystopien, die die Kunst nicht hätte kritischer ausmalen können. Betrachten wir diesen Paradigmenwechsel zunächst im Design: Das ewige Streben nach einer Verbesserung der Welt scheint den Entwerfenden selbst suspekt geworden. Insbesondere seit den 1990er-Jahren zeigen jüngere Strömungen wie z. B. das Critical Design, dass Design keineswegs nur die Aufgabe hat, positive Idealvorstellungen zu entwickeln. Critical Designer*innen widmen sich gezielt dem Ausmalen von negativen Szenarien: Sie entwerfen Dinge, die unsere Bedürfnisse keinesfalls befriedigen, sondern unsere Wünsche und Gewohnheiten geradezu unterminieren. Nicht mehr affirmativ und ideologisch die Lebenswelt kolonialisierend soll Design nun wirken, es soll sich vielmehr ebenso kritisch wie emanzipatorisch an Betrachter*innen bzw. Benutzer*innen wenden, die Dinge nicht mehr nur konsumieren, sondern allem voran reflektieren. Um Kritik zu formulieren in Form von entworfenen Dingen, kann das Critical Design also keine brauchbaren, marktfähigen Dinge mehr entwickeln. Denn diese würden durch ihre Normen und Standards die Konsument*innen nur wieder disziplinieren – darin sieht z. B. auch Paola Antonelli, Design-Kuratorin am MoMA, das wesentliche Charakteristikum der

Critical-Design-Bewegung.[12] Das Ausweichen ins Fiktionale und Spekulative erweist sich hierbei nicht als beliebiges Gedankenspiel, sondern als notwendige Voraussetzung von Kritik. Im Critical Design begegnet man daher Modellen und Prototypen, Skizzen und Visionen, die uns an einen kritischen Punkt führen – den wir im Alltag vermutlich ablehnen würden. Es geht nicht mehr um Form und Zweck, sondern um Widerspruch und Dissonanz. Die Produkte kommunizieren das Gegenteil von dem, was Produktdesign normalerweise signalisiert: Ihre Form will nicht befriedigen, sondern wachrütteln. Critical Design will kein Balsam für die Seele mehr sein, auch kein Social Design, das Menschen zu besserem Zusammenleben und nachhaltigerem Wirtschaften erzieht. Die kritischen Dinge stehen als zynische Statements außerhalb der kapitalistischen Verwertbarkeit – sie zielen auf Auseinandersetzung.

Diese Designauffassung geht folglich an die Grenzen bzw. an die Schmerzgrenzen des Systems: Martí Guixé konzipierte z. B. mit seinem *HiBYE Set* von 2001 eine Art Pillenbox für nomadisch lebende Menschen, die in allen Unterwegssituationen mit geeigneten *Survival Tools* versorgt.[13] Von der Vitamintablette zum Kräutertonikum mag das wenig überraschen, aber es sind auch eckige, unregelmäßig geformte ›Konzentrations-Pillen‹ dabei, die man nicht essen, sondern nur als Störenfriede im Mund herumschieben soll, um sich wach zu halten. Ebenso findet man sogenannte ›*go crazy*-Tabletten‹, die mit den Zahnfüllungen im Mund so schmerzhaft interagieren, dass wirklich niemand mehr wegdösen würde. Höchst funktional, mag man hier denken, aber unwahrscheinlich, dass jemand diese Pille je einnehmen würde – doch genau darum geht es: Critical Design geht an die Grenzen des Unerträglichen, um zu befragen, wie wir mit unseren Dingen eigentlich leben und handeln.

Vom ehernen Gesetz der Benutzerfreundlichkeit ist hier nichts geblieben, solche Produkte sind definitiv *user-unfriendly*, sie erzeugen Dissonanz. Die Entwürfe des Critical Design sind, wie Matt Malpass treffend schreibt, ›post-optimal‹ und ›par-funktional‹.[14] Sie konfrontieren uns mit bizarren Gefühlslagen, Ratio und Verstand wissen nicht mehr, was sie davon halten sollen, wir treffen auf groteske Nichtentscheidbarkeit. Darin – und nur darin! – sind die Objekte des Critical Design kritisch bzw. nicht-affirmativ: Sie erlauben keine unreflektierte Benutzung mehr, sie stürzen unsere Bedürfnisse und Wünsche, unsere Erwartungen und Überzeugungen in eine tiefe Verunsicherung. Das Wissen selbst gerät hier in die Krise.

Besonders interessant wirken dabei Strategien, anhand derer man nicht mehr entscheiden kann, ob das Design nun *für* oder *gegen* den Menschen gerichtet wird: Anthony Dunne und Fiona Raby entwarfen z. B. mit dem *Faraday'schen Stuhl* von 1995 (Abb. 9) ein Möbelstück, das unser Zusammenleben mit elektronischen Geräten thematisiert.[15] Die Strahlung unserer allzeit funkenden Geräte könnte derart zunehmen, dass wir uns immer wieder in speziellen Schutzräumen ausruhen müssen, so ihre Vision. Ein Stuhl könnte daher in Zukunft keine Sitzgelegenheit mehr sein, um an einem Schreibtisch zu arbeiten, er muss uns vielmehr vor den Früchten unserer Arbeit schützen – z. B. in Form eines Liegemöbels, das uns vom aktiven Leben abschirmt.

Design konfrontiert uns hier mit dystopischen Zukunftsvisionen, doch sind diese wirklich so unrealistisch, wie es auf den ersten Blick scheint? Für Pilot*innen und Flugbegleiter*innen wird vom Arbeitgeber bereits heute ein ›Strahlungskonto‹ pro Person angelegt, das überwacht, dass die Vielfliegenden nicht zu lange der kosmischen Strahlung ausgesetzt sind. War die Dosis zu hoch, muss das Personal tatenlos am Boden bleiben. Könnte uns das nicht alle betreffen? Und wie würden wir uns in dem Liegemöbel von Dunne und Raby eigentlich fühlen? Liegt man darin wie lebendig begraben, eingezwängt in einer Art Sarg oder eher in einer behaglichen Situation wie im Mutterleib, geborgen in Fötushaltung? Das Objekt gibt darauf keine Antwort. Es bleibt absichtlich ambivalent. Es bezeugt allem voran eine epistemologische Krise, eine Lösung für das Problem wird nicht in Aussicht gestellt bzw.

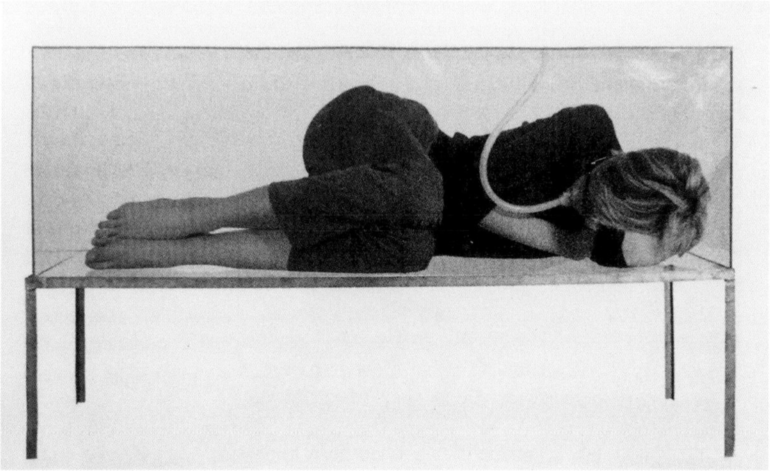

Abb. 9: Anthony Dunne / Fiona Raby, *Faraday'scher Stuhl*, 1995.

es wird deutlich, dass wir das notwendige Wissen zum Lösen jener Probleme derzeit nicht haben. Wie Dunne und Raby beharrlich betonen, sind ihre Entwürfe keineswegs als Kunst zu verstehen, es handelt sich um Design. Denn in ihrer Arbeit wird auf die Fragen des Alltags und unserer materiellen Dinge eingegangen und nicht auf die Diskurse der Kunst. Die Grenze von Kunst und Design soll im Critical Design also nicht überschritten werden, man zielt eher auf eine Selbstreflexion des Designs. Diese neue Selbstbezüglichkeit führt das Design auch an seine Grenzen, es hat das ehemals an der Utopie geschulte System der Gestaltung für die Dystopie geöffnet.

Der Bezug zur möglichen Machbarkeit vermag besonders ambivalente Gefühle zu wecken – so z. B. in dem Projekt *Sea-Meat Seaweed*, das die Designerin Hanan Alkouh 2016 in London konzipiert hat (Abb. 10). Sie experimentiert zur Frage, wie unser Essen in einer ›post-meat world‹ aussehen könnte.[16] In einer Zivilisation also, die das Fleischessen überwunden hat, weil wir es uns aus Umweltgründen nicht mehr leisten können. Dabei will Alkouh innovative Materialforschung und traditionelles Handwerk verbinden: Der Beruf des*der Fleischer*in soll nicht aussterben, ebenso wenig unsere Lust auf ein Stück Fleisch und die entsprechend ausgefeilte Kochkultur. Daher entwickelt sie alternatives Fleisch aus rotem Seetang, ›Dulse Alge‹ genannt. Gebraten schmeckt die Alge wie Speck, sie gilt zudem als ›Superfood‹, reich an Vitaminen, Mineralien usw. In den Weltmeeren ist offenbar genug davon vorhanden, man müsste es nur ernten. In ein Schwein aus Plastikhaut gefüllt, kann man das ›Vieh‹ anschließend nach allen Regeln

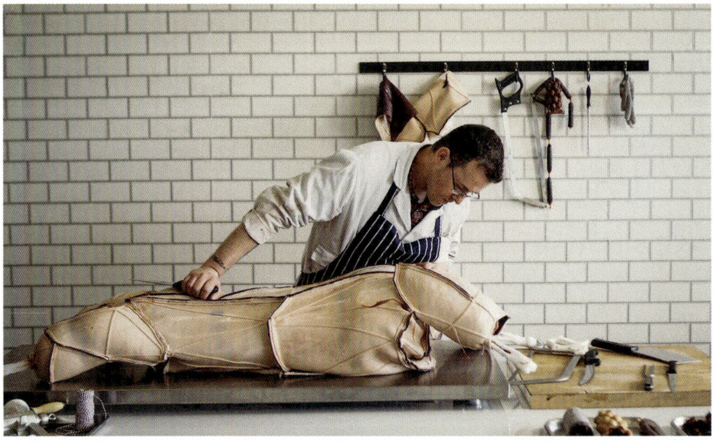

Abb. 10: Hanan Alkouh, *Sea-Meat Seaweed*, 2016.

der Handwerkskunst schlachten und zubereiten. Das kulinarische Narrativ unserer Fleischkultur könnte aufrechterhalten werden – nur der Inhalt wäre ein anderer. An der Umsetzbarkeit des Projekts müsste wohl noch gearbeitet werden, aber schon die Idee fasziniert, weil sie abstößt und anzieht zugleich. Die Ratio darf begeistert sein von dieser Vision, sie lässt eine fleischlose Welt in greifbare Nähe rücken. Das imaginierte Algenfleisch erscheint als machbare Lösung, selbst den Wohlgeschmack vermag man sich schon vorzustellen. Doch das anvisierte ›Ersatztier‹ bleibt auch eine Herausforderung – jeder mag sich ehrlich fragen: Will ich das mitmachen? Bin ich bereit für eine neue Welt der Surrogate, weil wir zu viele Menschen auf der Erde sind und mit unserem aktuellen Lebenswandel nicht weitermachen können? Das Kritische am Critical Design stellt hier das Individuum auch selbst in Frage, unsere vermeintlichen Sicherheiten und kulturellen Identitäten. Für vernünftig halten wir uns eigentlich alle, aber danach zu handeln, fällt trotz allem schwer. Das Wissen kann hier die Probleme der Praxis nicht lösen, denn die Praxis ist ambivalenter als die Vernunft des Lösungsdenkens – von dieser Krise handelt das Critical Design.

Die Frage, ob wir solche Nahrung zu uns nehmen würden, ist tatsächlich keine Frage der Kunst. Sie bezieht sich nicht auf Reflexionen, die man in Museen und Ausstellungen als künstlerische Positionen präsentieren kann. Das Projekt will realistisch thematisieren, was morgen auf unserem Teller liegen wird: Ist uns das doch zuwider? Oder ist es die Zukunft unserer Ernährung? Der Konflikt ist nicht entscheidbar – und genau darin liegt der Wert von Critical Design. Nicht die Realisierbarkeit des Projekts ist hier entscheidend, sondern sein Potential, uns Gestaltungsspielräume bewusst zu machen, die wir im Zeitalter der angenommenen ökonomisch-politischen Alternativlosigkeiten allzu oft übersehen.

Kommen wir zur heutigen Rolle der Kunst. Mir scheint, auch ihre Funktion hat sich erheblich gewandelt: Adornos Theorie vom grundlegend Dissonanten alles Ästhetischen spielt heute keine tragende Rolle mehr. Denn auch Kunst will sich immer häufiger im Alltag bewähren, um nicht als reine Museumskunst in elitären Institutionen und Privatsammlungen zu entschwinden. Allerdings sucht man sich dafür in der Kunst nicht unbedingt Produkte aus, die man gebrauchen oder verbrauchen kann, sondern andere Formen der Einmischung in das soziale Leben: So gründete z. B. Ólafur Elíasson eine Manufaktur, zunächst 2016 in Wien und anschließend auf der Venedig-Biennale von 2017, in der er Geflüchtete, Migrant*innen und Asylsuchende anleitete, grüne Leuchten zusammenzubauen, die er anschließend für eine Rauminstallation verwendete.[17] Sie steckten dafür in Handarbeit ein modulares System aus Holzelementen, Nylonverbindungen und LED-Lampen zusammen, das Elíasson entworfen hatte. *Green light – An artistic workshop* umfasste aber auch ein ›educational program‹ mit Sprachkursen u. Ä. Der Künstler stellt sich hier als Unternehmer aus, der ethisch motivierte Arbeit schafft – eine Form des Engagements, die man früher wohl dem Bereich des Social Design zugerechnet hätte. Als künstlerische Arbeit wurde folglich auch nicht die finale Installation der grünen Leuchten im Ausstellungsraum gewürdigt, sondern die soziale Aktion rund um die Herstellung der Leuchten. Der Produktionsvorgang und die begleitenden Integrationsmaßnahmen wurden selbst zum Kunstwerk. Doch wie legitim kann ein solches Engagement als Kunst eigentlich sein? Die mangelnde dekoloniale Perspektive dieser Aktion ist mehr als augenfällig: Die Herrschaftsverhältnisse unter den Beteiligten zeugen hier von allzu großer Ungleichheit, selbst wenn keine wirtschaftliche Ausbeutung dahinter verborgen sein sollte.[18] Das Bild von hilflosen Geflüchteten, die über kreative Beschäftigungstherapie Integration erfahren sollen, kann man auch als zynisch empfinden. Wenn sich Künstler*innen im Sinne des Social Design engagieren, müssen sie sich auch an den entsprechenden Maßstäben messen lassen. Die Charity-Geste, die Leuchten für 250 Euro zu wohltätigen Zwecken zu verkaufen, vermag hier kaum zu überzeugen, weder als Kunst noch als Design.

Doch sollte man engagierten Aktivismus in der Kunst natürlich nicht generell kritisieren, nur weil die Gefahr eines Fehlschlags besteht. Interessant an dieser Haltung ist vielmehr, dass sie nunmehr Konsens zu stiften sucht statt ambivalentem Dissens. Aktivismus bezüglich *refugees*, *migration*, *race*, *class & gender* verleiht dem Kunstwerk gesellschaftliche Relevanz, weil es nun die breite Zustimmung aller zu erhalten sucht. Zu den sozialen und politischen Inhalten soll Einigkeit und Übereinstimmung im Kunstdiskurs herrschen – dieser Konsens über die Eindeutigkeit des Guten und Richtigen war bislang ein Kriterium des Designs, nicht der Kunst. Aus historischer Sicht ist das künstlerische Engagement ebenfalls nicht neu, aber es setzt heute eine Dimension der Alltagsbezüglichkeit um, die man bisher nur aus der Gestaltung kannte.

Vielleicht hatte schon Joseph Beuys mit seiner *Sozialen Plastik* diese Grenze überschritten. Nach über 30 Jahren stehen seine 7.000 Eichen immer noch – und leisten nun, als grüne Lunge im urbanen Raum, einen wichtigen

Beitrag für den Klimaschutz in Kassel. Was einst als Provokation gemeint war gegen eine Stadtplanung der baumlosen, autofreundlichen Urbanität, trifft heute auf einen breiten gesellschaftlichen Konsens.

Wenn es einst die Aufgabe von Gestaltung war, gesellschaftliches Einvernehmen in Form von Produkten zu produzieren, als Konsenskultur der Waren, so hat sich die Gestaltung heute davon abgewandt, um ihrerseits Dissonanzen und Konflikte im Bereich ihrer Entwurfsaufgaben zu thematisieren, die wir in Zukunft *nicht* einfach durch etwas mehr Technologie oder Innovation lösen werden. Was einst Funktion der Kunst war, nimmt sich heute das Design vor – und umgekehrt. Letztlich bleibt zu fragen, ob es damit zu einer Auflösung der Kategorien Kunst und Design kommen wird. Werden Kunst und Design dahingehend eins, dass sie sich die Codierung ›utopisch/dystopisch‹ nun gleichermaßen teilen? Mir scheint das durchaus vorstellbar. Andererseits ist es auch unwahrscheinlich, dass eine gesellschaftlich so fest verankerte Ausdifferenzierung wie die von Kunst und Design wieder zurückgenommen wird. In der Systemtheorie nach Niklas Luhmann sind solche ›Ent-Differenzierungen‹ in der modernen Gesellschaft nicht vorgesehen. Geprägt von der zunehmenden Autonomie und Selbstreferenz der einzelnen Subsysteme erweise sich der Prozess der zunehmenden Ausdifferenzierung als nicht umkehrbar.

Mir scheint, die angedachte Codierung ›dystopisch/utopisch‹ könnte sich aber für ein übergreifendes Kommunikationssystem des Ästhetischen bewähren, das zwei verschiedene Subsysteme führt, eines der Kunst und eines des Designs. Beide hätten Zugriff auf utopische wie auch dystopische Diskurse, sie wären auf Augenhöhe und einander nicht kulturell über- bzw. unterlegen. Kunst und Design könnten sich unterscheiden, ohne immer auf das obsolete Gefälle von ›high & low‹ zu rekurrieren. Und damit wäre schon viel erreicht.

1 Daniels 1992, S. 123 f.
2 Daniels 1992, S. 200.
3 Ramakers 2004, S. 31.
4 Ausführlich siehe Geiger 2018, Kap. 1–3.
5 Siehe Geiger 2016.
6 Siehe Burckhardt 1980/1985.
7 Siehe Buckminster Fuller 1995.
8 Siehe dazu https://www.designboom.com/design/mario-bellini-kar-a-sutra-concept-car-01-20-2017/ (02. Dezember 2019) sowie weiterführend Morteo 2015.
9 Siehe weiterführend Meyer 2001.
10 Adorno / Horkheimer 1944/2006, insbesondere das Kapitel »Kulturindustrie, Aufklärung als Massenbetrug«, S. 128–176.
11 Siehe weiterführend Wyss 1996.
12 Einen definitorischen Überblick zum Critical Design skizziert Antonelli 2011.
13 Martí Guixés Arbeit *HiBYE Workspheres. Nomadic worksphere seeds; basic units for nomadic working* wurde 2001 für eine Ausstellung im Museum of Modern Art in New York konzipiert. Siehe https://www.guixe.com/exhibitions/guixe_exhibition_HIBYE.html, https://www.moma.org/collection/works/82774 (02. Dezember 2019).
14 Malpass 2017, S. 47.
15 Weiterführend siehe Dunne 2008 sowie zum Überblick ihrer heutigen Designforschung Dunne / Raby 2013.
16 Siehe dazu auf der Website der Designerin: https://www.hananalkouh.com/project-1 (02. Dezember 2019).
17 Siehe dazu auf der Website des Künstlers: https://olafureliasson.net/greenlight/ sowie https://olafureliasson.net/archive/exhibition/EXH102481/olafur-eliasson-green-light-an-artistic-workshop (02. Dezember 2019).
18 Siehe z. B. Scheller 2016.

Literaturverzeichnis

ADORNO, THEODOR W. / HORKHEIMER, MAX (1944/2006), *Dialektik der Aufklärung. Philosophische Fragmente*, Frankfurt am Main.

ANTONELLI, PAOLA (2011), States of Design 4.0 – Critical Design. https://www.domusweb.it/en/design/2011/08/31/states-of-design-04-critical-design.html (02. Dezember 2019).

BUCKMINSTER FULLER, RICHARD (1995), *Artifacts of R. Buckminster Fuller – A Comprehensive Collection of His Designs and Drawings: The Dymaxion Experiment, 1926–1943*, Oxford.

BURCKHARDT, LUCIUS (1980/1985), Design ist unsichtbar, in: Ders., *Die Kinder fressen ihre Revolution. Wohnen, Planen, Bauen, Grünen*, hg. von Bazon Brock, Köln, S. 42–48.

DANIELS, DIETER (1992), *Duchamp und die anderen. Der Modellfall einer künstlerischen Wirkungsgeschichte in der Moderne*, Köln.

DUNNE, ANTHONY (2008), *Hertzian Tales: Electronic Products, Aesthetic Experience, and Critical Design*, Cambridge, MA.

DUNNE, ANTHONY / RABY, FIONA (2013), *Speculative Everything: Design, Fiction, and Social Dreaming*, Cambridge, MA.

GEIGER, ANNETTE (2016), Social Design – ein Paradox?, in: Claudia Banz (Hg.), *Social Design. Gestalten für die Transformation der Gesellschaft*, Bielefeld, S. 61–69.

GEIGER, ANNETTE (2018), *Andersmöglichsein. Zur Ästhetik des Designs*, Bielefeld.

MALPASS, MATT (2017), *Critical Design in Context. History, Theory, and Practice*, London / New York, NY.

MEYER, STEPHAN (2001), *Die anti-utopische Tradition: Eine ideen- und problemgeschichtliche Darstellung*, Frankfurt am Main.

MORTEO, ENRICO (2015), *Mario Bellini. Furniture, Machines and Objects*, London / New York, NY.

RAMAKERS, RENNY (Hg.) (2004), *Simply Droog. 10+1 years of creating innovation and discussion*, Amsterdam.

SCHELLER, JÖRG (2016), It's complicated. Wie nimmt sich die zeitgenössische Kunst der aktuellen Flüchtlingsfrage an? https://frieze.com/article/its-complicated?language=de (02. Dezember 2019).

WYSS, BEAT (1996), *Der Wille zur Kunst. Zur ästhetischen Mentalität der Moderne*, Köln.

Abbildungsverzeichnis

1 Eileen Gray, *Roquebrune*, 1925. Bildzitat aus: http://www.classicon.com/de/product/day-bed.html (01. März 2020).
2 Rachel Whiteread, *Daybed*, 1999. Bildzitat aus: https://artwareeditions.com/products/i-daybed-i-by-rachel-whiteread (01. März 2020).
3 Max Bill / Hans Gugelot / Paul Hildinger, *Ulmer Hocker*, 1954. © VG Bild-Kunst, Bonn 2021; Bildzitat aus: www.kulturundkontext.de/img/medien/max_bill/Ulmer_Hocker_MaxBill_1954_Foto_max-binia-jakob-bill-Stiftung_Copyright_VG_Bild-Kunst.JPG (01. März 2020).
4 Donald Judd, *Open Side Chair*, 1984. © Judd Foundation / VG Bild-Kunst, Bonn 2021; Bildzitat aus: https://www.artsy.net/artwork/donald-judd-chair (01. März 2020).
5 Marcel Duchamp, Hängende Readymades im New Yorker Atelier, 1915–1917. © Association Marcel Duchamp / VG Bild-Kunst, Bonn 2021; Bildzitat aus: Daniels 1992, S. 200.

6 Martí Guixé, *Do Reincarnate*, 2000. Bildzitat aus: Ramakers 2004, S. 31.

7 Mario Bellini, *Kar-A-Sutra*, 1972. Bildzitat aus: https://www.designboom.com/design/mario-bellini-kar-a-sutra-concept-car-01-20-2017/ (01. März 2020).

8 Franz von Stuck, *Dissonanz*, 1910. Bildzitat aus: https://upload.wikimedia.org/wikipedia/commons/a/a1/Dissonanz_Franz_von_Stuck_1910.jpg (01. März 2020).

9 Anthony Dunne / Fiona Raby, *Faraday'scher Stuhl*, 1995. Bildzitat aus: https://collections.vam.ac.uk/item/O63805/faraday-chair-chair-dunne-raby/ (01. März 2020).

10 Hanan Alkouh, *Sea-Meat Seaweed*, 2016. Bildzitat aus: https://www.hananalkouh.com/project-1 (01. März 2020).

Sandra Groll

DESIGN – ART: ÜBERLÄUFER ODER REFLEXIONSBEREICH?

I.

Die Gesellschaft der Moderne ist strukturell auf durchhaltbare Unterscheidungen angewiesen, etwa die Unterscheidung zwischen System und Umwelt[1] oder zwischen System und System oder auch die Unterscheidung zwischen Wissenschaft und Politik. Selbst Netzwerkstrukturen sind nicht differenzlos zu haben, da leitende Unterscheidungen, zum Beispiel die Unterscheidung von Inklusion/Exklusion, zwar dynamisiert, nicht jedoch außer Kraft gesetzt werden können.[2] Unterscheidungen ermöglichen es, Praxisformen und Kommunikationen zu ordnen, Erwartungen zu adressieren, Funktionen zu organisieren und Handlungen in Gang zu setzen. Eine solche Unterscheidung ist auch die Unterscheidung zwischen Kunst und Design. Sie lässt sich als eine Unterscheidung beobachten, die erst in der modernen Gesellschaft vollständig möglich und notwendig wird. Sie zeigt sich zum Beispiel überall dort, wo im Umgang mit Design anderes erwartet wird, andere Kommunikationen stattfinden und andere Praxisformen ansetzen als im Umgang mit Kunst. So werden die Besucher*innen von Kunstausstellungen die jeweiligen Werke weder auf ihre alltagstaugliche Gebrauchsfunktion befragen, noch die ökologischen und sozialen Folgelasten diskutieren, die bei der Produktion eines Werkes oder einer Ausstellung anfallen – Umgangsweisen, die im Fall von Design[3] und Architektur[4] durchaus etabliert sind.

Einmal eingeführt und in Praxis und Kommunikation stabilisiert, bleibt die Unterscheidung zwischen Kunst und Design anscheinend auch dann erhalten, wenn ihre potentielle Unterlaufbarkeit in Kunstwerken selbst thematisiert wird. Dies lässt sich in künstlerischen Positionen und Werken der Postmoderne gut beobachten. In ihnen werden die Festigkeit der in der Moderne entwickelten Unterscheidung, zum Beispiel zwischen bildungsbürgerlicher Hochkultur und populärer Alltagskultur, die Gültigkeit der jeweiligen Symbole und semantischen Setzungen einer kritischen Prüfung unterzogen. Jedoch werden diese nicht unbedingt aufgelöst, sondern nehmen eine fluide Form an. Ob nun die Siebdrucke Andy Warhols oder die Wandinstallationen Donald Judds, es wird auf eine Verwechslung mit designten Alltagsdingen spekuliert, während gleichzeitig der, so lässt sich aus systemtheoretischer Perspektive sagen, Funktionsbereich der Kunst nicht verlassen wird, denn dieser zeigt sich bereits im Versuch. Oder wie Niklas Luhmann es formuliert hat: »Denn kein gewöhnliches Ding reflektiert, daß es genauso sein will wie ein gewöhnliches Ding; aber ein Kunstwerk, das dies anstrebt, verrät sich schon dadurch.«[5] Die Funktion der Kunst als gesellschaftlicher Kommunikationsbereich, in dem es um Beobachtungs- und Kommunikationsangebote geht, die die Kontingenz – also das Anders-möglich-sein-Können der Welt – thematisieren, bleibt hingegen erhalten. Indem die Postmoderne die Setzungen der Moderne einer Prüfung unterzieht, sie mit ihren ausgeschlossenen formalen und inhaltlichen Möglichkeiten konfrontiert, erfüllt die Kunst aus dieser systemtheoretischen Perspektive dann erst recht ihre gesellschaftliche Funktion.

Ein komplementäres Phänomen lässt sich in den postmodernen Spielarten des Designs beobachten: Mit der Design Art, dem Radical Design der 1970er Jahre, dem Concept Design oder spekulativen Design der Gegenwart wird auf den ersten Blick ebenfalls eine Grenze unterlaufen, die ähnlich wie die in die triviale Alltagskultur hinausgreifende Kunst nicht zu einer Auflösung der Grenze zwischen Kunst und Design, sondern zu ihrer Bestätigung beiträgt. Hier finden sich Projekte und Entwürfe, die auf den ersten Blick mit Kunstwerken verwechselt werden wollen, während sie gleichzeitig den Bereich des Designs nicht verlassen, so zumindest die These dieses Beitrags. Ebenso wie sich die vermeintlichen Grenzgänger der Kunst der Narrative, Themen und Prozesslogik des Designs bedienen, bedienen sich Designer*innen dieses Feldes eines reflexiven Rahmens, der ihnen durch eine ›Kunsthaftigkeit‹ eröffnet wird, sie schaffen dabei aber Beiträge, die über Möglichkeiten und Leistungen des Designs reflektieren. Ihre Arbeiten und Entwürfe bilden materielle Reflexionen über die Bedingungen und Bedingtheiten von Design. So können in diesen Arbeiten fiktive Gebrauchs- und Nutzungsweisen angenommen werden oder mit anderen gesellschaftlichen

Rahmenbedingungen experimentiert werden. Wenn etwa Sabine Marcelis mit ihrer Arbeit *housewine* ein Miniatur-Kelterset für die Weinherstellung in den eigenen vier Wänden entwickelt, dann ist dies auch eine Auseinandersetzung mit den in und durch eine Vielzahl von Designbeiträgen gesteigerten Erwartungen, Handlungspraxen und Narrativen, die rund um das Thema Wein gesellschaftlich etabliert sind. Deutlicher noch tritt der Reflexionscharakter dieser Arbeiten bei Anthony Dunne und Fiona Raby zu Tage, die zum Beispiel in ihrer Arbeit *Between Reality And The Impossible* zeigen, was passiert, wenn man Design von seinen warenästhetischen Aufgaben entbindet. Die Entwicklung eines solchen praktischen Reflexionsbereichs kann als eine Reaktion darauf verstanden werden, dass sich die Komplexität von Gesellschaft und damit die Umweltbedingungen von Design in einem Maße steigern, das in der Designpraxis zu einem erhöhten Reflexionsbedarf führt.

Dieser These möchte ich im Folgenden mit einigen systemtheoretischen Überlegungen nachgehen und das zwingt an dieser Stelle zu einem Wechsel der Beobachtungsebene. Damit die Kommunikationsbereiche ›Design‹ und ›Kunst‹ unterschieden werden können, wie es in der modernen Gesellschaft gehandhabt wird und sich im Alltag auf den Ebenen von Handlung und Kommunikation beobachtet lässt, bedarf es zunächst eines ausdifferenzierten Kunstsystems, das in »Verzicht auf spezifische Anlehnungskontexte«[6] operativ autonom wird. So steht etwa die Kunst des Mittelalters noch deutlich in solchen Kontexten und erfüllt in diesen eine »dienende Funktion«,[7] indem sie religiöse oder andere gesellschaftliche Bedeutung im Werk herausstellt, wahrnehmbar und erfahrbar macht, um auf diese Weise Wahrnehmung in Kommunikation zu überführen.[8] Diese Stützfunktionalität der Kunst, die auch die Werke inhaltlich auf Bestimmtes festlegt, wird im Verlauf der Ausdifferenzierung aufgegeben und durch eine Kunst ersetzt, deren Werken »die Zweckdienlichkeit für soziale Kontexte jeder Art (wirtschaftliche, religiöse, politische usw.) fehlt«.[9] Diese Zweckdienlichkeit von Artefakten wird im Verlaufe des 19. Jahrhunderts zum Gegenstand des Designs, in dessen Entwürfen nun entlang einer Beobachtung zweiter Ordnung – also einer Beobachtung, die Beobachter*innen im Umgang mit der Welt beobachtet – bestimmt wird, welche Formentscheidungen aus welchen Gründen zweckdienlich sind. Dabei werden in Entwürfen ökonomische, produktionstechnische, alltagspraktische, aber auch kulturell-semantische Aspekte berücksichtigt. Man hat es in den Beobachtungen der Gestaltung also nicht nur mit Beobachtungen zu tun, die menschlichen Entitäten gelten, sondern auch mit solchen, die sich gleichermaßen auf die Anforderungen systemisch anders zu fassender Entitäten beziehen. Die Alltagsdinge des Designs, von Signaletik bis hin zum Interieur, sind auf diese Weise keine »bloßen Relikte eines zweckgerichteten Handelns«,[10] die einfach so sind, wie sie sind, sondern verdanken sich einer Aktivität, die sich abwägend und reflexiv mit ihrem So-Sein beschäftigt hat.

Wenn es im ausdifferenzierten System der Kunst gelingt, durch das Kunstwerk Gesellschaft mit Artefakten zu konfrontieren, die die ›Notwendigkeit von Kontingenz‹ thematisieren und damit an sich selbst vorführen, »daß und wie das kontingent Hergestellte, an sich gar nicht Notwendige als notwendig erscheint [...]«,[11] dann bildet das Design den Gegenspieler, der im Anderssein-Können der Welt nach akzeptablen,[12] verbindlichen Formen sucht.

Während jedes Kunstwerk eine Realitätsverdoppelung ermöglicht, von der aus sich die Formen und Dinge des Alltags auch als anders möglich beobachten lassen und festgestellt werden kann, dass auch dies noch Sinn macht, benötigt das Design das Anders-möglich-sein-Können, um neue Formen des So-sein-Sollens festzustellen. Nun kann ein Pissoir auch als Brunnen beobachtet werden und diese Beobachtung in spezifische soziale Praktiken, Kommunikation und Interaktion eingewoben werden, während sich Pissoirs im Alltag gegen einen Brunnen-Verdacht behaupten müssen.

Das Kontingenzproblem alltäglicher Form- und Funktionsverhältnisse wird zudem dadurch verschärft, dass im Zuge der Industrialisierung und des technologischen Fortschritts eine ganze Reihe von gänzlich neuen Artefakttypen in den Alltag einziehen, deren Erscheinungsweise gestaltet werden muss, damit sie in Kommunikationen und Interaktionen eingebracht werden können.[13]

Damit öffnet sich ein Problemfeld, auf das mit der Entwicklung einer neuen und spezialisierten Berufsdisziplin reagiert wird, die zudem in ihrer Praxis besondere Reflexionsbedürfnisse entwickelt. Diese Reflexionsbedürfnisse lassen sich alsbald nicht mehr mit fremdreferentiellen Theorieangeboten stillen, das lässt sich anhand des Entstehens entsprechender Designtheorien im 20. Jahrhundert und einer eigenständigen Designwissenschaft, die auch nach ihrer eigenen Methodik fragt, im Übergang zum 21. Jahrhundert beobachten. Das Design beschäftigt sich mit den Form- und Funktionsproblemen der alltäglichen Dinge und findet seine Aufgabe darin, auf der Ebene seiner Entwürfe zu klären, warum die Dinge so in Erscheinung treten, wie sie in Erscheinung treten. Während Kunst also die Kontingenz der artifiziellen Welt thematisiert, beschäftigen sich Designer*innen mit dem Konsistent- und Kohärentwerden dieser Welt und stoßen dabei unweigerlich auf die Pluralität des modernen Alltags, in der systemische, technologische, kulturelle und individuelle Interessenlagen miteinander in Verhandlung treten müssen.

Design als moderne Form von Gestaltung ist Folge von Kontingenzproblemen, die weder durch handwerkliche Traditionen noch durch künstlerische Herangehensweisen gelöst werden können. Wenn also die Erfahrung gemacht wird, dass neue Technologien und Produktionsweisen, beziehungsweise neue soziale Praktiken und Formationen, neue Artefakte nicht nur hervorbringen, benötigen und voraussetzen, sondern sich zudem auch Möglichkeitshorizonte öffnen, in denen unklar ist, welche Form- und Funktionsverhältnisse für welche Akteur*innen ein konsistentes und kohärentes Angebot machen, dann bedarf es des Designs und gestalterischer Konzepte, die in der Lage sind, diese Unbestimmtheit zu überbrücken. Man hat es hier mit einer Form von Unbestimmtheit zu tun, die nur durch eine Beobachtung zweiter Ordnung bearbeitet werden kann, die selektiv vorgeht.[14] Diese Entwicklung zeigt sich am Ende des 19. Jahrhunderts zum Beispiel im entstehenden Produktdesign. Es kommt jetzt zur berüchtigten Trennung von Hand- und Kopfarbeit, mit der im Produktionsprozess auch Platz geschaffen wird für eine entwerfende Tätigkeit, die als Beobachtung zweiter Ordnung konzipiert ist und die potentielle Nutzer*innen, Gebrauchsfunktionen, Gewohnheiten, ästhetische Trends, wirtschaftliche Überlegungen und Produktionsanforderungen beobachtet und durch den Entwurf miteinander in Beziehung setzt.[15] Designer*innen beobachten gleichermaßen artifizielle wie soziale, neuronale und biologische, kognitive und semantische Systeme und ziehen diese Beobachtungen zur Gestaltung eines Artefakts heran. So ist die grünlich-blaue Farbgebung des Entwurfs der Frankfurter Küche von Magarete Schütte-Lihotzky weniger einer Modeüberlegung zu verdanken, sondern eher der damals besonderen Haltbarkeit dieser Lackierung und der Beobachtung, dass sich Fliegen auf diesen Farben seltener niederlassen. Designer*innen bestimmen in ihren Entwürfen auf diese Weise das Verhältnis von Form und Funktion eines Artefakts im Kontext von Nutzen, Semantik, Produktion und etlichen weiteren Kontexten, die sich je nach Designbereich und Aufgabe unterscheiden können. Darin zeigt sich, dass Entwerfen im Design keine selbstgenügsame Angelegenheit ist, sondern ein selektives Geschehen, das in Zuständen mündet, die von den ihm zugrundeliegenden Selektionen abhängig sind.

Design passt sich dabei stets an die jeweiligen gesellschaftlichen Bedingungen an, wie sich anhand der Paradigmenwechsel in der Designgeschichte des 20. Jahrhunderts deutlich beobachten lässt. Wenn zum Beispiel ein funktionalistischer Designansatz, der Nutzen und Produktionsbedingungen rational behandelt, durch warenästhetische und semantische Ansätze[16] abgelöst wird, die stärker auf affektorientierte Ästhetisierung oder Sinnkommunikationen abstellen, dann sind dies auch deutliche Reaktionen auf veränderte Umweltbedingungen. Ähnliches zeichnet sich auch in der Gegenwart ab, wenn zum Beispiel mit Human-Centred-Design[17] oder partizipativen Designansätzen Pluralität in den Blick genommen wird. Anders als im Kunstwerk kann im Designgegenstand keine Selbstprogrammierung[18] der Form angestrebt werden, denn Design zeichnet sich vor allem dadurch aus, dass es artifizielle Form- und Funktionsverhältnisse im Rahmen von Kontexten bestimmt, die in neuen und überzeugenden Angeboten münden und zum Gegenstand von wünschbaren sozialen Praktiken werden.

II.

Für das Kunstwerk gilt, dass sich seine Form nicht aus alltagspraktischen Funktionszusammenhängen bestimmt, sondern vor allem eine überzeugende ›Selbstprogrammierung‹ bildet, die für die Beobachtenden in ihrer nachvollziehbaren Kontingenz notwendig wird. Der Designgegenstand hingegen zeichnet sich dadurch aus, dass sein Form- und Funktionsverhältnis auch unter der Bedingung von Multiperspektivität[19] als konsistentes und kohärentes Angebot erlebt wird, aber eben nicht durch eine Selbstgenügsamkeit, sondern durch eine selektive Berücksichtigung von relevanten Kontexten. Im klassischen Produktdesign sind dies die Interessen von Nutzer*innen, Industrie und Ökonomie, während zum Beispiel Sustainable-Design-Ansätze zusätzlich ökologische Kontextbedingungen berücksichtigen.

Auch die niemals als serielle Massenprodukte in Erscheinung getretenen, teilweise spekulativ gebliebenen Entwürfe der Designgeschichte fallen aus dieser Logik nicht heraus. Vielmehr bilden diese Entwürfe, wie etwa in den Projekten des Radical Designs der 1960er, einen Reflexionsbereich, in dem man sich zwar den Grundparametern des klassischen Produktdesigns verweigern kann, etwa der Berücksichtigung serieller Produzierbarkeit, Massenmärkte oder Gebrauchsweisen, dies aber dazu genutzt wird, über die blinden Flecken des industriellen Designs zu reflektieren, indem etwa ein kritisches Verhältnis zur bürgerlichen Konsumgesellschaft der zweiten Hälfte des 20. Jahrhunderts eingenommen wird. Die vermeintliche ›Design Art‹ bildet so nicht etwa einen Bereich, in dem Überläuferformate zu finden sind, sondern einen praktischen Reflexionsbereich des Designs, dessen Aufgabe es ist, über die Bedingungen von Design in veränderten Kontexten in Entwürfen zu reflektieren, seien es nun andere Formen von Alltagspraxis oder systemische Anlehnungskontexte.

III.

Dies lässt sich mit Hilfe des Formenkalküls George Spencer Browns[20] beobachten, welches in der systemtheoretischen Literatur dazu genutzt wird, sich selbst stabilisierende Verhältnisse etwa vom Typ ›System‹ aber auch ›Netzwerk‹ zu beschreiben.[21] Das Formenkalkül bietet den Vorteil einer erkenntnistheoretischen Abkürzung, indem mit seiner Hilfe Beobachter*innen und ihre Unterscheidungen beobachtet werden können. Es beginnt zudem mit recht einfachen Ausgangsprämissen, kommt mit einem Operator aus und ist konstruktivistischer Natur. Ich möchte im Folgenden das Formenkalkül dazu nutzen, die designrelevanten Unterscheidungen zu rekonstruieren, um bei einem Formenkalkül des vermeintlich kunstartigen Concept Designs zu landen, in dem deutlich wird, dass auch diese Formate keine Entgrenzungen in Richtung Kunst, sondern Designbeiträge sind. Dazu ist an dieser Stelle eine kurze Rekonstruktion der Grundüberlegungen der *Laws of Form* notwendig.

George Spencer Brown gibt den Leser*innen der *Laws of Form* die Anweisung »Draw a distinction«, mit dem Ergebnis, dass nun ein Zustand geschaffen ist, der vier[22] Aspekte umfasst. Die ersten beiden Aspekte sind die beiden Seiten der Unterscheidung, die nun unterschieden und dadurch miteinander assoziiert sind. Den dritten Aspekt bildet der Akt der Unterscheidung beziehungsweise die gezogene Grenze, die in einem Raum beziehungsweise Kontext steht, in dem die Unterscheidung steht und stattgefunden hat. Dies ist der vierte Aspekt der Unterscheidung. Dieses Gefüge bildet für George Spencer Brown die Form und wird von ihm mit Hilfe der Notation der *Laws* ausgedrückt, einem einfachen Hakensymbol (Abb. 1).

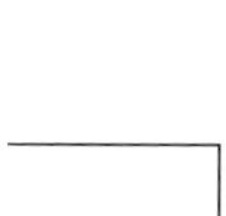

Abb. 1:
Form, nach
Spencer Brown.

Damit wird an dieser Stelle auch deutlich, dass das, was im Formenkalkül unter Form verstanden wird, erheblich von dem Alltagsverständnis des Begriffs Form abweicht, der meist nur einen Aspekt des differenztheoretischen Formbegriffs erfasst. Etwa wenn unter Form eher umriss- oder gestalthafte Angelegenheiten verstanden werden oder Form gegen Inhalt abgegrenzt wird. Anders im Formenbegriff der *Laws*: Hier bildet jeder Differenzgebrauch vierdimensionale Formen aus, die in Medien eingeschrieben werden können, auf die nun in weiteren Operationen bestätigend oder verwerfend Bezug genommen werden kann.

Die beiden Seiten der Form sind dabei als asymmetrisch zu verstehen, wie sich anhand der unteren Notation (Abb. 2) verdeutlichen lässt, in der die Seiten der Unterscheidung mit den Werten ›dieses‹ und ›alles andere‹ bezeichnet werden. ›Dieses‹ ist von nun an natürlich nicht ohne ›alles andere‹ zu haben, von dem es sich unterscheidet, und beide Seiten enthalten Unterschiedliches. Zudem steht die Differenz in einem ›imaginären‹ Raum, der in gewisser Weise unverfügbar ist, weil der Raum, in dem die Unterscheidung steht, ein anderer Raum ist, als der Raum, der nicht von einer Unterscheidung betroffen ist. Für den Hinweis auf imaginäre Räume schlägt Matthias Varga von Kibéd eine Notation mit einer gestrichelten Linie vor (Abb. 2).[23]

Streng genommen ist die Bezeichnung der beiden Seiten mit ›dieses‹ und ›alles andere‹ bereits ein sogenannter Wiedereintritt der Form in die Form oder ein sogenanntes Re-Entry, denn die Verwendung der Bezeichnungen ›dieses‹ und ›alles andere‹ trifft bereits weitere Unterscheidungen in der Unterscheidung und ist damit eine Reflexion der Form, die sich mit Hilfe eine Re-Entry-Hakens darstellen lässt (Abb. 3).

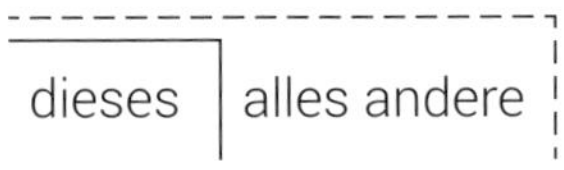

Abb. 2: Form, erweitert, eigene Darstellung nach Varga von Kibéd.

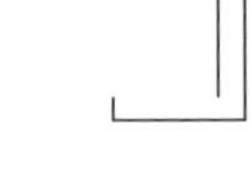

Abb. 3: Re-Entry, nach Spencer Brown.

Mit diesen kurzen und bei weitem nicht vollständigen Bemerkungen zur Architektur des Formenkalküls ist nun die Grundlage geschaffen, um Design in den Blick zunehmen. Denn auch Design ist eine differenzgebrauchende Angelegenheit. Bei aller Unbestimmtheit des Designbegriffs, die in der Designtheorie gut dokumentiert und immer wieder anzutreffen ist, lässt sich in gesellschaftlichen Praktiken, in Fremd- und Selbstbeschreibungen, doch beobachten, dass Design von anderen Angelegenheiten unterschieden wird und sich selbst unterscheidet. Diese Unterscheidung kann und wird zwar stets neu und anders getroffen, und man mag diese Heterogenität beklagen. Das ändert aber nichts an dem Umstand, dass man sie nun mit Hilfe des Formenkalküls folgendermaßen notieren kann (Abb. 4).

Dieses Kalkül drückt aus, dass die Unterscheidung von Design und allem anderen gemacht wird und sich im zeitlichen Verlauf erhält. Mit Hilfe dieser Darstellung kann somit ausgedrückt werden, dass Design als ein Bereich, eine Praxis und eine Beobachtung ausdifferenziert wird. Diese Erkenntnis hat natürlich wenig Neuigkeitswert und man möchte an dieser Stelle schon ein wenig genauer wissen, was es denn mit Design auf sich hat. In der designwissenschaftlichen Literatur besteht an dieser Stelle dann eine große Einigkeit über die Zentralbegriffe jeder designerischen Aktivität: Form und Funktion.[24] Dies bemerkt auch Dirk Baecker, der Design bereits im Rahmen des Formenkalküls modelliert hat und zu dem Schluss kommt, dass durch Design die Form die Funktion informiert und umgekehrt (Abb. 5).[25]

Diese Form des Kalküls wirkt auf den ersten Blick etwas funktionalistisch, zumindest solange ›Funktion‹ mit Gebrauchsfunktion assoziiert wird. Dass der Funktionsbezug des Designs mehrdimensional gedacht werden

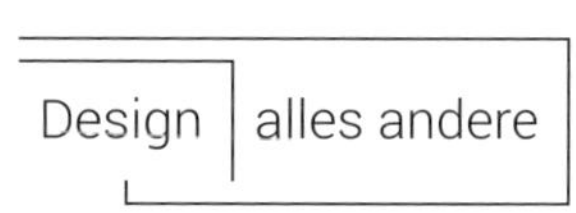

Abb. 4: Design, eigene Darstellung.

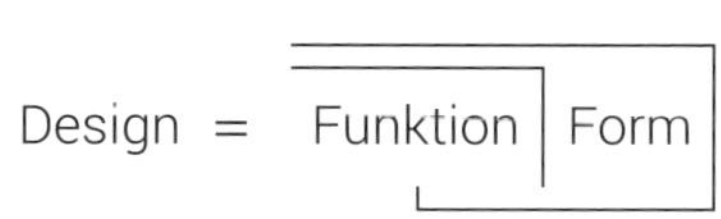

Abb. 5: Designkalkül, nach Baecker.

muss, wird in den vielen designtheoretischen Ansätzen des 20. Jahrhunderts angemahnt, nicht nur im Offenbacher Ansatz zur Produktsprache,[26] auch im Human-Centred-Design[27] wird darauf hingewiesen, dass der Funktionsbegriff im Design eine komplexe Angelegenheit ist. Ich möchte an dieser Stelle noch ein Stück weitergehen und borge mir dazu ein weiteres Kalkül (Abb. 6) von Dirk Baecker, mit dessen Hilfe Funktion näher bestimmt werden kann, nämlich als eine Suchbewegung von »Problemen nach passenden Lösungen als auch von Lösungen nach passenden Problemen«.[28]

Damit lässt sich ein Basiskalkül aufstellen, von dem ich vermute, dass es in allen Designbereichen anzutreffen ist. Um Design handelt es sich immer dann, wenn in einem Entwurf Form im Rahmen von möglichen Problemen und Lösungen bestimmt wird (Abb. 7). Dies ist an der Basis bei allen Designaktivitäten der Fall und betrifft nicht nur die professionalisierten, akademischen Formen von Design. Das Basiskalkül des Designs ist an dieser Stelle jedoch noch nicht vollständig, denn natürlich finden Designentscheidungen in einem Kontext statt, dessen jeweilige Tiefe und Bestandteile im jeweiligen Entwurf mitentschieden werden und bei dem man es meist mit ›vertrackten‹ Problemen zu tun hat.[29] Welche Lösungen dabei gefunden werden, ist dann auch davon abhängig, welche weiteren Kontextvariablen dabei akzeptiert und für relevant erachtet werden. So ist ein klassisches funktionalistisch geprägtes Design, in dem von in ihren Gebrauchsinteressen generalisierbaren Nutzer*innen ausgegangen wird und das zusätzlich an den Bedingungen von Produktionsbedingungen von Technologie und den Verwertungsinteressen der Ökonomie orientiert ist, auf der Ebene gesellschaftlicher Grundannahmen noch an einer ›Logik der Moderne‹[30] ausgerichtet. Diese beeinflusst mit ihrer Betonung von Rationalität und Standardisierung

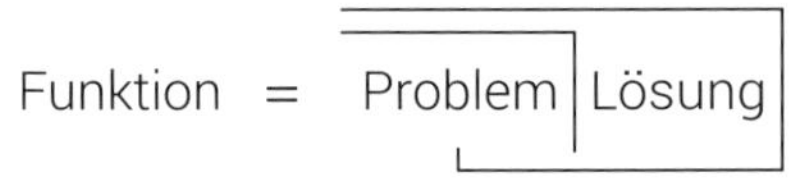

Abb. 6: Funktion, nach Baecker.

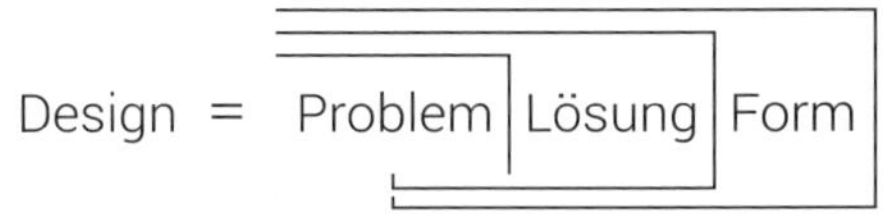

Abb. 7: Basiskalkül Design, eigene Darstellung.

auch die Entscheidungen über Form- und Funktionsverhältnisse im Entwurfsprozess. Ein funktionalistischer Designansatz wird so notwendigerweise zu anderen Lösungen kommen, in einem anderen konkreten Designgegenstand und damit in einer anders ausgestatteten Lebenswelt münden als ein warenästhetischer Designansatz, dessen Ausrichtung eher auf emotionaler Ansprache von potentiellen Kund*innen, Singularität und Ästhetisierung liegt. Das Ergebnis ist dann eine Lebenswelt, in der emotionalisierte Konsum- und Dienstleistungsangebote um Aufmerksamkeit konkurrieren. Ähnliches gilt dann natürlich auch für stärker auf Nachhaltigkeit und Partizipation orientierte Designansätze; auch sie münden in sehr bestimmten Zuständen, die durch die ihnen zugrundeliegenden Entscheidungen und Beobachtungen bestimmt werden.

Um diese Überlegung zu verdeutlichen, möchte ich das Kalkül zweier prominenter Designauffassungen entfalten, die das Design im zwanzigsten Jahrhundert geprägt haben: das Kalkül des funktionalistischen Designs und das Kalkül der Warenästhetik. Im Funktionalismus werden Form- und Funktionsverhältnis in Abhängigkeit von den Gebrauchsinteressen der Nutzer*innen, Produktionsbedingungen und Ökonomie und einer ganz bestimmten Vorstellung der Gesellschaft bestimmt. Ähnliches gilt auch für ein warenästhetisches Design, in dem jedoch andere Variablen zum Einsatz kommen und das von einer recht positiven Auffassung von der Konsumgesellschaft ausgeht (Abb. 8 und 9).

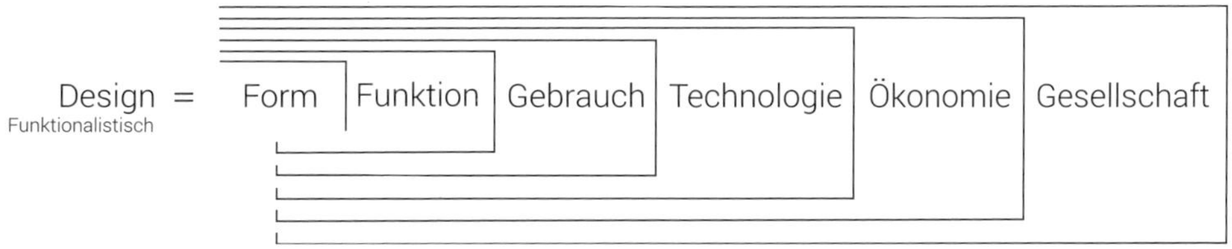

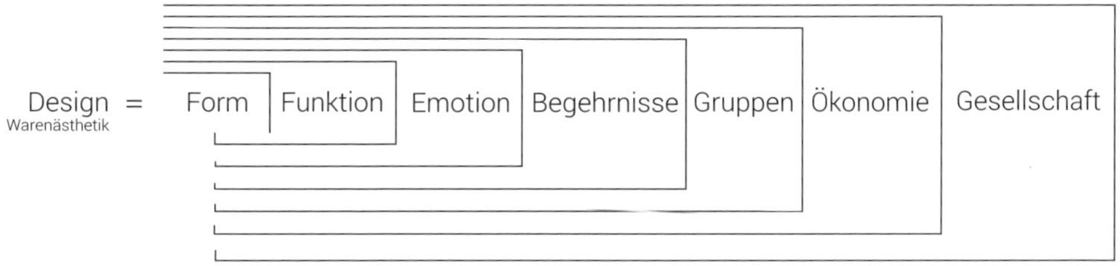

Abb. 8 (oben):
Funktionalistisches Design, eigene Darstellung.

Abb. 9 (unten):
Warenästhetik, eigene Darstellung.

So ausgerüstet lassen sich nun nicht nur die Projekte des spekulativen, kunstartigen Designs beobachten, sondern diese sich auch als Reflexionsbewegung beschreiben, in der die normalerweise gebrauchten Anlehnungskontexte experimentell ausgetauscht werden können. Erhalten bleiben dabei jedoch der Umgang und die Bestimmung der Differenz und des Zusammenhangs von Form und Funktion, auch wenn mit ihr in anderen Bedingungen experimentiert wird. Dies wird nicht nur anhand von Selbstbeschreibungen der Designer*innen des Autorendesigns deutlich, die sich explizit als Designer*innen und nicht als Künstler*innen verstehen.[31] Auch in den Arbeiten von Dunne & Raby ist die Leitunterscheidung von Form und Funktion erhalten, sie wird jedoch im Rahmen anderer spekulativer, zukünftiger Kontextbedingungen erprobt.[32] Auch dies lässt sich im Rahmen der Notation ausdrücken, bei der jedoch die Kontextvariablen mit imaginären oder spekulativen Bedingungen gefüllt werden (Abb. 10).

Dass man auf diese Weise bei Artefakten landet, die sich der gegenwärtigen Marktlogik, Gebrauchswünschen und -weisen oder Designtrends erst einmal entziehen, versteht sich von selbst, schließlich kann dieses Designkalkül so gelesen werden: Ein Form- und Funktionszusammenhang wird durch den Entwurf im Rahmen von fiktiven Bedingungen bestimmt. Zum Beispiel durch ein Design ungewöhnlicher Roboter wie in Dunne & Rabys Arbeit *Technological Dreams Series: No. 1, Robots project* von 2007, das nach kohärenten Formen für diese Entität unter veränderten Bedingungen fragt. Auf diese Weise werden Designprojekte jedoch nicht automatisch zu Beiträgen von Kunst. Es wäre seltsam, die Bezeichnung ›Design‹ in den Selbstbeschreibungen durchzuhalten, wie dies üblicherweise der Fall ist. Vielmehr nutzt das spekulative Design die Annahme fiktiver Werte, um diese dann als potentielle Realbedingungen zu behandeln und auf diese Weise zu Entwürfen zu gelangen, die über die Abhängigkeit der Designpraxis von bestimmten, in regulären Designprozessen nicht hinterfragten Grundannahmen zu reflektieren. Die spekulativen Designprojekte oder die Design

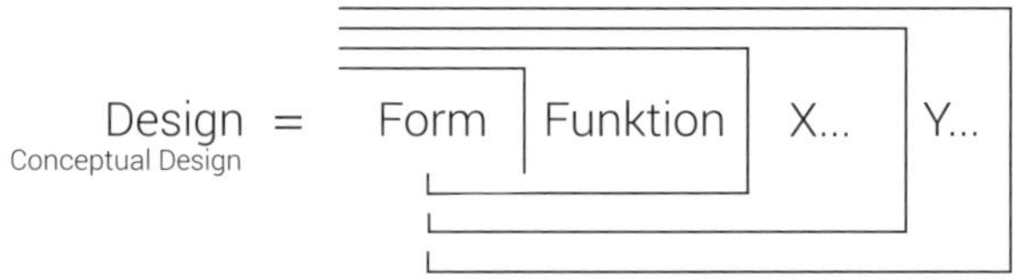

Abb. 10: Conceptual Design, eigene Darstellung.

Art arbeiten auf diese Weise scharf am Rand zur Kunst, überscheiten diesen jedoch nicht, da sie nicht darauf abzielen, eine ›Notwendigkeit der Kontingenz‹ vorzuführen oder zu thematisieren, sondern sich mit der Kontingenz von Notwendigkeit beschäftigen und darin die Bedingungen von Kohärenzproduktionen erkunden, die in den dynamischen Prozessen des Sozialen nicht stillstehen, sondern mit jedem weiteren Akt fort- und umgeschrieben werden.

1 Luhmann 1984, S. 35 ff.
2 Holzer / Fuhse 2010.
3 Vgl. u. a. Haug 2009; Papanek 1985/2000.
4 Vgl. u. a. Mitscherlich 2013.
5 Luhmann 1995, S. 233.
6 Luhmann 2008, S. 327.
7 Luhmann 1995, S. 256.
8 Luhmann 1995, S. 257.
9 Luhmann 1995, S. 227.
10 Luhmann 2008, S. 123.
11 Luhmann 2008, S. 145.
12 Rittel / Webber 2013.
13 In der Gegenwart bekommt man es zum Beispiel mit Artefakten zu tun, die materielle und immaterielle Aspekte umfassen, die sowohl digital wie analog sind oder gleichzeitig materielle und soziale Dimensionen beinhalten. Vgl. Roßler 2016.
14 Eine Beobachtung zweiter Ordnung, in der nicht alles und jedes beobachtet wird und im Entwurf berücksichtigt werden kann, sondern durch die Gestalter*innen Entscheidungen getroffen werden.
15 Meurer / Vinçon 1983 S. 24 ff.
16 Vgl. Bürdek 2001.
17 Vgl. Krippendorff 2013.
18 Vgl. Luhmann 1995, S. 329.
19 Designgegenstände müssen nicht nur den individuellen Bedürfnissen von menschlichen Akteur*innen entsprechen, sie müssen auch den Ansprüchen der Produktion, der Logistik, der Produkthaftung, der jeweiligen Mode, der jeweiligen Firmenidentität etc. genügen.
20 Spencer Brown 2015.
21 Siehe unter anderem: Baecker 2007c, Baecker 2008.
22 Baecker 2017, S. 75.
23 Varga von Kibéd 1993, S. 73.
24 An dieser Stelle muss nun der Hinweis erfolgen, dass ich hier wieder den klassischen, materialitätsbezogen Formbegriff verwende und eben nicht den Formbegriff des Formenkalküls und damit das Unterscheidungshandeln selbst. Dies würde zu umfangreicheren Überlegungen und Argumentation führen, die den Rahmen dieses Beitrags klar sprengen.
25 Baecker 2007b, S. 265.
26 Steffen 2000.
27 Vgl. Krippendorff 2007.
28 Baecker 2014, S. 64.
29 Rittel / Webber 2013.
30 Reckwitz 2012.
31 Etwa Thomas Thwaites, der auf seiner Webseite darauf hinweist, dass er sich als Designer, genauer: als spekulativer Designer mit den Schwerpunkten Technologie, Wissenschaft und Zukunftsforschung versteht.
32 Dunne / Raby 2013.

Literaturverzeichnis

BAECKER, DIRK (2007a), *Studien zur nächsten Gesellschaft*, 1. Aufl., Berlin / Frankfurt am Main.

BAECKER, DIRK (2007b), *Form und Formen der Kommunikation*, Frankfurt am Main.

BAECKER, DIRK (2007c), The Network Synthesis of Social Action I: Towards a Sociological Theory of Next Society, in: *Cybernetics and Human Knowing* 14 (4), S. 9 – 42.

BAECKER, DIRK (2008), The Network Synthesis of Social Action II: Understanding Catjects, in: *Cybernetics and Human Knowing* 15 (1), S. 45 – 66.

BAECKER, DIRK (2014), *Kulturkalkül*, Berlin.

BAECKER, DIRK (2017), *Produktkalkül*, Berlin.

BAECKER, DIRK (2018), *4.0 oder Die Lücke die der Rechner lässt*, Berlin.

BÜRDEK, BERNHARD E. (2001), Von der Formgebung zur Sinngebung, in: Guido Zurstiege / Siegfried J. Schmidt (Hg.), *Werbung, Mode und Design*, Wiesbaden, S. 138 – 196.

DUNNE, ANTHONY / RABY, FIONA (2013), *Speculative Everything. Design, Fiction, and Social Dreaming*, Cambridge, MA.

ESPOSITO, ELENA (2014), *Die Fiktion der wahrscheinlichen Realität*, 3. Aufl., Frankfurt am Main.

HAUG, WOLFGANG FRITZ (2009), *Kritik der Warenästhetik. Gefolgt von Warenästhetik im High-Tech-Kapitalismus*, 1. Aufl., Frankfurt am Main.

HEIDEGGER, MARTIN (1960/2001), *Der Ursprung des Kunstwerkes*, Stuttgart.

HOLZER, BORIS / FUHSE, JAN (2010), Netzwerke aus systemtheoretischer Perspektive, in: Christian Stegbauer / Roger Häußling (Hg.), *Handbuch Netzwerkforschung*, Wiesbaden, S. 313 – 323.

KEMP, WOLFGANG (1974), Disegno. Beiträge zur Geschichte des Begriffs zwischen 1547 und 1607, in: *Marburger Jahrbuch für Kunstwissenschaft*, Bd. 19, S. 219 – 240.

KRIPPENDORFF, KLAUS (2007), The Cybernetics of Design and the Design of Cybernetics, in: *Kybernetes* 36 (9/10), S. 1381 – 1392.

KRIPPENDORFF, KLAUS (2013), *Die semantische Wende. Eine neue Grundlage für Design*, Basel.

LUHMANN, NIKLAS (1984), *Soziale Systeme. Grundriß einer allgemeinen Theorie*, 1. Aufl., Frankfurt am Main.

LUHMANN, NIKLAS (1995), *Die Kunst der Gesellschaft*, 1. Aufl., Frankfurt am Main.

LUHMANN, NIKLAS (2008), *Schriften zu Kunst und Literatur*, 1. Aufl., Frankfurt am Main.

MEURER, BERND / VINÇON, HARTMUT (1983), *Industrielle Ästhetik. Zur Geschichte und Theorie der Gestaltung*, Gießen.

MITSCHERLICH, ALEXANDER (2013), *Die Unwirtlichkeit unserer Städte. Anstiftung zum Unfrieden*, 27. Aufl., Frankfurt am Main.

PAPANEK, VICTOR (1985/2000), *Design for the Real World. Human Ecology and Social Change*, Reprint 2000, Chicago, IL.

RECKWITZ, ANDREAS (2012), *Die Erfindung der Kreativität. Zum Prozess gesellschaftlicher Ästhetisierung*, 1. Aufl., Berlin.

RITTEL, HORST / WEBBER, MELVIN M. (2013), Dilemmas in einer allgemeinen Theorie der Planung, in: Horst Rittel, *Thinking Design. Transdisziplinäre Konzepte für Planer und Entwerfer*, Neuauflage, hg. von Wolf D. Reuter und Wolfgang Jonas, Basel, S. 20–38.

ROSSLER, GUSTAV (2016), *Der Anteil der Dinge an der Gesellschaft. Sozialität – Kognition – Netzwerke*, Bielefeld.

SPENCER BROWN, GEORGE (2015), *Laws of Form*, 6th revised English edition, Leipzig.

STEFFEN, DAGMAR (2000), *Design als Produktsprache. Der »Offenbacher Ansatz« in Theorie und Praxis*, Frankfurt am Main.

VARGA VON KIBÉD, MATTHIAS / MATZKA, RUDOLF (1993), Motive und Grundgedanken der »Gesetze der Form«, in: Dirk Baecker (Hg.), *Kalkül der Form*, Frankfurt am Main, S. 58–85.

Gertrud Lehnert

UNERHÖRTE MODEKÖRPER

KONTEXT

Mode lebt von Nachahmung, Imitation, im besten Falle: Adaption, die neben der simplen Aneignung immer auch eine partielle Veränderung einschließt. Um dem Verdacht des Nachahmens zu entgehen, muss man das ›ganz Andere‹ präsentieren. Unerlässlich dafür ist die gezielte Provokation des herrschenden Geschmacks bzw. des Mainstreams, auch wenn das provokante Neue oft rasch vom Mainstream absorbiert und damit entkräftet wird. An diesem Punkt begegnen sich Kunst und Mode.[1] Die Kunst hat die Provokation spätestens seit dem frühen 20. Jahrhundert zum Prinzip gemacht: Marcel Duchamps *Pissoir* oder die Arbeiten der Surrealist*innen sind nicht zuletzt aus dem Wunsch entstanden, etwas ganz Neues zu kreieren und damit Aufmerksamkeit zu erregen. Tatsächlich wurde schon viel früher das *Épater le bourgeois* zur Kampfansage der Kunst. Der junge Théophile Gautier formuliert es in den 1830er Jahren im Vorwort seines (für heutige Leser*innen gar nicht mehr provokanten) Romans *Mademoiselle de Maupin*. Mehr als 20 Jahre später provozierte Charles Baudelaire in seinen *Fleurs du mal* mit radikalen Themen in klassischer Sonettform den ›guten‹ bürgerlichen Geschmack (1857); er wurde deswegen vor Gericht gestellt, so wie auch Gustave Flaubert wegen seines Romans *Madame Bovary.* Es gibt unzählige weitere Beispiele. Mittlerweile wird das Neue und möglichst Unerhörte von der Kunst erwartet; die Provokation gelingt jedoch nicht mehr so rasch. Aber noch immer ist sie möglich. Einer der großen Provokateure im Kontext von

Performancekunst und Mode ist der 1994 im Alter von 34 Jahren verstorbene Leigh Bowery, dem dieser Aufsatz gewidmet ist – ihm und seiner Wirkung auf die Mode und die Modenschauen großer Modemacher*innen bis heute. Bowery war erfolgreich, aber nur in bestimmten Kontexten, nicht im Mainstream: er machte Kunst an den Rändern, in Nachtclubs, Theatern, Filmstudios. Er war ein Provokateur besonderer Art, der seinen Körper zum Material seiner Kunst machte und bis heute Einfluss auf Künstler*innen und Modemacher*innen hat. Auch wenn die 1980er und 1990er Jahre nicht wenige exzentrische Künstler*innen hervorbrachten, gelang es Bowery doch, eine ganz besondere Exzentrik zu leben und – wenn auch noch nicht in der Breite – als neu und unerwartet wahrgenommen zu werden.

Im mittleren und späten 20. Jahrhundert wurde Mode zum Austragungsort von künstlerischen Experimenten und der Provokation des Mainstreams. Diese Provokation diente darum nicht weniger Werbezwecken. Ein Beispiel ist der Heroin Chic der 1990er Jahre, dessen Ikonen die ›Magermodels‹ Kate Moss und Kristen McMenamy wurden. Die Fotografin Corinne Day brachte Grunge und Heroin Chic in die Modefotografie und trug zum Erfolg von Kate Moss bei. Die berühmt gewordene Werbekampagne von Calvin Klein für *Obsession* 1993 erregte Aufsehen mit sogenannten Magermodels. Vor allem Kate Moss, mager und mürrisch, wurde berühmt. Heute fällt an diesen ikonisch gewordenen Fotos gar nicht mehr auf, was damals ausgefallen und provokant wirkte. Wichtige Zeitschriften wie *i-D*, *The Face* oder auch *Vogue* (Britain) promoteten einen Look, der sich als Gewalt gegen den weiblichen Körper beschreiben lässt. Besonders exzentrische Modefotos inszenieren Unfälle: der Kreideumriss einer Toten neben einem Auto, daneben ein Schuh von Jourdan, inszeniert von Guy Bourdin (1994); oder ein ›totes‹ Mädchen neben einem Taxi (*Vogue* Deutschland, November 1994: Modestrecke »Lust auf Risiko«).[2] Die zynisch anmutende, seinerzeit wohl witzig gemeinte Bildunterschrift dazu lautet: »Die Metamorphose eines fast schon braven Kostüms zum aufregenden Kleidungsstück. Zutaten: ein schwarzer BH, hautfarbene Strümpfe für einen nackten Bein-Look, Killer-Pumps, Kostüm aus schwarzem Gabardine […]«. Modewerbung findet immer neue Provokationen, visuelle und sprachliche, um wahrgenommen zu werden und Aufmerksamkeit um jeden Preis zu erregen. Ganz davon abgesehen kann man sich fragen, welche logische Funktion in diesem Zusammenhang die von einer Ermordeten getragenen ›Killer-Pumps‹ haben sollen. Müsste nicht eher ein*e Mörder*in Killer-Pumps tragen? Oder sollen alle Frauen, die solche Pumps tragen, damit rechnen, aufgeregte Männer anzuziehen, um von ihnen ermordet zu werden? Das würde ja den Sinn des Modewortes ins Gegenteil verkehren. Aber genau um solche Fragen geht es in provokanter Inszenierung nicht (unbedingt), egal ob in der Werbung und in künstlerischen Performances.

Es ist in der Geschichte der Repräsentationen von Geschlechtern kein Zufall, dass vor allem junge Frauen als Bildgegenstand benutzt werden: als Opfer – Opfer von Gewalt, von Sucht und Selbstzerstörung. In diesen scheinbar rein ästhetisch gemeinten Inszenierungen im kommerziellen Kontext werden gängige Geschlechtervorstellungen einschließlich der jeweils damit verbundenen Macht oder Ohnmacht aufgerufen, perpetuiert und weit über das Ästhetische[3] hinaus im kulturellen Bewusstsein und Gedächtnis festgeschrieben. Solche Bilder sind nie neutral. »The representation of gender *is* its production«,[4] schreibt Teresa de Lauretis; das gilt für jede Variante von Identität, nicht allein für die Geschlechtsidentität. Judith Butler definiert daran anschließend Identität als andauernde performative Hervorbringung: »a stylized repetition of acts«.[5] Dem ist neben der Identität auch die Veränderung in der Wiederholung eingeschrieben, und zwar weitgehend als Mikrobewegung. Trotz dieser Chance aber festigt die ständige Wiederholung in Handlungen, Worten und Bildern dominante Vorstellungen von Identitäten und Geschlechtern. Inszenierte Bilder von Geschlechtern wie in der Modefotografie sind ein probates Mittel, um immer wieder Gendermodelle[6] in allen möglichen Varianten und Maskeraden zu präsentieren und festzuschreiben.

LEIGH BOWERY UND DIE MODE

Der früh an Aids verstorbene Leigh Bowery[7] spielte mit Identitätsklischees und mit kulturellen Erwartungen und brach sie dabei radikal (Abb. 1). Nicht nur mischte er mit seinen ›Maskeraden‹ in den späten 1980er und frühen 1990er Jahren die Londoner Clubszene auf, sondern er ist längst zu einer Ikone der Kunst geworden. Tatsächlich sind die Grenzen zwischen Kunst und Nicht-Kunst schwer zu ziehen. Petra Leutner[8] betont zu Recht, dass die Aussage, etwas sei ein Kunstwerk oder Mode, keine substantielle Eigenschaft benenne, sondern ausschließlich eine Zuschreibungspraktik sei. Tatsächlich sind Zuschreibungspraktiken flexibel und können sich folglich ändern. Zuschreibungen können beispielsweise wieder zurückgezogen werden. Somit lässt sich keine klare Grenze zwischen Kunst und Mode mehr ziehen.[9] Die Mode hat die Grenzen zur Kunst längst überschritten, zum Beispiel indem sie Objekte kreiert, die sich jeder Tragbarkeit entziehen und stattdessen ausschließlich auf ästhetische Erfahrung oder Provokation zielen, oder indem sie Modenschauen dezidiert zu theatralen Events macht, die gegenüber der puren Präsentation von Waren einen ästhetischen Mehrwert produzieren.

Leigh Bowery partizipiert m. E. an beiden Bereichen und macht sie sich zunutze; er inspiriert mit seinen Kostümen und Inszenierungen bis heute Modemacher*innen, sowohl was die Kleidung angeht, als auch – vor allem – was die Kühnheit der modischen Inszenierungen[10] auf dem Catwalk[11] betrifft.

Modenschauen großer Designer*innen sind längst theatrale Events von eigenem Recht; sie werden um die Kleider herum gestaltet, weil sie – natürlich – am Ende immer vorrangig kommerzielle Events sind. Das waren Bowerys Auftritte nicht. In Modenschauen inszenieren bewegte Körper in einem artifiziellen, meist aufwändig gestalteten Setting die neuen Kleider für

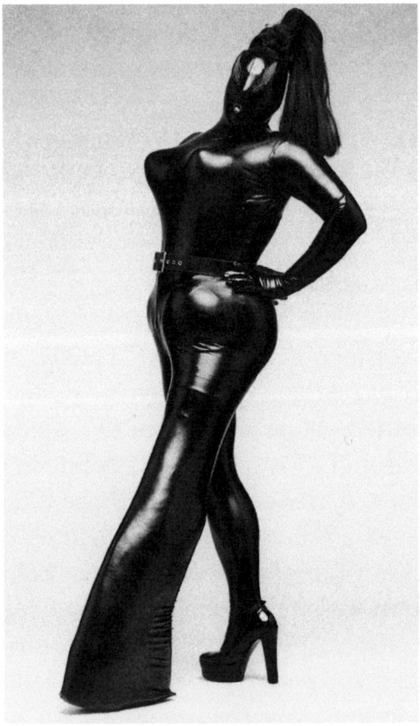

Abb. 1: Fergus Greer: Leigh Bowery, Session VII, Look 38, Juni 1994.

den Blick des Publikums. Jede gelungene Schau zeigt viel mehr als die Kleider: eine Choreographie, ein Bühnenbild, Musik – und last but not least die Art und Weise, wie die Models außerdem mit Make-up und zusätzlichen Accessoires gestaltet werden, so dass ein ästhetischer Gesamteindruck entsteht, der mehr umfasst als das Kleidungsstück allein. Das ist natürlich Werbung. Aber es ist zugleich eine theatrale Inszenierung, die wenige Minuten lang möglichst alle Sinne des Publikums anspricht – ein ästhetisches Ereignis. Ereignisse stechen aus dem Gewohnten hervor, sie sind das ›Andere‹, Unerwartete, unterbrechen plötzlich das zeitliche Kontinuum und machen sich, wie Martin Seel betont, irritierend bemerkbar.[12] Ein Ereignis muss als solches wahrgenommen werden, und zwar über die Sinne,[13] nicht über den Intellekt.[14]

Es sind vor allem die opulenten Outfits der berühmt gewordenen Modenschauen seit den 1990er Jahren, Live-Performances mit ihren besonderen Szenarien und Kostümen, die Spuren von Bowerys Einfluss als Performer mit seinen außerordentlichen, selbst kreierten Kleidern aufweisen. Leigh Bowery – geboren 1961 in Australien, ab 1981 in London, gestorben 1994 – wurde zum Künstler in dieser Zeit konservativer Geschlechterbilder, provokanter neuer Geschlechtertheorien und modischer Rebellionen, zugleich der Zeit, in der die Modenschau als theatrales Ereignis zunehmend als künstlerisches Ereignis anerkannt wurde.[15] Bowery fügte sich jedoch nicht in die Modewelt ein, sondern blieb einzeln: ein Individuum, das seine Kleider nur für sich machte und ausschließlich sich selbst in unterschiedlichen Öffentlichkeiten inszenierte. Schon als 20-Jähriger schrieb er in sein Tagebuch: »Ich denke, dass die Kleidung, an der ich interessiert bin, im direkten Gegensatz zu dem steht, was in der Mode der Masse angesagt ist, und dass es nur eine Minderheit von Leuten gibt, die den gleichen Stil schätzt wie ich.«[16] Zwar gab es in der Zeit viele, die sich mit wechselnden Maskeraden inszenierten, Boy George zum Beispiel, aber Bowery entwickelte eine einzigartige und absolut konsequente Ästhetisierung und Ästhetik seiner (öffentlichen) Person und seines Lebens. Er praktizierte provokant das, was die damals aktuellen Gendertheorien[17] theoretisch analysierten: Er widersetzte sich gängigen Gendernormen, inszenierte sich mit seinem immer üppiger werdenden Körper zu einem Geschöpf zwischen den Geschlechtern oder eher noch jenseits der Geschlechter, und das ständig neu und immer wieder vor allem *handelnd* – performativ. Auf diese Weise gelang es ihm, die Hervorbringung von Identität als ständig wechselnd und grundsätzlich ›gemacht‹ vorzuführen. Er ist immer der, als der er gerade erscheint.[18]

Bowery entfaltete seine Körper-Mode-Kunst in der Clubszene. Nachdem er kurzfristig Mode auch für andere entworfen hatte, beschloss er, nur noch sich selbst mit seinen Kostümen zu inszenieren. Seine Outfits und Masken wurden neben seinem Körper zum wesentlichen Element seiner Kunst. Er gestaltete sich selbst zu einem Kunstkörper, der Fleisch und Stoff verschmolz, das Gesicht, den ganzen Kopf einbezog. Das entspricht geradezu idealtypisch – zugleich in seiner Konsequenz erschreckend – meinem Konzept des Modekörpers:[19] eine kurzfristige Amalgamierung von Körper und Kleid zu einer *Einheit*, die mehr ist als die Summe ihrer Teile: biologischer Körper (das ›Eigentliche‹) plus Kleid (›Oberfläche‹). Der Modekörper ist immer ein hybrider Körper, zusammengesetzt aus Lebendem und Unbelebtem, aus Körper und Kleid. Der Modekörper existiert vorübergehend, im Moment des Kleidertragens, er hat eigenständige Formen und bringt eigene Räumlichkeiten, Körpergefühle und Bewegungsformen hervor. Der Modekörper ist nicht statisch, er verändert sich in Zeit und Raum, er kann ganz und gar einmalig und flüchtig sein. Leigh Bowerys Auftritte setzen das künstlerisch in Szene bzw. machen es sichtbar.

Die von ihm kreierten und verkörperten Modekörper können als grotesk[20] bezeichnet werden: im Sinne der Hypertrophierung, der Überwucherung des Fleischs mit Masken und Stoffen, ja der der momentan unauflösbaren Verbindung von Fleisch, Haut, Stoff, Leder; der Auflösung der Grenze von Innen und Außen, von männlich und weiblich usw. Die Ästhetik des Grotesken spielt in meinem Konzept von Mode und Modekörper eine zentrale Rolle – sie ist relevant auch für das Verhältnis von Körper und Kleid ganz allgemein. Ihr Kennzeichen ist das widersprüchliche Zusammenspiel von Belebtem / Unbelebtem, Körper / Prothese, (Hybridisierung) / Innen / Außen (ganzer Körper und Körperöffnungen), Hypertrophierung des ganzen oder von Teilen des Körpers – kurz, alles dreht sich um Missverhältnisse im Vergleich zu einer gesetzten Norm. Das alles funktioniert nur auf der Grundlage einer abstrahierten Idealgestalt des ganzen und geschlossenen Körpers, die zum Maßstab für jede Übereinstimmung oder Abweichung gemacht wird. Das von Michail Bachtin[21] analysierte Konzept des Grotesken hat seine Vorläufer in den *grottesche* der Antike und seinen Ursprung in Aspekten der derben Kultur von Mittelalter und Renaissance, auf die auch Katharina Sykora[22] verweist. Sykora hebt das ›Becoming Photography‹ von Bowerys Kunst hervor, also die Weise, wie er sich »trotz der verstörenden Inkongruenz von Gestalt, Material und Geschlecht fotografisch stets ins rechte Licht« rückt.

Dabei seien ihm alle Versionen von der Hochglanz-Fashion-Fotografie bis zu einer Ästhetik der Sensationspresse willkommen gewesen, zum Zweck der »Kumulation so vieler so vieler Ansichten von sich wie möglich«.[23] Eine historische Analogie lässt sich etwa auch zu Hieronymus Boschs grotesken Misch-Figuren im *Garten der Lüste* konstatieren, die ähnlich verstörend oder lustig wirken wie Bowerys konsequente, keinen Teil des Körpers auslassende Selbst-Gestaltungen.

Die Grenze zwischen Natur und Kunst, die Grenze zwischen Innen und Außen, zwischen Belebtem und Unbelebtem ist für die Kunstfiguren, zu denen Bowery sich selbst macht, nicht mehr zu ziehen. Sie provozieren, sie beleidigen, sie amüsieren. Sie stellen Gewalt, Sexualität und Fetischismus aus und die Lust am Erschaffen einer ganz neuen Form – einer Skulptur aus Lebendigem und Totem. Sie überschreiten die Grenzen der Person und schaffen eine neue ›persona‹. Letztlich stellen sie immer wieder die Frage danach, was der Körper in der Welt ist oder sein kann. Was Geschlecht ist oder sein kann. Was Identität ist oder sein kann. Sie präsentieren eine Ästhetik, die alle herkömmlichen Vorstellungen von Schönheit in Frage stellt, wenngleich sie deren Zeichen benutzt und verändert: eine Ästhetik des Grotesken. Zum Beispiel werden kostbare bestickte Seidenstoffe zu einem ausladenden, gleichwohl etwas altmodisch-plumpen Kleid verarbeitet – und verfremdet, weil sie zum Beispiel mit einer Gasmaske und derben Stiefeln kombiniert werden. Bowery kreiert Skulpturen aus Fleisch, Textilien und Farbe, er schnürt seinen Körper ein, bläht ihn auf oder füttert ihn gargantuesk aus, zeigt nackte Körperteile, die üblicherweise im Alltag verborgen werden, wie das Hinterteil oder seinen dicken Bauch, bindet seinen Penis zurück oder fügt seinem Bauch eine runde Kugel zu, die an Schwangerschaft, an eine seltsame Geschwulst oder auch an etwas gänzlich Unbekanntes denken lässt (Abb. 2 und 3).

Er inszeniert Fetisch-Outfits: überhohe weißschwarze Kothurne, schwarze Strümpfe bis zum nackten Oberschenkel, schwarze Handschuhe bis zur Schulter, schwarze Masken, nackte Torsi, die von nietenbesetzten Gürteln geschnürt und dreigeteilt werden und Fettrollen gliedern.[24] Auch für den Fetischismus[25] ist die Verbindung von Kleidungsstücken bzw. Accessoires und Körper von zentraler Bedeutung. Ein Bein einer ganz in schwarzes Latex gequetschten Figur ist zur Säule mutiert. Und so gut wie immer verändert, bemalt, verkleidet oder ummantelt Bowery seinen Kopf, der – oft mit einer Maske – stets integrales Element der von ihm verkörperten Gestalten ist.

Kurz, Leigh Bowery führt sich selbst als Kunstwerk auf und vor, und das nicht selten ironisch.[26] Er benutzt seinen Körper als Material und zugleich als handelndes Subjekt. Seine Performances sind fast alle stark sexualisiert, oft mit einem deutlichen Einschlag von Gewalt: Wenn er sich etwa kopfüber aufgehängt in eine aufgestellte Glasscheibe stürzt. Oder wenn er seine Partnerin mit dem Kopf nach unten vor seinem Bauch herumträgt und sie dann gebiert. Angela Stief spricht von Bowerys »Hang zum Abjekten, zu ekelerregenden Dingen wie Körperflüssigkeiten und -ausscheidungen, seine Arbeit mit gesellschaftlichen Tabus und damit einhergehend die Konfrontation mit Scham und Widerwillen«.[27] Das sind klassische Charakteristika des Grotes-

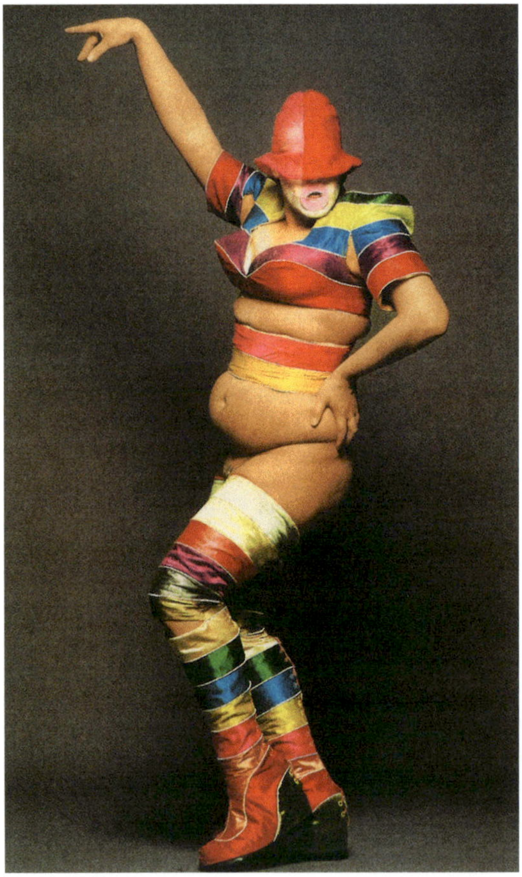

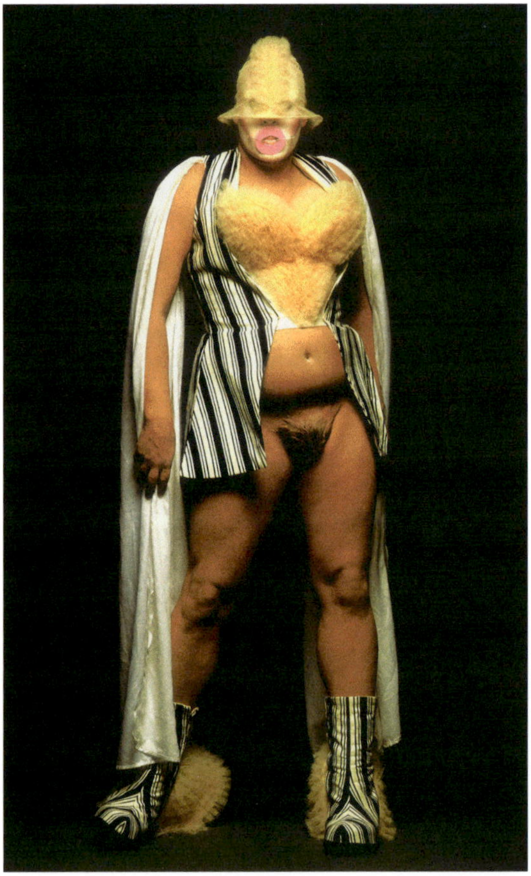

Abb. 2 (links):
Fergus Greer: Leigh Bowery, Session III, Look 15, August 1990.

Abb. 3 (rechts):
Fergus Greer: Leigh Bowery, Session III, Look 12, August 1990.

ken, das Michail Bachtin definiert.[28] Es ist tatsächlich Kunst an den Rändern, was Bowery tut; sie entfaltet sich in Nachtclubs, in Live-Performances, auf der Bühne – sie wurde zu seinen Lebezeiten nie bürgerlich eingemeindet, auch wenn Bowery sich in diesen Kontexten offensichtlich so gut präsentierte, dass er davon leben konnte, sich etablierte als Enfant terrible, außerhalb bürgerlicher Konventionen blieb und doch kein Outcast war.

MEDIALES WEITERLEBEN

Was von all dem überliefert ist, sind einige Videoausschnitte und vor allem die Fotos von Fergus Greer aus den frühen 1990er Jahren, in denen alle Inkarnationen Bowerys in den unterschiedlichsten Posen – also sozusagen idealtypisch inszeniert – festgehalten sind. Wie die Live-Performances gewirkt haben, lässt sich nur raten oder an einigen wenigen Aufnahmen ermessen. So wird unser heutiges Bild von Bowery durch die Fotos bestimmt. Sie müssen Ereignisse selbst in dieser an Provokationen nicht armen Zeit gewesen sein, Ereignisse im Sinne Martin Seels: Veränderungen oder Vorkommnisse, die sich uns als solche vor dem Hintergrund unauffälligerer Prozesse und Zustände bemerkbar machen (das entspricht im Wesentlichen der Basisdefinition aller Ereigniskonzepte).[29] Unerwartet und irritierend brechen Ereignisse das Kontinuum der Zeit, indem sie Konstellationen umstürzen. Seel insistiert auf der Präsenz, die Kunst hervorbringe; sie bringe Konstellationen des Möglichen und Unmöglichen durcheinander und führe vor, wie sehr Wirkliches ein Mögliches sei und Mögliches ein Wirkliches.[30]

Gary Carsley meint, es sei Bowery später nicht mehr ums Schockieren gegangen, sondern um den systematischen Versuch, die Grammatik des Körpers neu zu schreiben.[31] Man muss nicht unbedingt ein abstraktes Regelwerk wie Grammatik als Vergleichsparameter heranziehen, um zu beschreiben, was dieser Mann mit lebendem und totem Material tut, wie er sein Fleisch ebenso wie kostbare Stoffe und unterschiedliche, oft unerwartet-provokante Accessoires zum Material seiner Kunst macht – zu der ›persona‹, zu der er sich als Performer immer wieder gestaltet. Er tut das als zunehmend dicker Mann, der seinen nach herkömmlichen Maßstäben unförmigen Körper in allen Varianten in Szene setzt und sich auch mehrfach von Lucian Freud als Akt malen lässt. Es ist dieser massige *männliche* Körper in den abenteuerlichsten, phantasievollsten Kostümen und Inkarnationen zwischen allen Geschlechtern, der ihn am radikalsten von der Modeszene der Zeit mit ihren abgemagerten *weiblichen* Models in modischen Mainstreamkleidern unterscheidet. Gleichzeitig ist er in dieser Zeit der Hypertrophierungen und Provokationen verankert, in ihr funktionieren seine Provokationen als negative Doppelung des Bestehenden und zugleich dessen Verneinung. Aber auch heute noch können sie als schockierende Inszenierungen abseits des Mainstreams wahrgenommen werden, wenngleich die High Fashion und sicher auch schwule Szenen einiges davon längst absorbiert, variiert und kommerzialisiert haben – jedoch nur in denjenigen Moden, deren Inszenierungen einem dezidiert künstlerischen Anspruch verpflichtet sind, wie beispielsweise die des Modehauses Viktor & Rolf. In der Kollektion *Atomic Bomb* (Herbst/Winter 1998) beispielsweise gibt es eine Harlekin, deren Kopf aus einem wie aufgeblasenen, ausgestopften, unförmigen Oberkörper ragt. Viktor & Rolf arbeiten tatsächlich häufiger mit vergleichbaren Hypertrophierungen des Modelkörpers durch die Kleidung. Es können jedoch in der Mode, und sei sie experimentell und wagemutig, immer nur Elemente sein. Leigh Bowery als Performer hat mehr Freiräume und ist zu einzigartig und in seiner Einzigartigkeit zu wechselhaft, als dass man ihn ›einfangen‹ könnte. Zudem steht er – zumindest theoretisch – außerhalb der kapitalistischen Ökonomie, d. h. er produziert keine Waren, für die er Werbung machen würde (auch wenn er natürlich von dem leben muss, was er tut). Er ist provokant in einer Zeit, in der Provokationen an der Tagesordnung sind. Aber natürlich hat sogar Leigh Bowery ferne Vorfahren, etwa Divine[32] in den 1970er Jahren. Über diesen heißt es in einem Online-Text: »Divine is appealing because she represents the triumph of the misfit, the ugly, the loser. As Waters points out, Divine takes everything that people laughed at Glen [sic] Milstead for – his effeminacy, his weight – and ›exaggerated it and turned it into a style.‹«[33] Bowerys Körperinszenierungen jedoch unterscheiden sich von Drag oder Voguing, die in den 1980er und frühen 1990er Jahren zu wichtigen subkulturellen Praktiken avancieren, denn er wechselt gerade nicht zwischen eindeutig markierten Geschlechtern, stellt nie einfach Männlichkeit *oder* Weiblichkeit dar. Er ist keine Drag Queen. Stattdessen *stellt* er Geschlecht performativ als Übergangsphänomen *her*. Das ist tatsächlich ›queer‹ im Sinne dessen, was die Gender und Queer Theory seit den frühen 1990er Jahren als Identitätskonzept entwickelt hat: die Verweigerung einer eindeutig fixierbaren Identität zugunsten der fluiden Möglichkeiten in Zeit und Raum. In einem Interview antwortet er auf die Frage: »What is the trait you most deplore in others?« – »The urge to categorise: if you label me you negate me.«[34]

BOWERY UND AVANTGARDISTISCHE MODEN SEIT DEN 1990ER JAHREN

Bowery hat viele der wichtigsten Modedesigner*innen seiner Zeit und noch danach angeregt. Bis heute finden sich Übernahmen von Einzelelementen seiner Kleider und Maskeraden in den Modeschauen: die übermalten Lippen (zum Beispiel bei Alexander McQueen), Masken vor den Gesichtern, die Tüllbälle, die Köpfe verhüllen (etwa bei Martin Margiela). Aber auch die Hypertrophierung von Körperteilen findet sich gar nicht selten. Das allerdings kann man als Grundprinzip europäischer Moden schlechthin bezeichnen, denn ob Push-up-BH oder Krinoline oder Schnürung: alles das sind Praktiken der Veränderung und meist der Hypertrophierung eines sogenannten ›natürlichen‹ Körpers, d. h. eines Bildes vom nackten idealen Körper.

Modekleidung, die innerhalb des Modesystems entsteht und in möglichst hohen Auflagen verkauft werden muss, kann trotz möglicher Radikalität des Umgangs mit vestimentär kreierten Körperbildern in der Präsentation dieser Kleider in den Schauen oder Läden doch am Ende immer ein zur Norm geronnenes weibliches Körperbild perpetuieren. Sie alle arbeiten mit einem und für einen marktkonformen Idealkörper, nahezu körperlos dünn, so wie er letztlich den zu ihrer Zeit jeweils gängigen idealen Schönheitsnormen entspricht, und sie prägen auf diese Weise das Bild angeblicher Idealkörper. Denn – ungeachtet allen künstlerischen Anspruchs: Modekleidung ist und bleibt kommerzielles Produkt, sie darf exzentrisch sein, muss jedoch als integrales Element des Modesystems immer – zumindest potentiell – verkäuflich bleiben. Deshalb können die Modeschöpfer*innen nie so weit gehen wie Leigh Bowery als Performer, der provokant gerade das präsentiert, was nicht im gängigen Sinne als schön und ›normal‹ gilt. Das heißt, die Entwürfe müssen quasi reduziert werden, um schließlich als Kleidungsstücke in den Verkauf zu gelangen. Exzentrisch – und vielleicht experimentell – sind in der High Fashion vor allem die Modelle, die auf den großen Schauen gezeigt werden. Nur wenige Ausnahmen – wie Rei Kawakubo / Comme des Garçons – haben auch vollkommen ungewöhnliche Kleider auf den Markt gebracht, die gemeinhin als ›untragbar‹ galten. Man denke an Kawakubos längst ikonische Kollektion *Body Meets Dress, Dress Meets Body* von 1997, die in den Medien als ›Buckel-und-Beulen-Kollektion‹ bezeichnet und mit dem Glöckner von Notre-Dame verglichen wurde. Das war abfällig gemeint. Zwar wurde die Japanerin als eine der innovativsten und originellsten Modemacherinnern des späten

20. und des frühen 21. Jahrhunderts anerkannt, aber offenbar sollte sie trotzdem in den Augen vieler Kritiker*innen in den Grenzen des Tragbaren oder gar ›Schönen‹ bleiben, die andere für angemessen hielten. Hier geht es um die Frage, wo die Grenze zwischen Kunst und Mode verläuft. Im Falle selbst der avantgardistischsten Designer*innen, die auf dem Markt präsent sind und auch einen künstlerischen Anspruch haben, ist sie offensichtlich: Die Grenze verläuft da, wo Mode vermarktet werden muss, wo sie ein Publikum benötigt, das die Stücke anerkennt, kauft und trägt. Das Publikum, das Kleider mit Buckeln und Beulen oder mit vier Ärmeln kauft, gibt es, aber es ist nicht sehr groß und es hat in sozialer oder ästhetischer Hinsicht ein anderes Verhältnis zu Mode als diejenigen, die sich vielleicht auffallend oder provokant, aber am Ende doch immer noch halbwegs ›angemessen‹ kleiden wollen (oder müssen).

In Rei Kawakubos[35] legendärer, längst ikonisch gewordener Kollektion *Body Meets Dress, Dress Meets Body* (1997), die so viel Anstoß erregte, gibt es offensichtliche Ähnlichkeiten mit Bowerys Look 9 aus der von Fergus Greer aufgenommenen Serie (Abb. 4):

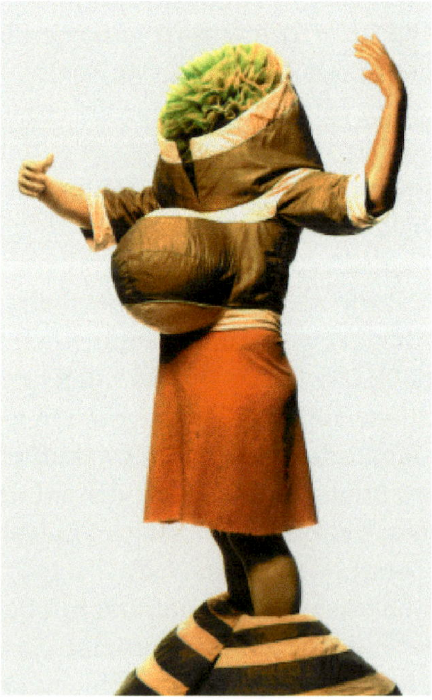

Abb. 4: Fergus Greer: Leigh Bowery, Session II, Look 9, Juli 1989.

Beide gehen auf ganz unterschiedliche Konzepte zurück,[36] aber die visuellen Ähnlichkeiten sind unleugbar: ›groteske‹ Verformungen nicht von den biologischen Körpern, sondern von Modekörpern, also dem Zusammenspiel von Kleid und Körper.[37] Offensichtlich ist jedoch auch – und das ist der springende Punkt –, dass Kawakubos Modelle an mageren, normierten Modelkörpern vorgeführt werden, die als neutrales Trägerelement fungieren, auch wenn von ihnen kaum etwas zu sehen ist. Der Fokus liegt am Ende nur auf dem Kleid, das zwar einen Körper benötigt, um sich entfalten zu können, jedoch wird der Körper zum bloßen Hilfsmittel, zum möglichst neutralen, normierten Gerüst. Die Kleider kreieren ihre ganz eigene dreidimensionale skulpturale Räumlichkeit – zwar bleiben die Gesichter und die nackten Beine der Models stets sichtbar und sind ein weiterer Beleg dafür, dass die Models eben Kleider vorführen, die sensationell und vielleicht wenig alltagstauglich sind, weil sie etwas ganz Anderes wollen, aber die unauflösliche Einheit von Körper und Kleid wird hier nicht erreicht.

Im Gegensatz dazu bringt Bowery seinen Körper nicht als pures neutrales Trägermaterial ins Spiel, sondern er schafft *gerade* in der Performance eine unauflösliche *Einheit* aus Körper und Kleid. Bowery macht anders als viele nachfolgende Designer*innen keine dekonstruktive, intellektuelle Mode. Seine Selbstinszenierungen speisen sich nicht zuletzt aus einer exhibitionistischen Lust an Verwandlung und an Provokation. Es ist eine Lust, die an den von Michail Bachtin analysierten Karneval erinnert und gerade darin subversiv wirkt. Er inszeniert den nicht-konformen, nicht-normierten Körper als den einzigartigen Körper. Er legt sich auf kein Geschlecht fest, oszilliert zwischen allen Festlegungen und Normen und wird auf diese Weise einzigartig. Er ist ein Künstler, kein Modemacher, wenn er auch als Modemacher begonnen hat. Er produziert keine Modekleidung, die unabhängig von ihm ein Eigenleben führen könnte, sondern ausschließlich Kleidung für sich selbst und die ›persona‹, die er jeweils damit performt und der er ein eigenes kurzes Leben und eine eigene Lebensdauer gibt.

Er ›verkauft‹ *sich selbst* als Gesamtkunstwerk aus Körper und Kleid und nimmt sich die Freiheit, radikal zu kombinieren, zu demontieren, zu persiflieren und zu phantasieren – als Kunstwerk. Er kaschiert nichts, sondern legt offen, indem er alle Körperteile in seine Zurschaustellung einbezieht. Er hypertrophiert, indem er sich zum Beispiel einen *Cul de Paris* unters Kleid setzt, er polstert die Knöchel so aus, dass sie wie geschwollene Knöchel alter Menschen aussehen, und trägt dazu eine Maske und einen

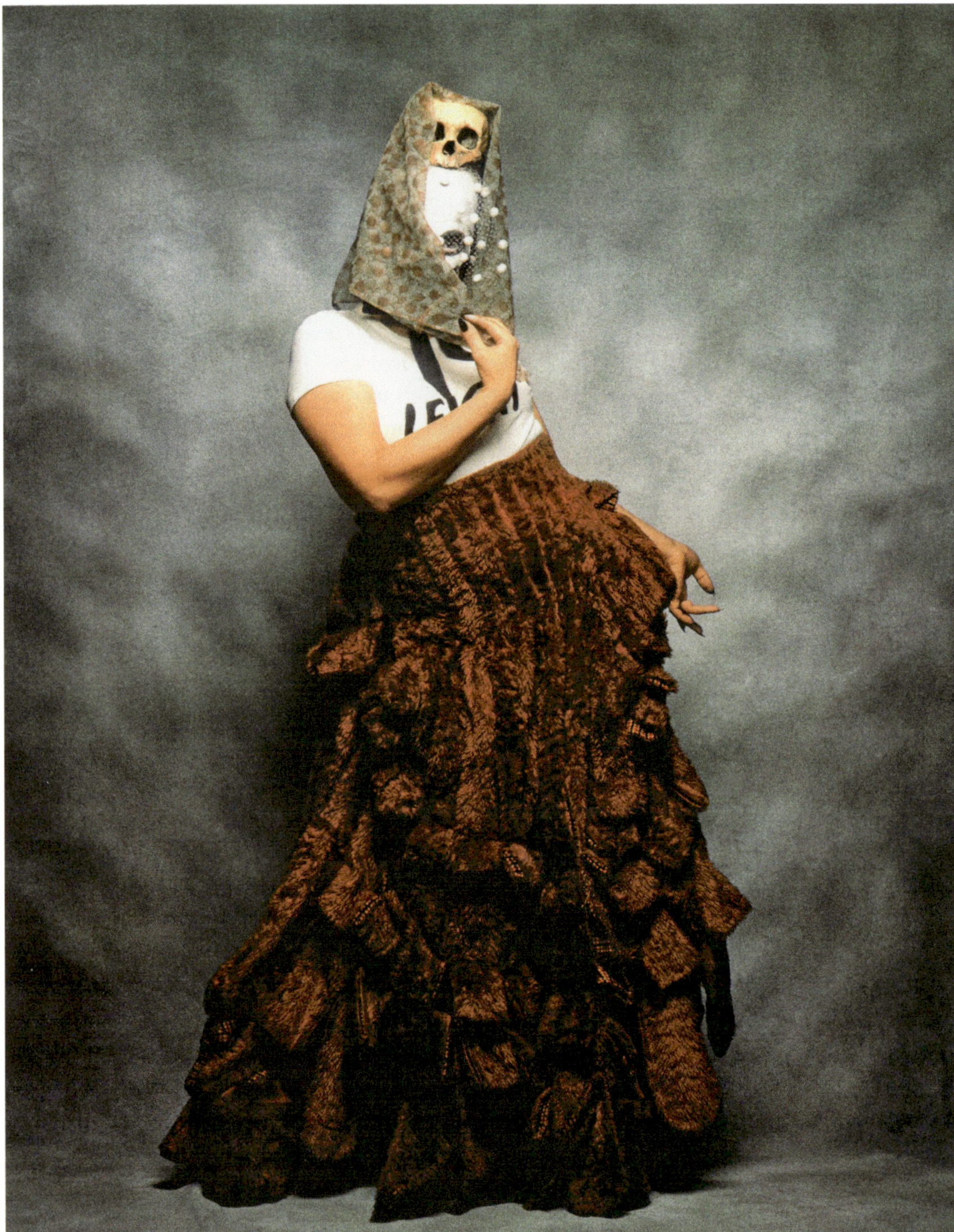

Abb. 5:
Fergus Greer: Leigh Bowery,
Session VI, Look 30, März 1992.

Soldatenhelm (vgl. Session IV, Look 17, August 1991, Foto: Fergus Greer). Man kann das als hässlich bezeichnen – aber das ist nicht der Punkt in einer Performance, die sich als Kunst versteht. Es würde aber zum Punkt in kommerziellen Modeschauen, egal wie groß ihr künstlerischer Anspruch ist, für die die Provokation Mittel zum Zweck sein muss, Aufmerksamkeit zu erzeugen, um am Ende kommerziell – und natürlich auch an Ruhm – zu gewinnen. Bowerys Kostüme hingegen spielen mit Mode, aber sie *sind* keine Mode, sondern integrales Element seiner eigenständigen (Selbst-)Inszenierungen als Kunstwerk. Seine Auftritte haben Spielcharakter im Sinne von Experimenten, deren Ausgang ungewiss ist. Die Provokation von Normen gehört dazu.[38] Als Performances sind sie der Zeit unterworfen, sie sind einmalig und existieren außerhalb der Alltagszeit – damit vergleichbar dem Karnevalesken, das Michail Bachtin als Praxis der mittelalterlichen Welt beschreibt: ein zeitlich begrenzter Ausbruch aus dem Gewohnten, ein Verkehren aller Werte, ein Auf-den-Kopf-Stellen aller Normen, Spott, Provokation – das Groteske des Karnevals hat seine Zeit, und es kann immer beides auslösen: Lachen und Erschrecken, Lust und Ekel. Und der Tod ist immer dabei.

In jedem Umgang mit Kleidern versteckt sich der Tod, nicht nur, weil die Mode selbst vom Prinzip des Vergänglichen lebt, sondern auch, weil die Artefakte (fälschlicherweise) Dauerhaftigkeit suggerieren, während das Fleisch dem Verfall geweiht ist. Bowery setzt das auch explizit in Szene, wenn er sein Gesicht weiß schminkt, die Augen schwarz umrandet, das Gesicht mit einem Tuch halb verhüllt; auf dem Kopf thront ein Totenschädel.[39] Der einzige Modedesigner, der den Tod als omnipräsent in seinem Werk immer wieder vorgeführt hat, ist Alexander McQueen.[40]

Man kann durchaus sagen, dass Bowery Kunst an den Rändern macht. Und zugleich hat er dafür gesorgt, dass seine Selbstinszenierungen auf großartigen Fotos der Nachwelt überliefert wurden. Er war nicht einfach ein Enfant terrible, sondern er wusste um seine Bedeutung als Künstler und setzte sie ein. Seine Performance-Kunst war vergänglich – aber er hat sie verewigt, vor allem in den umfangreichen Serien von Fergus Greer. Das ist ein deutlicher Hinweis auf sein Selbstbewusstsein als Künstler, der die Zeiten mit seinen Werken überdauern will, der sich nicht ›erschöpft‹ in den Momenten der Live-Inszenierung und ›an den Rändern‹ bleiben will, sondern im Gegenteil diese Momente, sorgsam und unter besten Bedingungen inszeniert für die Ewigkeit, festhält und auf Dauer stellt.

In Charles Baudelaires Ästhetik der Moderne (1863)[41] spielt zum ersten Mal die Mode eine zentrale Rolle, da sie in ihrer Verbindung von Ewigem und Flüchtigem das Paradigma der Moderne sei (Baudelaire 1863/1976, dt. 1988). Baudelaire lässt Kunst und Mode als Formen ästhetischen Handelns ineinander übergehen.[42]

Elizabeth Wilson erklärt 1989 in ihrem Standardwerk[43] über Mode und Modernität die Mode zu einer Form ästhetischer Kreativität, in der die Entdeckung von Alternativen noch möglich sei. Sie geht noch weiter: Mode sei als Ausdrucksmittel der Phantasie eine Kunstform und ein symbolisches, soziales System. Petra Leutner hingegen argumentiert für eine Unterscheidung von Mode und Kunst:[44] 1. Auch wenn kein substantieller Unterschied zwischen beiden mehr existiere, könne der Mode ihr *Status* als Mode jederzeit abgesprochen werden, der Kunst jedoch nicht. D. h. beide sind von Zuschreibungspraktiken abhängig. 2. Leutners wesentliches Argument: Mode lebe vom Massenkonsum, Kunst setze weiterhin auf das Einzigartige, das Original.

Das mag ein Ideal sein, dem die Kunstwelt möglicherweise anhängt, um ihren Status als das Andere zur kommerziellen Welt hervorzuheben. Aber im Zeitalter der ›technischen Reproduzierbarkeit‹ (Walter Benjamin)[45] und vor allem *Produzierbarkeit* ist das längst nicht mehr die Norm. Das Problem des wertenden Vergleichs liegt in den jeweiligen Segmenten: Vergleicht man die Konfektionsmode mit der Kunst, stimmt das Argument Leutners, nicht aber, wenn man die Haute Couture mit Kunst vergleicht – und schon gar nicht, wenn man die modischen Inszenierungen in den Defilees der ganz großen Häuser damit vergleicht. Sie sind häufig künstlerische Ereignisse von eigenem Rang, und die vorgeführten Artefakte haben zumindest den Status der Einzigartigkeit. Ob – und wenn ja, wie – sie dadurch zur Kunst *tout court* wird, müsste gründlich diskutiert werden.

Zu den Kunstvorstellungen der Moderne gehört die romantische Vorstellung vom Genie als Außenseiter*in der Gesellschaft – das Genie, das im Zweifel von der Gesellschaft zerstört wird. Alexander McQueen ist zum Inbegriff davon geworden, wie zumindest die filmische Dokumentation über ihn deutlich inszeniert.[46] Rei Kawakubo hält sich von solchem Pathos fern, indem sie sich der Öffentlichkeit lange Zeit komplett verweigerte (wie auch Martin Margiela) – und damit Neugier schürte, wobei sie jedoch mit ihrem wiederholten Anspruch, sie wolle stets das ganz Neue, nie Dagewesene schaffen, deutlich in die Richtung quasi absoluter Kunst geht – ein veraltetes Konzept? Vivienne Westwood inkarniert seit Jahrzehnten konsequent in ihren öffentlichen Auftritten die wilde, unangepasste Rebellin. Auch das ist ein typisches Künstler*innen-Konzept.

Leigh Bowerys Kunst überschneidet sich mit der Mode in ihren kreativsten, avanciertesten und innovativsten Versionen, indem er die wichtigsten Elemente der modischen Arbeit einsetzt, die er ja auch gelernt hatte: Kleid und Körper. Er strebt Verwandlung an, gleichwohl keine Veränderung hin zum Schönen, sondern zum Schockierenden, zum Provokanten, manchmal auch zum Amüsanten. Radikal inkarniert er den Künstler als Außenseiter, mitsamt der Exzentrik, der Unbürgerlichkeit, vielleicht der Ausschweifung, ganz sicher mit der Idee, dass Kunst gerade *nicht* der Ort bürgerlichen Freizeitvergnügens sein sollte. Sondern das ganz Andere davon. Befördert wird das Bild schließlich von seinem frühen Tod, der selbstverständlich keine künstlerische Inszenierung war, aber einer romantischen Version des Künstlertums durchaus entspricht. Und vor allem hat sich Bowery nicht nur als Künstler präsentiert, sondern er hat sich in einer weiteren Schraubendrehung selbst zum Kunstwerk gemacht.

Mit seiner Kunst am Körper – ja mehr: mit seiner Kunst *des* Körpers – hat Bowery zweifelsfrei vielen Modemacher*innen kreative Impulse gegeben. Aber das, was er machte, bleibt außerhalb des Modesystems, das bei aller Experimentierfreudigkeit notwendigerweise immer in einem auf Profitmaximierung orientierten kommerziellen System verwurzelt bleiben muss. Es kann mehr oder manchmal weniger überzeugend Provokationen wie die von Bowery adaptieren und verwandeln, vielleicht damit auch eine Verbeugung vor Bowery machen. Aber es tut das aus einer Mischung von Kunst und Kommerz: Das könnte als eine Art von ›Kunst an den Rändern‹ betrachtet werden.

1 Kunst und Mode begegnen sich tatsächlich häufig, in vielen Varianten. Es ist fraglich, ob man einen klaren Schnitt zwischen ihnen vornehmen kann, wie es etwa Petra Leutner in einem wichtigen Aufsatz tut: Leutner 2011. Besonders interessant ist auf alle Fälle ihr Argument, Kunst bleibe Kunst, Mode hingegen könne diese Zuschreibung auch wieder genommen werden. – Es gibt viele Auseinandersetzungen mit der Frage; einige Titel in Fußnote 36.

2 Vgl. Lehnert 1996, darin auch eine Abbildung des Fotos aus *Vogue* (S. 129).

3 Das Ästhetische: das meine ich an dieser Stelle als Sammelbegriff für Inszenierungen visueller Angebote.

4 Lauretis 1987, S. 3.

5 Butler 1990, S. 270.

6 Den Begriff *Gender* verwende ich hier im Sinne eines Spektrums von Geschlechtsidentitäten, Geschlechterinszenierungen, Geschlechterbildern in verschiedensten Kontexten; das biologische oder veränderte Geschlecht ist dabei impliziert, da es nicht mehr als zwingend festgeschrieben gelten kann. Zu Gender und Mode vgl. u. a. Lehnert 2017a, Lehnert 2010.

7 Vgl. zu Bowery u. a.: Stief 2015a, Stief 2012; Violette 1998. Siehe auch: Lehnert 2015, Lehnert 2016.

8 Leutner 2011.

9 Das bezieht sich *nicht* auf die standardisierte Konfektion, sondern auf die Designermode und die Haute Couture.

10 »›Inszenierung‹ als anthropologische Kategorie im weiteren Sinne verfügt über eine ästhetisierende und eine sinnliche Komponente. Als eine spezifische Auswahl, Organisation und Strukturierung von Material oder Menschen bringt sie etwas zur Erscheinung, ›was seiner Natur nach nicht gegenständlich zu werden vermag‹. Martin Seel konkretisiert, Inszenierungen seien ›absichtsvoll ausgeführte oder eingeleitete sinnliche Prozesse‹, die als Inszenierungen nur erkennbar seien vor dem Hintergrund ›*nicht inszenierter* räumlicher und zeitlicher Verhältnisse‹.« (Lehnert 2017b, S. 287, Hervorhebung hinzugefügt).

11 Zum Thema Modenschau vgl. u.a. Kühl 2015; ferner Evans 2003.

12 Seel 2003, S. 38 passim.

13 Vgl. Böhme 2001, S. 31 und S. 42.

14 Vgl. Lehnert 2017b, S. 285.

15 Erneut sei verwiesen auf die Arbeiten von Petra Leutner über Anerkennungspraktiken von Kunst und Mode. Nancy Troy postuliert bereits 2003, dass Mode und Kunst zusammenhängen. Die Logik der Mode basiere auf der Spannung zwischen Originalität und Reproduktion; die Kunst jedoch vermarkte längst auch in Form von Reproduktionen ihre Originalität, ganz abgesehen von den Readymades, die prinzipiell die Idee eines authentischen, einzigartigen Kuntwerks in Frage stellten (Troy 2003, S. 4).

16 Zit. nach Stief 2015b, S. 11.

17 Etwa die Theorien von Teresa de Lauretis oder Judith Butler.

18 Zum Konzept des *Erscheinens* vgl. Seel 2000, Seel 2001.

19 Vgl. zum Weiteren, insbesondere zum Konzept des *Modekörpers*, Lehnert 2013, S. 51 ff.

20 Vgl. dazu auch Lehnert 2001; ferner Lehnert 2013, S. 74 ff. über groteske Modekörper.

21 Bachtin 1980, Bachtin 1995, darin vor allem Kapitel 5 und 6.

22 Sykora 2015.

23 Sykora 2015, S. 209 und 210.

24 Vgl. z. B. Fergus Greer, Session II, Look 4, July 1989.

25 Vgl. zu Mode und Fetischismus allgemein Steele 1996.

26 »Die letzte Diva« nennt ihn Bronfen 2008.

27 Stief 2012, S. 6.

28 Bachtin 1996.

29 Vgl. Seel 2003.

30 Seel 2003, S. 46.

31 Vgl. Carsley 2003, S. 17: »The act of getting ready to go out had become an art form in itself.«

32 Harris Glenn Milstead (1945 – 1988); Filme:
Pink Flamingos (1972, Regie: John Waters),
Female Trouble (1974, Regie: John Waters),
Desperate Living (1977, Regie: John Waters),
Hairspray (1988, Regie: John Waters),
Polyester (1981, Regie: John Waters).

33 https://366weirdmovies.com/i-am-divine-2013/ (03. März 2020).

34 Violette 1998, S. 8 f.

35 Zu Kawakubo unter anderem: Sudjic 1990, S. 161 – 180.

36 Vgl. dazu Ince / Nii 2011; Kawamura 2004; Koda 2001; Lehnert 1998.

37 Vgl. zur Definition des Konzepts *Modekörper* Lehnert 2013; zur Räumlichkeit von Mode vgl. auch Lehnert 2001.

38 Auch Katharina Sykora verweist mit Bezug auf Rabelais und Bachtin auf den grotesken Körper als Referenz für Bowerys Arbeit; sie erläutert den Zusammenhang mit den mittelalterlichen *miraculae* und *monstra* als den Zeichen für göttliche Allmacht oder, im Gegenteil, für das Böse (Sykora 2012).

39 Lehnert 2009.

40 Vgl. u.a. Wilcox 2015; Knox 2010.

41 Baudelaire 1863/1976.

42 Zur Frage Mode vs. Kunst: beispielsweise das Kapitel »Ist Mode Kunst?« in: Lehnert 2013, S. 43 – 49; Geczy / Karaminas 2012; Leutner 2011; Graw 2009; Loschek 2007; Wolter 2006; Troy 2003.

43 Wilson 1989.
44 Leutner 2011.
45 Benjamin 1966.
46 *Alexander McQueen – der Film*, 112 Minuten, von Ian Bonhôte, Peter Ettedgui, GB 2018.

Literaturverzeichnis

BACHTIN, MICHAIL (1980), Die groteske Gestalt des Leibes, in: Otto F. Best (Hg.), *Das Groteske in der Dichtung*, Darmstadt, S. 195 – 202.

BACHTIN, MICHAIL (1995), *Rabelais und seine Welt. Volkskultur als Gegenkultur*, Frankfurt am Main.

BACHTIN, MICHAIL (1996), *Literatur und Karneval. Zur Romantheorie und Lachkultur*, Frankfurt am Main.

BAUDELAIRE, CHARLES (1863/1976), Le peintre de la vie moderne, in: *Œuvres complètes*, Bd. 2, hg. von Claude Pichois, Paris, S. 682 – 724. (Deutsch: *Das Schöne, die Mode und das Glück. Constantin Guys, der Maler des modernen Lebens*, übers. von Max Bruns, Berlin 1988).

BENJAMIN, WALTER (1966), *Das Kunstwerk im Zeitalter seiner technischen Reproduzierbarkeit*, Frankfurt am Main.

BÖHME, GERNOT (2001), *Aisthetik. Vorlesungen über Ästhetik als allgemeine Wahrnehmungslehre*, München.

BRONFEN, ELISABETH (2008), Sein Körper sein: Die letzte Diva Leigh Bowery, in: René Zechlin / Kunstverein Hannover (Hg.), *Leigh Bowery. Beautified Provocation*, AK Hannover, Heidelberg, S. 67 – 72.

BUTLER, JUDITH (1990), *Gender Trouble. Feminism and the Subversion of Identity*, New York, NY / London.

CARSLEY, GARY (2003), All his own make-up, in: Vivienne Webb / Museum of Contemporary Art (Hg.), *Take a Bowery. The Art and (larger than) Life of Leigh Bowery*, AK Museum of Contemporary Art Sydney, Sydney, S. 12 – 22.

EVANS, CAROLINE (2003), *Fashion at the Edge. Spectacle, Modernity and Deathliness*, New Haven, CT / London.

GECZY, ADAM / KARAMINAS, VICKI (Hg.) (2012), *Fashion and Art*, London / New York, NY.

GRAW, ISABELLE (2009), The latest fashion. On art as fashion and fashion as art, in: Jan Brand / José Teunissen (Hg.), *Fashion and Imagination. About Clothes and Art*, Arnhem u. a. O., S. 44 – 57.

INCE, CATHERINE / NII, RIE (2011), *Future Beauty. 30 Jahre Mode aus Japan*, München u. a. O.

KAWAMURA, YUNIYA (2004), *The Japanese Revolution in Paris Fashion*, Oxford / New York, NY.

KNOX, KRISTIN (2010), *Alexander McQueen: Genius of a Generation*, London.

KODA, HAROLD (2001), *Extreme Beauty. The Body Transformed*, New York, NY.

KÜHL, ALICIA (2015), *Modenschauen. Die Behauptung des Neuen in der Mode*, Bielefeld.

LAURETIS, TERESA DE (1987), *Technologies of Gender. Essays on Theory, Film, and Fiction*, Bloomington, IN.

LEHNERT, GERTRUD (1996), *Mode – Models – Superstars*, Köln.

LEHNERT, GERTRUD (1998), *Frauen machen Mode. Coco Chanel, Jil Sander, Vivienne Westwood u. a. m. Modeschöpferinnen vom 18. Jahrhundert bis heute*. Dortmund.

LEHNERT, GERTRUD (2001), Der modische Körper als Raumskulptur, in: Erika Fischer-Lichte (Hg.), *Theatralität und die Krisen der Repräsentation*, Stuttgart, S. 528 – 549.

LEHNERT, GERTRUD (2009), Das vergängliche Kleid, in: *Kunstforum International* 197, S. 266 – 283.

LEHNERT, GERTRUD (2010), Gender, in: Lise Skov (Hg.), *Berg Encyclopedia of World Dress and Fashion*, Bd. 8: *West Europe*, Oxford, S. 452 – 461.

LEHNERT, GERTRUD (2013), *Mode. Theorie, Geschichte und Ästhetik einer kulturellen Praxis*, Bielefeld.

LEHNERT, GERTRUD (2015), Die Kleider des Leigh Bowery, in: Angela Stief (Hg.), *Leigh Bowery. Verwandlungskünstler*, Bern / Wien, S. 73 – 94.

LEHNERT, GERTRUD (2016), Queere Mode|Körper. Leigh Bowery und Alexander McQueen, in: Gertrud Lehnert / Maria Weilandt (Hg.), *Ist Mode queer? Neue Perspektiven der Modeforschung*, Bielefeld, S. 17 – 36.

LEHNERT, GERTRUD (2017a), Mode: ästhetische Praxis und Doing Gender, in: Beate Kortendiek / Birgit Riegraf / Katja Sabisch (Hg.), *Handbuch Interdisziplinäre Geschlechterforschung*, Wiesbaden, S. 1405 – 1414.

LEHNERT, GERTRUD (2017b), Ungewisse Geschlechter, überschriebene Texte. Leerstellen, Streichungen, Überschreibungen als literarische Ereignisse, in: Winfried Eckel / Uwe Lindemann (Hg.), *Text als Ereignis. Programme – Praktiken – Wirkung*, Berlin, S. 285 – 300.

LEUTNER, PETRA (2011), Anerkennungspraktiken von Mode und Kunst, in: Gora Jain (Hg.), *kunsttexte.de* 1, KunstDesign-Themenheft 2: *Kunst und Mode*. https://edoc.hu-berlin.de/bitstream/handle/18452/8027/leutner.pdf (03. März 2020).

LOSCHEK, INGRID (2007), *Wann ist Mode? Strukturen, Strategien und Innovationen*, Berlin.

SEEL, MARTIN (2000), *Ästhetik des Erscheinens*, München.

SEEL, MARTIN (2001), Inszenieren als Erscheinenlassen. Thesen über die Reichweite eines Begriffs, in: Josef Früchtl / Jörg Zimmermann (Hg.), *Ästhetik der Inszenierung. Dimensionen eines künstlerischen, kulturellen und gesellschaftlichen Phänomens*, Frankfurt am Main, S. 48 – 62.

SEEL, MARTIN (2003), Ereignis. Eine kleine Phänomenologie, in: Nikolaus Müller-Schöll (Hg.), *Ereignis. Eine fundamentale Kategorie der Zeiterfahrung. Anspruch und Aporien*, Bielefeld, S. 37–47.

STEELE, VALERIE (1996), *Fetisch. Mode, Sex und Macht*, übers. von Walter-Berndt Fischer, Berlin.

STIEF, ANGELA (2012), XTRAVAGANZA. Eine Einführung, in: Angela Stief (Hg.), *XTRAVAGANZA. Staging Leigh Bowery*, AK Kunsthalle Wien, Wien, S. 4–8.

STIEF, ANGELA (Hg.) (2015a), *Leigh Bowery. Verwandlungskünstler*, Bern / Wien.

STIEF, ANGELA (2015b), Besessen vom Ich. Leigh Bowerys Geburt der Kunst aus dem Geiste der Selbstinszenierung, in: Dies. (Hg.), *Leigh Bowery. Verwandlungskünstler*, Bern / Wien, S. 11–40.

SUDJIC, DEYAN (1990), *Rei Kawakubo and Comme des Garçons*, New York, NY.

SYKORA, KATHARINA (2012), Becoming Photography, in: Angela Stief (Hg.), *XTRAVAGANZA. Staging Leigh Bowery*, AK Kunsthalle Wien, Wien, S. 9–18.

SYKORA, KATHARINA (2015), Ego-Abenteuer zwischen Aktion und Bild, in: Angela Stief (Hg.), *Leigh Bowery. Verwandlungskünstler*, Bern / Wien, S. 209–232.

TROY, NANCY J. (2003), *Couture Culture. A Study in Modern Art and Fashion*, Cambridge, MA.

VIOLETTE, ROBERT (Hg.) (1998), *Leigh Bowery*, mit einer Einleitung von Hilton Als, London.

WILCOX, CLAIRE (Hg.) (2015), *Alexander McQueen*, AK Victoria and Albert Museum London, London.

WILSON, ELIZABETH (1989), *In Träume gehüllt. Mode und Modernität*, Hamburg (engl. Orig. 1985).

WOLTER, GUNDULA (2006), Mode im Museum – Kunst auf dem Laufsteg. Über die Hybridisation von Kunst und Mode, in: *Luxus. IBT/05/06. Festschrift anlässlich des Studienjahres 05/06*, hg. vom Institut für experimentelles Bekleidungs- und Textildesign, Berlin, S. 33–38.

Abbildungsverzeichnis

1 Fergus Greer: Leigh Bowery, Session VII, Look 38, Juni 1994. © Fergus Greer.

2 Fergus Greer: Leigh Bowery, Session III, Look 15, August 1990. © Fergus Greer.

3 Fergus Greer: Leigh Bowery, Session III, Look 12, August 1990. © Fergus Greer.

4 Fergus Greer: Leigh Bowery, Session II, Look 9, Juli 1989. © Fergus Greer.

5 Fergus Greer: Leigh Bowery, Session VI, Look 30, März 1992. © Fergus Greer.

Abdruck mit freundlicher Genehmigung des Künstlers

Judith Seng

KÜNSTLERINTERVIEW EIN CHOREOGRAFISCHER GESTALTUNGSANSATZ

Die Gestalterin und Professorin Judith Seng erforscht die Möglichkeiten einer auf Performativität hin erweiterten Gestaltungspraxis, die zwischen Design, Kunst und Forschung angesiedelt ist. Ihr choreografischer Ansatz macht durch die Interaktion von Menschen und Objekten eine ›soziomaterielle Dynamik‹ des Designs greifbar. Sengs Arbeit reicht von alltäglichen und angewandten Kontexten bis hin zu internationalen Ausstellungen sowie akademischen Forschungsarbeiten. Als Stipendiatin der Graduiertenschule für Kunst und Wissenschaft an der Universität der Künste Berlin initiierte sie die experimentelle Produktionsreihe *Acting Things*, in der Prozessgestaltung mit Elementen und Methoden aus den performativen Künsten erkundet wird. Während der Tagung »Kunst an den Rändern« hat sie diesen Werkzyklus vorgestellt sowie ein Video aus dem Werkzyklus (*Acting Things – Material Flow*) gezeigt. Insbesondere an diesem Video zeigte sich die besondere Qualität ihrer gestalterischen Arbeit: die Betrachtung von Gestaltung als Prozess. Annika Frye hat Judith Seng im April 2019 interviewt, um mit ihr gemeinsam wesentliche Fragestellungen ihrer gestalterischen Praxis darzustellen.

Annika Frye: *Liebe Judith, ich verfolge deine Arbeit nun schon seit längerem. 2010 hatten wir bereits ein Interview für meine Diplomarbeit gemacht. Damals ging es um deine Arbeit für CIAV Meisenthal, ein französisches Glaskunstzentrum, an dem in handwerklicher Produktion auch Christbaumkugeln hergestellt werden. Hier hattest du, in Zusammenarbeit mit den Akteur*innen in der Pro-*

*duktion, die Arbeitsprozesse in der Glasherstellung betrachtet und diese bewusst manipuliert (Abb. 1). Worum ging es dir bei der Arbeit mit den Handwerker*innen in der CIAV Meisenthal?*

Judith Seng: Der Hintergrund meiner Arbeit ist mein Studium der Produkt- und Prozessgestaltung. Daher hat mich immer schon der Prozess oder die Geschichte hinter den Dingen interessiert. Das Projekt mit CIAV Meisenthal war ein Forschungsprojekt zu traditionellen Techniken der Glasdekoration. Es ging darum, mit dem Repertoire der alten Techniken zu experimentieren und sie neu zu interpretieren. Dafür haben wir immer wieder in der Glashütte vor Ort mit den Handwerker*innen gearbeitet. Unser gestalterischer Einfluss bestand darin, über eine Art Skript den Herstellungsprozess und damit auch das Dekor zu moderieren, anstatt einzelne Dekors zu entwerfen, die die Handwerker*innen nacharbeiteten. Das Moment der Gestaltung lag nicht in einem grafischen Entwurf der Kugeln, sondern in einer Art Handlungsanweisung, wie auf die Eigenheiten des Produktionsprozesses, zum Beispiel auf Fehler, reagiert werden sollte. Auf diese Weise entstand entlang unseres Skripts im Dialog mit dem Material und dem Arbeitsprozess ein jeweils individuelles Dekor.

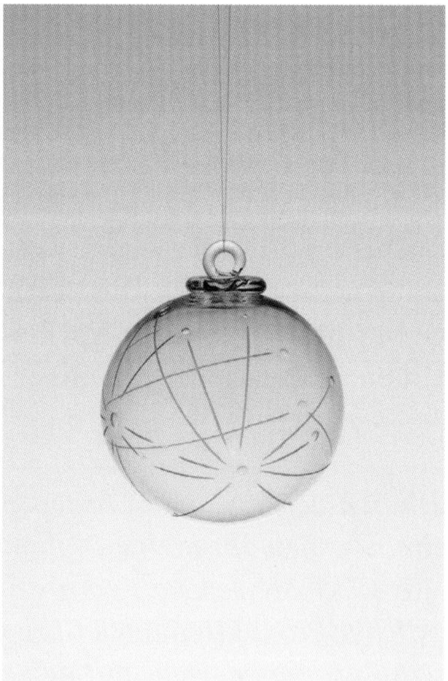

Abb. 1: Judith Seng, *Research on glass decoration techniques, Starlette by Alex Valder und Judith Seng*, 2007, Meisenthal.

AF: *Auch in deinen aktuellen Arbeiten scheint eher der Prozess als das Produkt in den Vordergrund zu treten. So ist insbesondere dein Arbeitszyklus* Acting Things *exemplarisch für ein neues Verständnis von Design, das sich zwischen angewandter Designforschung, Objektgestaltung und Designdiskurs befindet. Worum geht es dir bei dem Arbeitszyklus* Acting Things*?*

JS: Als Gestalterin habe ich sowohl mit Objekten als auch in der Prozessgestaltung gearbeitet, wie zum Beispiel in der Glasmanufaktur oder in dem angewandten Forschungsprojekt *Design Reaktor Berlin* (Abb. 2), das ich an der Universität der Künste Berlin mitentwickelt habe. Beim *Design Reaktor* ging es darum, im postindustriellen Kontext der Stadt Berlin beispielhafte Entwicklungs- und Produktionsszenarien zu testen. Es war ein über zwei Jahre hinweg gefördertes EU-Projekt mit über 180 Beteiligten. Ich habe gestaltet, wie und zu welchem Zeitpunkt die Leute miteinander in Beziehung traten, wie die Entwicklungs- und Arbeitsprozesse moderiert und unterstützt wurden. Es war ein sehr spannendes Projekt, nur konnte ich nach zwei Jahren beobachten, wie meine Arbeitsweise immer mehr der einer Organisatorin oder Managerin ähnelte, obwohl ich als Gestalterin die Prozesse eigentlich gestalten wollte. Die Themen und ihre Reichweite waren sehr interessant, aber ich stellte mir die Frage, wie das Gestalterische in solchen Projekten und in der Prozessgestaltung erhalten bleiben kann. Vor dem Hintergrund solcher Überlegungen entstand das Projekt *Acting Things*, das versucht, sich der Prozessgestaltung aus der Perspektive der performativen Künste anzunähern.

Ausgangspunkt für *Acting Things* war eine zufällige Begegnung mit einem traditionellen Bandltanz in Bayern. Ich war fasziniert, weil ich darin etwas sah, das für meine Auseinandersetzung mit Design relevant ist (Abb. 3). Beim Bandltanz steht mittig ein hoher Maibaum, an den Bänder geknüpft sind, die von Tänzer*innen auf bestimmte Weise um den Baum herumgeführt werden. Dabei wird ein Gewebe geflochten und auch wieder entflochten. Mich hat daran interessiert, dass hier deutlich wurde, wie eine bestimmte Bewegung der Tänzer*innen zu einer bestimmten Art des Geflechtes führt. Würde sich die Bewegung der Tänzer*innen ändern, würde sich auch das Geflecht ändern und umgekehrt. So werden der Prozess und die Materialien als dynamische Einheit sichtbar: die Verbindungen zwischen den ephemeren, unsichtbaren sozialen Prozessen und den Materialisierungen des Artefakts, die einander unmittelbar bedingen.

Diese Beobachtung hat mich zu der für die *Acting-Things*-Experimente grundlegenden Fragestellung gebracht: Was wäre, wenn wir Produktionsprozesse als Spiel, als Tanz, als Choreografie oder Ritual betrachten? Welche anderen ›Materialien‹ und Perspektiven treten dadurch zu Tage? Herstellungs- und Produktionsprozesse müssen ja geplant und organisiert werden – sie könnten also in bestimmter Hinsicht ebenfalls choreografiert werden. Was können wir hierfür von den performativen Künsten lernen, die sich ja tatsächlich mit der künstlerischen *Gestaltung* von Prozessen auseinandersetzen und weniger mit deren Organisation und deren Planung? Mich interessiert, ob eine choreografische Perspektive ein umfangreicheres Repertoire an Ingredienzien bei der Gestaltung eines Prozesses berücksichtigen kann als zum Beispiel die bloße Planung.

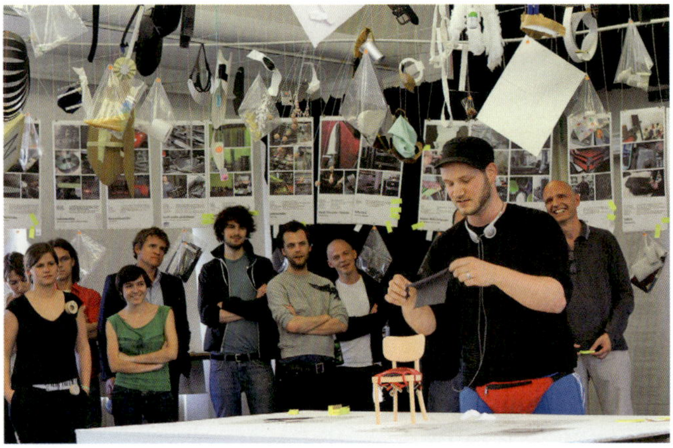

Abb. 2: Judith Seng, *Design Reaktor Berlin*, 2007–2010, Berlin.

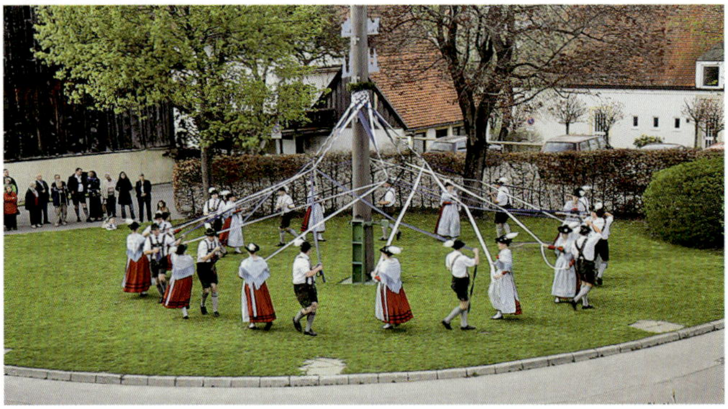

Abb. 3: Bandltanz, Bayern.

AF: *Wann hast du mit der Arbeit an* Acting Things *begonnen?*

JS: Mein erstes Experiment *Acting Things I – Produktionstheater* fand 2011 am Hebbel-Theater hier in Berlin statt (Abb. 4). Die Theatergäste konnten Tickets reservieren, auf denen nicht der Eintrittspreis vermerkt war, sondern 45 Minuten Arbeitszeit. Als sie den Raum betraten, bekamen sie Werkzeuge ausgehändigt und wurden eingeladen, die Bühne zu betreten, um Mobiliar für ein gemeinsames Abendessen herzustellen. Zunächst hat mich an diesem Experiment interessiert, einen Gegenstand des alltäglichen Lebens, einen Tisch, mit seinen Herstellungs- und auch Nutzungsprozessen in einem Raum und Zeitfenster sichtbar zu machen, um diese als Einheit zu betrachten. Spannend war für mich, alltägliche Prozesse auf die Bühne zu bringen, weil wir dort Prozesse als gestaltbar wahrnehmen. Auf der Bühne können wir Narrationen ändern und Schwerpunkte und Zielsetzungen verschieben. Und die unterschiedlichen Ingredienzien einer Situation treten in ihrem Zusammenspiel zu Tage: Mensch, Objekt, Atmosphäre, Zeitlichkeit, Rhythmus usw. Mich hat in diesem ersten Experiment interessiert, wie man Zugriff auf das Design

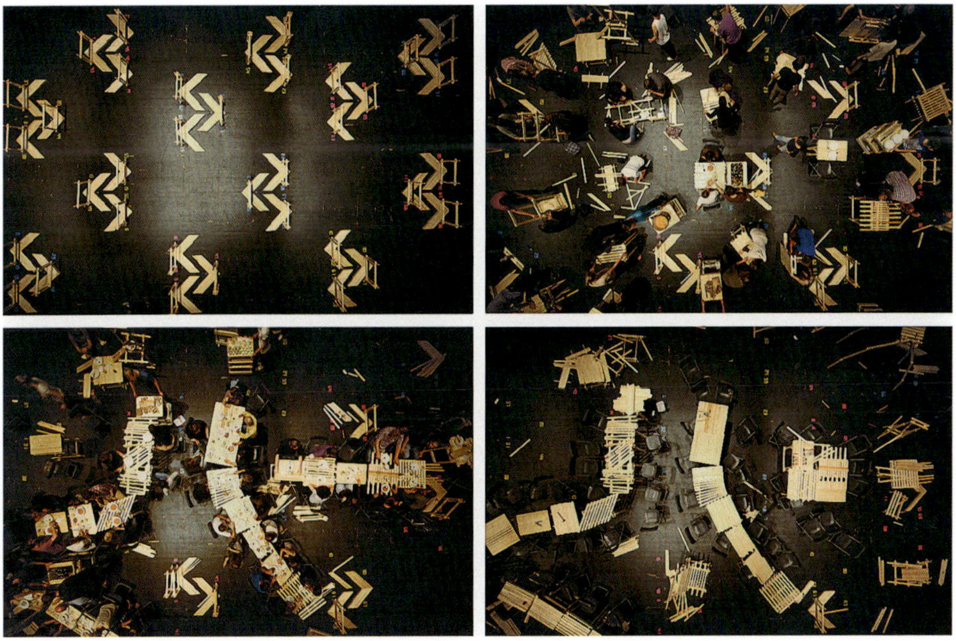

Abb. 4:
Judith Seng,
Acting Things I,
2011, Berlin.

als soziomaterielle Praxis bekommen kann und auch die ephemeren Anteile als Materialien der Gestaltung sichtbar und dadurch greifbarer machen kann.

AF: *Was meinst du mit ›soziomaterieller Praxis‹?*

JS: Ich verstehe Design im weitesten Sinne als die Art und Weise, wie wir miteinander leben, mittels Objekten, Räumen und Prozessen zu gestalten. Eine solche Perspektive macht deutlich, dass Gestaltung sowohl materielle als auch soziale Aspekte adressiert, die sich gegenseitig unmittelbar bedingen und daher nicht getrennt voneinander betrachtet werden können. Mit soziomaterieller Praxis meine ich eine Gestaltungspraxis, die zunehmend in der Lage ist, eloquent mit diesem dynamischen Wechselspiel zu arbeiten.

Diese Schnittstelle zwischen Material und Handlungen genauer zu untersuchen, war die Intention der Experimente *Acting Things II–IV*. Beim ersten Experiment im Theater wurde deutlich, dass der Prozess maßgeblich aus der Auseinandersetzung der Menschen mit dem zur Verfügung gestellten Material heraus entstand. Es gab relativ wenig Handlungsanweisungen, aber eben eine sehr detaillierte und präzise Vorbereitung der zur Verfügung stehenden Werkzeuge und Materialien. Diese Beobachtung hat mich zu den nächsten Experimenten gebracht, die sich damit beschäftigen, wie sich Material und Mensch gegenseitig beeinflussen. Dafür habe ich eine Tänzerin eingeladen, mit einem Modellierwachs zu arbeiten. Ich habe sie gebeten, mit dem Material in einen tänzerischen, improvisierten Dialog zu treten, so dass ihre Bewegungen das Material formen und die entstandenen Formen wiederum ihre Bewegungen informieren.

AF: *Wo wird in deinem Werkzyklus* Acting Things *das Ephemere und Choreografische besonders sichtbar?*

JS: In der Regel betrachten wir Objekte als Resultate unserer Handlungen. Seltener stellen wir uns die Frage, inwiefern sie unsere Handlungen auch gestalten. Dies verdeutlichte zum Beispiel eine Tänzerin, als sie bemerkte, dass die Arbeit mit dem Material ihren Atem verändert hat. Das war ein schöner Moment, da er von einer Wirksamkeit des Materials zeugt, die wir normalerweise nicht wirklich wahrnehmen. Eine Tänzerin hingegen arbeitet sehr bewusst mit ihrem Körper und kann daher diese Wirkung wahrnehmen und uns davon berichten.

Diese Arbeit mit der Tänzerin und dem Material hat sich über drei Iterationen hinweg in ihrer Komplexität weiterentwickelt und intensiviert (Abb. 5, 6). Das Material entwickelte sich erst zum Takt- und Rhythmusgeber. Später entstand im Rahmen der Messe Design Miami / Basel 2013 eine siebentägige Ins-

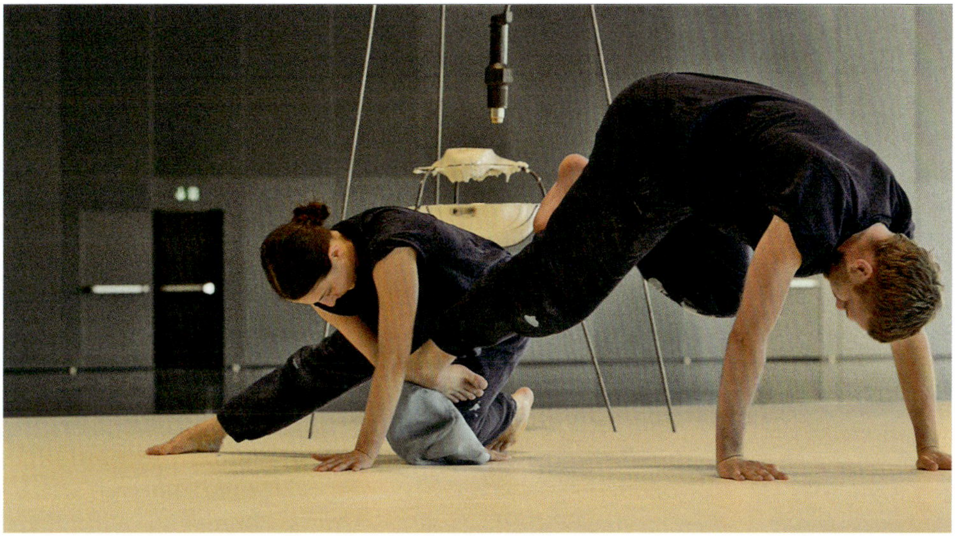

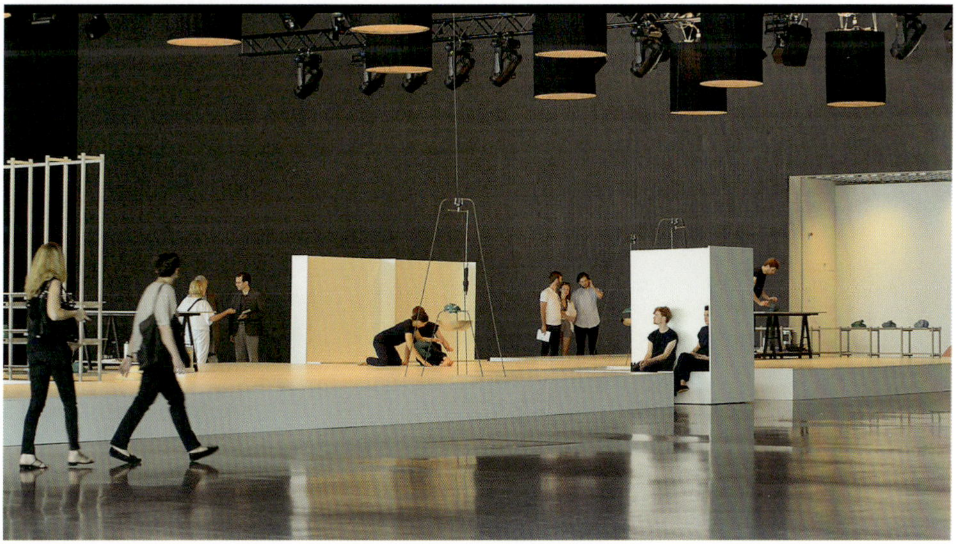

Abb. 5 (oben):
Judith Seng, *Acting Things IV*, 2013, Design Miami / Basel.

Abb. 6 (unten):
Judith Seng, *Acting Things IV*, 2013, Design Miami / Basel.

tallation, in der fünf Akteur*innen – Tänzer*innen und Designer*innen – über sieben Tage hinweg acht Stunden pro Tag mit dem Material interagierten. Für diese Installation wurde das Zusammenspiel aus Menschen und Materialien in Raum und Zeit als Ganzes – als Choreografie – gestaltet: die Zeitlichkeit, Abläufe, Regeln, Zielsetzungen, die Haltung der Akteur*innen sowie die Bühne, Kostüme, das Licht, der Sound usw. Innerhalb dieser definierten Rahmenbedingungen improvisierten die Akteur*innen und Tänzer*innen mit dem Material und aktualisierten die Interaktionen und die Installation immer wieder neu (Abb. 7). In Nachfragen zu dieser Arbeit wurde immer selbstverständlich angenommen, als Gestalterin hätte ich die Szenografie und jemand anderes die Choreografie gestaltet. Dann wurde deutlich, dass ich die Choreografin der gesamten Installation war, und zwar nicht nur des Tanzes, sondern des gesamten Zusammenspiels von Objekten, Materialien, Menschen, Sound in Raum und Zeit. Hier kam zum ersten Mal der Begriff der Choreografie in meiner Arbeit auf und damit die Frage, wie er die Arbeit der Designer*in, die das soziomaterielle Zusammenspiel gestaltet, beschreiben könnte.

AF: *Was heißt dann für dich choreografisch? Wäre die Choreografie dein Ergebnis?*

JS: Ich denke, mein Ergebnis ist die Entwicklung der performativen Installation und darin stecken die Begriffe *performativ* und *Installation* gleichermaßen. Es geht um die Gestaltung der Situation und der dazugehörigen Elemente. Das kann von räumlichen Strukturen über materielle Objekte, über Sound bis hin zu Handlungsanweisungen, Regelwerken usw. reichen.

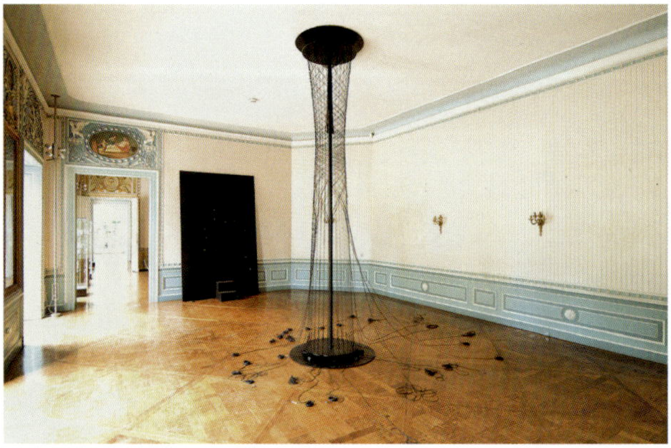

Abb. 7: Judith Seng, *Acting Things V*, 2014, Dresden.

Im Verlauf meiner Arbeiten habe ich mich zunehmend mit dem Begriff Choreografie auseinandergesetzt und versucht, ihn für die Gestaltung produktiv zu machen. Der Begriff ist, wie ich finde, schon deshalb interessant, weil es sich dabei im Gegensatz zur Planung und Organisation einer Situation um eine künstlerische Herangehensweise im Umgang mit Situationen handelt. *Choreo* beschrieb die Kreisbewegung des griechischen Chores und *Grafie* das Aufzeichnen dieser Kreisbewegung. Später beschrieb Choreografie die Notation von Tanz- und Bewegungsabläufen, die gleichzeitig als Score, als Handlungsanweisung für eine Wiederholung dieser Bewegungen diente. Diese Wechselwirkung finde ich auch für die Gestaltung mit Blick auf Objekte sehr spannend, da Objekte einerseits wie Spuren unserer Handlungen sind und andererseits unsere Handlungen gestalten. Der Ansatz, Gestaltung choreografisch zu denken, eröffnet für mich die Möglichkeit, eine Situation als Ganzes mit all ihren Bestandteilen anzuschauen und zu gestalten. Daher meine ich mit dem Begriff der Choreografie eine Gestaltungspraxis, die in der Lage ist, Situationen mit all ihren materiellen und immateriellen Ingredienzien zu formen.

AF: *Ich finde das sehr spannend mit Blick auf das Design, weil wir, wenn wir von Industriedesign sprechen, ja meist abgeschlossene, greifbare Objekte meinen. Deine Arbeit entzieht sich aber dieser Kategorisierung, denn man würde Design eigentlich nicht mit so etwas Ephemerem wie einer Choreografie in Verbindung bringen. Welche Perspektiven öffnete dir dieses Arbeitsmedium, das du dir selbst geschaffen hast?*

JS: Mir geht es darum, einen erweiterten Blick auf Gestaltung zu eröffnen, in dem Produkte Bestandteile von soziokulturellen Praktiken und Situationen sind. Produkte haben das Potenzial, als Score zu agieren, also Handlungen zu initiieren und gleichzeitig Handlungen abzubilden. Wenn man zum Beispiel das Industriedesign aus choreografischer Perspektive betrachtet, dann sieht man die Produkte als Bestandteil einer komplexen soziomateriellen Situation und der entsprechenden kulturellen Praktiken: eine Industrie- und dazugehörige Konsumkultur, in der wir uns über Arbeit und den Besitz von bestimmten Produkten identifizieren. Wir erwarten von Produkten, den Komfort zu steigern oder den Alltag zu erleichtern, und Produktion dient unter anderem als Organisationsform gesellschaftlichen Zusammenhalts, als Struktur, Sinn- und Identitätsstifter eines Lebens. Der choreografische Blick zielt darauf ab, diese gesamte Situation als eine Art der soziomateriellen Gestaltung wahrzunehmen, die genauso gut eine andere Form annehmen könnte. Wir könnten auch Produkte herstellen, deren Intention nicht ist, Tätigkeiten zu erleichtern oder uns gar abzunehmen, sondern unsere Komfortzone in Frage zu stellen. Was wäre, wenn wir in einem ›Post-Work‹-Szenario neue Produktionsprozesse benötigen, nicht mehr, um durch diese Form der Tätigkeit Produkte herzustellen, sondern individuelle Identität und gesellschaftlichen Zusammenhalt?

AF: *Was ja zum Teil gegenwärtig auch schon geschieht.*

JS: Was schon passiert, genau. Aber es wird sich alles nochmal verstärken. Und darin liegt für mich das Potenzial der choreografischen Perspektive auf das Design, die helfen kann, den disziplinären blinden Fleck des Designs – den reinen Fokus auf Produkte – zu überwinden und auf den größeren Zusammenhang zu schauen, um zu untersuchen, welche Rolle Design, respektive gestalterisches Arbeiten zukünftig spielen kann, wenn sich die alten Gefüge immer weiter verschieben.

AF: *Wie, würdest du sagen, geschieht der Transfer deiner Arbeit?*

JS: Wir haben ja jetzt viel über den choreografischen Gestaltungsansatz gesprochen. Bei den *Acting-Things*-Experimenten geht es darum, diesen Ansatz zu untersuchen, zu verstehen und herauszuarbeiten, um ihn greifbarer zu machen. Das heißt zum Beispiel, prozessuale Anteile und zeitliche Aspekte als Bestandteil von Gestaltung zu integrieren und Dynamiken, wie etwa hierarchische Strukturen und Machtgefüge, als ›Materialien‹ adressieren zu können. Das ist eine Form von Wissensentwicklung oder ein visuell-gestalterischer Diskurs. Der Transfer geschieht in Form von Ausstellungen, Texten und Publikationen oder auch anhand von experimentellen Settings für die wissenschaftliche Forschung. Ein Beispiel dafür ist die Zusammenarbeit mit Frau Professorin Kirsten Winderlich, die die Grundschule der Künste an der Universität der Künste in Berlin leitet und die ästhetischen Praktiken von Kindern untersucht. Sie bat mich, die Praktiken des Lesens und Schreibens von Kindern auf die Bühne zu bringen, mit dem Ziel, sie beobachtbar und beschreibbar zu machen.

Eine weitere Form des Transfers meiner Arbeiten besteht in Methoden, die ich aus Experimenten ableite und in die Lehre einbringe mit dem Ziel, die Designentwicklung situativer und dynamischer anzugehen. Hier hilft die choreografische Methode, die soziomaterielle Dynamik des Designs besser zu verstehen und bereits in den Entwicklungsprozess einfließen zu lassen, auch im Kontext von angewandten Designprojekten. So hat sich der Ansatz eines dynamischen *Prototypings* aus den Experimenten heraus entwickelt.

Ein weiteres Beispiel für eine andere Art von Transfer ist eine Installation, die ich im Kontext der Istanbul Design Biennale 2018 entwickelt habe (Abb. 10). Mir ging es darum, im Museum eine Art ›Verhandlungstisch‹ zu initiieren, an dem verschiedene Teilnehmer*innen über farbigen Sand in eine nonverbale Verhandlung miteinander treten. Alle haben die gleiche Voraussetzung, nämlich dass niemand diese Sprache spricht. Das Anliegen des Experiments war es zu untersuchen, welche andere Art von Sprachlichkeit und Verstehen über diesen nonverbalen, aber verkörperten Verhandlungsprozess entstehen kann.

AF: *Das finde ich spannend mit Blick auf die Frage nach den institutionellen Rahmungen deiner Arbeiten. Du hast jetzt von verschiedenen Institutionen gesprochen. Da waren Museen, Theater, die Design Biennale in Istanbul oder die Foundation Luma in Arles. Gibt es im Zusammenhang mit deinen Arbeiten das Anliegen, diese als kommunikative Tools einzusetzen, jenseits der Disziplinen und Institutionen?*

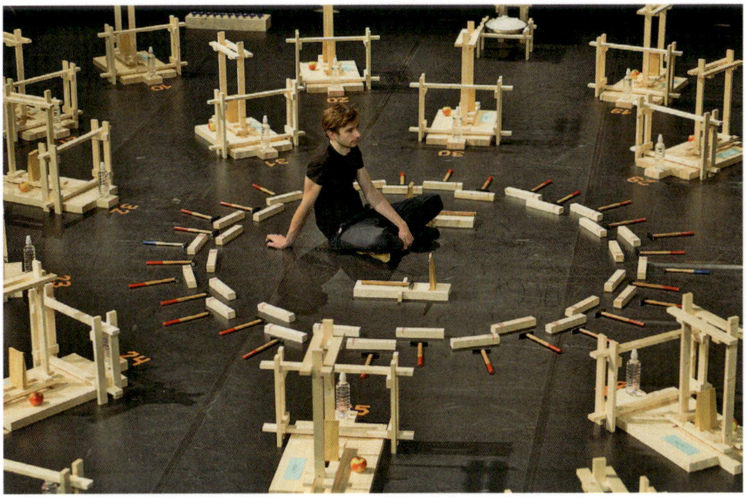

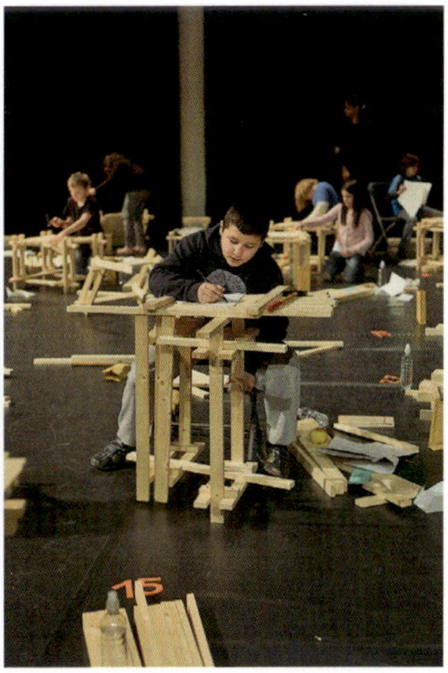

Abb. 8 und 9:
Judith Seng,
grund_schule der künste,
2015, Berlin.

JS: In Istanbul bin ich zunächst davon ausgegangen, dass eventuell über die entstehenden *Sand Patterns* eine Art von Sprache zu Tage tritt. Am Ende der sechswöchigen Installation habe ich Teilnehmer*innen verschiedener Disziplinen zu einem *Round Table* eingeladen, um zu diskutieren, was aus ihrer jeweiligen Perspektive anhand der Installation sichtbar wurde. Dabei stellte sich heraus, dass weniger die Frage nach der Sprachlichkeit interessant ist als vielmehr der Umstand, dass die Installation eine ganz eigene Form von Sprache kreiert, die keine*r der Beteiligten spricht – worin eben die Stärke des Projekts liegt. Das ist interessant, da man sich im interdisziplinären Dialog stets mit unterschiedlich definierten Begrifflichkeiten ausdrückt und sich zum Teil gegenseitig gar nicht versteht. Als ich dann angefragt wurde, zur Neueröffnung des Z33 – House for Contemporary Art in Hasselt (Belgien) diese Installation zu zeigen, habe ich vorgeschlagen, zu untersuchen, welche Rolle das Museum als Plattform einer anderen Art von Stadtentwicklung spielen kann. Hasselt hat eine klassische mittelalterliche Stadtstruktur, die von Markplätzen geprägt ist. Auch meine Arbeit für Istanbul hat solche Referenzen auf Marktplätze und den ›Basar‹, als Ort, an dem Werte verhandelt werden (›crafting values‹). Die Installation in Hasselt will einen Verhandlungsraum eröffnen, der nicht im Rathaus oder in der Universität verortet ist, sondern im Museum als einem dritten Ort, an dem unterschied-

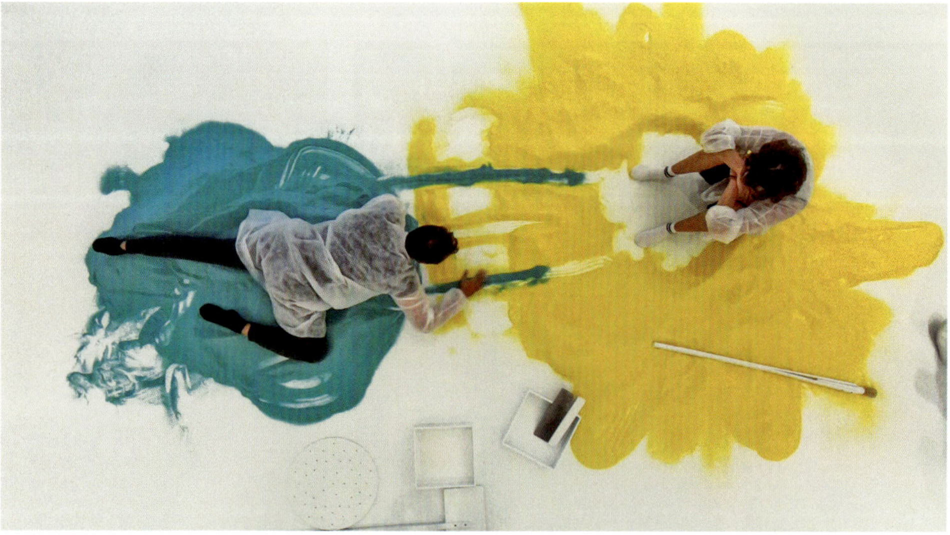

Abb. 10: Judith Seng, *Acting Things VII*, 2018, Istanbul.

lichste Akteur*innen, Interessen und Perspektiven auf ganz andere Art und Weise aufeinandertreffen. Was passiert, wenn zum Beispiel ein*e Immobilienentwickler*in und ein*e Politiker*in für Wohnungsbau in solch einem nonverbalen Verhandlungsprozess aufeinandertreffen? Mich interessieren weniger existierende Kategorien, ich möchte ein erweitertes Repertoire für die Gestaltung von postindustriellen, respektive soziomateriellen Fragestellungen entwickeln.

AF: *In welchen Disziplinen würdest du deine Arbeit verorten? Oder lässt sich deine Arbeit nicht in einer bestimmten Hinsicht einordnen? Und was wäre dann für dich Design?*

JS: Oft wird versucht, Arbeiten in bestimmte Schubladen zu stecken, sodass man dann weiß, wie damit umzugehen oder was zu erwarten ist. Da ich diese Arbeiten nicht für einen konkreten Markt entwickle, ist erstmal immer offen, was am Ende tatsächlich herauskommt, welche Medien eingesetzt werden, welche Disziplinen berührt werden und welche Dinge entstehen. Ich verstehe Design als Gestaltung der Art und Weise unseres Zusammenlebens durch das Zusammenspiel von Objekten, Räumen, Strukturen, Narrationen, Regeln und Interaktionen.

Abbildungsverzeichnis

1 Judith Seng, *Research on glass decoration techniques, Starlette by Alex Valder und Judith Seng*, 2007, Meisenthal. Foto: Frederic Goetz.
2 Judith Seng, *Design Reaktor Berlin*, 2007 – 2010, Berlin. Foto: design reaktor berlin, © design reaktor berlin.
3 Bandltanz, Bayern. Video Still: Studio Judith Seng, © Judith Seng.
4 Judith Seng, *Acting Things I*, 2011, Berlin. Foto: Studio Judith Seng, © Judith Seng.
5 Judith Seng, *Acting Things IV*, 2013, Design Miami / Basel. Video Still: Rudi Schröder, © Judith Seng.
6 Judith Seng, *Acting Things IV*, 2013, Design Miami / Basel. Video Still: Rudi Schröder, © Judith Seng.
7 Judith Seng, *Acting Things V*, 2014, Dresden. Video Still: Rudi Schröder, © Judith Seng.
8 Judith Seng, *grund_schule der künste*, 2015, Berlin. Foto: Rudi Schröder, © grund_schule der künste, Judith Seng.
9 Judith Seng, *grund_schule der künste*, 2015, Berlin. Foto: Nick Ash, © grund_schule der künste, Judith Seng.
10 Judith Seng, *Acting Things VII*, 2018, Istanbul. Video Still: Studio Judith Seng, © Judith Seng.

Abdruck mit freundlicher Genehmigung der Künstlerin

Biografien der Beitragenden

JAMIE ALLEN
Jamie Allen is a Canada-born researcher, artist, designer and teacher, interested in what technologies teach us about who we are as individuals, cultures and societies. He lives in Europe, works on art and technology projects, and engages himself with and creates prefigurative institutions that are generous and collaborative. Jamie is Senior Researcher with the Critical Media Lab in Basel, Switzerland.

Publications: Could This Be What It Looks Like? Lifelike Art and Art-and-Technology Practice, in: *Artnodes* 11, 2011, pp. 74–79; Critical Infrastructure, in: *A Peer-Reviewed Journal About* 3 (1), 2014, pp. 180–193; Jamie Allen / Bernhard Garnicnig, The Art of Instituting, in: Tanya Toft (ed.), *Digital Dynamics in Nordic Contemporary Art*, Bristol / Chicago, IL, 2019, pp. 145–160.

ANNIKA FRYE
Dr. Annika Frye, Professorin für Designwissenschaft und -forschung an der Muthesius Kunsthochschule Kiel sowie Professorin an der Design Academy Eindhoven, erforscht Designprozesse, die besonderen Implikationen der seriellen Produktion und ihre ästhetischen Qualitäten. Sie arbeitet an der Schnittstelle zwischen Theorie und Praxis. In ihrer Dissertation untersuchte Annika Frye Improvisation als Methode, aber auch als ästhetisches Prinzip im Design. Aktuell forscht sie zu der Frage, wie sich digitale Produktionsprozesse auf das Design auswirken.

Publikationen zum Thema: *Design und Improvisation. Prozesse, Produkte und Methoden*, Bielefeld, 2017; Designart, Vortrag auf der Tagung der Deutschen Gesellschaft für Ästhetik, Februar 2018, Kongressakte abrufbar unter: http://www.dgae.de/kongresse/das-ist-aesthetik/#kongressakten; Interaktives Skizzieren, Prototyping und Interaktion im Entwurfsprozess, in: Jochen Denzinger (Hg.), *Das Design digitaler Produkte. Entwicklungen, Anwendungen, Perspektiven*, Basel, 2018, S. 76–85.

ANNETTE GEIGER
Dr. Annette Geiger, Professorin für Theorie und Geschichte der Gestaltung an der Hochschule für Künste Bremen. Sie erforscht Kulturen des Ästhetischen in den verschiedensten Disziplinen der Gestaltung (Zeichen / Dinge, Bilder / Medien, Räume / Orte, Körper / Kleider etc.). Die Frage nach den Spielräumen des Gestaltens, des Ambivalenten und Diversen im Design steht dabei ebenso im Zentrum wie das Interesse an Diskurs und Kritik.

Publikationen zum Thema: *Andersmöglichsein. Zur Ästhetik des Designs*, Bielefeld, 2018; *Grenzüberschreitungen: Mode und Fotografie* (Hg.), Wien, 2017; *Kunst und Design. Eine Affäre* (Hg. mit Michael Glasmeier), Hamburg, 2012.

SANDRA GROLL
Dr. des. Sandra Groll ist Designwissenschaftlerin. Sie studierte Produktdesign sowie Philosophie und Ästhetik an der Hochschule für Gestaltung in Karlsruhe. Seit 2018 ist sie Mitglied im Board of International Research in Design (BIRD) des Birkhäuser Verlags und Mitherausgeberin der gleichnamigen Publikationsreihe.

Publikationen zum Thema: Designing Thin Interfaces Between Artificiality and Society, in: Ralf Michel (Hg.), *Integrative Design. Essays and Projects on Design Research*, Basel, 2019, S. 113–127; Dystopien der Kunst. https://anders-wohnen.online/de/Anders-Wohnen/Vortrag-Sandra-Groll.

KATRIN HASSLER
Dr. Katrin Hassler, Kulturwissenschaftlerin mit Schwerpunkt in der Kunstsoziologie, forscht und arbeitet zu Themen der zeitgenössischen Kunst und den Gender Studies. Sie ist Referentin für die Karriereentwicklung von Wissenschaftlerinnen an der Leuphana Universität Lüneburg.

Publikationen zum Thema: Genere e arte: statistiche e posizioni nel campo internazionale, in: *Donne Artiste in Italia = Naba Magazine* 07, 2018, S. 24–43; *Kunst und Gender. Zur Bedeutung von Geschlecht für die Einnahme von Spitzenpositionen im Kunstfeld*, Bielefeld, 2017; On Gender Statistics in the Art Field and Leading Positions in the International Sphere, in: *n.paradoxa* 39, 2017, S. 48–55.

CHRISTIANE KRUSE
Dr. Christiane Kruse, Professorin für Kunstgeschichte und visuelle Kulturen an der Muthesius Kunsthochschule Kiel. 2010/11 Fellow am Wissenschaftskolleg zu Berlin; 2002 Habilitation an der Universität Konstanz (*Wozu Menschen malen. Historische Begründungen eines Bildmediums*, München, 2002); 1994 Promotion an der LMU München (Hans Belting / Christiane Kruse, *Die Erfindung des Gemäldes. Das erste Jahrhundert der niederländischen Malerei*, München, 1994). Forschungsschwerpunkte: Bild-Anthropologie, Rezeptionsästhetik und -theorie, Kunst und Bilder im kulturellen Kontext.

Publikation zum Thema: *Welterschaffung – Kunstvernichtung. Kunst in Zeiten der Bilder*, Berlin / Boston, MA, 2020.

GERTRUD LEHNERT
Dr. Gertrud Lehnert, Professorin für Allgemeine und Vergleichende Literaturwissenschaft am Institut für Künste und Medien der Universität Potsdam. Ihre Arbeitsschwerpunkte sind Geschichte und Theorie der Mode, Schnittstellen zwischen Literatur und Malerei, kulturelle Visualisierungs- und Inszenierungsprozesse und Gender / Queer Studies. Sie ist Herausgeberin der Reihe *Fashion Studies* im transcript Verlag Bielefeld.

Publikationen zum Thema: *Ist Mode queer? Neue Perspektiven der Modeforschung* (Hg. mit Maria Weilandt), Bielefeld, 2016; *Modetheorie. Klassische Texte aus zwei Jahrhunderten* (Hg. mit Alicia Kühl und Katja Weise), Bielefeld, 2014; *Mode. Geschichte, Theorie und Ästhetik einer kulturellen Praxis*, Bielefeld, 2013.

ALMUT LINDE
Dr. Almut Linde ist Künstlerin und Professorin für Interdisziplinäre künstlerische Praxis an der Muthesius Kunsthochschule in Kiel. In ihrer Dissertation und Künstlertheorie *Radical Beauty* besteht der radikale Ansatz darin, den Begriff der Schönheit auch im Sinne des Begriffs ›Wurzel‹ wieder auf die Ursprünge der Form zu lenken und komplexe Ordnungen einer Beobachtung zuzuführen.

Publikationen zum Thema: Was Kunst ist und was nicht. Jonathan Meese ... / What Art Is and What It Is Not. Jonathan Meese ..., in: Oliver Zybok (Hg.), *Jonathan Meese. »Dr. Zuhause: K.U.N.S.T. (Erzliebe)«*, Köln, 2019, S. 311–318; *Radical Beauty. Form und Erkenntnis. Eine Künstlertheorie* (= Fundus, Bd. 222), hg. von Harald Falckenberg, Dirk Luckow und Peter Weibel, Hamburg, 2018; Public Image and Reality. Zur Rolle der Kunst in der Demontage falscher Wirklichkeit, in: Oliver Zybok (Hg.), *Public Image. Unbedingte Aufmerksamkeit* (= Kunstforum International, Bd. 246), Köln, 2017, S. 84–99.

ALEXANDER PRESS
Dr. Alexander Press ist Lektor für Filmwissenschaften und Visuelle Kultur am Institut für Kunstwissenschaft, Filmwissenschaft und Kunstpädagogik der Universität Bremen.

Publikationen zum Thema: *Die Bilder des Comics, Funktionsweisen aus kunst- und bildwissenschaftlicher Perspektive*, Bielefeld, 2018; Zur narrativen Verwendung kunsthistorischer Vorbilder, in: Bernd Dolle-Weinkauff (Hg.), *Geschichte im Comic. Befunde – Theorien – Erzählweisen*, Berlin, 2017, S. 95–106; Der Mann mit Eigenschaften. Die Attribute des Asterios Polyp, in: *CLOSURE. Kieler e-Journal für Comicforschung* #3, 2016, www.closure.uni-kiel.de/closure3/press.

THOMAS RÖSKE
Dr. Thomas Röske, Privatdozent an der Goethe-Universität Frankfurt, leitet seit 2002 die Sammlung Prinzhorn am Universitätsklinikum Heidelberg. Er hat in Hamburg Kunstgeschichte, Musikwissenschaft und Psychologie studiert und 1991 mit einer Arbeit zur intellektuellen Biographie Hans Prinzhorns promoviert. 1993–1999 war er Wissenschaftlicher Hochschulassistent am Kunstgeschichtlichen Institut der Universität Frankfurt. 2015 hat er sich über *Kunst aus psychiatrischem Kontext* habilitiert. Seit April 2012 ist er Präsident der European Outsider Art Association (EOA).

Publikationen zum Thema: Diagnostik versus Ästhetik: Die Entwicklung der Sicht auf künstlerische Werke aus psychiatrischem Kontext, in: Flora von Spreti / Philipp Martius / Florian Steger (Hg.), *Kunst-Therapie: Wirkung – Handwerk – Praxis*, Stuttgart, 2017, S. 269–280; Von medizinischer Diskriminierung zu künstlerischer Inklusion. Das mehrfache Entdecken der Heidelberger Sammlung von Anstaltskunst, in: Sara Hornäk / Susanne Henning / Daniela Gernand (Hg.), *In der Praxis. Inklusive Möglichkeiten künstlerischen und kunstpädagogischen Handelns*, München, 2019, S. 175–193; 1972: Von der Art brut zu den individuellen Mythologien, in: Gabriele Schmid / Constanze Schulze-Stampa (Hg.), *Kunst im Krankenhaus – interdisziplinäre Zugänge und Perspektivenwechsel*, Stuttgart, im Druck.

JUDITH SENG
Judith Seng ist Professorin (adjunct) an der HDK – Academy of Design and Crafts Göteborg. Als Designerin erforscht sie die Möglichkeiten einer zur Performativität hin erweiterten Designpraxis. Ihr choreografischer Ansatz steht in Bezug zur soziomateriellen Dynamik des Designs. Ihre Designarbeit findet in Kontexten statt, die von angewandten und alltäglichen bis zu internationalen Ausstellungen und dem akademischen Bereich reichen. Als Stipendiatin der Graduiertenschule für Kunst und Wissenschaft an der UdK Berlin initiierte sie die experimentelle Produktionsreihe

Acting Things, in der Prozessdesign mit Elementen und Methoden aus den performativen Künsten erkundet wird. Die vierte Ausgabe von *Acting Things* wurde für Design Miami / Basel 2013 und die siebte zuletzt im Rahmen des 4. Istanbul Design Biennial in Auftrag gegeben.

Publikationen zum Thema: Acting Things. Oder kann die Gestaltungsdisziplin von den performativen Künsten lernen?, in: Judith Dörrenbächer / Kerstin Plüm (Hg.), *Beseelte Dinge. Design aus Perspektive des Animismus*, Bielefeld, 2016, S. 119–134; Design Reaktor Berlin: Ingredienzien einer Prozessgestaltung, in: Bastian Lange / Ares Kalandides / Birgit Stöber / Inga Wellmann (Hg.), *Governance der Kreativwirtschaft. Diagnosen und Handlungsoptionen*, Bielefeld, 2009, S. 177–180.

PEGGY STAHNKE

Fotografin und Künstlerin, konfrontiert vorherrschende Körperideale mit Gegenbildern menschlicher Individualität in den digitalen Medien. Ihre Bilder erzählen Geschichten von der Schönheit des menschlichen Körpers jenseits gesellschaftlicher Normen und Ästhetik. Sie bricht Tabus der Sichtbarkeit und zeigt Menschen, wie man sie sehen könnte.

Nach dem Master-Examen war Peggy Stahnke Stipendiatin der Muthesius Kunsthochschule im »Muthesius-Projekt« mit der Arbeit *hautnah* (ursprünglich *Über Körper*), einer Fotoserie über Menschen mit schweren geistigen und körperlichen Behinderungen (Ausstellungskatalog *hautnah*, erschienen im Muthesius Kunsthochschule Verlag, Kiel, 2019). Die Arbeit *Über Körper* wurde 2015 in der Ausstellung *Foto-Reflexionen 05 / Landesausstellung für Fotografie in Schleswig-Holstein* mit dem ersten Platz ausgezeichnet. Für ihre Serie *embodiment of pain* erhielt sie 2018 den Publikumspreis in der Ausstellung des Muthesius-Preises in der Kunsthalle zu Kiel. Gegenwärtig arbeitet Stahnke im Rahmen des Künstlerstipendiums der Kulturstiftung des Landes Schleswig-Holstein an einer Fotoserie über Tanz. 2018 Beteiligung am Festival »Les Rencontres de la photographie« in Arles. Peggy Stahnke lebt und arbeitet in Kiel.

HAGEN VERLEGER

Hagen Verleger studierte Typographie und Buchgestaltung in Kiel, Maastricht und Leipzig. Derzeit bearbeitet er ein Dissertationsvorhaben am Institut für Kunst-, Design- und Medienwissenschaften der Muthesius Kunsthochschule Kiel. 2017/2018 war er Artist-in-Residence an der Jan van Eyck Academie / Margaret van Eyck Academie (Maastricht, NL) sowie 2020 Fellow am Deutschen Literaturarchiv Marbach und Stipendiat der Kulturstiftung Schloss Wiepersdorf.

Publikationen zum Thema: L'espace étrange. Das Ephemere in Claudia Angelmaiers ›Works on Paper‹, in: Petra Maria Meyer (Hg.), *Ephemer*, Paderborn, 2020, S. 603–623; Das gedruckte Buch als Medium und Objekt von ›Verkunstungsprozessen‹, in: Christian Benne / Carlos Spoerhase (Hg.), *Kodex. Jahrbuch der Internationalen Buchwissenschaftlichen Gesellschaft*, Bd. 9: *Materialität: Von Blättern und Seiten*, Wiesbaden, 2019, S. 141–166; *Margaret van Eyck – Renaming an Institution, a Case Study* (2 Bde.) (Hg.), New York, NY, 2018.

ANJA ZIMMERMANN

Dr. Anja Zimmermann, Privatdozentin an der Universität Hamburg, Kunsthistorikerin, zuvor u. a. Heisenberg-Fellow am Institut für Kunst und visuelle Kultur der Universität Oldenburg. Mitherausgeberin der Zeitschrift *FKW//Zeitschrift für Geschlechterforschung und visuelle Kultur*. Forschungsschwerpunkte: Kunst der Moderne und Gegenwart, visuelle Kulturen zwischen Kunst und Naturwissenschaft, Wissenschaftsgeschichte, Geschlechterforschung.

Publikationen zum Thema: *Skandalöse Bilder, skandalöse Körper: Abject Art vom Surrealismus bis zu den Culture Wars*, Berlin, 2001; *Kunstgeschichte und Gender. Eine Einführung* (Hg.), Berlin, 2006; 1968 ff – *Kunst, Politik, Feminismus* (Hg.) = Themenheft *FKW// Zeitschrift für Geschlechterforschung und visuelle Kultur*, Heft 65, Dezember 2018.

Gedruckt mit Unterstützung der
Muthesius Kunsthochschule, Kiel

muthesius
kunsthochschule

ISBN 978-3-11-073746-2
e-ISBN (PDF) 978-3-11-073620-5

Library of Congress Control Number: 2021938003

Bibliografische Information der Deutschen Nationalbibliothek
Die Deutsche Nationalbibliothek verzeichnet diese Publikation in der Deutschen Nationalbibliografie; detaillierte bibliografische Daten sind im Internet über http://dnb.dnb.de abrufbar.

Einbandabbildung:
Studio Job, *Banana Lamp* (model C), 2015,
polierte Bronze, geätztes Glas, Farbe, LED,
Höhe ca. 20–30 cm, Edition PROTO + 6 + 2AP,
Provenienz: Studio Job MAD House, New York,
Design Miami / Basel – Miami. © StudioJobPR,
mit freundlicher Genehmigung von Studio Job.

Lektorat: Dr. Friederike Braun
Gestaltung und Satz: Henning Reinke, Berlin
Druck und Bindung: Beltz Grafische Betriebe GmbH,
Bad Langensalza

www.degruyter.com